U0942873

孙正聿作品系列

The Study of Dialectics

辩证法研究

孙正聿　著

北京师范大学出版集团
BEIJING NORMAL UNIVERSITY PUBLISHING GROUP
北京师范大学出版社

总　序　追问哲学的心路历程和研究心得

我是在当代中国改革开放的历史进程中学习、研究和讲授哲学的，亲身经历和参与了从“真理标准大讨论”到“哲学教科书改革”、从提出“实践唯物主义”的哲学理念到反省“现代性”、从开展“中、西、马”对话到探索“人类文明新形态”的当代中国哲学进程。在这期间，我撰写并出版了《理论思维的前提批判》(1992)、《现代教养》(1996)、《崇高的位置》(1997)、《哲学通论》(1998)、《超越意识》(2000)、《思想中的时代》(2004)、《哲学修养十五讲》(2004)、《马克思主义基础理论研究》(2011)、《孙正聿讲演录》(2011)、《马克思主义辩证法研究》(2012)、《人的精神家园》(2014)、《马克思主义哲学智慧》(2016)、《哲学：思想的前提批判》(2016)，以及《孙正聿哲学文集》(九卷本，2006)等著作。2016年年底，北京师范大学出版集团策划出版若干作者的“作品系列”，并明确提出“每位作者以四部代表性著作”作为书目。我的哲学研究，一直是以“哲学基础理论”为主要研究方向，并以对“哲学”本身的追问为主要的思考内容，因此，我试图以“如何理解哲学”为主题编选个人的“作品系列”，这就是《哲学通论》《哲学观研究》《辩证法研究》和《生命意义研究》四部个人的“代表性著作”。

在我看来，学者的学术研究，离不开两个东西：一是特殊的生存境遇和独特的生命体验，二是特定的理论资源和独特的理论想象。学者的生命体验与理论想象的融合，构成了具有个体性的哲学思想。这种哲学思想，既是以个人的名义讲述人类的故事，又是以人类的名义讲述个人的故事。我在《哲学通论》中说，哲学是以“时代性的内容，民族性的形式和个体性的风格去求索人类性问题”，哲学研究需要“时代精神主题化、现实存在间距化、流行观念陌生化、基本理念概念化”，从而以自己的研究成果“表征”自己时代的“时代精神”。我不是一位确有建树的“学问家”，只是一个追问哲学的“思想者”。我把自己追问哲学的心路历程和研究心得，聚焦于“如何理解哲学”这个主题，作为自己的“作品系列”的“自我阐释”。

一　关于《哲学通论》

为什么要以《哲学通论》而“通论哲学”？“通论哲学”的《哲学通论》的立意与追求是什么？在我看来，“通论”哲学，与“导论”哲学或“概论”哲学，是“大不相同”的。“导”是“导入”和“引导”，致力于把人们引入哲学思考；“概”是“概述”或“概论”，概略地叙述哲学的主要内容；“通”则是“疏通”或“通达”，以追问哲学本身为主旨，集中地阐发作者对“哲学”的理解。因此，“通论哲学”的《哲学通论》，就是并且只是对“哲学”本身的追问，它的灵魂就是一个“通”字。

何谓哲学？哲学何为？这不只是每个接触“哲学”的人都渴望回答而又难以回答的问题，也是每位“哲学家”都苦苦求索而又莫衷一是的问题。在哲学家那里，“哲学观”问题并不是他思考的“一个问题”，而是他必须首先回答的“核心问题”“灵魂问题”。任何一位具有独立建树的哲学家，都有其对“哲学”的独到的理解，都有其具有特定思想内涵的“哲学观”。借用科学哲学家伊姆雷·拉卡托斯关于科学研究的“理论硬核”的说法，“哲学观”就是各异其是的哲学理论的“理论硬核”。维护和坚守一种哲学观，就是维护和坚守一种哲学理论；质疑和变革一种哲学观，则是质疑和变革一种哲学理论。哲学史上的所谓“哲学转向”，其首要的标志就是变革已有的哲学观并提出新的哲学观。《哲学通论》的“立意”和“追求”，就是在对“哲学”的追问中，形成对“哲学”的新的理解，并以这种新的理解去阐释“哲学”。

《哲学通论》的这个“立意”和“追求”，有着强烈的现实的针对性。这个针对性，主要有两个方面，一是当代中国的哲学研究，二是当代世界的哲学思潮。从当代中国的哲学研究说，自20世纪80年代中期以来的“哲学教科书改革”和“重新阐释中外哲学史”，特别是自20世纪90年代以来的“中、西、马”对话，引发出一个无法回避的根本性问题：究竟怎样理解我们所研究的“哲学”？具体言之，究竟怎样理解哲学是“理论化、系统化的世界观”？究竟怎样理解哲学的“基本问题”是“思维和存在的关系问题”？究竟怎样理解哲学与常识、宗教、艺术和科学的关系？究竟怎样理解哲学的“无用之大用”？究竟怎样理解中外哲学的“同中之异”与“异中之同”？这些就是改革开放以来中国哲学界追问“哲学”的重要问题。正是在这种追问中，日益强烈地凸显了如何理解哲学的“哲学观”问题。

当代中国哲学界对“哲学”的追问，又是同20世纪80年代以来西方哲学各种思潮的涌入密不可分的。从当代世界的哲学思潮说，从“拒斥形而上学”到“后形而上学”，“消解哲学”“终结哲学”似乎成了当代哲学的“自我意识”。面对当代西方哲学的“语言转向”“分析运动”“现象学”“解释学”“存在主义”“科学主义”“后现代主义”“后形而上学”，中国哲学界在引进、评介和反思当代西方种种哲学思潮的过程中，同样不可回避地提出这个根本性问题：究竟怎样理解我们所研究的“哲学”？哲学是“科学的逻辑”还是“思的事情”？哲学是“语言分析”还是“澄清思想”？哲学是“现象学”还是“解释学”？哲学是“文化批判”还是“文化对话”？哲学是“真理的追求”还是“合法的偏见”？在《哲学通论》中，我把当代哲学所理解的“哲学”概括为八种“哲学观”：普遍规律说，认识论说，语言分析说，存在意义说，精神境界说，文化批判说，文化对话说和实践论说，力图通过对这些“大不相同”的哲学观的批判性反思，形成对“哲学”的新的理解。

我对“哲学”的“追问”，首先是与当代中国的“哲学教科书改革”直接相关的。通行的“哲学教科书”，是从“哲学”与“科学”的关系出发来阐释“哲学”的。这个阐释的基本逻辑是：哲学是“理论化、系统化的世界观”，而世界观就是“关于整个世界的根本观点”；科学所研究的是世界的“各个领域”，因而提供的是关于“各个领域”的“特殊规律”；哲学所研究的则是“整个世界”，因而提供的是关于“整个世界”的“普遍规律”；科学为哲学提供其形成“普遍规律”的“知识基础”，哲学则以其所概括的“普遍规律”为科学提供“世界观和方法论”。对于这个阐释逻辑及其结论，我向自己提出的追问是：如果“哲学”与“科学”的关系是一种研究对象的“整个世界”与“各个领域”的关系，是一种理论内容的“普遍规律”与“特殊规律”的关系，也就是“整体”与“部分”“普遍”与“特殊”的关系，那么，“哲学”不就是“科学”的“延伸”或“变形”，不就是一种具有最高的概括性和最大的普遍性的“科学”吗？“哲学”还有什么独立的特性和独特的价值呢？“哲学”又何以是与宗教、艺术、科学相并立的人类把握世界的“一种基本方式”呢？由于“哲学教科书”论述哲学与科学的关系的出发点是“思维和存在的关系问题”，因此，对“哲学”本身的追问，直接引发我对哲学的“重大的基本问题”即“思维和存在的关系问题”的追问。

“思维和存在的关系问题”，究竟是哲学研究中的“一个重大问题”，还是哲学研究中的“重大的基本问题”？对这个问题的不同回答，决定了对“哲学”的不同理解。如果认为“思维和存在的关系问题”只是哲学研究中的“一个重大问题”，那么，它就只是某些哲学家或某个时代的哲学家特别关切的问题，而不是决定哲学的特殊的理论性质和独特的社会功能的“重大的基本问题”；如果认为“思维和存在的关系问题”是哲学的“重大的基本问题”，而不只是哲学研究中的“一个重大问题”，那么，它就是决定哲学的特殊的理论性质和独特的社会功能的“根本性”问题，也就是决定哲学成为人类把握世界的一种基本方式的“根本性”问题，而绝非只是某些哲学家或某个时代的哲学家特别关切的问题。在《哲学通论》中，我对前者的质疑和对后者的论证，主要是提出和阐发了下述观点：人类把握世界的全部活动——以实践活动为基础的认知活动、评价活动和审美活动——都是实现“思维和存在”的“统一”，但是，哲学以外的人类活动，都是把“思维和存在的同一”作为“不自觉的和无条件的前提”，致力于实现“思维和存在的统一”，而不是追究和反思构成人类全部活动的这个“不自觉的和无条件的前提”。与此相反，哲学并不是致力于“思维和存在的统一”，而是反思这个“统一”的“不自觉和无条件的前提”，也就是把“思维和存在的关系”作为“问题”反过来而思之。正是对“思维和存在的关系问题”的“反思”，决定了哲学的特殊的理论性质和独特的社会功能，也就是决定了哲学是人类把握世界的一种基本方式。仍以“哲学”与“科学”的关系为例，从“思维和存在的关系问题”看，就可以做出这样的解释：“科学”是以“整个世界”为对象，形成关于“整个世界”的“全部思想”；“哲学”则是以“科学”所提供的关于“整个世界”的“全部思想”为对象，揭示在这“全部思想”中所隐含的“不自觉的和无条件的前提”，把“思维和存在的关系”作为“问题”而予以“反思”。对思想的反思，就是以“思维和存在的关系问题”作为自己的“重大的基本问题”的“哲学”。“哲学”的特殊的理论性质和独特的社会功能，就在于它以“思维和存在的关系问题”作为自己的“重大的基本问题”。这是我对“哲学”的根本性理解。

“思维和存在的关系问题”，既不是“思维和存在”的问题，也不是思维和存在“如何统一”的问题，而是思维和存在的“关系问题”。厘清这个问题，是理解“哲学”的深层的理论问题，也是我在《哲学通论》中着力阐发的问题。人们之所以把哲学视为“关于整个世界”的“世界观”，从根本上说，就在于把哲学的“重大的基本问题”当作“思维和存在”的问题，而不是理解为思维和存在的“关系问题”。如果把哲学的“重大的基本问题”当作思维和存在的问题，就会把“思维”和“存在”作为哲学的研究对象，就会把提供关于“自然、社会和思维”的最一般的知识作为哲学的历史使命，就会导致把“哲学”视为具有最大的普遍性和最高的概括性的“科学”。只有把思维和存在的“关系”作为“问题”，追究思维和存在的“关系”，揭示“思维和存在的关系问题”所隐含的“不自觉的和无条件的前提”，才能理解哲学何以是人类把握世界的“一种基本方式”，才能把握哲学的特殊的理论性质和独特的社会功能。重新阐释作为哲学的“重大的基本问题”的“思维和存在的关系问题”，并在这个重新阐释的过程中重新论述“哲学”，构成了《哲学通论》的“主题”和“主线”，也构成了《哲学通论》的“灵魂”和“血肉”。就此而言，《哲学通论》的“通”，就是以重新阐释“思维和存在的关系问题”为“灵魂”，“疏通”对“哲学”的理解。

在我已出版的作品中，《哲学通论》所产生的影响是最为广泛的，也是最为持久的。自1998年面世以来，该书先后被收入“中国文库”和“人民·联盟文库”，并获得国家图书奖提名奖和国家级教学成果一等奖。《哲学通论》之所以能够产生广泛而持久的影响，既是同它对“哲学”的追问密不可分的，又是同它作为“专著性的教材”而流传于世密切相关的。

《哲学通论》的主题很鲜明，问题很集中，就是在对“哲学”的追问中阐述我对“哲学”的理解。我把《哲学通论》称之为“专著性的教材”，既不是有意为之地标榜其“专著性”，也不是有意为之地强调其“教材性”，而是因为这本书的“立意”和“追求”本身是具有“二重性”的：其一，它以“追问哲学”为主线，针对古今中外的哲学家们对“哲学”的各异其是的理解和阐释，具体地探讨哲学的研究对象、思维方式、理论性质、社会功能和演进逻辑，系统地反思哲学的基本理论和基本范畴，并赋予这些基本理论和基本范畴以作者的独特的思想内涵，因而这是一部具有很强的个体性的学术著作；其二，它又以“追问哲学”为主线，针对通行的“哲学原理教科书”对“哲学”的教条化的理解和阐释，具体地分析教科书对唯物论、辩证法、认识论和历史观“四大板块”对哲学基本理论的论述，系统地反思教科书对“哲学”“真理”“矛盾”“规律”“价值”“历史”等基本范畴的阐述，体系化地展现作者对哲学基本理论和基本范畴的理解，因而其又是一部具有很强的教科书性质的教材。正是基于《哲学通论》本身的“二重性”，我称之为“专著性的教材”。

《哲学通论》的“专著性”与“教材性”的“二重性”，直接地体现在它的内容与形式的“二重性”：从形式上看，《哲学通论》呈现给读者的是“讲述”哲学的自我理解、思维方式、生活基础、主要问题、派别冲突、历史演进以及哲学的修养和创造，具有显著的教科书式的叙述方式；从内容上看，《哲学通论》所论述的全部问题，又是论证作者自己对这些问题的理解，赋予哲学的基本理论和基本范畴以新的思想内涵，变革了“教科书”所给定的哲学观念，因而又具有显著的学术专著的理论内容。《哲学通论》的内容与形式的“二重性”，决定了它是一部“专著性的教材”。作为“专著”，它变革了教科书的哲学观念；作为“教材”，它使变革了的哲学观念得以普及。以“教材”的形式而展现“专著”的内容，又以“专著”的内容而诉诸“教材”的形式，这大概就是《哲学通论》产生广泛影响的生命力之所在吧。

《哲学通论》的“专著性”与“教材性”的“二重性”，又比较鲜明地体现在它的“形而上”与“形而下”之间的“张力”。《哲学通论》诉诸的是对哲学的基本理论和基本范畴的反思与论证，但是，这种反思和论证所诉诸的叙述方式却不是抽象、晦涩的哲学概念的罗列，不是“原理加实例”的解说，而是对人们所“熟知”的哲学观念的探究与追问。这集中地体现在以下三个方面：《哲学通论》所探讨的问题，几乎都是人们普遍关切的问题；《哲学通论》所研究的理论，几乎都是人们普遍熟悉的理论；《哲学通论》所分析的范畴，几乎都是人们经常使用的概念。《哲学通论》的出发点是黑格尔的那句名言：“人们经常挂在嘴边的名词，往往是人们最无知的东西”。具体言之：怎样理解哲学的“爱智”？怎样理解哲学的“世界观”？怎样理解真理的“客观性”？怎样理解价值的“主观性”？如何看待“唯物主义”和“唯心主义”？如何看待“辩证法”和“形而上学”？如何看待“真善美”与“假恶丑”？如何看待“历史活动”与“历史规律”？“思维和存在的关系问题”何以是“哲学的重大的基本问题”？哲学何以“使人作为人而成为人”？由“熟知”而追究“真知”，由“名称”而升华为“概念”，由“文本”而凝练为“思想”，从而超越“原理加实例”的教科书模式，让哲学的“学术”或为人们的“学养”，这就是《哲学通论》力求达到的“形而上”与“形而下”之间的“张力”。

《哲学通论》的“专著性”与“教材性”的“二重性”，还比较显著地体现在它的“文本”与“思想”之间的“张力”。《哲学通论》力图以全部哲学史和当代哲学为背景来追问哲学，几乎每个哲学问题都要回应古今中外哲学家们所提出的重要理论观点，并因而触及难以胜数的哲学著述。“文本研究”应当是“通论哲学”的坚实基础。然而，“通论哲学”的《哲学通论》并不是关于某种哲学理论或某种哲学思潮的专门研究，而是力图以哲学史为背景而疏通对“哲学”的理解，因此，就需要自觉地保持文本与思想之间的张力，力求做到史论结合、以论带史、论从史出。在我看来，哲学是历史性的思想，哲学史则是思想性的历史。在《哲学通论》中，对于作为“思想性的历史”的哲学史，我着力地概括其“思想性”，对于作为“历史性的思想”的哲学，则着力地阐明其“历史性”，从而疏通对哲学的历史性的理解，并打通理解哲学的思想道路。《哲学通论》的叙述逻辑，就是把历史性的思想作为显性逻辑，而把思想性的历史作为隐性逻辑，以“纵向问题横向化”的方式，凸显理解哲学的重大理论问题，并赋予这些重大理论问题以新的思想内涵。“融通”古今中外哲学，“变通”各异其是的哲学观，“打通”哲学的理论空间，“开通”哲学的思想道路，这就是立意于“通”的《哲学通论》的主旨和追求。

二　关于《哲学观研究》

如果说《哲学通论》是以“教材”的形式讲述作者对哲学的理解，因而是一部“专著性的教材”，那么，《哲学观研究》就是以“专题”的方式论述作者对哲学的理解，因而是一部“学术性的专著”。在这个意义上，《哲学通论》就是“教材版”的《哲学观研究》，《哲学观研究》就是“学术版”的《哲学通论》。

作为“学术版”的《哲学通论》，《哲学观研究》当然不是以“学术”的面目去论述《哲学通论》所讲述的问题，而是以“学理”探究的方式去阐述作者对哲学的理解。在《哲学观研究》中，我从分析什么是“哲学观问题”入手，以如何理解“哲学是世界观”为切入点，在具体地探讨黑格尔和马克思这两位伟大哲人的哲学观的基础上，比较深入地阐述了现代哲学的哲学观念变革和当代中国的哲学观念变革，进而集中地论证了哲学何以是对思想的前提批判，以及哲学如何展开对思想的前提批判，从而系统地阐述了我的“哲学观”。

在我看来，“哲学观”并不是哲学中的“一个观念”，而是哲学中的“核心观念”和“灵魂观念”；“哲学观问题”并不是哲学中的“一个问题”，而是哲学中的“实质问题”和“根本问题”。通行的哲学原理教科书，把哲学界说为“理论化、系统化的世界观”，又把世界观解释为“关于世界的根本观点”，由此就把“哲学”视为“关于整个世界的普遍规律的理论”，并从而把哲学视为具有最大的普遍性和最高的解释力的“科学”。这就是我所指认的哲学研究中的“知识论立场”。在我看来，哲学作为人类把握世界的一种基本方式，并不是科学的延伸和变形，而是人类思想的一种特殊的维度——以思想自身为对象反过来而思之的“反思”的维度。科学以“整个世界”为对象而形成关于世界的“全部思想”，哲学则以科学所构成的“全部思想”为对象反过来而思之。哲学的“反思”，并不是对思想内容的“反复思考”，而是揭示构成思想的根据、标准和尺度，因此，“哲学”的“反思”，并不是一般意义的“对思想的思想”，而是“对思想的前提批判”。把“反思”定位为“对思想的前提批判”，就是我所理解的“哲学”。

什么是“思想的前提批判”？思想的前提，就是思想构成自己的根据和原则。它是思想构成自己的“幕后的操纵者”，是思想构成自己的“看不见的手”。它具有隐匿性、强制性、普遍性、可选择性(或可批判性)四个基本特性。首先，思想的前提具有隐匿性，它制约和规范人的思想活动和思想内容，但却隐藏在人的思想活动和思想内容的背后，因而是思想活动得以进行、思想内容得以形成的“不自觉的和无条件的前提”；其次，思想的前提具有强制性，它作为思想的幕后的操纵者，制约和规范人们想什么和不想什么、怎么想和不怎么想、做什么和不做什么、怎么做和不怎么做，也就是决定人们的思想内容和思维方式、行为内容和行为方式，以思想中的看不见的手而支配人们的思想和行为；再次，思想的前提具有普遍性，它以思想活动的逻辑规则和方法而展开思想，以人类把握世界的各种方式而构成思想，以人类文明所积淀的基本观念而规范思想，因此，思想的前提在人类的思想活动中是“无处不在”和“无时不有”的；最后，思想的前提具有可选择性和可批判性，它在构成思想的特定过程和特定结果中是确定的和具有强制性的，但在思想的历史进程中又是不确定的和不断变革的，因此，思想的前提既是可批判的，又是可选择的，由此构成的就是对思想的前提批判。

思想构成自己的前提，从总体上说，可以概括为五个主要方面：一是思想构成自己的“基本信念”，也就是承诺思维和存在的同一性，承诺思维的规律与存在的规律在本质上服从于同样的规律，这是思想构成自己的最深层的“不自觉的和无条件的前提”；二是思想构成自己的“基本逻辑”，也就是人们思想活动中所遵循的构成思想的规则和方法，即运用概念、判断和推理来构成思想的逻辑规则和论证方法；三是思想构成自己的“基本方式”，也就是人类的“属人的世界”得以形成的常识、宗教、艺术、科学和哲学等“人类把握世界的基本方式”，这些基本方式为人类构成了各不相同且丰富多彩的世界图景、思维方式和价值观念，从而使人类的思想成为地球上“最美丽的花朵”；四是思想构成自己的“基本观念”，也就是在人类文明的历史进程中积淀下来并且规范人们思想活动和思想内容的理念和范畴，它们作为人类认识的“阶梯”和“支撑点”，制约着人类思想的广度和深度、方向和未来；五是思想构成自己的“哲学理念”，也就是制约和规范各种“基本观念”的最深层的“基本理念”，即对人与自然、人与社会、人与自我的根本性理解，它们作为世界观、历史观和人生观最深层地制约着人的世界图景、思维方式和价值追求。

以思想构成自己的前提为对象，哲学对思想的前提批判，主要包括五个方面：一是对构成思想的“基本信念”的前提批判，也就是对作为哲学的“重大的基本问题”的“思维和存在的关系问题”的前提批判，引导人们不断地深化对“思维与存在”“人与世界”“主体与客体”“感性与理性”“真理与价值”“理论与实践”“理想与现实”之间关系的探究与追问；二是对构成思想的“基本逻辑”的前提批判，也就是对构成思想的外延逻辑（形式逻辑）、内涵逻辑（辩证逻辑）和实践逻辑（生活逻辑）的前提批判，引导人们不断地深化对“历史与逻辑”“直觉与逻辑”“语言与逻辑”“思想的内容与形式”“思维的抽象与具体”“理性的有限与无限”之间关系的探究与追问；三是对构成思想的“基本方式”的前提批判，也就是对人类把握世界的各种基本方式——常识、宗教、艺术、科学和哲学等——的前提批判，引导人们不断深化对“哲学与常识”“哲学与宗教”“哲学与艺术”“哲学与科学”的探究与追问；四是对构成思想的“基本观念”的前提批判，也就是对作为“思维的联结点”和“认识的支撑点”的基本概念和基本范畴的前提批判，引导人们不断深化对“世界”“自然”“社会”“历史”“文明”“规律”“真理”“价值”“正义”“平等”“自由”的探究与追问；五是对构成思想的“哲学理念”的前提批判，也就是对哲学的“世界观”“历史观”“人生观”“价值观”“本体论”“认识论”的前提批判，引导人们不断深化对“共性与个性”“有限与无限”“绝对与相对”“能动与受动”“统一与多样”“自由与必然”“标准与选择”等关乎人类的生存与发展、人生的意义与价值等重大问题的探究与追问，启迪和激发人们在社会生活的一切领域永远敞开自我反思和自我批判的空间，促进社会的观念更新、科学发现、技术发明、工艺改进、艺术创新乃至文明形态的变革，从而实现人类的自我超越和自我发展。

哲学对思想的前提批判，不仅凸显了哲学的特殊的理论性质和独特的社会功能，而且为哲学敞开了广阔的和开放的理论空间。当代的方兴未艾的“部门哲学”，之所以是科学哲学、文化哲学、经济哲学、政治哲学、社会哲学、法哲学……而不是科学学、文化学、经济学、政治学、社会学、法学……从根本上说，就在于它们并不是关于科学、文化、经济、政治、社会、法律等的科学，而是对这些科学的前提批判，即对构成这些科学的各种“基本观念”的前提批判。具体言之，究竟何谓科学、文化、经济、政治、社会和法律？究竟如何理解支撑它们的人性、理性、真理、价值、正义、平等和自由等“基本观念”？究竟怎样看待它们所蕴含的利与害、福与祸、进与退、理论与实践、理想与现实等“哲学理念”？正是对构成这些科学的“基本观念”和“哲学理念”的“前提批判”，才构成了反思这些科学的“哲学”；正是反思这些科学的哲学，才变革了这些科学的基本观念。对构成思想的基本观念的前提批判，不仅为各门科学的发展提供了广阔的和开放的思想空间，而且为哲学自身的发展提供了永无止境的理论空间。

哲学对思想的前提批判，既不是天马行空式的玄虚的遐想，也不是高深莫测的晦涩的思辨，而是对“自明性”的分析。哲学所追问的构成思想的“前提”，就“隐匿”在人们的思想当中，就是人们习以为常、不予追究的问题，就是人们当作不证自明、毋庸置疑的问题。哲学所追究的“思维和存在的关系问题”，之所以是人类思维的“不自觉的和无条件的前提”，就在于人们并不怀疑“思维和存在的同一性”。如果人们在自己的认识活动中，不是致力于实现“思维和存在的统一”，而是批判地反思“思维和存在的关系问题”，追问思维的规律能否把握存在的规律，又如何以思维的规律去把握事物的运动规律呢？又如何形成“物理学”“生理学”“心理学”“伦理学”呢？正因为“哲学”是把人们不当作问题的“思维和存在的关系问题”作为自己的“重大的基本问题”，致力于批判地反思人类思维的“不自觉的和无条件的前提”，才使其成为人类把握世界的一种基本方式，才在人类的社会生活中发挥自己的独特的社会功能——反思和变革思想构成自己的“前提”。在这个意义上，哲学并不是研究人们当作问题的问题，而恰恰是把人们不当作问题的问题作为自己“反思”的问题。例如，人们经常以“真”与“假”“好”与“坏”“美”与“丑”来判断和评价事物，但并不追问用什么来判断和评价事物的“真善美”与“假恶丑”，而哲学则是“反其道而行之”，致力于对“真善美”与“假恶丑”的追问：究竟什么是“真”？是我“看到”的“现象”是真的，还是我的“思想”把握到的“本质”是真的？“真”与“善”是什么关系？“坏的朋友”能否说是“真的朋友”？“真”与“美”又是什么关系？“美”是客观存在的，还是主观感受的？真善美是恒久不变的，还是具有历史性和民族性的？哲学的这种追问，指向的是构成思想的“基本观念”，也就是人们视为不证自明和毋庸置疑的构成思想的“前提”。哲学对“自明性”的分析，就是“清理”思想的“地基”，引导人们在新的“思想地平”上构成思想。

哲学对思想的前提批判，不只是变革了构成思想的各种“基本观念”，而且变革了“哲学理念”，赋予哲学理念新的思想内涵。在我的《哲学观研究》中，最为着力的是反思构成思想的深层的“哲学理念”，最为重要的是变革了对“世界观”“本体观”“反思观”，以及哲学的存在方式和工作方式的理解。这就是：哲学的世界观，并不是人站在世界之外形成的关于整个世界的观念，而是人生在世和人在途中的人的目光；哲学的本体观，并不是关于世界本原的观念，而是规范人的思想和行为的根据、标准和尺度；哲学的反思，并不是关于思想内容的反复思考，而是对构成思想的诸种的前提批判；哲学的存在，不是“表述”经验事实或“表达”情感意愿，而是“表征”自己时代的时代精神并从而构成“文明的活的灵魂”。哲学对思想的前提批判，是以概念的逻辑体系为内容的批判性反思，是以真善美为出发点和立足点的批判性反思。因此，哲学在其理论形态上，是以概念的逻辑体系所体现的辩证法、认识论和逻辑学的“三者一致”，哲学在其理论内容上，则是以追究真善美为思想内涵的存在论、真理论和价值论的“三者一致”。

在对构成思想的“哲学理念”的前提批判中，对“本体”观念的批判性反思，在我的《哲学观研究》中，具有突出的重要意义。究竟什么是哲学所追究的“本体”？本体是“有”还是“无”？“本体”是“本原”还是“根据”？本体论是“对象性”理论还是“意向性”理论？本体论是一种“论证”还是一种“追求”？在当代哲学中，或者把本体论等同于存在论，以存在论之名来阐释本体论；或者把本体论与存在论对立起来，以存在论之名来讨伐本体论。在我看来，理解哲学所追究的“本体”和哲学对“本体”的追究，首先必须诉诸追究“本体”的人类思维。基于人类实践本性的人类思维，“按它的本性、使命、可能和历史的终极目的来说”，总是渴望在最深刻的层次上或最彻底的意义把握世界、解释世界和确认人在世界中的地位与价值。人类思维的这种“至上性”追求，构成哲学的“本体论”追求。追究“本体”的哲学，并不是在思维的运动中获得关于世界的越来越丰富的规定性，而是在思维的运动中不断深入地追问存在的“可能性”，即不断地追问存在的“根据”和“前提”。因此，哲学意义的本体论，并不是关于思维规定的“存在论”，而是对思想的“前提批判”；哲学意义的“本体”，并不是构成世界的“始基”或“基质”的“本原”，而是规范人的思想和行为的“根据”“标准”和“尺度”；在人类的哲学思维中，“本体论”是一种追根溯源式的“意向性”追求，而不是一种关于存在的“对象性”理论。哲学的本体论追求的合理性在于，人类总是悬设某种基于现实而又超越现实的理想，否定现实的存在，把对现实的理想变为理想的现实；哲学的本体论追求的真实意义在于，启发人类在理想与现实、终极的指向性与历史的确定性之间，既保持某种“必要的张力”，又不断地打破这种“微妙的平衡”，从而使人类永远敞开自我批判和自我超越的空间。哲学的本体论追求，深切地显现了哲学思维的理想性、反思性、批判性和超越性。这表明，只有重新理解哲学的本体论追求，才能重新理解哲学的“世界观”：它不是关于“整个世界”的“普遍真理”，而是人生在世和人在途中的人的目光，是规范人的思想和行为的具有时代性内涵的根据、标准和尺度。因此，以本体论追求为根本指向的哲学的“世界观”，不是终极性的而是历史性的，不是绝对的而是相对的。规范人的思想和行为的“本体”，既不是绝对之绝对，也不是绝对之相对，而是相对之绝对——历史过程中的相对，自己时代中的绝对。“本体”是作为“中介”而存在的。人在途中，哲学在路上。

在对构成思想的“哲学理念”的前提批判中，特别是在反思现代西方哲学“拒斥形而上学”的过程中，我不断地向自己提出一个追问：哲学何以存在？按照现代西方哲学家鲁道夫．卡尔纳普的说法，人类的语言有两种职能，即“表述”的职能和“表达”的职能；科学以“表述”的职能构成关于经验事实的命题，艺术则以“表达”的职能构成关于人的情感或意愿的种种看法；如果哲学是形而上学而又以“表述”的职能构成关于经验事实的命题，那么，哲学就只能是“给予知识的幻相而实际上不给予任何知识”；如果哲学是形而上学而又以“表达”的职能而构成关于人的情愿或意愿的种种看法，那么，哲学充其量只不过是一些“蹩脚的诗”；作为形而上学的哲学，既不能胜任语言的“表述”职能，又无力承担语言的“表达”职能，因此就只能是作为“形而上学”而被“拒斥”了。具有反讽意义的是，百余年来的现代哲学，或者屈就于卡尔纳普的关于语言的“表述”职能的自我申辩，致力于哲学的“科学化”，试图把自己变成具有最大的普遍性和最高的解释力的“科学”；或者屈就于卡尔纳普的关于语言的“表达”职能的自我承诺，致力于哲学的“文学化”，试图把自己变成富有思想力和表现力的“文学”。由此，现代哲学就在自己的“合法性”的自我申辩和自我承诺中，陷入了无法超越的窘境：如果承诺和承担语言的“表述”职能或“表达”职能，就必须致力于哲学的“科学化”或哲学的“文学化”，因此也就失去了自己的独立的或独特的存在方式；如果不承诺或不担当语言的“表述”职能或“表达”职能，就既不能像“科学”那样描述和解释世界，又不能像“文学”那样表现人的情愿和意愿，因此同样失去了自己的独立的或独特的存在方式。正是面对现代哲学的窘境和探寻现代哲学的出路，我在《哲学观研究》中提出和论证了哲学的“表征”的存在方式：哲学作为理论形态的人类自我意识，既不是以语言的“表述”职能构成关于经验事实的命题，也不是以语言的“表达”职能构成关于人的情感或意愿的种种看法，而是以自己的“表征”方式显现人类存在的“意义”。从语言的职能说，哲学总是在“表述”或“表达”什么，但哲学的“表述”或“表达”的真实意义，却不在于它所“表述”或“表达”的内容，而是以理论的形态“表征”自己时代的“时代精神”和人类文明的“活的灵魂”，即“表征”人类存在的“意义”。具体言之，哲学作为“思想中所把握到的时代”，既不是“表述”时代状况的经验事实，也不是“表达”对时代的情感和意愿，而是“表征”人类关于时代的生存意义的自我意识。在《哲学观研究》中，我着力地从哲学的自我追问、哲学的问题转换、哲学的派别冲突，以及哲学命题的真实意义等方面，阐发了哲学的“表征”的存在方式。在我看来，“表征”人类存在“意义”的哲学，既不是孤立的“存在论”，又不是孤立的“真理论”，也不是孤立的“价值论”，而是以“真善美”为内涵的存在论、真理论和价值论的“三者一致”；“表征”人类存在意义的哲学，是以“时代精神主题化、现实存在间距化、流行观念陌生化和基本理念概念化”的方式，使自己成为“理论形态的人类自我意识”。哲学作为理论形态的人类自我意识，它在对构成思想的前提批判中，不断地塑造和引导新的“时代精神”，不断地反思和澄明人类存在的“意义”，从而使自己成为“文明的活的灵魂”。

哲学对思想的前提批判，熔铸着哲学对人类生活的挚爱，对人类命运的关切，对人类境遇的焦虑，对人类未来的期待。因此，哲学对思想的前提批判，既不是超然于人类生活之外的玄思和遐想，也不是僵化的教条和冰冷的逻辑。在哲学被“驱逐”出自然、历史和思维领域而“无家可归”之时，思想的前提批判为哲学澄明了“四海为家”——以思想自身为对象反过来而思之——的广阔前景。思想的前提批判，揭示了哲学的特殊的理论性质和独特的社会功能，展现了哲学发展的自我批判的活力和永不枯竭的理论空间。这深切地表明：人类正在途中，哲学正在路上。

三　关于《辩证法研究》

哲学对思想的前提批判，从根本上说，就是批判地反思“思维和存在的关系问题”，就是揭示“思维和存在”的“矛盾关系”，因而也就是关于“思维和存在”的“矛盾关系”的“辩证法”。因此，我的《哲学观研究》，不仅内在地包含辩证法研究，而且具体地展现为《辩证法研究》。我的博士学位论文的正标题是“理论思维的前提批判”，副标题则是“论辩证法的批判本性”。我所理解的思想的前提批判，与关于“思维和存在的关系”的辩证法，是相互规定、密不可分的。或者更为明确地说，哲学对思想的前提批判，就是哲学意义的辩证法。

究竟如何理解辩证法？这同如何理解哲学一样，又是一个众说纷纭、莫衷一是的重大理论问题。具体言之，它是哲学研究的一个领域，还是哲学自身的实质内容？它是哲学研究的一种方法，还是哲学研究的理论内容？它是哲学研究的知识内容，还是哲学研究的人类智慧？它是人们使用的一种思想工具，还是人们内化于心的深层学养？这些关系到如何理解辩证法的深层问题，是需要并且必须认真探讨的。

首先，辩证法是哲学研究的一个领域，还是哲学自身的实质内容？无论是在哲学教材中，还是在哲学论著中，通常是以两种方式讨论和论述辩证法：一是把辩证法与本体论、认识论、价值论、历史观等并列为哲学的基本领域或基本理论；二是把辩证法叙述为与“形而上学”相对立的思维方式。由于后者只不过是从两种思维方式的对立来阐述辩证法，因而本质上仍然是把辩证法视为哲学中的一个基本领域或哲学中的一种基本理论。值得注意的是，通行的“哲学原理教科书”关于哲学“基本问题”的论述，是把“思维和存在的关系问题”分解为“谁为第一性”的“本体论”问题和“有无同一性”的“认识论”问题，却把“辩证法”问题排斥在“思维和存在的关系问题”之外，似乎“辩证法”是与作为哲学的“重大的基本问题”的“思维和存在的关系问题”无关的问题。由此提出的问题就是：究竟如何看待辩证法与哲学的关系？究竟如何看待辩证法与哲学“基本问题”的关系？

哲学是对“关系问题”的研究。无论是把这个关系问题归结为“思维和存在的关系问题”，还是“人与世界的关系问题”或者“主体和客体的关系问题”，总之是对“关系问题”的研究。诉诸哲学史，我们会看到，无论是中国哲学还是西方哲学，表现其理论内容的基本范畴总是具有“成对”的性质。诸如西方哲学的万物与本原、共相与个别、实体与属性、思维与存在、主体与客体、感性与理性、直觉与逻辑、现象与本质、自由与必然，中国哲学的天地、道德、性命、礼义、体用、理气、知行、物我、仁智、理欲，无不表现为成对的哲学范畴。哲学范畴的成对性，并不是古今中外的哲学家们的有意为之，而是因为哲学是关于“关系问题”的研究。如何理解和对待这些关系问题，如何理解和对待表现这些关系问题的成对的哲学范畴，构成了哲学的辩证法。正因如此，辩证法并不是哲学研究的一个领域，而是哲学自身的实质内容。

哲学对思想的前提批判，就是对“思维和存在的关系问题”的反思。思维和存在的关系，就是思维和存在的矛盾；思维和存在的关系问题，就是思维和存在的矛盾问题；研究思维和存在的矛盾关系和矛盾问题，就是关于思维和存在的关系问题的辩证法。如果承诺“思维和存在的关系问题”是哲学的“重大的基本问题”，也就是承诺哲学的重大的基本问题是关于思维和存在的关系问题的“辩证法”。思维和存在的“关系问题”，蕴含着哲学所探讨的全部“关系问题”的“胚芽”；或者反过来说，哲学所探讨的全部“关系问题”，都是思维和存在的“关系问题”的具体化。正是由思维和存在的“关系问题”所展开的全部“关系问题”，构成了哲学的“辩证法”。“辩证法”是哲学的最为实质的理论内容，也就是作为哲学的“重大的基本问题”的“思维和存在的关系问题”的最为实质的理论内容，因而是哲学的最为真实的存在方式。

其次，辩证法是哲学研究的一种方法，还是哲学研究的理论内容？

人们对“辩证法”的最大误解，莫过于把思想的内容和形式割裂开了，把概念的内涵和外延割裂开了，把哲学的理论和方法割裂开了，因而把作为世界观理论的辩证法、作为关于真理学说的辩证法，变成了没有思想内容、没有概念内涵、没有实证知识的纯粹的“方法”。这种误解，不只是把辩证法“方法化”了，而且是把哲学“抽象化”了。

黑格尔在他的全部著述中反复强调，哲学是“最具体的”，是“最敌视抽象的”，辩证法是“具体的普遍性”，而不是“抽象的普遍性”。人们之所以把“最具体”的哲学视为“最抽象”的理论，之所以把作为“世界观理论”的辩证法当作纯粹的“方法”，最为重要的根源，就在于对“概念”“范畴”和“逻辑”的理解。正是针对人们普遍存在的误解，列宁在《黑格尔〈逻辑学〉一书摘要》中，首先鲜明地从黑格尔的“概念”“范畴”和“逻辑”中引发出如下三个重要论断：其一，“思维的范畴不是人的工具，而是自然的和人的规律性的表述”，“范畴是区分过程中的一些小阶段，即认识世界的过程中的一些小阶段，是帮助我们认识和掌握自然现象之网的网上纽结”①；其二，针对人们把“逻辑”当成“外在的形式”，列宁提出，“黑格尔则要求这样的逻辑：其中形式是富有内容的形式，是活生生的实在的内容的形式、是和内容不可分离地联系着的形式”；其三，正是基于上述认识，列宁得出了关于“逻辑”的论断：“逻辑不是关于思维的外在形式的学说，而是关于‘一切物质的、自然的和精神的事物’的发展规律的学说，即关于世界的全部具体内容的以及对它的认识的发展规律的学说，即对世界的认识的历史的总计、总和、结论”。这个内容与形式相统一的“逻辑”，就是黑格尔的概念辩证法。

辩证法的具体性，在于它是人类认识史的总结、积淀和升华。恩格斯明确地指出：“黑格尔的思维方式不同于所有其他哲学家的地方，就是他的思维方式有巨大的历史感作基础”。由此，恩格斯得出了一个关于“辩证哲学”的基本论断，这就是：所谓的“辩证哲学”是“一种建立在

---

① 《列宁全集》第55卷，90页，北京，人民出版社，1990。

通晓思维的历史和成就的基础上的理论思维”。列宁同样明确地指出：“黑格尔是把他的概念、范畴的自己发展和全部哲学史联系起来了。这给整个逻辑学提供了又一个新的方面”①这就是说，能否掌握和运用“辩证法”，从根本上说，就在于能否“通晓思维的历史和成就”，能否掌握人类自身的思想史。对此，恩格斯还进一步提出，理论思维仅仅是一种天赋的能力。这种能力必须加以发展和锻炼，除了学习以往的哲学，直到现在还没有别的手段。这是值得我们深思的。

再次，辩证法是哲学研究的知识内容，还是哲学思想的人类智慧？通常是把辩证法叙述为“三条基本规律”和“五对基本范畴”：对立统一规律、质量互变规律和否定之否定规律；原因和结果、内容和形式、可能和现实、必然和偶然、现象和本质。通常认为，学习辩证法，就是懂得这些规律和范畴的“普遍性”和“客观性”；掌握辩证法，就是运用这些规律和范畴去“解释世界”和“解决问题”。这样，就把辩证法当成了“用实例证明原理”“用原理解释实例”的“原理加实例”的“哲学知识”。关于辩证法的这种“解释模式”，不仅背离了辩证法的“本性”，而且阉割了辩证法的“灵魂”，从而使辩证法失去了“生命力”。

马克思十分明确地提出，辩证法在本质上是“批判的”“革命的”，它的根本要求是在对事物的“肯定”的理解中同时包含“否定”的理解，因此，辩证法是人类把握世界的一种“辩证智慧”，而不是人类解释世界的一种“实证知识”。列宁关于辩证法的最为重要的论断——“辩证法也就是(黑格尔和)马克思主义的认识论”，直接针对的就是把辩证法当作“实例的总和”和“抽象的方法”，并把马克思主义的辩证法“还原”为朴素的辩证法和把马克思主义的认识论“还原”为直观的反映论。为此，列宁特别强调指出，“问题不在于有没有运动，而在于如何在概念的逻辑中表达它”，还引证恩格斯的话说“辩证法”就是“运用概念的艺术”。

这里的根本问题是在于，辩证法的“对立统一”，或者说辩证法的“矛

---

① 列宁：《哲学笔记》，117页，北京，人民出版社，1993。

盾”，并不是抽象地把“事物”视为“矛盾”的存在，而是从特定的“联系的环节”去把握“矛盾的统一体”。离开“雇佣劳动”，就构不成无产阶级与资产阶级，离开“思维和存在的关系”，就构不成人类认识的真理与谬误；离开“人类文明”，就构不成人类生活的真善美与假恶丑。因此，辩证法的“活的灵魂”，并不是“原理加实例”，而是“具体问题具体分析”。这里的实质问题则在于，辩证法的“矛盾分析”，并不是把事物“分解”为“肯定的方面”和“否定的方面”，而是在对事物的“肯定的理解”中包含着对事物的“否定的理解”。这才是辩证法的“批判本质”，这才是辩证法的“哲学智慧”。

最后，辩证法是一种“思想工具”，还是一种“哲学学养”？恩格斯曾经犀利地、辛辣地但却是深切地、中肯地指出：“自从黑格尔逝世之后，把一门科学在其固有的内部联系中来阐述的尝试，几乎未曾有过。官方的黑格尔学派从老师的辩证法中只学会搬弄最简单的技巧，拿来到处应用，而且常常笨拙得可笑。对他们来说，黑格尔的全部遗产不过是可以用来套在任何论题上的刻板公式，不过是可以用来在缺乏思想和实证知识的时候及时搪塞一下的词汇语录。”①品味恩格斯的论述，我们可以深切地体会到，辩证法之所以被人们讽刺为“变戏法”，就是因为辩证法变成了“可以用来套在任何论题上的刻板公式”，变成了“可以用来在缺乏思想和实证知识的时候及时搪塞一下的词汇语录”。

关于如何才能把握“矛盾”，列宁曾以“表象”“机智和智慧”以及“思维的理性”这三者的对比予以论述。列宁指出：“普通的表象所抓到的是差别和矛盾，而不是一个向另一个的过渡，而这却是最重要的东西”；“机智抓到矛盾，表达矛盾，使事物彼此关系，使‘概念透过矛盾映现出来’，但没有表达事物及其关系的概念”；“思维的理性(智慧)使有差别的东西的已经钝化的差别尖锐化，使表象的简单的多样性尖锐化，以达到本质的差别，达到对立。只有那上升到矛盾顶峰的多样性在相互关系中才成为活跃的和有生机的，——才能得到获得那作为自己运动和生命

① 《马克思恩格斯选集》第2卷，40页，北京，人民出版社，1995。

力的内部搏动的否定性”。[①] 因此，把握矛盾的“概念必须是经过琢磨的、整理过的、灵活的、能动的、相对的、相互联系的、在对立中是统一的，这样才能把握世界”[②]。列宁的这些论述，是值得我们在理解“辩证法”时深思的。

关于辩证法，我们总是习惯性地把它理解为只是一种“方法”，总是不加反思地把它当作一种思想的“工具”，似乎只要使用某些“辩证词句”去说明问题，就是掌握和运用了辩证法。然而，真正地掌握和运用辩证法，却是一个艰难的、漫长的学习过程。黑格尔说，学习哲学，是使“心灵沉入于这些内容，借它们而得到教训，增进力量”。在黑格尔看来，辩证法是由精神历程、文明进步和概念发展所构成的“现实自我意识”。它蕴含着人类精神现象诸环节的自我展开，人类文明进步诸环节的自我发展，人类概念运动诸环节的自我深化。哲学犹如一位饱经风霜的老人，不只是在叙述这些“辩证词句”，而且是在讲述这些“辩证词句”所包含的“全部生活和整个世界”。恩格斯说，所谓的“辩证哲学”，是一种“建立在通晓思维的历史和成就的基础上的理论思维”。只有把辩证法变成我们的“理论思维”，才能超越两极对立、非此即彼的思维方式，“辩证”地思考问题，使“辩证法”成为自己的人生智慧。

四　关于《生命意义研究》

辩证法的人生智慧，就是关于人的生命意义的智慧。人的生命活动不是动物式的“生存”，而是人所特有的“生活”。生存与生活的区别，在于前者是本能的生命活动，后者则是有意识的、寻求意义的生命活动。生命意义研究，就是关于人的生活的研究，关于人的生活意义的研究。

---

① 参见列宁：《哲学笔记》，119 页，北京，人民出版社，1993。

② 同上书，149 页。

人的生活世界，是“有意义”的世界；“有意义”的世界，是人类在自己的生活活动中创造出来的。在人类的历史性的生活活动中，“意义”的创造与“意义”的自觉，是互为前提和相互制约的：没有生活意义的创造，就没有生活意义的自觉；没有生活意义的自觉，也没有生活意义的创造。这是生活意义的创造与自觉的辩证法。

在人的关于“意义”的自我意识中，总是不可逃避地提出这样的问题：究竟什么是“有意义”的，什么是“无意义”的？怎样做是“有意义”的，怎样做是“无意义”的？什么是真、善、美，什么是假、恶、丑？什么是增进“意义”的进步，什么是消解“意义”的退步？对“意义”问题的自觉，始终伴随着人类创造“意义”的全过程，并且深刻地影响着人类历史的进程和人类自身的命运。《生命意义研究》的“意义”，就在这里。

个人的关于“生命意义”的自我意识，总是呈现出不可穷尽的差异性和难以捕捉的任意性，然而，却深层地烙印着“意义”的社会自我意识的普遍性和规范性：其一，个人的关于“生命意义”的自我意识，总是具有“社会内容”的人生价值、伦理道德、法律规范、社会正义、政治制度、社会理想等问题；其二，个人的关于“生命意义”的自我意识，总是具有“社会性质”的真理标准、价值尺度、审美原则、文化传统、时代精神等问题；其三，个人的关于“生命意义”的自我意识，总是表现为具有“社会形式”的常识、宗教、艺术、科学和哲学等人类把握世界的各种基本方式。《生命意义研究》的“可能性”，在于个体自我意识中所蕴含的社会自我意识。

正是以揭示和分析“生命意义”的个体自我意识中所包含的社会自我意识为立足点和出发点，《生命意义研究》具体地论述了人的生活世界、人的精神世界、人的文化世界和人的意义世界，进而论述了现代人的生活世界、现代人的思维方式、现代人的价值观念、现代人的审美意识和现代人的终极关怀，并从教育、科学、艺术、哲学、理论、心态和理想等侧面，较为系统地论述了精神家园的培育、精神家园的真理、精神家园的陶冶、精神家园的升华、精神家园的支撑、精神家园的张力和精神家园的源泉。构建“充实”的人的精神家园，这是《生命意义研究》的“现实意义”之所在。

《生命意义研究》，既是揭示人无法忍受“无意义”的人生，又是阐释人对“有意义”的人生的向往。人无法忍受有限的人生，无法忍受自我的失落，无法忍受现实的苦难，无法忍受冷峻的理性，无法忍受彻底的空白，因此，人生的意义总是表现为有限对无限的向往，渺小对崇高的向往，此岸对彼岸的向往，存在对诗意的向往。人是生理的、心理的和伦理的存在，因而人总是渴望从生理的苦难(生、老、病、死)、心理的苦难(压抑、孤独、空虚和无奈)、伦理的苦难(被压迫、被歧视、被抛弃和被凌辱)中挣脱出来，达成“诗意的栖居”。然而，人在以自然经济为基础的“人对人的依附性”的存在方式中，又只能是人在“神圣形象”中的自我异化，总是承受着“没有选择的标准的生命中不能忍受之重的本质主义的肆虐”；人在以市场经济为基础的“人对物的依赖性”的存在方式中，又只能是人在“非神圣形象”中的自我异化，总是承受着“没有标准的选择的生命中不能承受之轻的存在主义的焦虑”。“有意义”的生活，是人类思考的永恒主题，也是人类追求的伟大理想。

人类的历史，是追求和实现自己的“目的”的历史，也就是追求和实现人类的生命“意义”的历史，追求和实现人所向往的“幸福”的历史。人是生理的、心理的和伦理的存在，就一般意义而言，“幸福”就是对人的生理需要、心理需要和伦理需要的满足。因此，不管人们对文明的“进步”或历史的“发展”予以怎样的解释和赋予怎样的内涵，“进步”和“发展”对于人类来说，总是体现在比较富裕的物质生活对人的生理需要的满足，比较充实的精神生活对人的心理需要的满足，比较和谐的社会生活对人的伦理需要的满足。追求这三个方面的满足，构成了追求自己的目的的人类的历史。而这个历史的“进步”和“发展”的最深层的根基，则在于“人们自己创造自己的历史”的“历史的辩证法”。这个“历史的辩证法”就在于：人既是历史的经常的“结果”，又是历史的经常的“前提”；人作为历史的经常的“结果”，使自己获得了作为创造历史的“前提”的

“条件”；人作为历史的经常的“前提”，又改变了自己得以创造历史的“条件”，从而为自己的历史活动提供了新的“结果”；人在自己的作为历史的“前提”与“结果”的“历史活动”中，构成了历史发展的“客观规律”，形成了生命意义的历史性内涵；人在自己的作为“前提”与“结果”的辩证运动中，不断地提升和满足了自己的生理的、心理的和伦理的需要，从而实现了文明的“进步”和历史的“发展”，也就是不断地实现了人对生命意义的追求。

个人的历史，就是每个个体的生命历程。个人的生命历程，既是不可重复的，又是难以预测的。生命历程的不可重复，这是人生的“无奈”；生命历程的难以预期，这又是人生的“魅力”。个人生命的“意义”，就是在这不可重复的“无奈”和不可预期的“魅力”中实现出来的。对于过去的“经历”，每个人都可以设想种种不同的“如果”和“假如”，但是人生本身却无法“再造”和“重来”；对于人生的“未来”，每个人也可以“设计”和“设想”，甚至“求神问卜”，但“未来”却仍然是期待中的“可能的现实”。然而，“经历”又不只是永逝的过去，“预期”又不只是幻想的“未来”。“经历”是人生的力量。它不只是“亲切的怀恋”，而且是人生的最可珍贵的“财富”——它成为人生的航标，它成为追求的动力，它成为意志的源泉，它成为情感的深度，它成为理性的沉思，它成为价值的诉求，它成为审美的尺度，它成为行动的根据，它成为生活的境界。“经历”构成人生的意义，“经历”引领人生的意义。变为回忆的“经历”，造就了人的精神家园，造就了人的“意义世界”。

个人的经历，总是与国家、民族乃至人类的经历密切相关的；个人关于自身的记忆，总是与国家、民族乃至人类的集体记忆水乳交融的。在一个国家、一个民族的集体经历和集体记忆中，饱含着这个国家、这个民族的苦难、奋斗和希望，并构成了这个国家、这个民族的文化传统和精神家园。整个人类文明的集体经历和集体记忆，承载着整个人类的苦难、奋斗和希望，并构成了整个人类的文明血脉和精神家园。正是个体的经历与记忆同国家的、民族的乃至人类的经历和记忆的相互融合，才构成了个体生命意义与人类生命意义的相互融合，构成了个体的关于生命意义的自我意识与人类的关于生命意义的自我意识的相互融合。哲学作为理论形态的人类自我意识，哲学家们既是以个人的名义讲述人类的故事，又是以人类的名义讲述个人的故事——既是基于个人的体验和思辨去讲述个人对生命意义的理解，又是基于个人对人类文明的体悟和反思去讲述人类对生命意义的理解。个人的体验与思辨同对人类文明的体悟和反思熔铸为哲学家们所构建的哲学，也就是理论形态的关于人类生命意义的自我意识。以个人对生命意义的理解而丰富人类对生命意义的理解，又以人类对生命意义的理解而引导个人对生命意义的理解，从而实现黑格尔所指认的“个体理性”与“普遍理性”的辩证融合，这是哲学之于人类的最真实的“意义”之所在。

对于生命“意义”的困惑，莫过于对“死亡”的自觉。每个生命个体的生命，都是短暂的、有限的、而不是永恒的、无限的。“死亡”，是人这种生命个体“自觉”到的不可逃避的归宿。面对“死亡”这个不可逃避而又是自觉到的归宿，构成了对生命意义的最严峻和最冷酷的挑战：死亡消解了欢乐也消解了苦难，消解了肉体也消解了灵魂，以这种连灵魂都不复存在的空白为归宿，还有什么生命的“意义”可言呢？还有什么生命的“意义”值得追求呢？的确，短暂之于永恒，是微不足道的；有限之于无限，是无法企及的；人生之于死亡，是不可逃避的。然而，既然生命是短暂的、有限的，又何妨“重思”人对永恒和无限的“向往”呢？人不能改变自然的规律，但是人可以改变苦难的现实；人不能获得终极的真理，但是人可以追求美好的生活；人不能达到生活的完满，但是人可以追求精神的充实；人不能超越生命的有限，但是人可以提升人生的境界。人的生命面对着死亡，自觉到死亡，但却以自己的生命的追求直面死亡，在生与死的撞击中，燃烧起熊熊的生命之火，这不正是生命“意义”的自我实现吗？大文豪苏轼泛舟长江，夜游“赤壁”，既“自其变者而观之”，感叹于“寄蜉蝣于天地，渺沧海之一粟”，又“自其不变者而观之”，清风明月“耳得之而为声，目遇之而成色，取之无禁，用之不竭”，又何必

“哀吾生之须臾，羡长江之无穷”呢？如果人生放弃了“瞬间”和“有限”，只是苦求“永恒”和“无限”，人生真的就失去了“意义”。哲学作为理论形态的人类自我意识，就是以“理论”的方式引导人们“向死而思生”，以创造“意义”的人生而实现生命的意义。

人的生活世界的“意义”，是人类以其把握世界的全部方式创造出来的。哲学作为“意义”的社会自我意识，它的巨大的生活价值，就在于它把人类把握世界的各种方式所创造的“意义”，聚焦为照亮人的“生活世界”的“普照光”。哲学探究的是人生在世的大问题，哲学构建的是范畴文明的大逻辑，哲学提供的是睿智通达的大智慧，哲学传承的是启迪思想的大手笔。哲学的最为真实的意义，就在于它“使人作为人而成为人”。哲学对于人类的当代的生活价值，就在于它对时代性的“意义危机”做出全面的反应、批判的反思、规范性的矫正和理想性的引导，从而塑造新的“生命意义”，引领新的“时代精神”，创造新的“人类文明”。这是哲学在人类把握世界的全部方式中的不可或缺和不可替代的“意义”之所在。这套“作品系列”，无论是《哲学通论》和《哲学观研究》，还是《辩证法研究》和《生命意义研究》，写作的动力和目的，都在于对真理、正义和更美好的生活的追求。

序　言　辩证法的理论思维和实践智慧

我的博士学位论文是研究“辩证法的批判本性”，20 世纪 80 年代中期到 90 年代中期又给学生讲了近 10 年的列宁《哲学笔记》的辩证法思想，还在 21 世纪初期出版了《马克思辩证法理论的当代反思》，比较系统地阐述了我对辩证法的理解。在这个基础上，我持续地探讨了黑格尔、马克思、恩格斯、列宁和毛泽东的辩证法思想，主要是抓住他们对辩证法的“独特贡献”予以专门的论述，由此形成了关于黑格尔的“内涵逻辑”的辩证法、马克思的“批判本质”的辩证法、恩格斯的“理论思维”的辩证法、列宁的“三者一致”的辩证法、毛泽东的“实践智慧”的辩证法的系列论文，并在《中国社会科学》和《哲学研究》等刊物上发表。

从“思想的内涵逻辑”到“历史的内涵逻辑”，这是我对黑格尔与马克思的“批判继承”关系的总体性理解。在《辩证法：黑格尔、马克思与后形而上学》一文中，我分别探讨了黑格尔对“抽象理性”的批判和马克思对“抽象存在”的批判。从 17 世纪的“理性的时代”到 18 世纪的“启蒙的时代”再到 19 世纪的“思想体系的时代”，“思想的客观性”问题是西方近代哲学的核心问题，到黑格尔就构成了以“思想的内涵逻辑”为内容的概念辩证法。作为“思想的内涵逻辑”，黑格尔的概念辩证法，构成了一种双重的“何以可能”的逻辑：一是“认识何以可能”的逻辑，一是“自由何以可能”的逻辑。这个双重逻辑，实现在个体理性认同普遍理性的运动过程之中，即个体理性对普遍理性的认同过程，既是由抽象的同一性到具体的同一性的认识过程，又是由抽象的普遍性到具体的普遍性的自由过程。这是黑格尔所实现的辩证法与“形而上学”的合流。马克思继承了黑格尔对“抽象理性”的批判，但把这种批判“转向”为对“抽象存在”（资本）的批判，构成了以《资本论》为主要标志的“历史的内涵逻辑”。“历史的内涵逻辑”就是马克思的辩证法。

2012年出版的《马克思主义辩证法研究》有一个明确的“靶子”，就是人们对“辩证法”的种种误解。在我看来，虽然对辩证法的“误解”表现在许多方面，但其实质是把思想的内容和形式割裂开了，把概念的内涵和外延割裂开了，把哲学的理论和方法割裂开了，因而把辩证法变成了没有思想内容、没有概念内涵、没有实证知识的作为“工具”的“方法”。因此，我在这本书中强调的是：辩证法是具体的普遍性，而不是抽象的普遍性；是思想的内涵逻辑，而不是思想的外延逻辑；是把握现实的理论思维，而不是基于常识的经验思维；是把复杂的问题复杂化的实践智慧，而不是把复杂的问题公式化的“语录词汇”。深刻地理解黑格尔的“思想的内涵逻辑”的辩证法，是真正地理解马克思主义辩证法的不可或缺的理论前提；真切地把握马克思的“历史的内涵逻辑”的辩证法，是切实地推进马克思主义辩证法的最为重要的理论基础。

恩格斯一再强调辩证哲学是一种“建立在通晓思维的历史和成就的基础上的理论思维”，并明确地把反思“理论思维的不自觉的和无条件的前提”作为哲学的根本问题，因此我有针对性地以《恩格斯的“理论思维”的辩证法》为题，集中地阐发了我对恩格斯的辩证法的理解。我在讲授列宁《哲学笔记》的过程中，体会最深的是列宁关于“辩证法也就是（黑格尔和）马克思主义的认识论”的论断。列宁说，这不是问题的“一个方面”，而是问题的“实质”。理解这个“实质”的“症结”，则在于能否理解辩证法、认识论和逻辑学的“三者一致”，因此，我又以《列宁的“三者一致”的辩证法》为题，阐发了我对“三者一致”的理解，并具体地分析了由于不理解“三者一致”而导致的对马克思主义哲学的“误解”：一是由于不是从“三者一致”理解辩证法，因而把辩证法当作“实例的总和”和“抽象的方法”，并把马克思主义的辩证法“还原”为朴素的辩证法和把马克思主义的认识论“还原”为直观反映论；二是由于不是从“三者一致”理解辩证法，因而离开思维和存在的“统一原则”去解读辩证法的“发展原则”，从而把辩证法的“发展学说”庸俗化，以“自在”的辩证法取代“自觉”的辩证法；三是由于不是从“三者一致”理解辩证法，把辩证法、认识论和逻辑学视为三个不同领域或三个不同层次的问题，因而无法理解《资本论》的“大写的逻辑”；四是由于不是从“三者一致”理解辩证法，因而达不到哲学思维的理论自觉，以至于把列宁的“三者一致”的辩证法归结为只是西方近代哲学形态的“认识论的辩证法”。正因如此，深切地理解并深入地阐发列宁的“三者一致”的哲学思想，是真实地推进马克思主义辩证法的重要前提。在我看来，毛泽东的《实践论》和《矛盾论》引申和发挥了列宁的“辩证法也就是认识论”的重要思想，二者既是实践论的认识论，也是实践论的辩证法，因此我又以《毛泽东的“实践智慧”的辩证法》为题，阐发了我对学界目前十分关切的“实践智慧”的理解。

恩格斯说：“一个民族要想登上科学的高峰，究竟是不能离开理论思维的。”①而对于“理论思维”，恩格斯则明确地作出如下的论断：“每一个时代的理论思维，从而我们时代的理论思维，都是一种历史的产物，它在不同的时代具有完全不同的形式，同时具有完全不同的内容”；“对于现今的自然科学来说，辩证法恰好是最重要的思维形式”②。深入

① 《马克思恩格斯选集》第4卷，285页，北京，人民出版社，1995。

② 同上书，284页。

地探索辩证法的“理论思维”，并使之不断转化为照亮现实的“实践智慧”，应当是当代哲学、特别是当代中国马克思主义哲学的重要的研究方向。

目　录

导　言　辩证法理论的当代反思

“坚持辩证法”和“反对形而上学”，是人们经常挂在嘴边的一种提法。然而，究竟什么是辩证法，到底什么是形而上学？怎样坚持辩证法，如何反对形而上学？对这些问题的回答，众说纷纭。

当然，无论是在各类辞典中，还是在各种教材中，我们都可以找到关于“辩证法”和“形而上学”的解释，因而也可以根据这些解释来回答“怎样坚持”和“如何反对”的问题。但是，在我们做出这些“解释”和“回答”的时候，我们首先必须正视这样一种现实，即为什么人们在“坚持辩证法”的同时，又常常把“辩证法”讥讽为“变戏法”？人们在“反对形而上学”的同时，为什么又经常责备自己“陷入”了“形而上学”？这是现实向理论提出的严峻问题，也是理论必须面对和回答的问题。

辩证法和形而上学，既是哲学理论中的一对基本范畴，也是人们在生活中经常使用的一对范畴。在思考现实向理论提出的这个严峻问题的时候，我总是想起恩格斯关于“辩证法”和“形而上学”的论述，觉得恩格斯似乎就是针对我们所面对的问题而做出的这些论述，因此，对于如何在反思中发展马克思的辩证法理论，我就从恩格斯的相关论述谈起。

一 作为理论思维的辩证法

1859年，在评论马克思的《政治经济学批判》时，恩格斯针对如何研究经济学这个问题，做出这样一段论述："自从黑格尔逝世之后，把一门科学在其固有的内部联系中来阐述的尝试，几乎未曾有过。官方的黑格尔学派从老师的辩证法中只学会搬弄最简单的技巧，拿来到处应用，而且常常笨拙得可笑。对他们来说，黑格尔的全部遗产不过是可以用来套在任何论题上的刻板公式，不过是可以用来在缺乏思想和实证知识的时候及时搪塞一下的词汇语录。"①如此这般地套用"辩证"词句，怎么能不"讲套话""说空话"呢？又怎么能责怪人们把"辩证法"讥讽为"变戏法"呢？

恩格斯的这段论述是辛辣的、犀利的，也是中肯的、切实的，会使我们向自己发问：我们是否也会像恩格斯所揭露和批评的"官方的黑格尔学派"那样，把"辩证法"当成"可以用来套在任何论题上的刻板公式"，把"辩证法"变成"在缺乏思想和实证知识的时候及时搪塞一下的词汇语录"？当我们毫无例外地把一些问题简化为"一方面"和"另一方面"的时候，当我们以空洞地强调其"作用"与"反作用"的方式论证一些问题的时候，当我们习以为常地谈论现实状况并指出其"成绩主要"和"问题不少"的时候，当我们评论各种人物及其理论都千篇一律地分解为"贡献"与"局限"的时候，我们是否会联想到恩格斯所批评的"官方的黑格尔学派"？我们是否会警惕自己把"辩证法"变成"变戏法"？

品味恩格斯的论述，我们可以深切地体会到，"辩证法"之所以被人们嘲讽为"变戏法"，是因为"辩证法"变成了"可以用来套在任何论题上

① 《马克思恩格斯选集》第2卷，40页，北京，人民出版社，1995。

的刻板公式”，变成了“可以用来在缺乏思想和实证知识的时候及时搪塞一下的词汇语录”，也就是把“辩证法”变成了没有思想内容的“辩证词句”。因此，从学理上说，我们必须对“辩证法”提出的首要问题就是：“辩证法”是不是一种可以脱离思想内容而到处套用的“方法”。

我们习惯性地把辩证法理解为只是一种“方法”，一种可以用来解释任何问题的最根本的、最重要的“方法”。在这种习惯性的理解中，我们淡化甚至遗忘了“辩证法”的生命根基和根本要求——“具体问题具体分析”，因而走向了“辩证法”的反面——脱离思想内容的“变戏法”。

恩格斯批评“官方的黑格尔学派”从“老师的辩证法”中“只学会搬弄最简单的技巧”，那么，“老师的辩证法”即黑格尔本人的辩证法究竟是什么？大家都知道，黑格尔的辩证法集中地展现在他的《逻辑学》一书中；如何理解黑格尔的“逻辑”，就会如何理解黑格尔的“辩证法”。列宁在《黑格尔〈逻辑学〉一书摘要》中，首先鲜明地从黑格尔的“逻辑”中引发如下三个重要论断：其一，“思维的范畴不是人的工具，而是自然的和人的规律性的表述”①；其二，针对人们把“逻辑”当成“外在的形式”，列宁提出，“黑格尔则要求这样的逻辑：其中形式是富有内容的形式，是活生生的实在的内容的形式，是和内容不可分离地联系着的形式”②；其三，正是基于上述认识，列宁得出了关于“逻辑”的论断，“逻辑不是关于思维的外在形式的学说，而是关于‘一切物质的、自然的和精神的事物’的发展规律的学说，即关于世界的全部具体内容的以及对它的认识的发展规律的学说，即对世界的认识的历史的总计、总和、结论”③。这个内容与形式相统一的“逻辑”，就是黑格尔的辩证法。

黑格尔的内容与形式相统一的辩证法，不是偶然形成的。从古希腊哲学家亚里士多德到近代西方哲学家培根，曾经分别探索和提出了关于思维运动的演绎逻辑和归纳逻辑。这两种被称为“形式逻辑”的思维运动

---

① 《列宁全集》第 55 卷，75 页，北京，人民出版社，1990。
② 同上书，77 页。
③ 同上书，77 页。

的逻辑，都要求“暂时撇开思维的具体内容，而专门研究人的思维结构及其运动的规律和规则”。这种专门研究思维形式结构的逻辑学，从概念角度看，可以称为“外延逻辑”即关于概念的“外延”关系的逻辑。与此相反，自笛卡尔以来，西方近代哲学在对人类思想的越来越深入的反思中，形成了以概念的思想内容及其发展为对象的逻辑，这就是“内涵逻辑”。作为整个西方传统哲学，特别是近代以来的西方哲学的集大成者，黑格尔的《逻辑学》正是关于概念的“内涵逻辑”的辩证法，也就是关于人类思想运动的逻辑的辩证法。这个以概念内涵或思想内容为对象的辩证法，并不是外在于内容的纯粹的形式，并不是“撇开”思想内容的“方法”；恰恰相反，黑格尔的辩证法是关于思想运动的辩证法，是关于概念发展的辩证法，因而是黑格尔自己所说的关于“真理”的辩证法。

人们对“辩证法”的最大误解，就在于把思想的内容和形式割裂开了，把概念的内涵和外延割裂开了，把哲学的理论与方法割裂开了，从而把作为世界观理论的辩证法、作为关于真理学说的辩证法，变成了没有思想内容、没有概念内涵、没有实证知识的纯粹“方法”，似乎辩证法像某种“工具”一样，需要的时候可以拿出来用在各种对象上，用过之后，也可以收起来以备再用。正是由于把“辩证法”当作可以脱离思想内容的纯粹的“工具”或“方法”，因而就像恩格斯所批评的那样，把“辩证法”变成了“可以用来套在任何论题上的刻板公式”，甚至把“辩证法”变成了“可以用来在缺乏思想和实证知识的时候及时搪塞一下的词汇语录”。

理解辩证法的内容与形式、理论与方法的统一，首先需要重新理解我们每时每刻都在使用的“概念”“词汇”和“范畴”。列宁从黑格尔的辩证法中形成的基本认识，就是“思维的范畴不是人的工具，而是自然的和人的规律性的表述”，“范畴是区分过程中的梯级，即认识世界的过程中的梯级，是帮助我们认识和掌握自然现象之网的网上纽结”①，因而“范畴”构成了人类认识的“阶梯”和“支撑点”。这就是说，“概念”“词汇”“范畴”，它们不仅是人类认识的“积淀”“结晶”和文明的“水库”，而且正是这个文明的“水库”为人类自身的发展提供了不断前进的“网上纽结”“阶梯”和“支撑点”。离开这个文明的“水库”以及对这个“水库”的反思，“辩证法”就会成为没有思想内容的“刻板公式”，就会成为“变戏法”的“词汇语录”。

通过上述分析，我们可以理解，人们之所以会把“辩证法”变成“变戏法”，正如恩格斯尖锐地指出的，是由于“缺乏思想和实证知识”。我们必须注意的是，恩格斯这里所说的“思想”，不仅泛指各种具体的思想内容，而且特指关于思想史的“思想”。在批评“官方的黑格尔学派”之后，恩格斯就对“老师的辩证法”做出了这样的解释：“黑格尔的思维方式不同于所有其他哲学家的地方，就是他的思维方式有巨大的历史感作基础”；“何况黑格尔不同于他的门徒，他不像他们那样以无知自豪，而是所有时代中最有学问的人物之一”②。正是从对黑格尔辩证法的反思和对“官方的黑格尔学派”的批评中，恩格斯得出了一个关于“辩证哲学”的基本论断，这就是：所谓“辩证哲学”是“一种建立在通晓思维的历史和成就的基础上的理论思维”。这就是说，能否掌握和运用“辩证法”，从根本上说，就在于能否“通晓思维的历史和成就”，以及能否掌握人类自身的思想史。对此，恩格斯还进一步提出，理论思维只是一种天赋的能力。这种能力必须加以发展和锻炼，而为了进行这种锻炼，除了学习以往的哲学，直到现在还没有别的手段。这是值得我们深入思考的。

二　作为常识思维的形而上学

“辩证法”与“形而上学”是相比较而存在的。对“辩证法”的种种误

---

① 《列宁全集》第55卷，78页，北京，人民出版社，1990。

② 《马克思恩格斯选集》第2卷，42页，北京，人民出版社，1995。

解，总是与对“形而上学”的种种误解密不可分的，甚至可以这样说，正是由于我们简单化地、庸俗化地误解了“形而上学”，从而也简单化地、庸俗化地误解了“辩证法”，所以，我们从恩格斯关于“形而上学”的论述出发，反思我们对“形而上学”和“辩证法”的理解。

关于“辩证法”，马克思曾经这样概括它的“本质”，“辩证法”是“在对现存事物的肯定的理解中同时包含对现存事物的否定的理解，即对现存事物的必然灭亡的理解；辩证法对每一种既成的形式都是从不断的运动中，因而也是从它的暂时性方面去理解；辩证法不崇拜任何东西，按其本质来说，它是批判的和革命的”①。与此相反，所谓“形而上学”，恩格斯把它的思维方式概括为“在绝对不相容的对立中思维”。恩格斯还具体地指出，“是就是，不是就不是；除此之外，都是鬼话”，这就是“形而上学”的“思维公式”。

对于马克思和恩格斯关于“辩证法”和“形而上学”的上述论述，一些论著和教材曾做出这样的引申，即“辩证法”认为“A 也是非 A”，“存在也是非存在”；而“形而上学”则认为“A 就是 A”，“A 不能是非 A”。这样的引申，不仅模糊了马克思和恩格斯的论述，模糊了辩证法与形而上学的真实关系，而且这种简单化的引申造成了对辩证法和形而上学的曲解。

就对“辩证法”的理解而言，“辩证法”是否也要保持思维的确定性？如果回答是肯定的，它怎么能同时肯定“A”是“非 A”“存在”也是“非存在”呢？有谁能说太阳也是月亮，白天也是黑夜，真的也是假的，美的也是丑的？这恰恰表明，不能离开具体的思想内容去理解辩证法；如果把辩证法当作脱离思想内容的纯粹的“方法”，就会把“辩证法”变成否认思维确定性的“变戏法”，就会把“辩证法”变成被人嘲弄的、神秘莫测的东西。

我们这里着重讨论的是对“形而上学”的理解，即究竟怎样看待“形

---

① 马克思：《资本论》第 1 卷，22 页，北京，人民出版社，2004。

而上学”的“是就是，不是就不是”的“思维公式”？只要我们从实际出发，而不是从抽象的原则出发，我们都会承认，这种“思维公式”正是我们日常生活中的“思维方式”：太阳就是太阳，月亮就是月亮，白天就是白天，黑夜就是黑夜，真的就是真的，假的就是假的，美的就是美的，丑的就是丑的，如此等等。这就是我们每个人都必须遵守的思维的确定性。如果有谁违背了这种思维的确定性，谁就无法与他人交流思想和沟通情感，甚至无法正常生活。既然如此，为什么我们还要“坚持辩证法”，“反对形而上学”呢？对此，恩格斯十分亲切、深刻地做出了回答。

恩格斯首先向人们说明了“形而上学”这种“思维方式”的“合理性”，“初看起来，这种思维方式对我们来说似乎是极为可信的，因为它是合乎所谓常识的”①。所谓“常识”，就是普通、平常但又经常、持久起作用的知识。“常识”是来源于经验、依附于经验、适用于经验的人类的“共同经验”。人们的日常生活，正是一种依据“共同经验”、遵循“共同经验”的生活。在这种作为“共同经验”的“常识”中，人们的世界图景得到普遍认同，人们的思想情感得到相互沟通，人们的行为方式得到相互规范，因此，“常识”在人们的日常生活中是“极为可取”的，它对人的存在具有明显的生存价值。而这种“极为可取”的和具有“生存价值”的“常识”，恰恰要求我们遵循“形而上学”的“思维方式”。

在以“常识”即“共同经验”为中介的人与世界的关系中，“人”作为既定的经验主体，是以“直观”的方式把握世界的；“世界”作为既定的经验客体，是以“给予”的方式呈现给主体的；在这种“直观—给予”的主—客体关系中，人和世界都是既定的、稳定的、确定的存在，人与世界之间的关系也是一一对应的。在这种“确定”的人与世界的关系中，“A”就是“A”，“A”不能是“非 A”，“存在”就是“存在”，“存在”不能是“非存在”。这就要求经验主体在思维中保持“是就是，不是就不是”的确定性。正因如此，这种思维“对我们来说似乎是极为可信的”。

---

① 《马克思恩格斯选集》第 3 卷，360 页，北京，人民出版社，1995。

既然如此，为什么要“反对形而上学”的“思维方式”？恩格斯明确地提出，“常识在它自己的日常活动范围内虽然是极可尊敬的东西，但它一跨入广阔的研究领域，就会遇到最惊人的变故”①。在这里，恩格斯明确地以“活动范围”和“研究领域”的区分，向我们提示了“形而上学”这种“思维方式”的合理性与局限性。接着，恩格斯具体地指出：“形而上学的思维方式，虽然在相当广泛的、各依对象的性质而大小不同的领域中是正当的，甚至是必要的，可是它每一次都迟早要达到一个界限，一超过这个界限，它就要变成片面的、狭隘的、抽象的，并且陷入不可解决的矛盾，因为它看到一个一个的事物，忘了它们互相间的联系；看到它们的存在，忘了它们的产生和消失；看到它们的静止，忘了它们的运动；因为它只见树木，不见森林。”②

对此，只要我们不只是“生活”，而且对“生活”进行“思考”，或者说对“生活”进行“反思”，也就是使“生活”进入“研究领域”，我们会立刻发现，那种“形而上学”的“思维方式”就会像恩格斯所说的那样“遇到最惊人的变故”：是非、好坏、善恶、美丑、福祸、荣辱，是否可以做出“非此即彼”的判断？“小我”与“大我”、“局部”与“整体”、“暂时”与“长远”、“理想”与“现实”是否能够“泾渭分明”地分开？反思“生活”，我们就会发现，“天上的太阳”与“水中的月亮”谁亮，“山上的大树”与“山下的小树”谁大，“心中的恋人”与“心外的世界”谁重要，绝不是可以“形而上学”地断言“是就是，不是就不是”，而是“你中有我”，“我中有你”，“错综复杂”，“扑朔迷离”，我们只能运用辩证智慧去“保持必要的张力”和“达到微妙的平衡”。

辩证法是植根于人类生活的。植根于人类生活的辩证法，不仅在对“生活”的反思中是不可或缺的，而且在恩格斯所说的“广阔的研究领域”，即科学研究和哲学反思中，更具有特殊的重要意义，离开科学研

---

① 《马克思恩格斯全集》第20卷，24页，北京，人民出版社，1971。

② 同上书，24页。

究和哲学反思的辩证法在现代是难以为继的。在这里，我较为详细地引证恩格斯的相关论述，来说明超越"形而上学"的"辩证法"的科学意义和哲学意义。

从19世纪初开始，人类的自然科学研究，正如恩格斯所概括的那样，已经由主要是"搜集材料"、关于"既成事物"的科学，发展为"整理材料"、关于"过程"即"事物的发生和发展"，以及"这些自然过程结合为一个伟大整体"的科学。正是针对自然科学的这种基本状况，恩格斯提出："正如今天的自然科学家，不论自己愿意与否，都不可抗拒地被迫考察理论的一般结论一样，每个研究理论问题的人，也同样不可抗拒地被迫研究近代自然科学的成果。在这里发生一定的相互补偿。如果理论家在自然科学领域中是半通，那末今天的自然科学家在理论领域中，在直到现在被称为哲学的领域中，事实上也同样是半通。"①"经验自然科学积累了如此庞大数量的实证的知识材料，以致在每一个研究领域中有系统地和依据材料的内在联系把这些材料加以整理的必要，就简直成为无可避免的。建立各个知识领域互相间的正确联系，也同样成为无可避免的。因此，自然科学便走进了理论的领域，而在这里经验的方法就不中用了，在这里只有理论思维才能有所帮助。"②因此，恩格斯强调地指出："一个民族想要站在科学的最高峰，就一刻也不能没有理论思维。"③那么，自然科学家迫切需要怎样的"理论思维"？恩格斯明确地指出："然而恰好辩证法对今天的自然科学来说是最重要的思维形式，因为只有它才能为自然界中所发生的发展过程，为自然界中的普遍联系，为从一个研究领域到另一个研究领域的过渡提供类比，并从而提供说明方法。"④"自然科学家自己感觉到，这种纷扰和混乱如何厉害地统治着他们，现在流行的所谓哲学如何绝对不能给他们以出路。除了以这种或

---

① 《马克思恩格斯全集》第20卷，382页，北京，人民出版社，1971。

② 同上书，382页。

③ 同上书，384页。

④ 同上书，383页。

那种形式从形而上学的思维复归到辩证的思维，在这里没有其他任何出路，没有达到思想清晰的任何可能。”①同样，在恩格斯看来，哲学也只有成为“一种建立在通晓思维的历史和成就的基础上”的“辩证哲学”，才能成为有生命力的现代哲学。恩格斯说：“自然科学家满足于旧形而上学的残渣，使哲学还得以苟延残喘。只有当自然科学和历史科学接受了辩证法的时候，一切哲学垃圾——除了关于思维的纯粹理论——才会成为多余的东西，在实证科学中消失掉。”②恩格斯的告诫是意味深长的。我们需要从现代科学和现代哲学的发展去理解辩证法与形而上学的对立，去理解“辩证思维”和“辩证哲学”在当代的重大价值与意义，并从而在当代的意义上去掌握作为“辩证思维”的“辩证哲学”。

三　辩证法与反思的思维方式

在对“辩证法”和“形而上学”的理解中，最为根本的问题在于，通常总是在经验常识的意义上去理解和解释二者的区别，这就是把“辩证法”解释成“认为世界上一切事物都是发展、变化的，事物发展的原因在于它的内部矛盾性”；而把“形而上学”解释成“用孤立的、静止的和片面的观点去看世界，把一切事物看成彼此孤立的和永久不变的，即使说到变化，也只是限于数量的增减和位置的变更，而不承认事物的实质的变化；并且硬说一切变化的原因在于事物外部的力量的推动”。这种关于“辩证法”和“形而上学”及其相互关系的通常解释，不是把人们的思维从常识层面上升到哲学层面，而是把哲学层面的理论问题下降为经验常识的问题，以致人们总是停留在经验常识中去理解“辩证法”和“形而上学”。应当说，能否超越在经验层面上去理解“辩证法”和“形而上学”及

---

① 《马克思恩格斯全集》第20卷，384—385页，北京，人民出版社，1971。

② 同上书，533页。

其相互关系，是在当代坚持和发展马克思主义辩证法理论的首要问题。

为了便于对问题本身进行理解，我们在这里仍然首先讨论对“形而上学”的理解。这里的最为直接的问题是：人们能否在“感觉的确实性”上或“表象”的意义上“把一切事物看成彼此孤立的和永久不变的”？能否在“感觉的确实性”上或“表象”的意义上“不承认事物的实质的变化”？就是说，人们能否对事物之间的“联系”和事物本身的“变化”采取“视而不见”“听而不闻”“掩耳盗铃”“自欺欺人”的态度？我们“看见”骏马在草原上奔驰，“看见”雄鹰在蓝天里翱翔，有谁能否认骏马与草原、雄鹰与蓝天的“联系”？有谁能否认骏马在“奔驰”、雄鹰在“翱翔”，即否认骏马和雄鹰的“运动”和“变化”？如果有谁否认这种“联系”和“变化”，那不是“瞪着眼睛说瞎话”吗？同样，有谁能否认生物从“生”到“死”的“实质的变化”？有谁能否认人的知识从“无”到“有”的“实质的变化”？对于这样的“质变”，有谁能够否认呢？既然如此，怎么还会有否认“联系”“变化”和“发展”的“形而上学”呢？这才是值得人们深思的哲学问题。

我们还可以从相反的角度提出问题。这就是：即使我们“承认”骏马与草原的“联系”，雄鹰与蓝天的“联系”，并且我们“承认”骏马在“奔驰”、雄鹰在“翱翔”，甚至我们承认骏马和雄鹰由“生”到“死”的“质变”，我们是否就是用“辩证法”的观点看世界？是否就是形成了“辩证法”的“思维方式”？这应当是更值得深思的问题。

似乎是针对上面提出的问题，列宁在分析人们所熟知的古希腊哲学家芝诺的“飞矢不动”的哲学命题时，做出了两个极其重要的论断：其一，列宁借用黑格尔的论述，提出“芝诺从没有想到要否认作为‘感性确定性’的运动，问题仅仅在于‘nach ihrer〈运动的〉Wahrheit’——（运动的真实性）”；其二，针对如何理解“运动的真实性”，列宁提出，“问题不在于有没有运动，而在于如何用概念的逻辑来表达它”①。

列宁的这两个论断是振聋发聩的。通常总是以“是否承认”运动、变

① 《列宁全集》第55卷，216页，北京，人民出版社，1990。

化、联系和发展为依据来区分“辩证法”和“形而上学”，似乎只要“承认”运动、变化、联系和发展就是“辩证法”。而列宁则针锋相对地指出，由于无人否认作为“感觉的确实性”的运动，因而“问题不在于有没有运动”。这样，列宁就把经验层面的常识问题跃迁为超验层面的哲学问题。这个超验层面的哲学问题，就是“如何用概念的逻辑来表达”运动的问题。

上面我们已经讨论过，在“感觉的确实性”意义上，或者说在人的“感觉”、“知觉”和“表象”的意义上，谁也不可能否认事物之间的“联系”以及事物本身的“运动”“变化”和“发展”。因此，问题只在于对“运动”的理解和解释。从现象上看，“运动”就是物体在某一瞬间处在一个地方，在接着而来的另一瞬间则处在另一个地方；但是，这种解释所描述的是运动的结果，而不是运动自身；它没有指出运动的可能性，而把运动描写成为一些静止状态的总和、联结；因此，在肯定或描述运动的经验事实的意义上，芝诺的“飞矢不动”的命题是错误的。然而，芝诺的错误，是由于他试图从运动的本质上去理解“运动的真实性”，也就是他试图运用概念去解释“运动”，但又不能以概念的辩证法去把握运动的结果，绝不是由于他在“感觉的确实性”上否认运动，即绝不是由于他在人的“感觉”“知觉”和“表象”的经验层面上否认“运动”。正因如此，列宁由对芝诺的“飞矢不动”这个命题的分析，得出了“问题不在于有没有运动，而在于如何用概念的逻辑来表达它”的哲学论断。这是列宁关于如何理解“辩证法”和“形而上学”及其相互关系的极为重要的哲学结论。

用概念的逻辑去表达运动，这就是辩证法问题。恩格斯指出，“运动”就是“矛盾”。“运动”是不间断性与间断性的统一，是事物在每一瞬间既在某一点又不在某一点，是事物存在的每一瞬间既是它自身又不是它自身，因而“运动”就是“矛盾”。正是“矛盾”造成了“如何用概念的逻辑来”表达“运动”的困难，并因此构成了辩证法与形而上学的对立。

我们可以在“感觉的确实性”上承认运动，但是我们却难以在思维中以概念的逻辑去表达运动。这是因为，“造成困难的从来就是思维，因为思维把一个对象的实际联结在一起的各个环节彼此区分开来”。而“如果不把不间断的东西割断，不使活生生的东西简单化、粗陋化，不加以划分，不使之僵化，那么我们就不能想象、表达、测量、描述运动”①。因此，人们需要以概念层次的辩证法去把握、描述、理解和解释事物的“联系”“运动”和“发展”。

在经验的层面上承认“联系”“运动”和“发展”，这当然也可以说是“辩证法”，但这只不过是“朴素的”辩证法。正是由于这种“朴素的”辩证法无力解决概念中的矛盾，因而它在回答“运动的真实性”等“思维和存在的关系问题”时，往往又陷入“形而上学”的思维方式，即以“是就是，不是就不是；除此以外，都是鬼话”的思维方式去理解和解释各种问题。例如，我们能够承认骏马在草原上奔驰，雄鹰在蓝天上飞翔，但是，当我们试图用概念去解释骏马的奔驰和雄鹰的飞翔时，却仍然给予马是在跑还是不跑、鹰是在飞还是不飞的“是就是，不是就不是”的回答，而难以在“肯定的理解中同时包含否定的理解”，即在“运动”与“静止”的统一中去“表达”马和鹰的“运动”。因此，在对辩证法的理解中，我们首先需要超越经验层面的常识思维方式，而跃迁到概念层面的哲学思维方式。

能否从经验层面跃迁到哲学层面去理解“辩证法”和“形而上学”，在最深层的理论问题上，是能否以恩格斯所概括的“哲学基本问题”即“思维和存在的关系问题”去理解“辩证法”与“形而上学”的对立。

所谓“形而上学”的思维方式，并不一般地否认“联系”和“变化”，甚至也不一般地否认“矛盾”和“发展”；它所否认的是“思维和存在”之间的矛盾，是“思维和存在”的矛盾关系的发展。“形而上学”的“思维公式”之所以在“绝对不相容的对立中思维”，认为“是就是，不是就不是；除此

① 《列宁全集》第55卷，219页，北京，人民出版社，1990。

之外，都是鬼话”，就是因为，它不理解“思维和存在”是矛盾中的统一、发展中的统一，而把“思维和存在”看成直接的统一、不变的统一。这应该是值得深思的。

在人的“经验”中，“思维”所反映的“存在”，就是“存在”本身。被“思维”所反映的“存在”，既包括“存在”的“联系”和“变化”，也包括“存在”的“矛盾”和“发展”。如果人们在经验中发觉“思维”与“存在”的“矛盾”，也是把这种“矛盾”看成直接的不统一，即所谓“歪曲”地反映了“存在”。例如，我们如其所是地肯定了骏马的奔驰和雄鹰的飞翔，这就“正确”地反映了存在；反之，则是“歪曲”地反映了存在。这就把思维与存在之间的关系看成是直接的统一或直接的不统一。因此，这种“经验”中的“思维和存在”的“矛盾”，仍然是由“是就是，不是就不是”的“形而上学”的思维方式构成的。

所谓“辩证法”的思维方式，在于它从“思维和存在的关系问题”出发，不断地发现、揭示和深化人类认识的“阶梯”和“支撑点”——概念、范畴——中所蕴含的“思维和存在”之间的矛盾，用“概念的逻辑”去表达“运动”“矛盾”“发展”的本质。例如，在现代的社会发展理论中，“发展”就是一个在反思中被不断发展的概念，人们对“发展”的理解，已经从单纯的经济增长发展为经济与社会的协调发展，又发展为已经被人们普遍认同的可持续发展。而“辩证法”所运用的“概念的逻辑”，就是恩格斯所说的“建立在通晓思维的历史和成就的基础上的理论思维”；对“发展”的反思，就是通过对“发展”的概念内涵之历史演进的哲学反思而推进人们对“发展”的理解。

这样理解的辩证法和形而上学及其相互关系，不是神秘的，而是现实的；不是抽象的，而是真实的。这里的关键问题，是对“概念”与“名称”的反思。把“概念”混同为“名称”，是在经验层面理解和解释辩证法，从而造成对辩证法的种种曲解。

在人们的经验意识中，“概念”只不过是关于某种对象的“名称”，这些“名称”与它所指示的“对象”是确定的、稳定的对应关系，因此作为

“名称”的“概念”既是无矛盾的，也是非发展的。例如，在人们的经验意识中，“人”也好，“物”也好，“规律”也好，“真理”也好，它所指称的对象，它对所指称对象的理解，都是确定的，不变的，因此，“人”“物”“规律”“真理”这些概念本身也是确定的，不变的，无矛盾的，非发展的。正是这种把“概念”当作“名称”的经验意识，构成了“是就是，不是就不是；除此之外，都是鬼话”的形而上学的思维方式。要超越这种形而上学的思维方式，就必须超越经验意识，在对“概念”的矛盾的、发展的理解中构成辩证法的思维方式。

这里首先以“人”为例来予以说明。“人”是历史的存在，是文化的存在，具有特定的历史、文化的内涵，即“人”本身是矛盾的、发展的存在。但是，在人们的经验意识中，“人”就是“人”，“人”自身并无矛盾；即使人们在经验意识中承认“人”是矛盾的存在，也难以自觉地意识到用以指称“人”的“人”这个概念的内在矛盾。其实，我们对“人”的理解是在揭示“人”的内在矛盾中不断深化的。例如，在哲学史上，费尔巴哈把“人”理解为“感性的存在”，马克思则把人理解为“感性的活动”和“一切社会关系的总和”。这种概念理解中的深化，反过来又深化了对概念所指称的对象的理解，即深化了对“人”本身的理解。在这种对概念的内在矛盾的理解中，“人”不再是某种既定的、不变的存在，而是矛盾的、发展的存在。这就是对“人”的辩证理解。

对“物”的理解也是如此。如果我们把“概念”只当成指称对象的“名称”，被指称的对象就是既定的、不变的；只有在科学研究中深化对“概念”的内在矛盾的认识，才能深化对“物”的辩证理解。对此，科学家们有深刻的理解。爱因斯坦说，“物理学是从概念上掌握实在的一种努力”①。海森堡说，“物理学的历史不仅是一串实验发现和观测，再继之以它们的数学描述的序列，它也是一个概念的历史”②。人类科学的发

① 《爱因斯坦文集》第1卷，36页，北京，商务印书馆，2010。

② 《现代物理学参考资料》第3集，9页，北京，科学出版社，1978。

展史，就是科学概念的形成和确定、扩展和深化、更新和革命的历史。科学所编织的概念之网，构成人类“认识世界的过程中的梯级，是帮助我们认识和掌握自然现象之网的网上纽结”①。试想一下，一个不懂得物理学的人，除了把指称“物”的“概念”当作“名称”，又能把“概念”当成什么呢？他没有物理学的知识，又怎么发现物理学的概念与对象之间的矛盾呢？他除了把“物”视为“是就是，不是就不是”之外，又怎么能达到对“物”的“辩证”理解呢？

再以我们经常挂在嘴边的“规律”和“真理”为例。我们经常说，“规律”是“看不见”“摸不着”的，但又是可以“被认识”“被利用”的。既然“看不见”“摸不着”，为何能够“被认识”，怎么能够“被利用”？这就提出了感性与理性、个别与一般、现象与本质、必然与偶然等一系列“矛盾”问题。我们只有在对“规律”的内在矛盾的辩证理解中，才能真正认识“规律”。同样，究竟什么是“真理”？在人们的经验意识中，“真理”的问题是一个极为简单的问题，即概念与对象的符合问题，也就是我所使用的概念指称的就是它应当指称的对象，或者说“正确地反映”了“客观对象”。然而，对“真理”这个概念的辩证理解，引发了层层深入的矛盾：在最直接的意义上，“真理”的问题就是概念所指称的对象是否存在的问题，即“有没有”的问题；然而，进一步我们就会发现，“真理”的问题并不只是回答概念所指称的对象“有没有”的问题，而主要是回答概念是否表达了对象的“本质”，即“对不对”的问题；在“对不对”的问题中，又可以分为“表象”之真与“思想”之真的问题，即“表象”是否“正确地反映”了对象的“现象”，以及“思想”是否“正确地反映”了对象的“本质”；如果进一步追问，我们又可以发现，“真理”的问题并不仅仅是“有没有”“对不对”的问题，而且还是“好不好”的问题。作为辩证法大师的黑格尔有一段精彩的论述：“譬如我们常说到一个真朋友。所谓一个真朋友，就是指一个朋友的言行态度能够符合友谊的概念。同样，我们也常说一件真

---

① 《列宁全集》第55卷，78页，北京，人民出版社，1990。

的艺术品。在这个意义下，不真即可说是相当于不好，或自己不符合自己本身。一个不好的政府即是不真的政府，一般说来，不好与不真皆由于一个对象的规定或概念与其实际存在之间发生了矛盾。对于这样一种不好的对象，我们当然能够得着一个正确的观念或表象，但这个观念的内容本身却是不真的。”①黑格尔的这段论述把一个看似简单的问题复杂化了，也就是把一个本来复杂的问题复杂化了。这应当说是一种真实的辩证思考。如果我们从哲学层面去看“真理”的“有没有”“对不对”“好不好”的问题，其实就是要求我们从存在论、认识论和价值论的统一中去理解“真理”。这样的真理观只能是辩证法的真理观。

由此我们可以理解，辩证法是把研究对象复杂化，是把本来复杂的研究对象复杂化，也就是“具体问题具体分析”，分析出研究对象本身复杂的内在矛盾，以及由这些复杂的矛盾所引发的事物自己的发展。这就要求我们发现、揭示和分析概念与经验之间的矛盾，以及由概念与经验之间的外在矛盾所引发的概念自身的内在矛盾，并用概念的内在矛盾去深化对事物内在矛盾的理解，用概念自身的发展去深化对事物自身发展的理解。由此可见，辩证法绝不是可以套在任何论题上的“刻板公式”，绝不是用以搪塞无知的“词汇语录”，而是对“具体问题”的“具体分析”，是以概念的运动去表达事物的矛盾、运动和发展。正是在这个意义上，列宁曾经在“辩证法是什么”的标题下提出，“概念的相互依赖”，“一切概念的毫无例外的相互依赖”，“一个概念向另一个概念的转化”，“一切概念的毫无例外的转化”，“概念之间对立的相对性”，“概念之间对立面的同一”。② 辩证法是运用概念的艺术，辩证法是必须努力学习才能掌握的。

辩证法，用恩格斯的话说，它是一种“建立在通晓思维的历史和成就的基础上的理论思维”。这种“通晓思维的历史和成就”的辩证法，是

---

① ［德］黑格尔：《小逻辑》，86 页，北京，商务印书馆，1980。

② 列宁：《哲学笔记》，210 页，北京，人民出版社，1974。

以人与世界的现实关系为基础的。人对世界的关系，思维对存在的关系，从根本上说，是一种否定性的统一关系。正是这种否定性的统一关系，构成了人与世界之间的无限丰富的矛盾关系；而人类思想关于人与世界矛盾关系的自我意识的历史发展，则构成了“通晓思维的历史和成就”的辩证法。

人对世界的关系，按照马克思的观点，是人以“任何物种的尺度”和人的“内在固有的尺度”去改造世界，把世界变成人所期待的世界，让世界满足人的需要。因此，在人与世界、思维与存在的关系中，一方面是人以自己的认识活动在观念中否定世界(存在)的现存状态，并在观念中建构人所要求的现实；另一方面，是人在自己的实践活动中现实地否定世界(存在)的现存状态，把观念中的目的性要求和理想性图景变成现实的存在。这种人与世界、思维与存在之间的否定性统一关系，构成了人以否定的、批判的态度去看待现存一切的辩证法。马克思说，辩证法不崇拜任何东西，按其本质来说，它是批判的和革命的。这就要求我们从马克思对人与世界关系的实践论的理解中去反思和发展马克思的辩证法。

第一章　马克思主义经典作家的辩证法研究

一　马克思的“批判本性”的辩证法

在哲学的意义上，黑格尔所实现的是辩证法与形而上学的“合流”；在历史的意义上，黑格尔则以辩证法与形而上学的“合流”，理论地表征了资本主义的存在方式。这是马克思所理解的黑格尔哲学，也是马克思批判黑格尔的立足点和出发点。正是通过对黑格尔的批判，马克思构成了自己的以人的历史活动为内容、以抽象的存在——资本——为批判对象的辩证法，并以自己的辩证法实现了双重“终结”：既终结了超历史的形而上学，又终结了资本主义的非历史性的神话。

在批判黑格尔的出发点上，马克思深刻地揭示了黑格尔的哲学与现实之间的关系，即黑格尔体系的第一个因素是“形而上学地改了装的、脱离了人的自然”，第二个因素是“形而上学地改了装的、脱离了自然的精神”，第三个因素是“形而上学地改了装的以上两个因素的统一，即现实的人和现实的人类”。马克思认为，对“自然”“精神”“现实的人和现实的人类”进行“形而上学”的“改装”，并不是因为黑格尔的“思辨”的“偏好”(与马克思不同，现代的哲学家往往从黑格尔的“偏好”去解释和批判黑格尔的“思辨”)，而是因为“个人现在受抽象统治”。因此，马克思对黑格尔的批判，是透过黑格尔的“形而上学”的“思辨”，致力于批判构成这种“思辨”的“形而上学”的“抽象”的“存在”。

“存在”是一切哲学思考的根本出发点；哲学家如何理解“存在”，其思考聚焦于怎样的“存在”，构成区别各种哲学的分水岭。包括黑格尔在内的所有形而上学家，他们所理解的真正“存在”是作为“最高原因的基本原理”的存在，他们思考的聚焦点是某种构成“思存同一性”的存在。正因如此，所谓哲学的“形而上学”，就是寻求“最高原因的基本原理”的“同一性哲学”；所谓“形而上学”的“改装”，就是把全部“存在”(自然、神、现实的人和现实的人类)以思维规定感性的方式“改装”成思维的规定——概念——的自我运动。这在本质上只能是一种超历史的、非历史的“存在”。正是在批判黑格尔哲学的出发点上，马克思以自己所关切的“存在”，展开了对“形而上学”的具有“终结”意义的批判。

历史学家柯林武德说，“也许历史是马克思极感兴趣的唯一事物”①。“历史”成为马克思的“极感兴趣的唯一事物”，这在全部哲学史的意义上，标志着马克思“发现”了超越黑格尔的辩证法的形而上学，从而终结了全部形而上学的真正“存在”。它构成马克思批判全部“抽象存在”的基本前提。

关于“历史”，马克思恩格斯曾明确指出：“‘历史’并不是把人当做达到自己目的的工具来利用的某种特殊的人格。历史不过是追求着自己目的的人的活动而已。”②在马克思恩格斯这里，“历史”就是“人们的存在”，就是“他们的现实生活过程”③，“先于人类历史而存在的那个自然

---

① [英]柯林武德：《历史的观念》，186页，北京，商务印书馆，1997。

② 《马克思恩格斯全集》第2卷，118—119页，北京，人民出版社，1957。

③ 《马克思恩格斯选集》第1卷，72页，北京，人民出版社，1995。

界”，对于人来说“也是不存在的自然界”。① 这清楚地表明，“历史”才是马克思所关切的“存在”。

作为“人的活动”的“历史”，是人的存在方式。人与动物的根本区别在于，人是“历史”的存在。由于“全部人类历史的第一个前提无疑是有生命的个人的存在”②，因此，马克思的“出发点是从事实际活动的人”③，是“现实的个人，是他们的活动和他们的物质生活条件”④。马克思说：“人的存在是有机生命所经历的前一个过程的结果。只是在这个过程的一定阶段上，人才成为人。但是一旦人已经存在，人，作为人类历史的经常前提，也是人类历史的经常的产物和结果，而人只有作为自己本身的产物和结果才成为前提。”⑤人自身作为历史的“前提”和“结果”，以自己的活动构成自己的“历史”，以自己的历史构成自身的“存在”。离开人的“历史”，就会把人的“存在”抽象化，把人与世界的现实关系抽象化。人们的“存在”，就是人们的现实生活过程；人们的“现实生活”的根基，则是人们的物质生活资料的生产——劳动。“劳动”是人的“存在”。

马克思以“劳动”为根基的“现实生活”的存在论，为“否定”的辩证法注入了“存在”的真实内容。这表现为，概念差别的内在发生，或概念的内在否定性，其根源究竟何在？在黑格尔那里，一是根源于思维存在同一性内在的差别性，二是根源于个体理性中的个体意识与普遍理性的内在差别性。因此，黑格尔试图以概念的自己运动来达成二者的统一：一是概念由思维存在的抽象同一性上升为思维存在的具体同一性，二是概念在自己的运动中实现个体理性与普遍理性的融合。与黑格尔不同，马克思的“否定”的辩证法奠基于人对世界的否定性统一关系——人自身的

① 《马克思恩格斯选集》第1卷，77页，北京，人民出版社，1995。
② 同上书，67页。
③ 同上书，73页。
④ 同上书，67页。
⑤ 《马克思恩格斯全集》第26卷(III)，545页，北京，人民出版社，1974。

实践活动之上。马克思以人类的物质生活资料的生产——劳动——作为出发点，以“劳动”的内在矛盾构成“存在”的辩证法。在《资本论》中，马克思从资产阶级社会“经济的细胞形式”——“劳动产品的商品形式，或商品的价值形式”——入手，逐次深入地揭示了商品的使用价值与交换价值的矛盾、构成商品的使用价值和交换价值的具体劳动与抽象劳动的矛盾，从而把对资产阶级社会的全部矛盾的分析聚焦于对“活劳动”与“死劳动”(资本)的矛盾分析，进而揭示出“抽象的存在”——资本——统治和支配一切“具体的存在”的资产阶级社会的“存在”。正是由于“抽象存在”统治和支配一切“具体存在”，才构成黑格尔对“自然”“精神”“现实的人和现实的人类”进行“形而上学”“改装”的现实基础。因此，马克思的辩证法绝不仅仅是批判“抽象理性”的辩证法，而是批判“抽象存在”(资本)的辩证法，是通过这种批判把资本的独立性和个性变为人的独立性和个性的辩证法。

作为当代哲学的一种重要思潮的“后形而上学”，它对“形而上学”的批判，首先是对思维规定感性的“概念”的批判，即对“概念”的思维存在同一性的批判，因此，阿多诺所说的“确保概念中的非概念物”，是批判“同一性哲学”的“后形而上学”的根本出发点。在这种“后形而上学”的视域中，我们可以发现，马克思批判“抽象存在”的辩证法，正是阿多诺所说的“对概念中的非概念物的基本特性的洞见”①。这突出地表现在：其一，马克思的哲学批判，是从思想中透视出现实，以现实来揭示思想，“不是意识决定生活，而是生活决定意识”②，这构成了马克思的历史唯物主义的根本命题，并由此把黑格尔对“抽象理性”的批判转变成对“抽象存在”的批判；其二，马克思的经济学批判，是从“物与物的关系”中揭示其掩盖的“人与人的关系”，通过对“把人变成帽子”的英国古典经济学家李嘉图和“把帽子变成观念”的德国古典哲学家黑格尔的批判，把对

① [德]特奥多·阿多尔诺：《否定的辩证法》，11页，重庆，重庆出版社，1993。

② 《马克思恩格斯选集》第1卷，73页，北京，人民出版社，1995。

"抽象存在"的批判展现为对"死劳动"(资本)的批判；其三，马克思的空想社会主义批判，是从"人的异化"中揭示出"劳动的异化"，并从"劳动的异化"中揭露出"人的异化"，把对现实的"不合理"的批判转化为对"不合理"的现实的批判。这种批判，真正地"洞见"到了"概念中的非概念物"，即"洞见"到了现实与思想的矛盾、活劳动与死劳动的矛盾、现实的批判与思想("词句")的批判的矛盾，从而使辩证法从"思想"的否定走向"现实"的否定。这是马克思的历史唯物主义的"否定的辩证法"。

"后形而上学"对"概念"的"同一性"的批判，蕴含着它对"同一性哲学"的"体系"的批判，即批判"概念"的"同一性"就是批判这种"同一性"所构成的"宏大叙事"的思想体系。在这种"后形而上学"的视域中，我们同样可以发现马克思对"体系"的极其深刻的"洞见"。马克思不仅明确地指出"我的辩证方法，从根本上来说，不仅和黑格尔的辩证方法不同，而且和它截然相反"①，并且深切地揭露了黑格尔的"体系"的实质："正如我们通过抽象把一切事物变成逻辑范畴一样，我们只要抽去各种各样的运动的一切特征，就可得到抽象形态的运动，纯粹形式上的运动，运动的纯粹逻辑公式。"②不仅如此，马克思进而深刻地揭露了"历史"屈从于"体系"(逻辑)的根源："黑格尔认为，世界上过去发生的一切和现在还在发生的一切，就是他自己的思维中发生的一切。因此，历史的哲学仅仅是哲学的历史，即他自己的哲学的历史。"③这表明，马克思所批判的是"体系"的"形而上学"，而不是"概念"的"思想体系"。

在马克思这里，"思想"构成"体系"的问题，不仅具有一般的认识论意义，而且具有如何以"思想"把握"现实"的重大的方法论意义。就前者来说，马克思提出思想构成自己的"两条道路"，即"在第一条道路上，完整的表象蒸发为抽象的规定；在第二条道路上，抽象的规定在思维行

---

① 《马克思恩格斯选集》第2卷，111—112页，北京，人民出版社，1995。

② 《马克思恩格斯选集》第1卷，139页，北京，人民出版社，1995。

③ 同上书，141页。

程中导致具体的再现”[①]。就后者来说，马克思在探讨“范畴”与“历史”的关系的基础上提出，“人体解剖对于猴体解剖是一把钥匙。反过来说，低等动物身上表露的高等动物的征兆，只有在高等动物本身已被认识之后才能理解。因此，资产阶级经济为古代经济等等提供了钥匙”[②]。马克思由此得出的重要结论是：“把经济范畴按它们在历史上起决定作用的先后次序来排列是不行的，错误的。它们的次序倒是由它们在现代资产阶级社会中的相互关系决定的”[③]，“资本是资产阶级社会的支配一切的经济权力。它必须成为起点又成为终点，必须放在土地所有制之前来说明”[④]。正是由于马克思在现代思想史上把“资产阶级社会的支配一切的经济权力”——资本——作为自己的批判对象，从而极为深刻地揭示了现代人的“以物的依赖性为基础的人的独立性”，揭示了“个人正在受抽象统治”的存在，才构成了马克思“对现实的一切进行无情的批判”的革命的辩证法。离开这种关于“思想”构成“体系”的自觉，马克思又如何实现其对“抽象存在”——资本——的批判？同样，离开这种自觉，“后形而上学”又如何实现其对“同一性哲学”的批判？因此，冲破“体系”的辩证法，并不是反对“思想”构成“体系”，而是“拒斥”体系的“形而上学”。

正是立足于对“抽象存在”——资本——的批判，马克思在《〈黑格尔法哲学批判〉导言》中这样提出哲学的“迫切任务”，即“人的自我异化的神圣形象被揭穿以后，揭露具有非神圣形象的自我异化，就成了为历史服务的哲学的迫切任务”[⑤]。“揭穿”人的自我异化的“神圣形象”，特别是“揭露”人的自我异化的“非神圣形象”，不仅是对思维规定感性的“形而上学”的终结，也是对“形而上学”的人格化的历史的终结——英雄创

① 《马克思恩格斯选集》第2卷，18页，北京，人民出版社，1995。
② 同上书，23页。
③ 同上书，25页。
④ 同上书，25页。
⑤ 《马克思恩格斯选集》第1卷，2页，北京，人民出版社，1995。

造历史的英雄主义时代的终结。这是在“历史”的意义上对形而上学的终结。对于这种“终结”，值得我们深思的是，“人们自己创造自己的历史”，既要求“英雄主义时代”的隐退，又需要取而代之的“英雄主义精神”的兴起。“英雄主义时代”的“英雄”，是黑格尔的“普遍理性”及其人格化；“英雄主义精神”的“英雄”，则是马克思的“自己创造自己的历史”的“现实的个人”。以“英雄主义精神”取代“英雄主义时代”，就是以“现实的个人”取代“普遍理性”的人格化，也就是让“个人”成为真正的“现实”——具有个性和独立性的“个人”，全面发展的“个人”。这是历史的辩证法，也就是马克思所揭示的“历史规律”。这个由人的历史活动所构成的历史规律，蕴含着人的“理性”、人的“目的”、人的“理想”、人的“追求”。这是一种“反形而上学”的形上追求，是一种蕴含着“形上追求”的关于人的“存在”的辩证法。

二　恩格斯的“理论思维”的辩证法

在“理论思维”的意义上研究和阐释辩证法，既是恩格斯哲学思想的一大特色，也是恩格斯对辩证法的独特贡献。他在《反杜林论》《自然辩证法》和《费尔巴哈论》等哲学著作中，全面地概括和总结了科学史、哲学史和人类史所体现的人类理论思维的历史演进，深入地探讨和阐发了经验思维与理论思维、科学思维与哲学思维、自发的辩证法与自觉的辩证法、唯心的辩证法与唯物的辩证法的相互关系，具体地揭示和论证了辩证法与理论思维方式、辩证法与哲学基本问题、辩证法与自然科学成果、辩证法与历史唯物主义、辩证法与科学社会主义等一系列重大理论问题，明确提出辩证法是“一种建立在通晓思维的历史和成就的基础上的理论思维”，为后人提供了作为“理论思维”的辩证法。

然而，自20世纪以来的一百多年里，恩格斯的哲学思想，特别是恩格斯的辩证法遭到来自两个方面的曲解：一是自斯大林的《辩证唯物主义与历史唯物主义》以来的哲学原理教科书，离开恩格斯对哲学思维的理论自觉和恩格斯所强调的“不再是哲学”的“世界观”，以素朴实在论和直观反映论的经验思维描述和解释恩格斯的辩证法，在相当程度上把辩证法变成了恩格斯尖锐批评的“刻板公式”和“词汇语录”；二是自卢卡奇的《历史与阶级意识》以来的西方马克思主义，把恩格斯视为与马克思不同的“正统马克思主义”或“苏联模式马克思主义”的始作俑者，同样把恩格斯的辩证法归结为素朴实在论和直观反映论的经验思维和以科学为内容的科学思维，并由此指认恩格斯的哲学思想是与马克思不同的“科学主义”。

这两方面的曲解，既是“两极相通”的，又是“相得益彰”的：一方面，由于教科书以素朴实在论和直观反映论的经验思维描述和解释恩格斯的辩证法，并以经验思维的解释原则大量引证恩格斯的论述作为教科书阐述辩证法的主要依据，从而为西方马克思主义曲解和否认恩格斯的辩证法提供了“口实”；另一方面，由于卢卡奇、萨特、阿尔都塞、科尔施、胡克、莱文、麦克莱伦等西方马克思主义的“总体性的辩证法”“人学的辩证法”“结构主义的辩证法”“否定的辩证法”等对恩格斯及其辩证法的批评所产生的社会效应，更加强化了把恩格斯的辩证法视为对科学主义和经验思维的“认同”。在这样两个方面的“互动”中，“批评”恩格斯的辩证法，特别是恩格斯在《反杜林论》和《自然辩证法》中所阐发的辩证法，几乎成了国内外许多学者的“共识”和“定论”。

究竟如何理解、阐释和评价恩格斯的辩证法，既取决于恩格斯的“文本”，也取决于研究者对文本的“解读”。就“文本”来说，恩格斯的辩证法思想不仅是丰富的和完整的，而且每部著作和每个命题都有其特定的针对性，离开其丰富性和完整性而孤立地引证某个论断并予以引申和批评，或者离开其特定的针对性而予以解释和评论，就不仅会把恩格斯的辩证法简单化和庸俗化，而且会从根本上和总体上曲解和否定恩格斯的辩证法。就“解读”来说，是否严肃地、认真地、实事求是地研究恩格斯的论著，是否以哲学思维的理论自觉和哲学史的开阔视野探索辩证法问题，会从根本上和整体上制约对恩格斯辩证法的理解、阐述和评价。

(一)形而上学的思维方式与辩证法的思维方式

在理论思维的层面上系统阐述辩证法，这是继黑格尔之后，恩格斯对辩证法的重大贡献。这首先表现在两个方面：一是揭示和阐述形而上学与辩证法这两种思维方式之间的关系，二是揭示和阐述自发形态的辩证法与自觉形态的辩证法之间的关系。正是而且只是在提示和阐述这两种关系的基础上，恩格斯的"理论思维"的辩证法才得以呈现。

辩证法的思维方式，是与形而上学的思维方式相比较而存在的。对"辩证法"的种种误解(如把辩证法视为"变戏法")，总是同对"形而上学"的种种误解分不开的；或者反过来说，正是由于庸俗化地误解了"形而上学"，从而也庸俗地误解了"辩证法"。恩格斯在《反杜林论》和《自然辩证法》等著作中，正是以揭示和阐述形而上学的思维方式为前提的，特别是以提示和阐述这种思维方式的"合理性"和"局限性"为前提，才深刻地提示和阐述了作为理论思维的辩证法。

关于形而上学，恩格斯把它的思维方式概括为"在绝对不相容的对立中思维"，并具体地指出，"是就是，不是就不是；除此之外，都是鬼话"，这就是"形而上学"的"思维方式"①。然而，对于形而上学的思维方式，恩格斯并不如同教科书那样简单地予以否定，恰恰相反，恩格斯首先充分地说明了它的"合理性"："初看起来，这种思维方式对我们来说似乎是极为可信的，因为它是合乎所谓常识的。"②在这里，恩格斯为让人们理解形而上学的思维方式，做出十分深刻和极为重要的提示：形而上学思维方式的"合理性"与"局限性"，均在于其"合乎所谓常识"；批判和超越形而上学的思维方式，则在于反思和超越"合乎所谓常识"的思维方式。然而，以通行的哲学原理教科书为标志的通常理解，恰恰是离

① 《马克思恩格斯选集》第3卷，360页，北京，人民出版社，1995。

② 同上书，360页。

开形而上学思维方式的“合理性”而批判其“荒谬性”。这就不仅曲解了形而上学的思维方式，而且必然曲解辩证法的思维方式。而一旦把这种曲解强加给恩格斯，就会导致对恩格斯辩证法的曲解和否定。因此，详细地考察和阐释恩格斯关于形而上学思维方式与经验常识之间关系的论述，并进而阐述恩格斯关于形而上学思维方式与辩证法思维方式之间关系的论述，就成为研究恩格斯的理论思维的辩证法的不可或缺的重要内容。

所谓“常识”，就是普通、平常但又经常、持久起作用的知识。常识是来源于经验、依附于经验、适用于经验的人类的共同经验。人们的日常生活，就是形成共同经验、依据共同经验、遵循共同经验、丰富共同经验的生活。在这种作为共同经验的“常识”中，人们的世界图景得以普遍认同，人们的思想感情得以相互沟通，人们的行为方式得以相互规范，因此，“常识”不仅在人们的日常生活中是“极为可信”的，而且对人们的日常生活具有普遍的“生存价值”。正是这种“极为可信”且具有“生存价值”的“常识”，构成了“形而上学”的思维方式。

在以“常识”即“共同经验”为中介的人与世界的关系中，“人”作为既定的经验主体，以“直观”的方式把握世界；“世界”作为既定的经验客体，以“给予”的方式呈现主体；在这种主体—客体关系中，人和世界都是既定的、稳定的、确定的存在。在这种“确定”的人与世界的关系中，“A”就是“A”，“A”不能是“非 A”。这就要求经验主体在思维中保持“是就是，不是就不是”的确定性。正因如此，这种符合“常识”的形而上学的思维方式“对我们来说似乎是极为可信的”。

然而，形而上学思维方式的“合理性”，正是它的“局限性”。对此，恩格斯明确地提出：“常识在它自己的日常活动范围内虽然是极可尊敬的东西，但它一跨入广阔的研究领域，就会遇到最惊人的变故。”①在这里，恩格斯明确地以“活动范围”和“研究领域”的区分，向我们提示了形而上学思维方式的合理性与局限性：“形而上学的思维方式，虽然在相

① 《马克思恩格斯全集》第 20 卷，24 页，北京，人民出版社，1971。

当广泛的、各依对象的性质而大小不同的领域中是正当的，甚至必要的，可是它每一次都迟早要达到一个界限，一超过这个界限，它就要变成片面的、狭隘的、抽象的，并且陷入不可解决的矛盾，因为它看到一个一个的事物，忘了它们互相间的联系；看到它们的存在，忘了它们的产生和消失；看到它们的静止，忘了它们的运动；因为它只见树木，不见森林。”①在对历史的评价中，功与过、成与败、进步与退步、正义与非正义、平等与不平等、发展与代价，是否能够“超历史”地予以解释？反思生活，我们就会发现，一些问题绝不是可以“形而上学”地断言“是就是，不是就不是”。只有运用辩证智慧去“保持必要的张力”和“达到微妙的平衡”，才能理解生活本身。这深刻地表明，辩证法植根于人类生活，植根于对生活的反思。

植根于人类生活的辩证法，不仅在对“生活”的反思中是不可或缺的，而且在恩格斯所说的“广阔的研究领域”即科学研究中，更具有特殊的重要意义。从 19 世纪初开始，人类的自然科学研究，正如恩格斯所概括的那样，已经由主要“搜集材料”的科学，关于“既成事物”的科学，发展为“整理材料”的科学，关于“过程”即“事物的发生和发展”以及“这些自然过程结合为一个伟大整体”的科学。正是针对自然科学的这种基本状况，恩格斯提出，“经验的自然研究已经积累了庞大数量的实证的知识材料，因而在每一研究领域中系统地和依据其内在联系来整理这些材料，简直成为不可推卸的工作。同样，在各个知识领域之间确立正确的关系，这也是不可推卸的。于是，自然科学便走上理论领域，而在这里经验的方法不中用了，在这里只有理论思维才管用”②。因此，恩格斯强调地指出：“一个民族要想登上科学的高峰，究竟是不能离开理论思维的。”③对此，恩格斯进一步指出：“然而对于现今的自然科学来说，辩证法恰好是最重要的思维形式，因为只有辩证法才为自然界中出现的

① 《马克思恩格斯全集》第 20 卷，24 页，北京，人民出版社，1971。

② 《马克思恩格斯选集》第 4 卷，284 页，北京，人民出版社，1995。

③ 同上书，285 页。

发展过程，为各种普遍的联系，为从一个研究领域向另一个研究领域过渡，提供了模式，从而提供了说明方法。”①“自然科学家自己感觉到，这种纷扰和混乱如何厉害地统治着他们，现在流行的所谓哲学如何绝对不能给他们以出路。除了以这种或那种形式从形而上学的思维复归到辩证的思维，在这里没有其他任何出路，没有达到思想清晰的任何可能。”②在这里，恩格斯明确地把“辩证法”归结为超越经验思维的理论思维。

在“广阔的研究领域”即科学研究中，不仅自然科学研究离不开作为理论思维的辩证法，而且社会科学研究和思维科学研究同样离不开作为理论思维的辩证法。关于社会历史，恩格斯深刻地指出：“在社会历史领域内进行活动的，是具有意识的、经过思虑或凭激情行动的、追求某种目的的人；任何事情的发生都不是没有自觉的意图，没有预期的目的的。”然而，“行动的目的是预期的”，“行动实际产生的结果并不是预期的”，“历史事件似乎总的说来同样是由偶然性支配着的”。“但是，在表面上是偶然性在起作用的地方，这种偶然性始终是受内部的隐蔽着的规律支配的，而问题只是在于发现这些规律。”③这表明，“研究”人的活动与历史规律、历史的偶然性与必然性、历史的进步与倒退、人类的现实与未来，离开作为理论思维的辩证法，同样“没有达到思想清晰的任何可能”。关于人类思维，恩格斯做出这样的论证：“思维的至上性是在一系列非常不至上地思维着的人中实现的；拥有无条件的真理权的认识是在一系列相对的谬误中实现的”；“人的思维是至上的，同样又是不至上的，它的认识能力是无限的，同样又是有限的。按它的本性、使命、可能和历史的终极目的来说，是至上的和无限的；按它的个别实现情况和每次的现实来说，又是不至上的和有限的”④。在这里，恩格斯正是以辩证法

---

① 《马克思恩格斯选集》第 4 卷，284 页，北京，人民出版社，1995。
② 《马克思恩格斯全集》第 20 卷，384—385 页，北京，人民出版社，1971。
③ 《马克思恩格斯选集》第 4 卷，247 页，北京，人民出版社，1995。
④ 《马克思恩格斯选集》第 3 卷，427 页，北京，人民出版社，1995。

的理论思维，深刻地揭示和阐述了人类思维的本质和人类认识的规律。

上述分析表明，在对“辩证法”和“形而上学”的理解中，最为根本的问题在于，通常总在经验常识的意义上去理解和解释二者的区别，这就把“辩证法”解释成“认为世界上一切事物都是发展、变化的，事物发展的原因在于它的内部矛盾性”，而把“形而上学”解释成用孤立的、静止的和片面的观点去看世界，把一切事物看成彼此孤立的和永久不变的，如果说到变化，也只是限于数量的增减和位置的变更，而不承认事物的实质的变化；并且硬说一切变化的原因在于事物外部的力量的推动。这种关于“辩证法”和“形而上学”及其相互关系的通常解释，既没有揭示形而上学的思维方式的“合理性”和“局限性”，也没有揭示辩证法的思维方式对经验常识的批判、反思和超越，而是以直观反映论的思维方式和素朴实在论的哲学理念把“辩证法”和“形而上学”解释为对经验对象的两种不同的描述方式和解释方式。因此，这种关于辩证法和形而上学的通常解释，就没把人们的思维从常识层面上升到哲学层面，而把哲学层面的理论思维下降为经验思维，以致误导人们总是停留在经验常识中去理解“辩证法”和“形而上学”。应当说，能否超越在经验层面上理解“辩证法”和“形而上学”及其相互关系，是能否理解恩格斯的理论思维的辩证法的基本前提。

（二）自发形态的辩证法与自觉形态的辩证法

在区分形而上学的思维方式与辩证法的思维方式的过程中，对于辩证法的思维方式，恩格斯又做出了自发形态的辩证法与自觉形态的辩证法的区分，并进而阐述了马克思主义的“合理形态”的辩证法。对此，恩格斯明确地指出：“马克思和我，可以说是把自觉的辩证法从德国唯心主义哲学中拯救出来并用于唯物主义的自然观和历史观的唯一的人。”①我们只有深入探索辩证法的“自发”形态、“自觉”形态与“合理”形态，才能进一步准确地理解和阐述恩格斯的“理论思维”的辩证法。

---

① 《马克思恩格斯选集》第3卷，349页，北京，人民出版社，1995。

恩格斯在《反杜林论》和《自然辩证法》中，都明确地提出，辩证法的“第一种”形态是“希腊哲学”，这种形态的“辩证思维还以原始的朴素的形式出现”①。而德国古典哲学，特别是黑格尔哲学的“最大的”功绩，则是恢复了辩证法这一最高的“思维形式”②，并使之由“自发”形态发展为“自觉形态”。因此，真正地理解和把握作为理论思维的辩证法，就必须深入地分析和阐释这两种形态的辩证法。恩格斯正是这样做的。

关于“辩证思维还以原始的朴素的形式出现”的“希腊哲学”，恩格斯做出如下的解释和论证：“当我们深思熟虑地考察自然界或人类历史或我们自己的精神活动的时候，首先呈现在我们眼前的，是一幅由种种联系和相互作用无穷无尽地交织起来的画面，其中没有任何东西是不动的和不变的，而是一切都在运动、变化、生成和消逝……这种原始的、素朴的、但实质上正确的世界观是古希腊哲学的世界观，而且是由赫拉克利特最先明白地表述出来的：一切都存在，而又不存在，因为一切都在流动，都在不断地变化，不断地生成和消逝。”③写到这里，恩格斯笔锋一转，从“总画面”与“各个细节”的关系，揭示了这个“实质上正确的世界观”何以会被“形而上学”的世界观所取代。恩格斯说：“但是，这种观点虽然正确地把握了现象的总画面的一般性质，却不足以说明构成这幅总画面的各个细节；而我们要是不知道这些细节，就看不清总画面。为了认识这些细节，我们不得不把它们从自然的或历史的联系中抽出来，从它们的特性、它们的特殊的原因和结果等等方面来分别地加以研究。这首先是自然科学和历史研究的任务；而这些研究部门，由于十分明显的原因，在古典时代的希腊人那里只占有从属的地位，因为他们首先必须搜集材料。精确的自然研究只是在亚历山大里亚时期的希腊人那里才开始，而后来在中世纪由阿拉伯人继续发展下去；可是，真正的自然科学只是从15世纪下半叶才开始，从这时起它就获得了日益迅速的进展。

① 《马克思恩格斯选集》第4卷，287页，北京，人民出版社，1995。

② 《马克思恩格斯选集》第3卷，358页，北京，人民出版社，1995。

③ 同上书，733页。

把自然界分解为各个部分，把各种自然过程和自然对象分成一定的门类，对有机体的内部按其多种多样的解剖形态进行研究，这是最近400年来在认识自然界方面获得巨大进展的基本条件。但是，这种做法也给我们留下了一种习惯：把自然界中的各种事物和各种过程孤立起来，撇开宏大的总的联系去进行考察，因此，就不是从运动的状态，而是从静止的状态去考察；不是把它们看作本质上变化的东西，而是看作永恒不变的东西；不是从活的状态，而是从死的状态去考察。这种考察方法被培根和洛克从自然科学中移植到哲学中以后，就造成了最近几个世纪所特有的局限性，即形而上学的思维方式。”①

在这里，特别值得注意的是，恩格斯不仅在“极可尊敬”的“合乎所谓常识”的意义上阐释了形而上学思维方式的“合理性”，而且从人类认识史和科学发展史的意义上揭示了形而上学思维方式的哲学含义。这就是：自然科学的“撇开宏大的总的联系去进行考察”的方法“被培根和洛克从自然科学中移植到哲学中以后”，才“造成了最近几个世纪所特有的局限性，即形而上学的思维方式”。由此，恩格斯提出，“在形而上学者看来，事物及其在思想上的反映即概念，是孤立的、应当逐个地和分别地加以考察的、固定的、僵硬的、一成不变的研究对象。他们在绝对不相容的对立中思维；他们的说法是：‘是就是，不是就不是；除此以外，都是鬼话。’在他们看来，一个事物要么存在，要么就不存在；同样，一个事物不能同时是自身又是别的东西。正和负是绝对互相排斥的；原因和结果也同样是处于僵硬的相互对立中”②。恩格斯说：“初看起来，这种思维方式对我们来说似乎是极为可信的，因为它是合乎所谓常识的。然而，常识在日常应用的范围内虽然是极可尊敬的东西，但它一跨入广阔的研究领域，就会碰到极为惊人的变故。”③为此，恩格斯举出一系列实例：“在日常生活中，我们知道并且可以肯定地说，某一动物存在还

① 《马克思恩格斯选集》第3卷，359—360页，北京，人民出版社，1995。

② 同上书，360页。

③ 同上书，360页。

是不存在；但是，在进行较精确的研究时，我们就会发现，这有时是极其麻烦的事情。这一点法学家们知道得很清楚，他们为了判定在子宫内杀死胎儿是否算是谋杀，曾绞尽脑汁去寻找一条合理的界限，结果总是徒劳。同样，要确定死亡的那一时刻也是不可能的，因为生理学证明，死亡并不是突然的、一瞬间的事情，而是一个很长的过程，同样，任何一个有机体，在每一瞬间都是它本身，又不是它本身；在每一瞬间，它同化着外界供给的物质，并排泄出其他物质；在每一瞬间，它的机体中都有细胞在死亡，也有新的细胞在形成；经过或长或短的一段时间，这个机体的物质便完全更新了，由其他物质的原子代替了，所以，每个有机体永远是它本身，同时又是别的东西。在进行较精确的考察时，我们也发现，某种对立的两极，例如正和负，是彼此不可分离的，正如它们是彼此对立的一样，而且不管它们如何对立，它们总是互相渗透的；同样，原因和结果这两个概念，只有应用于个别场合时才适用；可是，只要我们把这种个别的场合放到它同宇宙的总联系中来考察，这两个概念就联结起来，消失在关于普遍相互作用的观念中，而在这种相互作用中，原因和结果经常交换位置；在此时或此地是结果，在彼时或彼地就成了原因，反之亦然。”①

从哲学史看，作为“最近几个世纪所特有的局限性”的“形而上学的思维方式”，只是从辩证法的“自发形态”向辩证法的“自觉形态”过渡的中间环节。关于“恢复了辩证法这一最高的思维形式”的德国古典哲学，特别是关于作为辩证唯心主义的黑格尔哲学，恩格斯做出这样的分析和论证：“这种近代德国哲学在黑格尔的体系中完成了，在这个体系中，黑格尔第一次——这是他的伟大功绩——把整个自然的、历史的和精神的世界描写为一个过程，即把它描写为处在不断的运动、变化、转变和发展中，并企图揭示这种运动的发展的内在联系。从这个观点看来，人类的历史已经不再是乱七八糟的、统统应当被这时已经成熟了的哲学理

① 《马克思恩格斯选集》第3卷，360—361页，北京，人民出版社，1995。

性的法庭所唾弃并最好尽快被人遗忘的毫无意义的暴力行为，而是人类本身的发展过程，而思维的任务现在就是要透过一切迷乱现象探索这一过程的逐步发展的阶段，并且透过一切表面的偶然性揭示这一过程的内在规律性。”“黑格尔没有解决这个任务，这在这里没有多大关系。他的划时代的功绩是提出了这个任务。这不是任何个人所能解决的任务。”① 关于黑格尔为何“没有解决这个任务”，恩格斯认为黑格尔受到了三个方面的“限制”：“首先是他自己的必然有限的知识的限制，其次是他那个时代的在广度和深度方面都同样有限的知识和见解的限制。但是，除此以外还有第三种限制。黑格尔是唯心主义者，就是说，在他看来，他头脑中的思想不是现实的事物和过程的或多或少抽象的反映，相反，在他看来，事物及其发展只是在世界出现以前已经在某个地方存在着的‘观念’的实现了的反映。这样，一切都被头足倒置了，世界的现实联系完全被颠倒了。所以，不论黑格尔如何正确地和天才地把握了一些个别的联系，但由于上述原因，就是在细节上也有许多东西不能不是牵强的、造作的、虚构的，一句话，被歪曲的。”②

由此，恩格斯进一步揭示了黑格尔“没有解决这个任务”的深层矛盾：“黑格尔的体系作为体系来说，是一次巨大的流产，但也是这类流产中的最后一次。就是说，它还包含着一个不可救药的内在矛盾：一方面，它以历史的观点作为基本前提，即把人类的历史看作一个发展过程，这个过程按其本性来说在认识上是不能由于所谓绝对真理的发现而结束的；但是另一方面，它又硬说它自己就是这种绝对真理的全部内容。关于自然和历史的无所不包的、最终完成的认识体系，是同辩证思维的基本规律相矛盾的；但是，这样说决不排除，相反倒包含下面一点，即对整个外部世界的有系统的认识是可以一代一代地取得巨大进展的。”③在揭示黑格尔所受到的“限制”及其深层矛盾的基础上，恩格斯论

① 《马克思恩格斯选集》第3卷，362—363页，北京，人民出版社，1995。

② 同上书，363页。

③ 同上书，363页。

述了作为“现代唯物主义”的辩证法：“一旦了解到以往的德国唯心主义是完全荒谬的，那就必然导致唯物主义，但是要注意，并不是导致18世纪的纯粹形而上学的、完全机械的唯物主义。同那种以天真的革命精神简单地抛弃以往的全部历史的做法相反，现代唯物主义把历史看作人类的发展过程，而它的任务就在于发现这个过程的运动规律。无论在18世纪的法国人那里，还是在黑格尔那里，占统治地位的自然观都认为，自然界是一个沿着狭小的圆圈循环运动的、永远不变的整体，牛顿所说的永恒的天体和林耐所说的不变的有机物种也包含在其中。同这种自然观相反，现代唯物主义概括了自然科学的新近的进步，从这些进步看来，自然界同样也有自己的时间上的历史，天体和在适宜条件下生存在天体上的有机物种一样是有生有灭的；至于循环，即使能够存在，其规模也要大得无比。在这两种情况下，现代唯物主义本质上都是辩证的，而且不再需要任何凌驾于其他科学之上的哲学了。一旦对每一门科学都提出要求，要它们弄清它们自己在事物以及关于事物的知识的总联系中的地位，关于总联系的任何特殊科学就是多余的了。于是，在以往的全部哲学中仍然独立存在的，就只有关于思维及其规律的学说——形式逻辑和辩证法。其他一切都归到关于自然和历史的实证科学中去了。”①

(三)辩证法与“思维和存在的关系问题”

关于辩证法，人们经常引证恩格斯在《反杜林论》中的一句话，并把它作为恩格斯关于马克思主义辩证法的“定义”。这句话是：“辩证法不过是关于自然、人类社会和思维的运动和发展的普遍规律的科学。”②20世纪以来，国内外哲学界对这个论断持肯定或否定态度，这构成了肯定或否定恩格斯辩证法思想的立足点和出发点。

肯定者认为，恩格斯的这个论断不仅明确了马克思主义哲学的研究对象(包括自然、社会和思维在内的“整个世界”)，而且明确了马克思主

① 《马克思恩格斯选集》第3卷，363—364页，北京，人民出版社，1995。

② 同上书，484页。

义哲学的社会功能(揭示包括自然、社会和思维在内的“整个世界”的“普遍规律”)，因此通行的哲学原理教科书不仅把这一论断指认为关于马克思主义辩证法的“定义”，而且把这一论断作为马克思主义哲学的“定义”。与此相反，否定者认为，恩格斯的这个论断不仅混淆了哲学与科学的研究对象(科学以“整个世界”为对象，而哲学则是对科学所提供的关于“整个世界”的“全部思想”的反思)，而且曲解了哲学的特殊性质和独特功能(哲学的反思的特殊性质和批判的独特功能)，因此否定者不仅反对把这一论断视为关于马克思主义辩证法的“定义”，而且反对把这一论断作为关于马克思主义哲学的“定义”。这表明，究竟如何理解和评价恩格斯的这一论断，不仅关系到对恩格斯辩证法的理解和评价，而且从根本上说关系到对马克思主义哲学的理解和评价。

要想理解和阐释恩格斯的辩证法，先要阐释恩格斯对“哲学”的总体性理解；离开恩格斯对“哲学”的总体性理解，孤立地以恩格斯的某个论断作为其辩证法的核心思想，这本身就隐含着某种曲解的可能性。

恩格斯对“哲学”的总体性理解，集中地表现在他对“哲学基本问题”的概括上：“全部哲学，特别是近代哲学的重大的基本问题，是思维和存在的关系问题。”①而恩格斯之所以强调“这个问题”，“特别是近代哲学的重大的基本问题”，则在于如恩格斯本人所说的，“这个问题，只是在欧洲人从基督教中世纪的长期冬眠中觉醒以后，才被十分清楚地提了出来，才获得了它的完全的意义”②。因此，我们不仅应当从“全部哲学”来理解作为哲学基本问题的“思维和存在的关系问题”，而且首先应当从“近代哲学”出发来理解作为哲学基本问题的“思维和存在的关系问题”及其所具有的“完全的意义”。我们只有从探讨“近代哲学”所获得的“完全的意义”的“思维和存在的关系问题”出发，才能深刻地理解“全部哲学”的“重大的基本问题”是“思维和存在的关系问题”，进而才能把握

① 《马克思恩格斯选集》第4卷，223页，北京，人民出版社，1995。

② 同上书，224页。

恩格斯对“哲学”的总体性理解。

按照黑格尔的说法，“近代哲学”的出发点是思维的“不淳朴”，也就是思维不再把思维关于存在的规定，直接地认定为就是存在本身的规定，因此“思维和存在的关系”不仅成为“哲学问题”，而且成为哲学的“重大的基本问题”。以这个“重大的基本问题”作为全部哲学的实质问题，就是近代哲学的“认识论转向”；近代哲学“认识论转向”的重大意义在于，这种“转向”标志着哲学思维的理论自觉，而这种“转向”的最重要的理论成果就是把辩证法从“自发”形态升华为“自觉”形态。恩格斯对“哲学”的理解，是以哲学思维的理论自觉为立足点的；而恩格斯的辩证法思想，则是以“自觉”形态的辩证法为基础的。

恩格斯所概括的哲学的重大的基本问题，是“思维和存在”的“关系问题”，而不是“思维”和“存在”的问题。这个实质性区别表明，哲学并不是以“思维”和“存在”(也不是以“思维”或“存在”)为对象，形成关于“思维”和“存在”(“思维”或“存在”)的某种知识，而是把“思维和存在的关系”作为“问题”，反思“思维和存在的关系问题”。这个实质性区别，不仅标志着经验思维与理论思维的实质性区别，而且标志着科学思维与哲学思维的实质性区别，即标志着人类把握世界的两种基本方式——科学与哲学——的实质性区别。这种实质性区别，是在近代哲学的“认识论转向”中达到理论自觉的。恩格斯强调，“思维和存在的关系问题”“只是”在近代哲学中才被“十分清楚”地提了出来并获得了“完全的意义”，正是恩格斯深刻地把握到了这个实质性区别，因而也深刻地表明，恩格斯是以哲学思维的理论自觉来理解“哲学”的。

在“自然辩证法”中，恩格斯提出，“我们的主观的思维和客观的世界遵循同一些规律，因而两者在其结果中最终不能互相矛盾，而必须彼此一致，这个事实绝对地支配着我们的整个理论思维。这个事实是我们的理论思维的本能的和无条件的前提”①。据此，恩格斯一方面指出，

① 《马克思恩格斯选集》第4卷，364页，北京，人民出版社，1995。

18 世纪的唯物主义只就这个前提的“内容”去研究这个前提，而没有从“形式”方面去研究这个前提；另一方面则指出，近代的辩证唯心主义哲学(特别是黑格尔哲学)，“从形式方面去研究了这个前提”。对此，恩格斯做出的评论是，尽管“思维和存在的统一”在黑格尔哲学中“采取了唯心主义的头足倒置的形式”，但却把思维过程同自然过程和历史过程联系起来了。① 在这里，恩格斯首先深刻地揭示了作为哲学基本问题的思维和存在关系问题的实质——“理论思维的不自觉的和无条件的前提”问题；其次深刻地揭示了旧唯物主义和辩证唯心主义的实质——旧唯物主义只从“内容”去研究这个“前提”，而辩证唯心主义则从“形式”方面研究了这个“前提”。

近代哲学的“认识论转向”，从根本上说，就是自觉到了“思维与存在”之间的矛盾，把“思维与存在的关系”当作最重要、最基本的哲学“问题”来进行研究，从而使思维与存在、主观与客观、主体与客体的矛盾关系成为哲学的根本问题。正如黑格尔所说的：“近代哲学的出发点，是古代哲学最后所达到的那个原则，即现实自我意识的立场；总之，它是以呈现在自己面前的精神为原则的。中世纪的观点认为思想中的东西与实存的宇宙有差异，近代哲学则把这个差异发展成为对立，并且以消除这一对立作为自己的任务。因此主要的兴趣并不在于如实地思维各个对象，而在于思维那个对于这些对象的思维和理解，即思维这个统一本身；这个统一，就是某一假定客体的进入意识。”②在这种“认识论转向”中，近代哲学以探寻思想的客观性为聚焦点，不仅研究了外在的世界与人的观念之间的关系，而且特别深入地考察了人的观念内部的诸种关系问题。对此，恩格斯曾做过这样的评论：“18 世纪的唯物主义，由于其本质上的形而上学的性质，只是从内容方面研究这个前提。它只限于证明一切思维和知识的内容都应当起源于感性的经验，并且重新提出下面

① 《马克思恩格斯选集》第 4 卷，364 页，北京，人民出版社，1995。
② [德]黑格尔：《哲学史讲演录》第 4 卷，5—6 页，北京，商务印书馆，1978。

这个命题：感觉中未曾有过的东西，理智中也不存在。只有现代的唯心主义的，同时也是辩证的哲学，特别是黑格尔，才又从形式方面研究了这个前提。”①

近代哲学明确地区分了“意识外的存在”与“意识界的存在”，也就是明确地区分了“客观世界”与“意识内容”，从而清楚地提出了“对象与表象”或“对象与映象”的关系问题，也就是清楚地提出了“思维和存在”的关系问题，这就是恩格斯所说的从“内容”上去考察思维和存在的关系问题。与此同时，近代哲学还特别地从“形式”上去研究思维和存在的关系问题。这突出地表现在，近代哲学比较自觉地考察了“意识内容”与“意识形式”的关系问题、“对象意识”与“自我意识”的关系问题、“外延逻辑”与“内涵逻辑”的关系问题、“知性思维”与“辩证思维”的关系问题、“理论理性”与“实践理性”的关系问题等一系列“思维和存在”的“关系问题”。通过探索这些“关系问题”，近代哲学揭示出对象与经验、经验与知觉、知觉与表象、表象与观念、观念与思维、思维与想象、想象与情感、情感与意志、意志与自我、理论与实践等极为错综复杂的矛盾关系，从而使“思维和存在的关系问题”获得了“完全的意义”。

思维和存在的关系问题在近代哲学中所获得的“完全的意义”，是与近代哲学的“认识论转向”相对应的。这就是说，近代哲学所实现的哲学基本问题的“完全的意义”，主要是在“认识论”的意义上实现的。具体地说，整个近代哲学的根本问题，是“思维的客观性问题”，也就是人的思想是否具有客观内容的问题。这个问题的形成，是以自觉到“思维”与“存在”的矛盾为前提的，又是以哲学的“认识论转向”来实现对这种矛盾的探索的。近代唯物论哲学认为，思想的客观性在于，思想映象是关于对象的映象，思想通过分析、抽象感性映象而形成的思想观念，表达的就是思维对象的规定性。近代的唯心主义哲学则认为，思想的客观性在于，思想的对象就是思想的内容(意识界的存在)。思想通过自我认识而

---

① 《马克思恩格斯选集》第4卷，364页，北京，人民出版社，1995。

形成的思维规定，也就是思维对象的规定。然而，对于这两种关于“思想客观性”的哲学回答，我们可以分别提出如下问题：第一，对于近代唯物论哲学来说，它必须回答这样一个问题，即思想映象不仅是关于对象的映象，而且只能是经过思维主体的思维活动所形成的映象，因此，思想的客观性，也要求主体的思维活动的客观性。那么，主体的思维活动具有客观性吗？第二，对于近代唯心论哲学来说，它必须回答这样一个问题：把思想的对象限定为“意识界的存在”，那么，“意识界的存在”是从哪里来的？“意识界的存在”与“意识外的存在”是何关系？如果不解决“意识界的存在”与“意识外的存在”的统一性问题，又如何确认“思想的客观性”？

正是针对上述两方面的问题，恩格斯在论述近代哲学与哲学基本问题的关系时指出，18 世纪的唯物主义“只限于”证明一切思维和知识的内容都应当起源于感性经验，而没有从“形式”方面去考察“思维和存在的关系问题”；与此相反，近代的唯心主义则从“形式”方面去研究“思维和存在的关系问题”，但却把“意识外的存在”作为在认识论上无意义的问题而排斥在“思想的客观性”问题之外，因此只能是抽象地发展思维的能动性，而不可能真正地解决思想的客观性问题。作为整个近代哲学的理论总结，18 世纪末到 19 世纪初的德国古典哲学，进一步丰富和升华了“思维和存在的关系问题”。德国古典哲学的奠基人康德，从认识主体与认识对象的矛盾，以及认识内容与认识形式的矛盾出发去探索“思维和存在的关系问题”，集中地考察了主体的认识能力问题。德国古典哲学的集大成者黑格尔，则从思维的矛盾运动中去论证思维与存在的统一性，又从思维的建构与反思的对立统一中去展现思维的矛盾运动，力图在辩证法的“本体论”“认识论”和“逻辑学”的统一中去解决“思维和存在的关系问题”。费尔巴哈在批判黑格尔的唯心主义的过程中，则把“思维和存在”的关系归结为思维与“感性存在”的关系。这就是马克思主义哲学以前的西方哲学所达到的关于哲学基本问题的认识水平，也就是西方近代哲学在“认识论”的意义上使哲学基本问题获得的“完全的意义”。

(四)辩证法与自然科学

在对恩格斯哲学思想，特别是对恩格斯辩证法思想的批评中，对《自然辩证法》的批评是最为激烈的。在国内外的一些学者看来，马克思的辩证法是实践的辩证法、历史的辩证法、人学的辩证法，而恩格斯的辩证法则是经验的辩证法、自然的辩证法、自然科学的辩证法，因此，他们把马克思的哲学视为“人道主义”哲学，而把恩格斯的哲学指认为“科学主义”哲学。这表明，以《自然辩证法》为主要“文本”来阐释恩格斯的辩证法思想，是一项重要的理论任务。

恩格斯的《自然辩证法》是研究“自然”的“科学”，还是反思“自然科学”的“哲学”？是“叙述”关于“自然”的“科学知识”，还是探索“自然科学”的“思维方式”？如果《自然辩证法》是研究自然的科学，是叙述关于自然的科学知识，那么，它充其量只不过是普及当时自然科学知识的“手册”或“读本”；如果《自然辩证法》是反思自然科学的哲学，是探索自然科学的思维方式，那么，它所要回答的问题就是如何以理论思维把握“自然”和“自然科学”的问题，它所构成的就是作为理论思维的辩证法。《自然辩证法》表明，它是后者，而不是前者。

关于为何要研究“自然辩证法”，恩格斯本人做过明确的说明：“马克思和我，可以说是唯一把自觉的辩证法从德国唯心主义哲学中拯救出来并运用于唯物主义的自然观和历史观的人。可是要确立辩证的同时又是唯物主义的自然观，需要具备数学和自然科学的知识。马克思是精通数学的，可是对于自然科学，我们只能作零星的、时停时续的、片断的研究。因此，当我退出商界并移居伦敦，从而有时间进行研究的时候，我尽可能地使自己在数学和自然科学方面来一次彻底的——像李比希所说的——‘脱毛’。八年当中，我把大部分时间用在这上面。”[1]

恩格斯本人的这个“说明”，对于理解《自然辩证法》是极为重要的。在这个“说明”中，恩格斯既明确了研究“自然辩证法”的目的——“把自

---

① 《马克思恩格斯文集》第 9 卷，13 页，北京，人民出版社，2009。

觉的辩证法”“运用于唯物主义的自然观和历史观”，又明确了研究“自然科学”的目的——“确立辩证的同时又是唯物主义的自然观”，“需要具备数学和自然科学的知识”。对此，恩格斯进一步指出：“在自然界里，正是那些在历史上支配着似乎是偶然事变的辩证运动规律，也在无数错综复杂的变化中发生作用；这些规律也同样地贯穿于人类思维的发展史中，它们逐渐被思维着的人所意识到。这些规律最初是由黑格尔全面地、不过是以神秘的形式阐发的，而剥去它们的神秘形式，并使人们清楚地意识到它们的全部的单纯性和普遍有效性，这是我们的期求之一。显然，旧的自然哲学，无论它包含多少真正好的东西和多少可以结果实的萌芽，是不能满足我们的需要的。”①对于如何理解“辩证运动规律”，恩格斯说：“事情不在于把辩证法规律硬塞进自然界，而在于从自然界中找出这些规律并从自然界出发加以阐发。”②这是恩格斯所理解的“自然辩证法”，也是恩格斯研究“自然辩证法”的出发点。阐发恩格斯关于“自然辩证法”的上述思想，对于在理论思维的层面上理解恩格斯的“自然辩证法”是非常必要和重要的。

首先，“要确立辩证的同时又是唯物主义的自然观，需要具备数学和自然科学的知识”。这是因为，“原则不是研究的出发点，而是它的最终结果；这些原则不是被应用于自然界和人类历史，而是从它们中抽象出来的；不是自然界和人类去适应原则，而是原则只有在符合自然界和历史的情况下才是正确的。这是对事物的唯一唯物主义的观点”③。这表明，恩格斯之所以“八年当中”“把大部分时间”用在研究和思考“数学和自然科学方面”，是因为恩格斯反对把“原则”当作“研究的出发点”，是因为恩格斯坚持把唯物主义的观点贯彻于自己的研究活动，是因为恩格斯自觉地要“从自然界中找出这些规律并从自然界出发加以阐发”。总之，坚持从实际出发的唯物主义原则，是恩格斯研究“自然辩证法”的根

---

① 《马克思恩格斯文集》第9卷，13—14页，北京，人民出版社，2009。

② 同上书，15页。

③ 同上书，38页。

本性的出发点。

其次，“要确立辩证的同时又是唯物主义的自然观”，不仅“需要具备数学和自然科学的知识”，而且必须具有辩证法的理论思维。恩格斯说：“一个民族要想站在科学的最高峰，就一刻也不能没有理论思维。可是正当自然过程的辩证性质以不可抗拒的力量迫使人们承认它，因而只有辩证法能够帮助自然科学战胜理论困难的时候，人们却把辩证法同黑格尔派一起抛进大海，因而又无可奈何地陷入旧的形而上学。”①这具体地表现在，“18 世纪上半叶的自然科学在知识上，甚至在材料的整理上大大超过了希腊古代，但是在以观念形式把握这些材料上，在一般的自然观上却大大低于希腊古代。在希腊哲学家看来，世界在本质上是某种从混沌中产生出来的东西，是某种发展起来的东西、某种生成的东西。在我们所探讨的这个时期的自然科学家看来，世界却是某种僵化的东西、某种不变的东西，而在他们中的大多数人看来，是某种一下子就造成的东西”②。这表明，“自然科学家与自觉的辩证的自然科学的关系，就像空想主义者与现代共产主义的关系一样”③，“学会辩证地思维的自然科学家到现在还屈指可数”④。“现在几乎没有一本理论自然科学著作不给人以这样的印象：自然科学家们自己就感觉到，这种杂乱无章多么严重地左右着他们，并且现今流行的所谓哲学又决不可能使他们找到出路。在这里，既然没有别的出路，既然无法找到明晰思路，也就只好以这种或那种形式从形而上学思维向辩证思维复归。”⑤“这种复归可以通过不同的道路来实现。它可以仅仅通过自然科学的发现本身所具有的力量自然而然地实现，……但这是一个旷日持久的、步履艰难的过程，在这一过程中要克服大量额外的阻碍。……如果理论自然科学家愿

---

① 《马克思恩格斯文集》第 9 卷，437 页，北京，人民出版社，2009。
② 同上书，412 页。
③ 同上书，14 页。
④ 同上书，25 页。
⑤ 同上书，438 页。

意较为仔细地研究一下辩证哲学在历史上有过的各种形态，那么上述过程可以大大缩短。”①正是基于这种理论自觉，恩格斯力图在总结辩证法史的基础上，为自然科学展现“一种建立在通晓思维的历史和成就的基础上的理论思维”，推进自然科学的发展，并从对自然科学成果的理论总结中提升人类把握世界的理论思维。

最后，“要确立辩证的同时又是唯物主义的自然观”，迫切需要“理论家”与“自然科学家”的“联盟”。恩格斯说：“现今的自然科学家，不论愿意与否，都不可抗拒地被迫关心理论上的一般结论，同样，每个从事理论研究的人也不可抗拒地被迫接受现代自然科学的成果。这里出现了某种相辅相成现象。如果说理论家在自然科学领域中是半通，那么今天的自然科学家在理论的领域中，在迄今为止被称为哲学的领域中，实际上也同样是半通。”②“经验的自然研究已经积累了庞大数量的实证的知识材料，因而迫切需要在每一研究领域中系统地和依据其内在联系来整理这些材料。同样也迫切需要在各个知识领域之间确立正确的关系。于是，自然科学便进入理论领域，而在这里经验的方法不中用了，在这里只有理论思维才管用。但是理论思维无非是才能方面的一种生来就有的素质。这种才能需要发展和培养，而为了进行这种培养，除了学习以往的哲学，直到现在还没有别的办法。”③“然而，在理论自然科学中，往往非常明显地显露出对哲学史缺乏认识。哲学上在几百年前就已经提出，并且在哲学界往往早已被抛弃的一些命题，在理论自然科学家那里却常常作为崭新的知识而出现，甚至在一段时间里成为时髦。”④同时，由于“理论家在自然科学领域中是半通”，甚至在自然科学领域中尚未“脱毛”，因而他们又把辩证法当作“刻板公式”“硬塞进自然界”，以致造成自然科学家的反感和“拒斥”。正是基于“哲学”与“科学”联盟的迫切需

---

① 《马克思恩格斯文集》第 9 卷，438 页，北京，人民出版社，2009。

② 同上书，435 页。

③ 同上书，435—436 页。

④ 同上书，436 页。

要，恩格斯力图以“自然辩证法”打通“哲学”与“科学”，在理论思维的层面上“确立辩证的同时又是唯物主义的自然观”。

哲学和科学是人类理论思维的两种基本方式。它们作为理论思维，既具有高度的相关性和复杂的相似性，又表现为既相互区别又相互补充的两个思想维度。对此，恩格斯做出了极为深刻的揭示：一方面，恩格斯明确提出，“思维和存在的关系问题”是哲学的“重大的基本问题”；另一方面，恩格斯又明确地提出，“我们的主观的思维和客观的世界服从同样的规律”，“它是我们的理论思维的不自觉的和无条件的前提”。这就是说：其一，哲学以外的全部“科学”，都把“思维和存在”“服从同样的规律”，作为“理论思维的不自觉的和无条件的前提”，运用理论思维去研究“思维和存在”，而不研究“思维和存在的关系问题”；其二，哲学则把“理论思维的不自觉的和无条件的前提”作为自己反思的对象，从而把“思维和存在的关系问题”作为自己的“重大的基本问题”；其三，全部科学都深层地蕴含着作为“理论思维的不自觉的和无条件的前提”的“思维和存在的关系问题”，而哲学则把这个“理论思维的不自觉的和无条件的前提”作为自己的“重大的基本问题”，因此，哲学对科学的关系，从根本上说，是“反思”的关系。具体地说，就是反思科学活动的基础，反思科学研究的成果，反思科学发展的逻辑，反思科学的时代精神和反思科学的社会功能。

在对哲学与科学相互关系的理解中，能否从恩格斯的思想出发，从是否以“理论思维的不自觉的和无条件的前提”为对象来厘清哲学与科学的关系，是十分重要的。概括地说，通常是以下述三种方式来解释科学与哲学的区别的：一是区分二者的“对象”，二是剥离二者的“职能”，三是划清二者的“领地”。

所谓区分科学和哲学的“对象”，就是认为科学是以世界的各种不同的领域、不同的方面、不同的层次，或不同的问题为对象的，而哲学则以“整个世界”为对象。这是一种以“对象”的特殊性与普遍性的区分为出发点的思考方式。所谓剥离二者的“职能”，就是认为科学提供关于世界的不同领域或不同方面的“特殊规律”，而哲学则提供关于整个世界的“普遍规律”。这仍然是一种以“职能”的特殊性与普遍性的区分为出发点的思考方式。所谓划清二者的“领地”，就是在哲学不断地被“驱逐”出其“世袭领地”的背景下，试图为哲学寻找一块科学无力问津的“领域”或科学无力解决的“问题”。这是一种以申辩哲学的现代生存权利为出发点的思考方式。

从普遍性与特殊性的关系中区分科学与哲学的“对象”，以及在普遍性和特殊性的关系中剥离科学与哲学的“职能”，这是对科学与哲学相互关系的最普遍的思考方式。这种思考方式，表现出了长期存在的哲学知识论立场。由于这种知识论立场从根本上制约着人们对哲学与科学的相互关系的理解，并从而制约着人们对哲学的理解，因此，这里非常有必要对“哲学的知识论立场”做出理论层面的概括与分析。

哲学的知识论立场，就是把哲学视为具有最高的概括性(最大的普遍性)和最高的解释性(最大的普适性)的知识，并以知识分类表的层次来区分哲学与科学，从而把科学视为关于各种“特殊领域”的“特殊规律”的知识，而把哲学视为关于“整个世界”的“普遍规律”的知识。这样，哲学就成了具有最大的普遍性的科学，就成了全部科学的基础。

这种哲学的知识论立场在西方传统哲学中是根深蒂固的。从亚里士多德“寻取最高原因的基本原理”，到黑格尔构建“一切科学的逻辑”，始终以全部科学的基础的姿态君临天下。近代以来，科学的迅猛发展不断地把哲学“驱逐”出其传统的“世袭领地”，自然、社会和思维，都成为科学的研究对象。正是在这一背景下，人们开始挣脱从普遍性与特殊性的关系来区分科学与哲学的“对象”或剥离科学与哲学的“职能”的思考方式，出现了以申辩哲学的现代生存权利为出发点的思考方式，即划清哲学与科学的不同“领地”的思考方式。

在现代科学的背景下，哲学所面对的严峻问题是：如果人类有效地解释世界的方式只能是科学，如果人类的现代世界图景只能是科学的世界图景，如果人类改造世界的实践活动只能用科学来指导，那么，人们对世界的种种哲学解释不都是所谓“理性的狂妄”吗？人们所描绘的种种哲学图景不都是所谓“语言的误用”吗？这样的哲学不是应当(而且必须)予以所谓“治疗”甚至“消解”吗？哲学究竟还有什么存在的根据和存在的意义呢？

哲学与科学的内在联系在于，实现“思维和存在”的统一与反思“思维和存在的关系”，具有既相互区别又相互联系的性质，而不是因为存在着研究对象的普遍性与特殊性的关系。人们都知道，自然、社会和思维的矛盾运动都可以用数学模型来表述，哲学界普遍关注的系统论、控制论、信息论、协同学、突变论、耗散结构论、自组织理论等，在某种意义上都是以“整个世界”为对象的；与此相反，自然辩证法、认识辩证法、思维辩证法、历史辩证法和美学等，甚至数学哲学、天文哲学、经济哲学、管理哲学、法哲学等，在某种意义上都是以“特殊领域”为对象的。那么，为什么前者属于“科学”，而后者却属于“哲学”？这是因为，前者所提出和探索的问题，是关于研究对象的运动规律的问题，也就是实现研究成果中的“思维和存在”在规律层面上的统一，而不是追究研究活动及其研究成果中的“理论思维的不自觉的和无条件的前提”——“思维和存在的关系问题”；与此相反，后者则专门反思各种思想活动及其思想成果中的“理论思维的不自觉的和无条件的前提”——“思维和存在的关系问题”，而不是具体地研究各种“存在”的运动规律。这表明，在哲学与科学之间，存在着一条“逻辑的鸿沟”：科学的逻辑是实现“思维和存在”的统一的逻辑，哲学的逻辑是反思“思维和存在的关系”的逻辑。哲学的逻辑使科学的逻辑成为哲学反思的对象。在哲学的反思中，实现了哲学与科学的逻辑沟通。

哲学把科学(而不是常识)作为最主要和最重要的反思对象，其前提是科学自身必须发达到在众多领域、众多侧面和众多层面揭示事物运动规律的程度。从 19 世纪初开始，自然科学已由主要是“搜集材料”的科学，关于既成事物的科学，发展为“整理材料”的科学，关于过程、关于这些事物的发生和发展，以及关于这些自然过程结合为一个伟大整体的联系的科学。恩格斯说，由于细胞学说、能量守恒和转化定律、达尔文生物进化论这三大发现和自然科学的其他巨大进步，“我们现在不仅能够说明自然界中各个领域内的过程之间的联系，而且总的说来也能说明各个领域之间的联系了，这样，我们就能够依靠经验自然科学本身所提供的事实，以近乎系统的形式描绘出一幅自然界联系的清晰图画”①。在这种科学背景下，那种“用观念的、幻想的联系来代替尚未知道的现实的联系”的“自然哲学就最终被排除了。任何使它复活的企图不仅是多余的，而且是倒退”②。恩格斯还指出，由于马克思的历史观终结了历史领域内的哲学，所以，“现在无论在哪一个领域，都不再要从头脑中想出联系，而要从事实中发现联系了”③。这表明，马克思主义哲学在哲学史上的革命变革，首先就是以 19 世纪科学的巨大发展为背景的，由传统哲学在头脑中制造联系转变为从科学成果中概括和总结现实的联系，实证科学才是马克思主义哲学直接的反思对象。

现代科学对世界各环节的规定性和必然性及其辩证联系和辩证发展的认识，为实现思维把握和解释世界的全体自由性提供了极为坚实的基础，开拓了空前广阔的前景。在现代科学的背景下，企图超越科学对世界必然性的认识而让哲学直接地去研究“整个世界”，就不仅是对哲学的历史和科学的现实的无知，而且是一种更加明显的、不可接受的倒退。但是，马克思主义哲学以实证科学为直接的反思对象，既不是要把实证科学的成果汇集起来去充当包罗万象的知识总汇，也不是一般地研究科学本身的问题去充当关于科学的科学，而是要从实证科学的成果中概括和总结出思维反映存在运动的规律，深入地解决思维和存在的关系问题。因此，不能简单地说马克思主义哲学的对象就

---

① 《马克思恩格斯选集》第 4 卷，246 页，北京，人民出版社，1995。

② 同上书，246 页。

③ 同上书，257 页。

是实证科学。

任何一门实证科学，都不仅以自己所提供的关于世界的规律性的认识去指导人类扩展和深化对世界的改造，而且历史地扩展和深化了人类用以反映世界的认识系统，历史地提供和更新了人类用以把握世界的概念之网，历史地改善和变革了人类用以理解世界的思维方式，从而历史地表现着思维向客体接近的规律。思维规律与存在规律的统一，是人类在实践的基础上，通过科学进步的中介来实现的。这就是实证科学自身所具有的巨大的认识论意义。

科学的历史发展为人类提供不断增加的认识成分，哲学理论的现实内容来源于科学。哲学一方面通过对认识史的总结来深化用以概括科学成果的辩证思维方式，另一方面则运用辩证思维去概括和总结实证科学自身所具有的认识论意义，自觉地使之升华为思维反映存在运动的规律。

坚定地并且日趋全面地以实证科学为反思对象，用科学成果来深化哲学基本问题的解决，决定了马克思主义哲学的科学基础；自觉地并且日益深化地解决哲学的基本问题，用通晓思维的历史和成就的辩证思维去概括科学成果，促进科学的发展，这又保证了马克思主义哲学的哲学性质。一般地说马克思主义哲学以“整个世界”为对象，不仅无视马克思主义哲学的现实基础——实证科学，而且混淆了马克思主义哲学作为哲学所研究的基本问题——思维和存在的关系问题；笼统地说，马克思主义哲学以“思维和存在的关系问题”为对象，就丢弃了马克思主义哲学在人类认识史上所实现的革命变革而与传统哲学相混同；简单地说，马克思主义哲学以“实证科学”为对象，会脱离马克思主义哲学的哲学性质而与现代西方科学哲学相提并论。只有把马克思主义哲学的科学基础和哲学性质辩证地统一起来，才能真正地理解马克思主义哲学，并在当代的理论水平上拓展和深化哲学对科学的反思。

三　列宁的“三者一致”的辩证法

在辩证法发展史上，特别是在马克思主义辩证法发展史上，列宁的辩证法思想，特别是他在《哲学笔记》中所阐发的辩证法思想，具有独特的重大意义。《哲学笔记》的辩证法思想，主要是在黑格尔《逻辑学》与马克思《资本论》双重语境的互动中形成的：一方面，列宁始终以“参看《资本论》”为出发点来探索黑格尔《逻辑学》的“真实意义”；另一方面，列宁又以“继承黑格尔和马克思的事业”的理论自觉而重新理解和阐释《资本论》。正是在《逻辑学》与《资本论》双重语境的互动中，形成了列宁《哲学笔记》的辩证法思想：唯物主义的逻辑、辩证法和认识论“三者一致”的辩证法。

(一)为什么辩证法是逻辑学

列宁在《黑格尔辩证法(逻辑学)的纲要》中，做出一个结论性的论断：“在《资本论》中，唯物主义的逻辑、辩证法和认识论(不必要三个词：它们是同一个东西)都应用于一门科学，这种唯物主义从黑格尔那里吸取了全部有价值的东西并发展了这些有价值的东西。”①对于列宁的这个论断，人们感到最难于理解的，首先在于为什么辩证法是逻辑学?

在《黑格尔〈逻辑学〉一书摘要》中，列宁写下的第一句话是：“关于逻辑学说得很妙；这是一种‘偏见’，似乎它是‘教人思维’的(犹如生理学是‘教人消化’的??)。”②这句话所具有的振聋发聩的意义是显而易见的：人们通常都把逻辑学视为“教人思维”的；但是，正如生理学并不是“教人消化”的，逻辑学也不是“教人思维”的；那么，不教人思维的“逻

① 《列宁全集》第55卷，290页，北京，人民出版社，1990。
② 列宁：《哲学笔记》，83页，北京，人民出版社，1974。

辑学”究竟是什么？黑格尔《逻辑学》所论述的“逻辑”究竟是什么？正是在对“逻辑”和“逻辑学”的重新思考中，列宁提出了为什么必须在逻辑学的意义上理解辩证法的一系列重要思想。

关于“逻辑”，列宁在摘录《逻辑学》第一版序言中的“逻辑学构成真正的形而上学或纯粹的、思辨的哲学”和“哲学不能由一门从属的科学——数学——取得自己的方法”，以及“只有沿着这条自己构成自己的道路，哲学才能成为客观的、论证的科学”①之后，在《逻辑学》第二版序言的摘要中，以全方框方式写下这样的评语：“黑格尔则要求这样的逻辑：其中形式是具有内容的形式，是活生生的实在的内容的形式，是和内容不可分离地联系着的形式。”②接着，列宁同样以全方框方式写下具有结论性的评语：“逻辑不是关于思维的外在形式的学说，而是关于‘一切物质的、自然的和精神的事物’的发展规律的学说，即关于世界的全部具体内容及对它的认识的发展规律的学说，即对世界的认识的历史的总计、总和、结论。”③

列宁关于“逻辑”的上述评语，具有强烈的理论针对性和深刻的思想内涵。早在1859年评论马克思的《政治经济学批判》时，恩格斯就曾经犀利和辛辣地指出：“自从黑格尔逝世之后，把一门科学在其固有的内部联系中来阐述的尝试，几乎未曾有过。官方的黑格尔学派从老师的辩证法中只学会搬弄最简单的技巧，拿来到处应用，而且常常笨拙得可笑。对他们来说，黑格尔的全部遗产不过是可以用来套在任何论题上的刻板公式，不过是可以用来在缺乏思想和实证知识的时候及时搪塞一下的词汇语录。”④品味恩格斯的论述，我们可以深切地体会到，“辩证法”之所以被当成“可以用来套在任何论题上的刻板公式”，之所以会变成“可以用来在缺乏思想和实证知识的时候及时搪塞一下的词汇语录”，就

① 列宁：《哲学笔记》，83—84页，北京，人民出版社，1974。

② 同上书，89页。

③ 同上书，89—90页。

④ 《马克思恩格斯选集》第2卷，40页，北京，人民出版社，1995。

在于把辩证法当成脱离思想内容的纯粹的“思维方法”，当成只是“供使用”的“手段”。① 正是针对这个关系到对“辩证法”的根本性理解的重大问题，列宁特别重视《逻辑学》对“逻辑”的重新阐释，特别肯定黑格尔所论证的内容与形式相统一的“逻辑”，特别强调“逻辑不是关于思维的外在形式的学说”，而是“关于世界的全部具体内容及对它的认识的发展规律的学说”。正是这个意义上的“逻辑学”，也就是作为关于“思维和存在的一致”，即关于“真理”的“逻辑学”，构成作为发展学说的“辩证法”。

在黑格尔看来，哲学作为“关于真理的科学”②，它的根本性的内容与使命，在于实现“思维和存在的一致”；而人们对哲学的最大误解，在于或者把作为思维规定的“概念”当成离开整个世界和全部生活的空洞的“名称”，或者把整个世界和全部生活当成离开“概念”的杂多的“表象”，从而在“真理”的意义上否定了“思维和存在的一致”③。具体言之，对“辩证法”的最大误解，莫过于把思想的内容与形式割裂开来，把概念的内涵与外延割裂开来，把哲学的理论与方法割裂开来，从而把作为世界观理论的“辩证法”当成没有思想内容、没有概念内涵、没有实证知识的“刻板公式”和“词汇语录”。这种根本性的误解，突出地表现在对辩证法的核心观念——“发展”的理解上。列宁尖锐地指出：“对于‘发展原则’，在 20 世纪(以及 19 世纪末叶)‘大家都已经同意’——是的，不过这种表面的、未经过深思熟虑的、偶然的、庸俗的‘同意’，是一种窒息真理、使真理庸俗化的同意。——如果一切都发展着，那末一切就都相互转化，因为发展显然不是简单的、普遍的和永恒的生长、增多(或减少)等等。——既然如此，那就首先必须更确切地理解进化，把它看做一切事物的产生和消灭、互相转化。——其次，如果一切都发展着，那末这点是否也同思维的最一般的概念和范畴有关？如果无关，那就是说，思维

① 《马克思恩格斯选集》第 2 卷，89 页，北京，人民出版社，1995。

② [德]黑格尔：《小逻辑》，5 页，北京，商务印书馆，1980。

③ 同上书，41 页。

和存在不相联系。如果有关，那就是说，存在着具有客观意义的概念的辩证法和认识的辩证法。"[①]对此，列宁还特别强调地写下：这是"关于辩证法及其客观意义的问题"[②]。

概念的辩证法和认识的辩证法之所以"具有客观意义"，发展问题之所以"同思维的最一般的概念和范畴有关"，是因为作为思维规定的概念和范畴既不是单纯的"思维形式"也不是"抽象的普遍性"。因此，真实地理解关于"发展"的"逻辑"，就必须重新理解构成"逻辑"的"概念"和"范畴"。在肯定黑格尔所要求的内容与形式相统一的"逻辑"，并做出"逻辑不是关于思维的外在形式的学说"的基础上，列宁提出"客观主义：思维的范畴不是人的用具，而是自然的和人的规律性的表述"[③]，并以全方框方式对"范畴"做出如下的论断："在人面前是自然现象之网。本能的人，即野蛮人没有把自己同自然界区分开来。自觉的人则区分开来了，范畴是区分过程中的一些小阶段，即认识世界的过程中的一些小阶段，是帮助我们认识和掌握自然现象之网的网上纽结。"[④]这样的逻辑范畴就"不只是抽象的普遍，而且是自身还包含着特殊东西的丰富性的普遍"，由这样的逻辑范畴所展开的逻辑就"不是抽象的、僵死的、不动的，而是具体的"。正是基于这种理解，列宁在摘录黑格尔的这些论述后，写下了这样的评语："典型的特色！辩证法的精神和实质！"[⑤]

列宁的上述论断，并不是偶发的感慨，而是在"旧逻辑"与《逻辑学》的对比中做出的，即"在旧逻辑中，没有转化，没有发展(概念的和思维的)，没有各部分之间的'内在的必然的联系'，也没有某些部分向另一些部分的'转化'"，而黑格尔的《逻辑学》则"提出两个基本的要求：(1)'联系的必然性'和(2)'差别的内在的发生'"[⑥]。列宁认为，黑格尔的这

① 列宁：《哲学笔记》，280页，北京，人民出版社，1974。
② 同上书，280页。
③ 同上书，87页。
④ 同上书，90页。
⑤ 同上书，99页。
⑥ 同上书，95页。

"两个基本的要求"，正是深刻地体现了"辩证的东西＝'在对立面的统一中把握对立面'"①。因此，列宁提出："辩证法是一种学说，它研究对立面怎样才能够同一，是怎样(怎样成为)同一的——在什么条件下它们是相互转化而同一的，——为什么人的头脑不应该把这些对立面看做僵死的、凝固的东西，而应该看做活生生的、有条件的、活动的、互相转化的东西。"②列宁关于辩证法的上述论断告诉我们，"在对立面的统一中把握对立面"，就必须掌握"具有客观意义"的概念的辩证法和认识的辩证法；而要深刻地理解辩证法是逻辑学，则必须重新理解"逻辑"的现实表达——"概念"。

特别引人注目和发人深省的是，《哲学笔记》着力最多的内容，是在辩证法与逻辑学的一致中重新理解"概念"。列宁指出："对通常看起来似乎是僵死的概念，黑格尔作了分析并指出：它们之中有着运动。有限的？——就是说，向终极运动着的！某物？——就是说，不是他物。一般存在？——就是说，是这样的不规定性，以致存在＝非存在。概念的全面的、普遍的灵活性，达到了对立面同一的灵活性，——这就是实质所在。主观地运用的这种灵活性＝折衷主义与诡辩。客观地运用的灵活性，即反映物质过程的全面性及其统一的灵活性，就是辩证法，就是世界的永恒发展的正确反映。"③对此，列宁进而提出："(抽象的)概念的形成及其运用，已经包含着关于世界客观联系的规律性的看法、信念、意识。""否定概念的客观性、否定个别和特殊之中的一般性的客观性，是不可能的。由于黑格尔探讨客观世界的运动在概念的运动中的反映，所以他比康德等人深刻得多。"④在这段论述中，列宁还以《资本论》所阐述的商品为例，具体地指出："某种商品和其他商品交换的个别行为，作为一种简单的价值形式来说，其中就已经包含着资本主义的尚未展开

---

① 列宁：《哲学笔记》，97页，北京，人民出版社，1974。

② 同上书，111页。

③ 同上书，112页。

④ 同上书，189—190页。

的一切主要矛盾——即使是最简单的概括，即使是概念(判断、推理等等)的最初的和最简单的形成，就已经意味着人对于世界的客观联系的认识是日益深刻的。在这里必须探求黑格尔逻辑学的真实的含义、意义和作用。”①由此，列宁又进一步提出：“当逻辑的概念还是‘抽象的’，还具有抽象形式的时候，它们是主观的，但同时它们也反映着自在之物。自然界既是具体的又是抽象的，既是现象又是本质，既是瞬间又是关系。人的概念就其抽象性、隔离性来说是主观的，可是就整体、过程、总和、趋势、泉源来说却是客观的。”②对此，列宁还引证《逻辑学》的话说，“凡是没有思维和概念的对象，就是一个表象或者甚至只是一个名称；只有在思维和概念的规定中，对象才是它本来的那样”，并写下这样的评语：“这是对的！表象和思想，二者的发展，而不是什么别的。”③正是基于对“概念”的上述理解，列宁在“辩证法是什么?”的标题下做出如下论断：“概念的相互依赖”，“一切概念的毫无例外的相互依赖”，“一个概念向另一个概念的转化”，“一切概念的毫无例外的转化”，“概念之间对立的相对性”，“概念之间对立面的同一”④。

列宁对“概念”的阐释，不仅深切地揭示了逻辑学与辩证法的一致，而且深切地揭示了这种“一致”所具有的重大的哲学意义。在摘录黑格尔关于“理解运动，就是用概念的形式来表达运动的本质”之后，列宁写下“对!”的评论，并且进而做出这样的论断：“问题不在于有没有运动，而在于如何在概念的逻辑中表达它。”⑤这是因为，只肯定“运动”的经验事实，还仅仅是素朴实在论的反映论，“它描述的是运动的结果，而不是运动自身”，“它没有指出运动的可能性，它自身没有包含运动的可能性”，“它把运动描写成为一些静止状态的总和、联结”，而辩证的矛盾

① 列宁：《哲学笔记》，190页，北京，人民出版社，1974。

② 同上书，223页。

③ 同上书，242页。

④ 同上书，210页。

⑤ 同上书，281页。

则“被掩盖、推开、隐藏、搁置起来”①。因此，只有在“概念的逻辑中”揭示“运动”的矛盾本质，才能“在对立面的统一中把握对立面”，才能构成作为理论思维的辩证法。

然而，正如黑格尔已经深刻揭示的，“从来造成困难的总是思维，因为思维把一个对象的实际上联结在一起的各个环节彼此分隔开来考察”。列宁由此提出：“如果不把不间断的东西割断，不使活生生的东西简单化、粗糙化，不加以割碎，不使之僵化，那末我们就不能想象、表达、测量、描述运动。思维对运动的描述，总是粗糙化、僵化。不仅思维是这样，而且感觉也是这样；不仅对运动是这样，而且对任何概念也都是这样。”②正是由于“思维”“概念”总是使“活生生的东西简单化、粗糙化”“割碎”和“僵化”，因此，实现“思维和存在的一致”的辩证法，就必须达到“概念的全面的、普遍的灵活性，达到了对立面同一的灵活性”③，“这些概念必须是经过琢磨的、整理过的、灵活的、能动的、相对的、相互联系的、在对立中是统一的”④。正是在辩证法与逻辑学相一致的意义上重新理解“概念”，列宁引证恩格斯的话说，辩证法就是“运用概念的艺术”⑤。

正是基于对辩证法必须是逻辑学的上述理解，也就是基于必须以思维的逻辑运动(概念的辩证法)去把握和描述事物的逻辑(存在的辩证法)才能实现“思维和存在的一致”的上述理解，列宁不仅肯定了“具有客观意义的概念的辩证法和认识的辩证法”，而且做出了一个令人惊叹的评语：“聪明的唯心主义比愚蠢的唯物主义更接近于聪明的唯物主义”⑥。对于这个评语，列宁的解释是：“聪明的唯心主义这个词可以用辩证的唯心主义这个词来代替”，而“愚蠢的这个词可以用形而上学的、不发展

---

① 列宁：《哲学笔记》，284—285 页，北京，人民出版社，1974。
② 同上书，285 页。
③ 同上书，112 页。
④ 同上书，154 页。
⑤ 同上书，277 页。
⑥ 同上书，305 页。

的、僵死的、粗糙的、不动的这些词来代替”①。列宁的这个论断及其解释告诉我们，坚持和发展马克思主义的“聪明的唯物主义”，首先就必须深刻地理解黑格尔的“聪明的唯心主义”即“辩证的唯心主义”所提供的“概念的辩证法”，就必须真实地超越马克思所批评的“只是从客体的或者直观的形式”去理解“对象、现实、感性”的“从前的一切唯物主义”②，也就是真实地超越列宁所批评的“形而上学的、不发展的、僵死的、粗糙的、不动的”即“愚蠢的唯物主义”。而实现这种理论超越的前提，则是必须在“逻辑学”的意义上重新理解“辩证法”。

从马克思主义哲学发展史来看，列宁关于辩证法就是逻辑学的思想，与恩格斯关于“思维和存在的一致”的思想是完全一致的。恩格斯说：“我们的主观的思维和客观的世界遵循同一些规律，因而两者在其结果中最终不能互相矛盾，而必须彼此一致，这个事实绝对地支配着我们的整个理论思维。这个事实是我们的理论思维的本能的和无条件的前提。18世纪的唯物主义，由于其本质上的形而上学的性质，只是从内容方面研究这个前提。它只限于证明一切思维和知识的内容都应当来源于感性的经验，并且重新提出下面这个命题：感觉中未曾有过的东西，理智中也不存在。只有现代的唯心主义的，同时也是辩证的哲学，特别是黑格尔，才又从形式方面研究了这个前提。”③正是由于旧唯物主义“只是从内容方面”研究“思维和存在的一致”，因而决定了“其本质上的形而上学的性质”；而“又从形式方面”研究“思维和存在的一致”的黑格尔哲学，则一方面在辩证法与逻辑学的同一中构成了“辩证的哲学”，另一方面则以唯心主义的神秘方式构成“聪明的唯心主义”。列宁强调《资本论》所实现的是“唯物主义的逻辑、辩证法和认识论”的“三者一致”，这既充分地肯定马克思“从黑格尔那里吸取了全部有价值的东西”，又深切地揭示马克思“发展了这些有价值的东西”，因而才实现了从“聪明的

① 列宁：《哲学笔记》，305页，北京，人民出版社，1974。
② 《马克思恩格斯选集》第1卷，58页，北京，人民出版社，1995。
③ 《马克思恩格斯选集》第4卷，364页，北京，人民出版社，1995。

唯心主义"到"聪明的唯物主义"的飞跃。

(二)为什么辩证法是认识论

如果说列宁关于"唯物主义的逻辑、辩证法和认识论"是"同一个东西"的论断，不可否认地包含"辩证法就是逻辑学"的判断；那么，列宁在《谈谈辩证法问题》这篇具有总结性的短文中，则明确地提出了"辩证法也就是(黑格尔和)马克思主义的认识论"[1]的著名论断。

对于列宁的这个论断，学界一直存在不同的理解和阐释，其中一种具有代表性的解释模式，是把列宁的这个论断归结为"把辩证法应用于反映论，应用于认识的过程和发展"。这种解释，不仅极大地缩小了"辩证法就是认识论"的深厚的思想内涵，而且还造成了从理论形态上把列宁的辩证法思想(特别是《哲学笔记》中所阐述的辩证法思想)归结为"认识论的辩证法"的不容忽视的理论"误区"。这突出地表现在，一些学者从列宁的"辩证法也就是认识论"的论断断言列宁的辩证法属于"认识论的辩证法"，而不是"实践论的辩证法"。这表明，只有重新研读和阐释《逻辑学》与《资本论》双重语境互动中的《哲学笔记》，才能理解列宁关于辩证法就是认识论的著名论断的真实含义，从而跳出把列宁的辩证法思想归结为"认识论的辩证法"的理论"误区"。

在《哲学笔记》中，列宁关于辩证法的全部论述，直接针对的是把辩证法"当做实例的总和"，"而不是被当做认识的规律(以及客观世界的规律)"[2]。正是基于这种强烈的针对性，列宁强调："辩证法也就是(黑格尔和)马克思主义的认识论：正是问题的这一'方面'(这不是问题的一个'方面'，而是问题的本质)普列汉诺夫没有注意到，至于其他的马克思主义者就更不用说了。"[3]在这段发人深省的论述中，列宁有针对性地强调了三个方面。其一，辩证法也就是黑格尔和马克思主义的认识论。在这里，列宁不仅把黑格尔和马克思并列起来强调辩证法就是认识论，而

---

① 列宁：《哲学笔记》，410页，北京，人民出版社，1974。

② 同上书，407页。

③ 同上书，410页。

且特别在《逻辑学》与《资本论》的一致性方面强调辩证法就是认识论。其二，辩证法也就是认识论，“这不是问题的一个‘方面’，而是问题的本质”①。在这里，列宁所针对的正是那种把“辩证法也就是认识论”这个命题归结为“问题的一个‘方面’”的理解模式，也就是仅仅把这个命题归结为“把辩证法应用于反映论”的理解模式。列宁所强调的“问题的本质”，指的是不能把辩证法“当做实例的总和”，而必须从“认识的规律(以及客观世界的规律)”去理解辩证法，也就是从作为哲学的重大基本问题的思维和存在的关系问题去理解辩证法。其三，列宁为了强调理解这个“问题的本质”的重要性和艰巨性，又进一步提出，这个“问题的本质”连普列汉诺夫这样著名的马克思主义理论家都“没有注意到，至于其他的马克思主义者就更不用说了”。

从“问题的本质”上看，整部《哲学笔记》都在把辩证法理解为逻辑学的基础上，也就是在把辩证法理解为以思维的逻辑把握存在的运动的基础上，全面地、深刻地论证了“辩证法也就是(黑格尔和)马克思主义的认识论”。这主要包括：关于人的认识辩证本性的论证，关于认识的辩证运动的论证，关于辩证法与认识史关系的论证，关于辩证法的知识领域的论证，关于认识和逻辑的实践基础的论证，关于唯心主义的认识论根源的论证，等等。列宁的这些论证，不仅具体地阐述了“辩证法也就是(黑格尔和)马克思主义的认识论”这个“问题的本质”，而且深刻地揭示了《资本论》的“唯物主义的逻辑、辩证法和认识论”是“同一个东西”的思想内涵，从而凸显了“这种唯物主义从黑格尔那里吸取了全部有价值的东西并发展了这些有价值的东西”。

在《哲学笔记》中，“辩证法也就是认识论”同“辩证法也就是逻辑学”，并不是相互独立的两个论断，而是从两个不同的角度形成的关于“问题的本质”的具有共同的思想内涵的同一个判断。列宁在“探求”黑格尔逻辑学的真实的含义、意义和作用时提出：“(抽象的)概念的形成及

---

① 列宁：《哲学笔记》，410页，北京，人民出版社，1974。

其运用，已经包含着关于世界客观联系的规律性的看法、信念、意识。”①列宁由此进一步以“唯物主义的观点”提出：“逻辑学是关于认识的学说，是认识的理论。认识是人对自然界的反映。但是，这并不是简单的、直接的、完全的反映，而是一系列的抽象过程，即概念、规律等等的构成、形成过程，这些概念和规律等等(思维、科学＝‘逻辑观念’)有条件地近似地把握着永恒运动着的和发展着的自然界的普遍规律性。”“人不能完全把握＝反映＝描绘全部自然界、它的‘直接的整体’，人在创立抽象、概念、规律、科学的世界图画等等时，只能永远地接近于这一点。”②正是由于列宁以“唯物主义的观点”来解读“关于认识的学说”的《逻辑学》，因此他以全方框方式写道：“极其深刻和聪明！逻辑规律就是客观事物在人的主观意识中的反映。”③这正是列宁以“问题的本质”——思维和存在的关系问题——所阐释的“唯物主义的逻辑、辩证法和认识论”的“三者一致”。

“辩证法也就是认识论”，首先植根于人的认识的辩证本性。列宁提出：“从最简单、最普通、最常见的等等东西开始；从任何一个命题开始，如树叶是绿的，伊万是人，哈巴狗是狗等等。在这里(正如黑格尔天才地指出过的)就已经有辩证法：个别就是一般。”④因此，“在任何一个命题中，好像在一个‘单位’(‘细胞’)中一样，都可以(而且应当)发现辩证法一切要素的萌芽，这就表明辩证法是人类的全部认识所固有的”⑤。在这里，列宁不仅从“辩证法是人类的全部认识所固有的”观点论证了“辩证法也就是认识论”，而且从人的认识的辩证本性论证了“具有客观意义的概念的辩证法和认识的辩证法”，从而在“辩证法就是逻辑学”和“辩证法就是认识论”这两个命题的统一中，深化了我们对“唯物主

---

① 列宁：《哲学笔记》，189页，北京，人民出版社，1974。
② 同上书，194页。
③ 同上书，195页。
④ 同上书，409页。
⑤ 同上书，410页。

义的逻辑、辩证法和认识论”是“同一个东西”的理解。

“辩证法也就是认识论”，还在于人(人类)的认识本身是辩证发展的。在《哲学笔记》中，列宁对此做出了下列深刻论述，“思想和客体的一致是一个过程”，“认识是思维对客体的永远的、没有止境的接近。自然界在人的思想中的反映，应当了解为不是‘僵死的’，不是‘抽象’的，不是没有运动的，不是没有矛盾的，而是处在运动的永恒过程中，处在矛盾的产生和解决的永恒过程中的”①，“人对事物、现象、过程等等的认识从现象到本质、从不甚深刻的本质到更深刻的本质的深化的无限过程”②，“人的概念并不是不动的，而是永恒运动的，相互转化的，往返流动的；否则，它们就不能反映活生生的生活”③。正是基于对人的认识的辩证发展的理解，列宁在《谈谈辩证法问题》一文中对“辩证法也就是认识论”的思想内涵做出精辟的阐释：“辩证法是活生生的、多方面的(方面的数目永远增加着的)认识，其中包含着无数的各式各样观察现实、接近现实的成分(包含着从每个成分发展成的整个哲学体系)，这就是它比起‘形而上学的’唯物主义来所具有的无比丰富的内容，而形而上学的唯物主义的根本缺陷就是不能把辩证法应用于反映论，应用于认识的过程和发展。”④列宁的上述论断，既表明了从认识的辩证发展去理解“辩证法也就是认识论”的必要性和重要性，又表明了列宁主要针对“形而上学的唯物主义的根本缺陷”而着重提出“把辩证法应用于反映论，应用于认识的过程和发展”的问题。如果把关系到“问题的本质”的“辩证法也就是认识论”这一命题仅仅理解为“把辩证法应用于反映论”，就既不能真正把握这一命题的深刻内涵，更不能理解为什么“唯物主义的逻辑、辩证法和认识论”是“同一个东西”。

“辩证法也就是认识论”，还在于哲学史上的任何一种哲学理论、一

---

① 列宁：《哲学笔记》，208页，北京，人民出版社，1974。

② 同上书，239页。

③ 同上书，277页。

④ 同上书，411页。

种哲学学说、一种哲学派别、一种哲学思潮，都与人的认识的某个特征、方面或部分密切相关。列宁在提出“辩证法是活生生的、多方面的(方面的数目永远增加着的)认识，其中包含着无数的各式各样观察现实、接近现实的成分(包含着从每个成分发展成的整个哲学体系)”之后，做出了人们经常引证的著名论断：“从粗陋的、简单的、形而上学的唯物主义观点看来，哲学唯心主义不过是胡说。相反地，从辩证唯物主义的观点看来，哲学唯心主义是把认识的某一个特征、方面、部分片面地、夸大地……发展(膨胀、扩大)为脱离了物质、脱离了自然的、神化了的绝对。唯心主义就是僧侣主义。这是对的。但(‘更确切些’和‘除此而外’)哲学唯心主义是经过人的无限复杂的(辩证的)认识的一个成分而通向僧侣主义的道路。”①对此，列宁又做出进一步的深刻阐述：“人的认识不是直线(也就是说，不是沿着直线进行的)，而是无限地近似于一串圆圈，近似于螺旋的曲线。这一曲线的任何一个片断、碎片、小段都能被变成(被片面地变成)独立的完整的直线，而这条直线能把人们(如果只见树木不见森林的话)引到泥坑里去，引到僧侣主义那里去(在那里统治阶级的阶级利益就会把它巩固起来)。直线性和片面性，死板和僵化，主观主义和主观盲目性就是唯心主义的认识论根源。而僧侣主义(＝哲学唯心主义)当然有认识论的根源，它不是没有根基的，它无疑地是一朵不结果实的花，然而却是生长在活生生的、结果实的、真实的、强大的、全能的、客观的、绝对的人类认识这棵活生生的树上的一朵不结果实的花。”②从“辩证法就是认识论”去理解全部哲学史，一个重大的理论意义就在于，它使人们真正地理解哲学唯心主义产生和长期存在的认识论根源。

“辩证法也就是认识论”，还在于“辩证哲学”本身就是“一种建立在通晓思维的历史和成就的基础上的理论思维”。无论是从人类认识的辩

① 列宁：《哲学笔记》，411 页，北京，人民出版社，1974。

② 同上书，411—412 页。

证本性和辩证发展上看，还是从理解哲学理论和哲学派别冲突的认识论根源上看，理解逻辑、辩证法和认识论的“三者一致”，都必须把“辩证法”同全部“哲学史”联系起来。这是列宁阅读《逻辑学》得出的一个重要结论。在《逻辑学》的“存在论”的摘要中，列宁就以全方框方式写下了这样的评语：“看来，黑格尔是把他的概念、范畴的自己发展和全部哲学史联系起来了。这给整个逻辑学提供了又一个新的方面。”①正是这个“新的方面”，得到列宁的特殊的关切。列宁在《哲学笔记》中提出这样一个问题：为什么“普遍运动和变化的思想(逻辑学，1813 年)未被应用于生命和社会以前，就被猜测到了”②？列宁认为，《逻辑学》之所以能够“猜测到”这个“普遍运动和变化的思想”，非常重要的原因，是由于“黑格尔在哲学史中着重地探索辩证的东西”③，“黑格尔的辩证法是思想史的概括”④。列宁由此得出的重要结论是，“要继承黑格尔和马克思的事业，就应当辩证地研究人类思想、科学和技术的历史”⑤。据此，列宁还进一步具体地提出，“哲学史”，“各门科学的历史”，“儿童智力发展的历史”，“动物智力发展的历史”，“语言的历史”，“心理学”，“感觉器官的生理学”，“这就是那些应当构成认识论和辩证法的知识领域”⑥。深思列宁的这些论述，我们可以深刻地理解恩格斯为什么把“辩证哲学”归结为“一种建立在通晓思维的历史和成就的基础上的理论思维”⑦。

需要特别指出的是，在列宁的“辩证法也就是(黑格尔和)马克思主义的认识论”的哲学思想中，最为重要的思想是以实践的观点来论证“唯物主义的逻辑、辩证法和认识论”是“同一个东西”。因此，列宁在这里所指认的“唯物主义”，并不是旧唯物主义或一般意义上的“唯物主义”，

---

① 列宁：《哲学笔记》，117 页，北京，人民出版社，1974。
② 同上书，147 页。
③ 同上书，273 页。
④ 同上书，355 页。
⑤ 同上书，154 页。
⑥ 同上书，399 页。
⑦ 《马克思恩格斯全集》第 20 卷，552 页，北京，人民出版社，1971。

而是特指《资本论》的“唯物主义”即马克思主义的“现代唯物主义”。把列宁《哲学笔记》的辩证法归结为西方近代哲学意义上的“认识论的辩证法”，不仅曲解了列宁关于“辩证法也就是认识论”的命题，而且从根本上曲解了《哲学笔记》对《资本论》的理解。

在《逻辑学》“概念论”的摘要中，列宁以“对客体的认识”的评语，摘录了黑格尔关于“对真理的认识就在于：按照客体本身，即把客体作为不掺杂主观反思的东西来认识”①的论述。列宁“用唯物主义的观点”来阐释和发挥黑格尔的思想，由此提出了关于“唯物主义辩证法”的一系列评语。首先，列宁明确地提出，“外部世界，自然界的规律，乃是人的有目的的活动的基础”，“人在自己的实践活动中面向着客观世界，以它为转移，以它来规定自己的活动”②，“人的目的是客观世界所产生的，是以它为前提的”③；与此同时，列宁又强调指出，“人的意识不仅反映客观世界，并且创造客观世界”④，“世界不会满足人，人决心以自己的行动来改变世界”⑤；列宁由此提出“实质：‘善’是‘对外部现实性的要求’，这就是说，‘善’被理解为人的实践＝要求(1)和外部现实性(2)”⑥。在这里，列宁深刻地揭示了“唯物主义的逻辑、辩证法和认识论”是“同一个东西”的存在论根源：人的实践活动的目的性要求与外部现实性的辩证关系。其次，列宁特别关切地阐述了“逻辑”的现实基础，提出“人的实践经过千百万次的重复，它在人的意识中以逻辑的格固定下来。这些格正是(而且只是)由于千百万次的重复才有着先入之见的巩固性和公理的性质”⑦。列宁的这个思想，从人类的实践活动出发深刻地揭示了“逻辑”之所以具有“客观意义”的实践源泉。最后，列宁在“黑格尔论实

① 列宁：《哲学笔记》，197页，北京，人民出版社，1974。
② 同上书，200页。
③ 同上书，201页。
④ 同上书，228页。
⑤ 同上书，229页。
⑥ 同上书，229页。
⑦ 同上书，233页。

践和认识的客观性”的标题下，写下“人的和人类的实践是认识的客观性的验证、准绳。黑格尔的意思是这样的吗？要回过来再看”①。接着，列宁又以全方框方式写道：“在黑格尔那里，在分析认识过程中，实践是一个环节，并且也是向客观的(在黑格尔看来是‘绝对的’)真理的过渡。因此，当马克思把实践的标准列入认识论时，他的观点是直接和黑格尔接近的：见关于费尔巴哈的提纲。”②

列宁的上述思想，以马克思的实践观点深刻地阐述了“唯物主义的逻辑、辩证法和认识论”的“三者一致”，从而使我们能够更为具体和更为深刻地理解马克思的唯物主义从黑格尔那里所吸取的“全部有价值的东西”，特别是更为具体和更为深刻地理解马克思的唯物主义如何“向前推进了这些有价值的东西”③。这同时表明，离开列宁对思维和存在关系问题的实践论理解，把列宁关于“辩证法也就是(黑格尔和)马克思主义的认识论”的重要思想仅仅归结为“把辩证法应用于反映论”，并进而把列宁的这个思想归结为“认识论的辩证法”，是不符合列宁的思想本身的。

(三)怎样理解《资本论》的“唯物主义的逻辑、辩证法和认识论”是“同一个东西”

对于列宁来说，最大的理论问题莫过于究竟什么是马克思主义，最大的理论困惑莫过于为什么包括普列汉诺夫在内的马克思主义者并没有真正懂得马克思主义。列宁在《逻辑学》与《资本论》双重语境的互动中所阐发的“唯物主义的逻辑、辩证法和认识论”是“同一个东西”的重要思想，正是对上述两个问题的根本性回答。

列宁认为，辩证法不仅是马克思主义哲学中有决定意义的东西，而且是整个马克思主义的活的灵魂。然而，在恩格斯逝世以后，马克思的辩证法却遭到两个方面的严重歪曲：一是把“发展”这个概念当作时髦的

---

① 列宁：《哲学笔记》，227页，北京，人民出版社，1974。

② 同上书，228页。

③ 同上书，357页。

旗号搞庸俗进化论；二是把“辩证法”从黑格尔已经达到的自觉形态(唯心主义的逻辑、辩证法和认识论的“三者一致”)降低为朴素、自发的东西即“实例的总和”。对于造成这种歪曲的重要理论根源，列宁明确和尖锐地指出：“不钻研和不理解黑格尔的全部逻辑学，就不能完全理解马克思的《资本论》，特别是它的第1章。因此，半个世纪以来，没有一个马克思主义者是理解马克思的!!”①理解马克思，就必须理解马克思的《资本论》；而理解《资本论》，则必须“钻研和理解”黑格尔的《逻辑学》。列宁在《逻辑学》与《资本论》双重语境的互动中做出的这个论断，要求我们真实地、深刻地理解《资本论》的“唯物主义的逻辑、辩证法和认识论”是“同一个东西”。

列宁是作为自觉的马克思主义者来阅读黑格尔的《逻辑学》的，因此“总是竭力用唯物主义观点来读黑格尔的著作”，总是以“参看《资本论》”为出发点来思考《逻辑学》，从而在《逻辑学》与《资本论》双重语境的互动中得出一个根本性的结论，即“虽说马克思没有遗留下‘逻辑’(大写字母的)，但他遗留下《资本论》的逻辑，应当充分地利用这种逻辑来解决这一问题。在《资本论》中，唯物主义的逻辑、辩证法和认识论(不必要三个词：它们是同一个东西)都应用于一门科学，这种唯物主义从黑格尔那里吸取了全部有价值的东西并发展了这些有价值的东西”②。因此，深入地阐释列宁《哲学笔记》的“三者一致”的辩证法，必须具体地阐述《资本论》的作为“同一个东西”的“唯物主义的逻辑、辩证法和认识论”。

《资本论》的“唯物主义的逻辑、辩证法和认识论”作为“同一个东西”，具有深刻的、具体的思想内涵：其一，《资本论》直接呈现的是由一系列经济范畴所构成的理论体系，离开这些经济范畴及其逻辑关系就不存在《资本论》的理论体系，在这个意义上，《资本论》就是关于资本运动的“逻辑”；其二，构成《资本论》的经济范畴及其逻辑体系，又是马克

---

① 列宁：《哲学笔记》，191页，北京，人民出版社，1974。

② 《列宁全集》第55卷，290页，北京，人民出版社，1990。

思自觉地以思维的规定把握现实的规定的产物，离开思维对现实的认识论自觉，就不可能真正地理解和把握《资本论》的逻辑体系，在这个意义上，《资本论》又是关于资本运动的"认识论"；其三，《资本论》以思维的规定所把握的现实的规定，是在商品、货币、资本、地租、利润的"物和物"的关系中所掩盖的"人和人"的关系，它的"经济范畴只不过是生产的社会关系的理论表现"①，"离开'人们的现实生活过程'，就不可能真正地理解商品、货币、资本、地租、利润等全部经济范畴及其逻辑关系"②，在这个意义上，《资本论》又体现出"思维和存在的一致"的"辩证法"。这表明，《资本论》所体现的"同一个东西"，既吸收了黑格尔的"全部有价值的东西"——把辩证法、认识论和逻辑学作为"同一个东西"而研究和阐述资本运动的逻辑，更是"发展了这些有价值的东西"——以马克思的唯物主义为前提和基础的"同一个东西"。这就要求我们从"唯物主义的逻辑、辩证法和认识论"的"三者一致"去理解和把握马克思的《资本论》。

在《资本论》的开头，马克思就明确地提出："资本主义生产方式占统治地位的社会的财富，表现为'庞大的商品堆积'，单个的商品表现为这种财富的元素形式。因此，我们的研究就从分析商品开始。"③而在《哲学笔记》中，列宁首先关注的就是普遍与特殊的辩证关系，特别是在"商品"这个"元素形式"中所体现的这种辩证关系。在《逻辑学》导言部分的摘要中，列宁就以全方框方式写下："绝妙的公式：'不只是抽象的普遍，而且是自身体现着特殊、个体、个别东西的丰富性的这种普遍'（特殊的和个别的东西的全部丰富性！）！！ 好极了！"④而在总结性的短文《谈谈辩证法问题》中，对于《资本论》关于"商品"的这个"开端"思想，列宁的评论是："马克思在《资本论》中首先分析资产阶级社会（商品社会）里

① 《马克思恩格斯选集》第1卷，141页，北京，人民出版社，1995。
② 孙正聿：《"现实的历史"：〈资本论〉的存在论》，载《中国社会科学》2010年第2期。
③ 《马克思恩格斯全集》第44卷，47页，北京，人民出版社，2001。
④ 列宁：《哲学笔记》，98页，北京，人民出版社，1974。

最简单、最普通、最基本、最常见、最平凡、碰到过亿万次的关系——商品交换。这一分析从这个最简单的现象中(从资产阶级社会的这个‘细胞’中)揭示出现代社会的一切矛盾(或一切矛盾的胚芽)。往后的叙述向我们表明这些矛盾和这个社会的发展，在这个社会的各个部分总和中的、从这个社会的开始到终结的发展(既是生长又是运动)。”①在这里，列宁不只是在“唯物主义的逻辑、辩证法和认识论”是“同一个东西”的意义上深刻地阐释了《资本论》所体现的普通与特殊的辩证法，而且在“同一个东西”的意义上深刻地阐述了《资本论》所体现的“一般辩证法的阐述(以及研究)方法”——从抽象到具体的辩证法、历史与逻辑相统一的辩证法。

在《哲学笔记》中，列宁不仅从商品自身的“普遍与特殊”的辩证关系来阐述《资本论》的诸范畴，而且从认识的一般进程来看待《资本论》的逻辑。在《黑格尔辩证法(逻辑学)的纲要》中，列宁写道：“概念(认识)在存在中(在直接的现象中)揭露本质(因果律、同一、差别等等)——整个人类认识(全部科学)的真正的一般进程就是如此。自然科学和政治经济学(以及历史)的进程也是如此。所以，黑格尔的辩证法是思想史的概括。从各门科学的历史上更具体地更详尽地研究这点，会是一个极有裨益的任务。总的说来，在逻辑中思想史应当和思维规律相吻合。”②对此，列宁还具体地写道：“商品—货币—资本”“绝对剩余价值的生产”“相对剩余价值的生产”“资本主义的历史和对于概述资本主义历史的那些概念的分析”③，“开始是最简单的、普通的、常见的、直接的‘存在’，个别的商品(政治经济学中的‘存在’)。把它当作社会关系来加以分析。两种分析：演绎的和归纳的，——逻辑的和历史的(价值形式)”，“在这里，在每一步分析中，都用事实即用实践来进行检验”④。在这

① 列宁：《哲学笔记》，409 页，北京，人民出版社，1974。

② 同上书，355 页。

③ 同上书，357 页。

④ 同上书，357 页。

里，列宁通过对《资本论》逻辑结构的概括，展现了《资本论》的辩证法、认识论和逻辑学的“三者一致”。

列宁认为，《资本论》作为“逻辑”，是“因为每一门科学都要以思想和概念的形式来表述自己的对象”(黑格尔)，因此“任何科学都是应用逻辑”①。《资本论》所揭示的资本运动的逻辑，就是马克思以经济范畴(商品、货币、资本等)的逻辑运动所把握到的资本运动的逻辑，也就是马克思以思维的规定所把握到的“现实的历史”的规定。列宁在《逻辑学》“本质论”的摘要中，在摘录黑格尔关于“思辨的思维就在于它能把握住矛盾，又能在矛盾中把握住自身，而不是像表象那样受矛盾支配，并且让矛盾把自己的规定不是化为他物就是化为无”之后，写下这样的评语：“必须揭发、理解、拯救、解脱、清洗这种实质，马克思和恩格斯就做到了这一点。”②在《资本论》中，马克思正是以“矛盾”的具体的规定性来分析商品作为使用价值和交换价值的二重性，并进而分析形成商品二重性的劳动的二重性，从而构成了马克思政治经济学的劳动价值论，以及在此基础上构成的剩余价值论。列宁认为，《资本论》的这种研究方式和叙述方式，正表明“马克思把黑格尔辩证法的合理形式运用于政治经济学”③。

马克思《资本论》的辩证法、认识论和逻辑学的三者一致，是在黑格尔《逻辑学》以唯心主义为基础所实现的“三者一致”的基础上，在马克思、恩格斯所创建的“现代唯物主义”的基础上的“三者一致”，因此，列宁在以“参看《资本论》”为出发点而阅读《逻辑学》的过程中，特别关切的是马克思从黑格尔和费尔巴哈继续向前的运动，从唯心主义辩证法到唯物主义辩证法的前进运动，特别强调的是马克思“从黑格尔那里吸取了全部有价值的东西并发展了这些有价值的东西”④。这表明，深刻地理

① 列宁：《哲学笔记》，216页，北京，人民出版社，1974。

② 同上书，147页。

③ 同上书，190页。

④ 《列宁全集》第55卷，290页，北京，人民出版社，1990。

解《资本论》所实现的"唯物主义的逻辑、辩证法和认识论"的"三者一致"，最为根本的问题在于：其一，马克思从黑格尔那里所汲取的"全部有价值的东西"究竟是什么？其二，马克思怎样"发展了这些有价值的东西"？

黑格尔《逻辑学》的概念辩证法的主要价值在于两个方面：一是以"联系的普遍性"和"差别的内在的发生"为内容，批判了把概念当成"抽象的普遍性"的观点，深刻地论证了概念的"具体性"；二是以思维规定在认识发展中的自我扬弃为内容，批判了把概念当成"僵死的"和"不动的"观念，深刻地论证了概念的"否定性"。马克思对这两个方面的发展：一是把黑格尔的概念的具体性唯物主义地变革为思维反映存在所构成的具体性，二是把黑格尔的概念的否定性唯物主义地变革为辩证法的本质上的批判性和革命性。而这两方面的变革，奠基于人类的实践活动所实现的人对世界的否定性统一的历史过程。在《资本论》第二版跋中，马克思明确地指出："我的辩证方法，从根本上说，不仅和黑格尔的辩证方法不同，而且和它截然相反。在黑格尔看来，思维过程，即他称为观念而甚至把它转化为独立主体的思维过程，是现实事物的创造主，而现实事物只是思维过程的外部表现。我的看法则相反，观念的东西不外是移入人的头脑并在人的头脑中改造过的物质的东西而已。"①与此同时，马克思又明确地指出："辩证法，在其合理的形态上"，是"在对现存事物的肯定的理解中同时包含对现存事物的否定的理解，即对现存事物的必然灭亡的理解；辩证法对每一种既成的形式都是从不断的运动中，因而也是从它的暂时性方面去理解；辩证法不崇拜任何东西，按其本质来说，它是批判的和革命的"②。这清楚地表明，马克思在《资本论》中提出了关于辩证法的两个根本性论断：一是观念决定现实还是现实决定观念，这是黑格尔的辩证法与马克思的辩

---

① 《马克思恩格斯选集》第2卷，111—112页，北京，人民出版社，1995。

② 同上书，112页。

证法的根本区别；二是合理形态的辩证法不仅肯定现实决定观念，而且在本质上是批判的和革命的。列宁在《哲学笔记》中首先强调的就是“我总是竭力用唯物主义观点来读黑格尔的著作”，并明确指出“黑格尔学说是倒置过来的唯物主义”①。列宁由此提出，马克思和恩格斯在“揭发、理解、拯救、解脱、清洗”②黑格尔学说的唯心主义的过程中，既“拯救”和“清洗”了黑格尔的天才的基本思想，即关于“万物之间的世界性的、全面的、活生生的联系，以及联系在人的概念中的反映”的思想，又真正地实现了以“经过琢磨的、整理过的、灵活的、能动的、相对的、相互联系的、在对立中统一的”概念去“把握世界”，因而才构成了《资本论》的唯物主义的逻辑、辩证法和认识论的“同一个东西”。

《资本论》的“同一个东西”的辩证法，从根本上说，是超越了作为“实例的总和”或“抽象的方法”的辩证法，也就是超越了以直观反映论为基础的朴素的辩证法。这是列宁在《逻辑学》与《资本论》双重语境互动中所形成的最为重要的思想。在《哲学笔记》中，列宁以“异常正确和深刻”为评语，完整地摘录了黑格尔的下述言论：“所谓对于被列为定理的具体材料的说明和论证，一部分是同语反复，一部分是对事物真实情况的歪曲，这种歪曲部分地是为了掩盖认识的虚妄，这种认识片面地挑选经验，惟有这样它才能获得自己的简单的定义和原理；它是这样地消除来自经验的反驳意见的：它不是从经验的具体的整体来了解和解释经验，而是把它作为一个例子，并且从对假说和理论有利的方面去理解和解释它。在具体经验从属于预先假设的各规定的情形下，理论的基础就被蒙蔽，它只是从符合理论的这一方面显露出来。”③对于所引证的这段论述，列宁又在与《资本论》相对照的意义上写下这样的评语：“参看资产

---

① 列宁：《哲学笔记》，104页，北京，人民出版社，1974。

② 同上书，147页。

③ 同上书，225—226页。

阶级的政治经济学。”①这就是说，“资产阶级的政治经济学”的重大理论缺陷，是以“片面地挑选经验”为前提而形成的“定理”，而超越了“资产阶级的政治经济学”的《资本论》，它所实现的“唯物主义的逻辑、辩证法和认识论”的“三者一致”，从根本上说，就在于它不是“片面地挑选经验”，不是把“具体经验从属于预先假设的各规定”，因而既不是关于资本主义的“实例的总和”，也不是以某种“刻板公式”来诠释资本主义，而是“从经验的具体的整体来了解和解释经验”，也就是以“理性的具体”所实现的关于资本主义的“许多规定的综合”和“多样性的统一”。② 这才是《资本论》的“唯物主义的逻辑、辩证法和认识论”作为“同一个东西”的“合理形态”的辩证法。

(四)以“三者一致”的理论自觉推进马克思主义辩证法研究

在《逻辑学》与《资本论》双重语境的互动中，列宁的《哲学笔记》全面地、深入地探索了辩证法理论，不只是研究和回答了一系列前人提出的或是遗留的重大理论问题，而且创造性地提出和论证了一系列关于辩证法的新问题。粗略地予以整理和概括，我们就可以在《哲学笔记》中归纳出如下的重大理论问题：为什么“辩证法也就是(黑格尔和)马克思主义的认识论”？如何理解“唯物主义的逻辑、辩证法和认识论”是“同一个东西”？为什么“不钻研和不理解黑格尔的全部逻辑学”“就不理解马克思的《资本论》”？怎样理解黑格尔《逻辑学》的“唯心主义最少而唯物主义最多”？为什么“聪明的唯心主义比愚蠢的唯物主义更接近于聪明的唯物主义”？怎样理解黑格尔《逻辑学》包含“辩证唯物主义”和“历史唯物主义”的“萌芽”？马克思怎样“从黑格尔那里吸取了全部有价值的东西并发展了这些有价值的东西”？为什么作为发展学说的辩证法必须是“具有客观意义的概念辩证法和认识辩证法”？怎样使马克思主义的“合理形态”的辩证法成为人们普遍的、自觉的思维方式？

---

① 列宁：《哲学笔记》，226页，北京，人民出版社，1974。

② 《马克思恩格斯选集》第2卷，18页，北京，人民出版社，1995。

如果对上述问题进行整体性的思考和总体性的概括，我们可以发现，列宁的《哲学笔记》从两个方面探讨了一个根本问题：一是如何理解黑格尔《逻辑学》的“真实意义”并达到哲学思维的理论自觉的问题，二是如何掌握马克思“从黑格尔那里吸取了全部有价值的东西并发展了这些有价值的东西”的问题；而这两个方面所构成的“问题的本质”则是“唯物主义的逻辑、辩证法和认识论”的“三者一致”问题。直面当代国内外马克思主义哲学研究现状，特别是关于马克思主义辩证法的研究现状，研究这个“问题的本质”的重大意义就在于，列宁所提出和论述的“三者一致”问题，远不是一个已经取得“共识”或已经解决了的问题，而恰恰是当代辩证法研究中，特别是当代的马克思主义辩证法研究中需要深入探索和重新阐释的迫切的重大理论问题。

第一，由于不是从“唯物主义的逻辑、辩证法和认识论”的“三者一致”去理解辩证法，因而离开作为哲学的重大基本问题的“思维和存在的关系问题”，把辩证法当作“实例的总和”和“抽象的方法”，并把马克思主义的辩证法“还原”为朴素辩证法和把马克思主义认识论“还原”为直观反映论。

在总结哲学史的基础上，恩格斯做出一个高度概括的论断：“全部哲学，特别是近代哲学的重大的基本问题，是思维和存在的关系问题。”[①]然而，在关于哲学基本问题的通常解释中，却把“思维和存在的关系问题”分解为“谁为第一性”(何者为本原)的“本体论问题”和“有无同一性”(思维能否认识存在)的“认识论”问题，从而把“辩证法”变成与“思维和存在的关系问题”无关的另一类问题，即把“辩证法”归结为一种关于自然、社会和思维的具有最大普遍性和最大普适性的对象性理论。其结果就不仅割裂了辩证法的世界观、认识论和方法论的统一，而且把辩证法变成列宁在《哲学笔记》中所批评的“实例的总和”。而把辩证法当成“实例的总和”的直接后果，就是把辩证法当成可以到处套用的“刻板公

① 《马克思恩格斯选集》第4卷，223页，北京，人民出版社，1995。

式”。按照恩格斯的看法，辩证法是“一种建立在通晓思维的历史和成就的基础上的理论思维”，它具有深厚的认识史基础和具体的思想内容。正是由于把辩证法当作“实例的总和”，因而又离开“思维的历史和成就”即离开辩证法的深厚的认识史基础去看待辩证法，把辩证法当作可以离开思想内容的“供使用”的“方法”，以至于像恩格斯尖锐批评的那样，把辩证法当成“可以用来套在任何论题上的刻板公式”，“可以用来在缺乏思想和实证知识的时候及时搪塞一下的词汇语录”。由此我们可以看到曲解辩证法的“两极相通”：把辩证法当作“实例的总和”，必然把辩证法当作超然于“实例的总和”之上的“供使用”的“方法”即“刻板公式”；而把辩证法当作“供使用”的“方法”，又必然把辩证法诉诸“实例的总和”，以自然、社会和思维中的各种“实例”来说明“对立统一”“质量互变”和“否定之否定”的普遍性和普适性。这种“实例总和”与“刻板公式”的“两极相通”，其深层的理论根源就在于，离开“思维和存在的关系问题”去看待辩证法，也就是离开认识的“反映”原则和“能动”原则的辩证关系，把马克思主义认识论“还原”为直观的反映论，并把马克思主义辩证法“还原”为朴素的辩证法。

关于“从前的一切唯物主义”的“主要缺点”，马克思所指认的是“对对象、现实、感性，只是从客体的或者直观的形式去理解”①，恩格斯所指认的是“只是从内容方面研究”“思维和存在的一致”这个“前提”②；与“从前的一切唯物主义”相对照，关于“唯心主义”的积极意义，马克思所指认的是“和唯物主义相反，能动的方面却被唯心主义抽象地发展了”③，恩格斯所指认的是“只有现代的唯心主义的，同时也是辩证的哲学，特别是黑格尔，才又从形式方面研究了”“思维和存在的一致”这个“前提”。与马克思和恩格斯的上述思想一脉相承，列宁通过阅读黑格尔的《逻辑学》，根据马克思恩格斯所批评的“从前的一切唯物主义”的“主

① 《马克思恩格斯选集》第 1 卷，54 页，北京，人民出版社，1995。
② 《马克思恩格斯选集》第 4 卷，364 页，北京，人民出版社，1995。
③ 《马克思恩格斯选集》第 1 卷，54 页，北京，人民出版社，1995。

要缺点”，把旧唯物主义称为“愚蠢的唯物主义”，并把“辩证的唯心主义”称为“聪明的唯心主义”。列宁由此得出的结论是，“聪明的唯心主义比愚蠢的唯物主义更接近于聪明的唯物主义”①。

根据马克思、恩格斯和列宁的上述思想，理所当然地必须以“聪明的唯物主义”去理解马克思主义的认识论。然而，正是由于不理解“聪明的唯心主义”，特别是不理解黑格尔《逻辑学》的辩证法、认识论和逻辑学“三者一致”的“聪明的唯心主义”，人们往往把马克思主义的“聪明的唯物主义”还原为旧唯物主义的“愚蠢的唯物主义”，把马克思主义的能动的反映论还原为旧唯物主义的直观反映论。这不仅表现在“不能把辩证法应用于反映论，应用于认识的过程和发展”，而且更深层地表现在不理解“辩证法是人类的全部认识所固有的”，不理解“具有客观意义的概念的辩证法和认识的辩证法”，不理解“问题不在于有没有运动，而在于如何在概念的逻辑中表达它”，因此，“不是从主体方面去理解”“对象、现实、感性”，从而在根本上达到从“能动的方面”去理解认识论问题。与此同时，正是由于把马克思主义的能动的反映论还原为“从前的一切唯物主义”的直观的反映论，因而又必然把马克思主义的辩证法还原为朴素的辩证法，把辩证法当作“抽象的方法”和“实例的总和”。这表明，达不到“唯物主义的逻辑、辩证法和认识论”的“三者一致”，不仅会造成把辩证法当成“实例的总和”和把辩证法当成“抽象的方法”的“两极相通”，而且还必然造成把马克思主义认识论还原为直观反映论与把马克思主义辩证法还原为朴素辩证法的“双重还原”。

第二，由于不是从“唯物主义的逻辑、辩证法和认识论”的“三者一致”去理解辩证法，因而离开“思维和存在的一致”的“统一原则”去看待“发展原则”，容易把辩证法的“发展学说”庸俗化。

辩证法是关于发展的学说，然而，马克思主义以前的哲学理论，却表现为两种片面的发展学说：一种是在经验、表象的层面上描述运动和

---

① 列宁：《哲学笔记》，305 页，北京，人民出版社，1974。

变化，而不懂得“如何在概念的逻辑中”揭示“运动的本质”的旧唯物主义的“发展学说”，因而它所能达到的只是作为“实例的总和”的朴素的辩证法；另一种是在思维、概念的层次上说明思维的辩证本性和描述概念的辩证运动的唯心主义的“发展学说”，因而它所能达到的只是作为“无人身的理性”的自我运动和自我认识的辩证法，这种辩证法既是自觉形态的辩证法，又是神秘形态的辩证法，而不是《资本论》的“合理形态”的辩证法。

这两种片面的发展学说，其直接的理论根源仍然在于，旧唯物主义和唯心主义“只是”分别从“内容”或“形式”方面去看待“思维和存在的一致”。旧唯物主义只是从“内容”方面而没有从“形式”方面去看待“思维和存在的一致”，因而只能在经验、表象的层面上描述运动和变化，而无法以“具有客观意义的概念的辩证法和认识的辩证法”去把握“发展”；唯心主义只是从“形式”方面而没有从“内容”方面去看待“思维和存在的一致”，因而只能在思维、概念的层面上去揭示思维的辩证本性和概念的辩证运动，而无法把握“发展”的现实。从深层的理论根源上看，马克思主义以前的旧哲学之所以“只能”是两种片面的“发展学说”，是因为二者都不懂得“思维和存在的一致”的现实基础——人类的实践活动及其历史发展。列宁明确提出，思维与存在的“交错点＝人的和人类历史的实践”①。人类思维的最本质最切近的基础是人类自己的实践活动。只有把实践范畴合理地理解为辩证法的基础范畴，从人的实践活动及其历史发展的内在矛盾出发去反思思维与存在的关系问题，才能合理地说明思维对存在的否定性统一关系，即说明思维和存在在发展中的统一和在统一中的发展。

在人类的实践活动中，“存在”既作为思维反映的现实客体而存在，又作为思维的目的性要求的对象而存在。作为思维反映的现实客体，“存在”既规范思维的活动和内容，又被思维改造成逻辑范畴及其所构成

---

① 列宁：《哲学笔记》，239页，北京，人民出版社，1974。

的逻辑运动，从而构成思维中的具体；作为思维的目的性要求的对象，“存在”既是思维要求改变的现实对象，又是被思维否定的非现实的存在（人在自己的思维中为自己绘制关于客观世界的图景，并确信自己的现实性和存在的非现实性）。人类的实践活动是一个历史的展开过程。在这个历史的展开过程中，思维和存在及其相互关系都是发展的，而不是某种给定的、既成的、僵化的存在。从“思维”来说，“人在怎样的程度上学会改变自然界，人的智力就在怎样的程度上发展起来”①；从“存在”来说，人的“周围的感性世界绝不是某种开天辟地以来就直接存在的、始终如一的东西，而是工业和社会状况的产物，是世世代代活动的结果”②；从思维和存在的“关系”来说，由于人的实践活动的历史发展改变了“思维”和“存在”，因而也同时发展了思维与存在之间的“关系”，从而使这种关系取得了越来越丰富、越来越深刻的现实内容。正是由于人类的实践活动及其历史发展不断地变革了“思维”和“存在”及其相互“关系”，因此，必须从“发展”去理解“统一”，又从“统一”去理解“发展”。如果像旧唯物主义和唯心主义那样，把思维和存在及其相互关系抽象化，或者离开思维主体的历史性而把思维与存在的统一当成“表象”与“对象”的一致，或者抽象地发挥思维的能动性而把思维与存在的统一当成“思维规定”的自我认识，怎么能真实地提出和正确地回答辩证法理论的“发展原则”呢？辩证法理论的“发展原则”和“统一原则”，是以人类的实践活动及其历史发展所造成的思维与存在的发展中的统一和统一中的发展为现实内容的，是通过对思维和存在的关系问题的实践论批判而取得现实性的。因此，“合理形态”的辩证法是在马克思所开拓的实践转向的哲学道路中而实现为“最完备最深刻最无片面性的关于发展的学说”③。离开“思维和存在的关系问题”，离开对这个“重大的基本问题”的实践论理解，必然会把辩证法的“发展学说”庸俗化。

---

① 《马克思恩格斯选集》第4卷，329页，北京，人民出版社，1995。
② 《马克思恩格斯选集》第1卷，76页，北京，人民出版社，1995。
③ 《列宁选集》第2卷，310页，北京，人民出版社，1995。

第三，由于不是从“唯物主义的逻辑、辩证法和认识论”的“三者一致”去理解辩证法，把辩证法、认识论和逻辑学视为三个不同论域或三个不同层次的问题，因而不仅曲解了列宁的“三者一致”的辩证法思想，而且实际上否定了《资本论》所实现的“三者一致”。

在通常的解释模式中，所谓辩证法、认识论和逻辑学的“三者一致”，具体地表现为下述方式，即辩证法作为关于自然、社会和思维发展的普遍规律的学说，它包含着认识论和逻辑学；认识论作为关于思维与存在如何统一的学说，既被包含于辩证法之中又包含着逻辑学；逻辑学作为关于思维本身的学说，则直接地被包含于认识论之中并从而被包含于辩证法之中。在这种解释模式中，辩证法、认识论和逻辑学首先是关于三个不同层次的论域的理论，其次则是作为三个不同层次的论域的理论具有依次包含关系。这种解释模式，与列宁的“三者一致”思想，是完全不同的。

在列宁看来，“问题的本质”在于能否从恩格斯所概括的哲学基本问题即“思维和存在的关系问题”去理解全部哲学问题，因此，所谓辩证法、认识论和逻辑学的“三者一致”，就在于它们是“同一个东西”——关于“思维和存在的关系问题”的哲学理论。而马克思主义哲学所实现的“唯物主义的逻辑、辩证法和认识论”的“三者一致”则具体地表现在：由于马克思主义哲学所揭示的思维自觉反映存在运动的规律凝聚着、积淀着人类在发展中所创建的全部科学用以反映世界的认识成果，是“对世界的认识的历史的总计、总和、结论”，因此，在其客观内容和普遍意义上说，马克思主义哲学就是关于自然、社会和思维发展的普遍规律的理论即唯物主义的辩证法的世界观；由于马克思主义哲学从认识、实践的主体与客体交互作用的丰富关系及其历史发展来研究思维自觉反映存在运动的规律，为人类的全部历史活动提供认识基础，因此，就其基本问题和理论性质来看，它就是关于思维与存在统一规律的理论即唯物主义辩证法的认识论；由于马克思主义哲学所揭示的思维自觉反映存在运动的规律既是对思维的历史和成就的总结，又是思维自觉地向存在接近和逼近的方法，因此，就其理论价值和社会功能来看，它又是人类认识世界和改造世界的伟大工具即唯物主义辩证法的逻辑学或方法论。“唯物主义的逻辑、辩证法和认识论”是“同一个东西”，而不是三个论域或三个层次的理论，因而也不是以论域大小为根据的依次包含关系。在通常的三个论域及其所构成的包含关系的解释模式中，辩证法、认识论和逻辑学不仅不是“同一个东西”，反而成了完全不同的“三个东西”。这种解释模式是把马克思主义的辩证法还原为“实例的总和”的辩证法，是把马克思主义的认识论还原为“直观”的反映论的产物。

列宁阅读《逻辑学》，是以理解《资本论》为出发点的，也就是以理解马克思主义为出发点的，因此他在《哲学笔记》中得出的基本结论是《资本论》实现了“唯物主义的逻辑、辩证法和认识论”的“三者一致”。然而，人们在对《资本论》的阐释中，却往往简单化地把《资本论》的辩证法当作一种“供使用”的“方法”，或者一种构成体系的由抽象到具体的叙述方式，因而以直观反映论的认识论去看待《资本论》的经济范畴与其对象之间的关系，并从而把《资本论》归结为某种“非批判的实证主义”。这种理解方式表明，不理解马克思的《资本论》对黑格尔的逻辑学的批判继承关系，不理解马克思的《资本论》中“唯物主义的逻辑、辩证法和认识论”是“同一个东西”，就无法真正理解《资本论》本身。

在《资本论》第一版序言中，马克思就明确地指出，“分析经济形式，既不能用显微镜，也不能用化学试剂。二者都必须用抽象力来代替”①。必须用抽象力来研究政治经济学的根据在于，“经济范畴只不过是生产的社会关系的理论表现，即其抽象”②。而马克思所用的“抽象力”并不是“抽象”的思想，而是列宁在《哲学笔记》中所阐发的“具有客观意义的概念的辩证法和认识的辩证法”，也就是把作为“同一个东西”的“唯物主义的逻辑、辩证法和认识论”“都应用于同一门科学”。这正如马克思在

---

① 《马克思恩格斯选集》第2卷，99—100页，北京，人民出版社，1995。

② 《马克思恩格斯选集》第1卷，141页，北京，人民出版社，1995。

《〈政治经济学批判〉导言》中明确指出的，如果从所谓现实的前提即人口入手进行研究，那么研究对象就只是“关于整体的一个混沌的表象”，而只有“从表象中的具体达到越来越稀薄的抽象”，才能最终达到“具有许多规定和关系的丰富的总体”①。这就是说，从人本身出发来考察人，只能是从抽象的人出发而形成对人的抽象的理解，只有从关于人的各种规定出发才能形成对人的具体的理解，只有展现经济范畴所构成的具体才能构成把握人的存在的“理性的具体”。诉诸《资本论》，我们可以看到，马克思破解劳动秘密的直接对象并不是劳动本身，而是劳动所创造的商品。《资本论》通过阐发商品的二重性来揭示劳动的二重性，又通过揭示劳动的二重性来凸显人的存在的二重性，从而在物与物的关系中揭示出人与人的关系。《资本论》从“最简单的规定”即“商品”出发，以“具有客观意义的概念的辩证法和认识的辩证法”去把握“现实的历史”，从而以经济范畴的辩证发展来展现资本运动的“许多规定和关系的丰富的总和”。这才是《资本论》的“唯物主义的逻辑、辩证法和认识论”的“同一个东西”。

第四，由于不是从“唯物主义的逻辑、辩证法和认识论”的“三者一致”去理解辩证法，因而达不到哲学思维的理论自觉，以至于把列宁的“三者一致”的辩证法归结为只是西方近代哲学形态的“认识论的辩证法”。

作为哲学基本问题的“思维和存在的关系问题”，既不是全部哲学问题中的“一个问题”，也不是哲学问题的各个方面中的“一个方面”，而是列宁所说的哲学“问题的本质”，即规定哲学的特殊理论性质的问题，规定哲学作为人类把握世界的一种基本方式的问题。或者反过来说，一个问题之所以成为哲学问题，就在于它是从思维与存在的关系提出问题，就在于它揭示了这个问题所蕴含的“思维和存在的关系问题”，离开思维与存在的关系问题而探讨“自然”“社会”或“思维”的问

① 《马克思恩格斯选集》第2卷，18页，北京，人民出版社，1995。

题，就是实证科学的问题而不是哲学意义(哲学层面)的问题。这表明，只有达到对“思维和存在的关系问题”的理论自觉，才能达到哲学思维的理论自觉。

“唯物主义的逻辑、辩证法和认识论”的“三者一致”，是以这种哲学思维的理论自觉为前提的，也就是以辩证法、认识论和逻辑学是“同一个东西”——关于“思维和存在的关系问题”的哲学理论——为前提的。包括普列汉诺夫在内的理论家们之所以把“辩证法也就是认识论”当成“问题的一个‘方面’”，之所以把马克思主义辩证法当成“实例的总和”和“抽象的方法”，之所以把马克思主义认识论还原为直观反映论，之所以把辩证法、认识论和逻辑学的“三者一致”当成三个层次的论域的“包含关系”，之所以把“从黑格尔那里吸取了全部有价值的东西并发展了这些有价值的东西”的《资本论》经验化和实证化，其最深层的理论根源，都在于没有理解哲学的特殊的理论性质，因而也没有达到哲学思维的理论自觉。

正是由于不是从哲学的理论特性而是从哲学的历史形态去理解“思维和存在的关系问题”，因而把这个哲学的“重大的基本问题”归结为哲学的一种历史形态——西方近代哲学——的“基本问题”，并因而把关于“思维和存在的关系问题”的哲学理论——辩证法、认识论和逻辑学“三者一致”的辩证法——归结为西方近代哲学形态意义上的“认识论的辩证法”，也就是把这个“三者一致”的辩证法归结为一种已经过时的辩证法的理论形态。这表明，如何理解马克思《资本论》的“唯物主义的逻辑、辩证法和认识论”是“同一个东西”，如何看待列宁在《逻辑学》与《资本论》双重语境互动中所阐发的“三者一致”辩证法思想，如何阐述马克思的唯物主义“从黑格尔那里吸取了全部有价值的东西并发展了这些有价值的东西”，不仅需要深入地探索《逻辑学》《资本论》和《哲学笔记》的辩证法，而且需要在反思全部哲学史的基础上，重新理解和阐释作为哲学的重大的基本问题的“思维和存在的关系问题”。因此，从“问题的本质”上看，只有以哲学思维的理论自觉为前提，才能推进马克思主义辩证法研究。

四　毛泽东的“实践智慧”的辩证法

《实践论》和《矛盾论》是毛泽东哲学思想的代表作，是具有中国特色、气派和风格的马克思主义哲学的里程碑之作。如何理解和阐释《实践论》和《矛盾论》，不仅关系到对毛泽东哲学思想的总体把握，而且关系到如何在当代中国推进马克思主义哲学的中国化。

通常认为，《实践论》讲的是认识论，《矛盾论》讲的是辩证法，二者的论域不同，理论内容不同，解决的问题不同。这种理解，既曲解了认识论与辩证法的真实关系，也误解了《实践论》与《矛盾论》的真实关系。《实践论》和《矛盾论》，既是实践论的矛盾论，又是矛盾论的实践论。从理论性质上看，这两部著作都是实践论的认识论；从理论内容上看，这两部著作都是实践论的辩证法；从理论渊源上看，这两部著作都发挥了“辩证法也就是认识论”的基本思想；从现实意义上看，这两部著作都是“转识成智”、指导实践的世界观和方法论。实践智慧的辩证法或辩证法的实践智慧，就是毛泽东的《实践论》和《矛盾论》。

（一）实事求是：《实践论》和《矛盾论》的理论宗旨

马克思主义哲学不是书斋里的哲学，马克思、恩格斯、列宁、毛泽东都不是书斋里的学者。正如恩格斯《在马克思墓前的讲话》中所说，马克思首先是“革命家”；同样，恩格斯、列宁、毛泽东也首先是“革命家”。作为“革命家”，他们同时又是“理论家”，是作为“革命家”的“理论家”。他们的“理论”，都具有鲜明的现实针对性，都源于对重大现实问题的理论回答。研究和阐释《实践论》《矛盾论》，首先必须从其现实的针对性去把握这两部哲学著作。

《实践论》《矛盾论》，是为了反对以经验主义和教条主义为表现形式的主观主义，确立马克思主义的实事求是的思想路线而写作的，是为了树立理论联系实际的马克思主义学风，实现马克思主义与中国实际相结合而写作的。《实践论》《矛盾论》的理论宗旨，就是为解决思想路线问题奠定坚实的哲学基础。我们只有把握住这个理论宗旨，才能深刻地理解《实践论》《矛盾论》①。

思想路线问题，从根本上说，就是如何认识和改造世界、怎样分析和解决问题的立场、观点和方法问题，就是毛泽东本人精辟概括的"实事求是"问题。主观与客观如何统一，理论与实际怎样结合，如何从"实事"中"求是"，这是《实践论》《矛盾论》的共同的理论宗旨。在《实践论》中，毛泽东明确指出："唯心论和机械唯物论，机会主义和冒险主义，都是以主观和客观相分裂，以认识和实践相脱离为特征的。以科学的社会实践为特征的马克思列宁主义的认识论，不能不坚决反对这些错误思想。"在《矛盾论》中，毛泽东同样明确地指出："我们现在的哲学研究工作，应当以扫除教条主义思想为主要的目标"，如果我们真正懂得了唯物辩证法，"我们就能够击破违反马克思列宁主义基本原则的不利于我们的革命事业的那些教条主义的思想；也能够使有经验的同志们整理自己的经验，使之带上原则性，而避免重复经验主义的错误"。

为了实现克服教条主义和经验主义这个理论宗旨，我们必须从哲学上解决两大问题：一是以实践的观点阐述认识的矛盾运动，使人们从认识活动的基本规律上自觉地实现主观与客观的统一、理论与实际的结合；二是以实践的观点阐述认识矛盾的世界观和方法论，使人们从思维方式和思维能力上自觉地实现主观与客观的统一、理论与实际的结合。《实践论》侧重回答的是前一个问题，《矛盾论》侧重回答的是后一个问题，但它们共同回答的是主观与客观如何统一、理论与实际怎样结合的问题，也就是反对和克服以各种形式所表现出来的主观主义问题。把握住这个理论宗旨，才能从认识论和辩证法的统一中理解《实践论》和《矛盾论》。

---

① 关于"两论"的引文，参见《毛泽东选集》第一卷，北京，人民出版社，1991。

把《实践论》和《矛盾论》分解为“认识论”和“辩证法”，与通行的马克思主义哲学教科书直接相关。讲授马克思主义哲学的教科书，往往是以《实践论》的基本观点讲授“认识论”，又以《矛盾论》的基本观点讲授“辩证法”。教科书以“唯物论”“辩证法”“认识论”“唯物史观”“四大板块”分叙马克思主义哲学，这是需要认真研究和加以改进的；然而这样分叙的结果却是，人们以“认识论”来解读《实践论》，又以“辩证法”来解读《矛盾论》，似乎《实践论》和《矛盾论》本身就分别是教科书意义上的“认识论”和“辩证法”。这种“因果颠倒”的逻辑，造成了《实践论》与《矛盾论》在理论宗旨、理论性质和理论内容上的分离。因此，对《实践论》和《矛盾论》的理解和阐释，必须跳出教科书关于“认识论”和“辩证法”的叙述框架，从这两部著作自身的理论宗旨、理论性质、理论内容、理论渊源和“真实意义”上去把握它们。

（二）认识论：《实践论》和《矛盾论》的理论性质

1964年，在与人讨论日本物理学家坂田昌一的“基本粒子”问题的谈话中，毛泽东明确地说：“哲学就是认识论。”这个论断，并不是毛泽东针对特定问题所提出的想法，而是毛泽东关于哲学的理论性质的根本性观点。理解这个问题，最为直接和最为重要的“文本”，莫过于作为毛泽东哲学思想代表作的《实践论》和《矛盾论》。

《实践论》的副标题是“论认识和实践的关系——知和行的关系”，主要内容是讲实践与认识的关系，并具体地阐述了认识的实践基础、认识的运动过程、如何获得和检验真理、怎样实现主观与客观的历史的和具体的统一，因此被公认为是毛泽东的认识论。但是，能否由《实践论》是认识论，而推广为“哲学就是认识论”？讨论这个问题，首先就要回答《矛盾论》是不是“认识论”，在什么意义上是“认识论”的问题。

《矛盾论》讲辩证法，为何也是认识论？只要认真研读这部哲学著作，我们就会发现，它讲的是如何用矛盾的观点观察事物、分析问题的辩证法，讲的是克服唯心主义的先验论和旧唯物主义的直观反映论的辩证法，讲的是认识的能动反映的辩证法，讲的是以实践论为基础并以实践活动为内容的辩证法。毛泽东明确指出："这个辩证法的宇宙观，主要地就是教导人们要善于去观察和分析各种事物的矛盾的运动，并根据这种分析，指出解决矛盾的方法。"如何"分析"矛盾，怎样"研究"问题，这是《矛盾论》的出发点，也是《矛盾论》的聚焦点。《矛盾论》的辩证法，是在"认识论"意义上讲"辩证法"，是以"实践论"为根基讲"辩证法"。

《矛盾论》首先分析的是矛盾的普遍性与特殊性，但是，毛泽东并不是描述性地叙述矛盾的普遍性与特殊性，而是从认识论提出问题。毛泽东说："就人类认识运动的秩序说来，总是由认识个别的和特殊的事物，逐步地扩大到认识一般的事物。人们总是首先认识了许多不同事物的特殊的本质，然后才有可能更进一步地进行概括工作，认识诸种事物的共同的本质。"接着，毛泽东又说："当着人们已经认识了这种共同的本质以后，就以这种共同的认识为指导，继续地向着尚未研究过的或者尚未深入地研究过的各种具体的事物进行研究，找出其特殊的本质，这样才可以补充、丰富和发展这种共同的本质的认识，而使这种共同的本质的认识不致变成枯槁的和僵死的东西。"由此，毛泽东在《矛盾论》中对人的认识规律做出这样的概括："这是两个认识的过程：一个是由特殊到一般，一个是由一般到特殊。人类的认识总是这样循环往复地进行的，而每一次的循环（只要是严格地按照科学的方法）都可能使人类的认识提高一步，使人类的认识不断地深化。"《矛盾论》从"特殊"与"一般"的关系所阐述的认识规律，与《实践论》所总结的"实践、认识、再实践、再认识，这种形式，循环往复以至无穷，而实践和认识之每一循环的内容，都比较地进到了高一级的程度"的人类认识规律是完全一致的。

关于矛盾的特殊性，《矛盾论》集中地、突出地讲了两个问题：一是"主要的矛盾"，二是"主要的矛盾方面"。关于"主要的矛盾"，毛泽东所强调的是，"研究任何过程，如果是存在着两个以上矛盾的复杂过程的话，就要用全力找出它的主要矛盾。捉住了这个主要矛盾，一切问题就迎刃而解了"。对此，毛泽东十分尖锐地指出，"万千的学问家和实行家，不懂得这种方法，结果如堕烟海，找不到中心，也就找不到解决矛盾的方法”。这表明，毛泽东并不是在通常所说的“辩证法”的意义上讲述“主要的矛盾”，而是非常鲜明地在“认识论”“方法论”的意义上揭示“捉住”主要矛盾的实践意义。关于“主要的矛盾方面”，毛泽东不仅指出“事物的性质，主要地是由取得支配地位的矛盾的主要方面所规定的”，而且强调“取得支配地位的矛盾的主要方面起了变化，事物的性质也就随着起变化”。《矛盾论》关于“主要的矛盾方面”的论述，主要是从事物性质的变化来说明“新陈代谢是宇宙间普遍的永远不可抵抗的规律”，并以此为根据来说明社会主义取代资本主义的历史必然性，新中国取代旧中国的历史必然性，中国革命力量由小到大和由弱到强的历史必然性。这表明，与论述“主要的矛盾”一样，毛泽东并不是一般性地说明“主要的矛盾方面”，而是非常鲜明地在如何认识客观事物，特别是在如何认识重大现实问题的意义上揭示懂得“主要的矛盾方面”的意义。

在分析矛盾的普遍性与特殊性，特别是在分析矛盾特殊性的“主要的矛盾”和“主要的矛盾方面”的基础上，《矛盾论》又分析了“矛盾诸方面的同一性和斗争性”。对于这个问题，毛泽东是以列宁的下述论断为出发点的：“辩证法是这样的一种学说：它研究对立怎样能够是同一的，又怎样成为同一的(怎样变成同一的)，——在怎样的条件之下它们互相转化，成为同一的，——为什么人的头脑不应当把这些对立看作死的、凝固的东西，而应当看作生动的、有条件的、可变动的、互相转化的东西。”这表明，与分析矛盾的普遍性与特殊性一样，毛泽东对矛盾的同一性与斗争性的分析，同样着眼于“研究”矛盾着的双方是如何相互依存又如何相互转化的，要回答的问题则是“为什么人的头脑”必须把矛盾的双方“看作”是生动的、有条件的、可变动的、互相转化的东西。在对矛盾的同一性的分析中，毛泽东明确地提出，“事情不是矛盾双方互相依存就完了，更重要的，还在于矛盾着的事物的互相转化”。由此，毛泽东具体地分析了“被统治的无产阶级经过革命转化为统治者，原来是统治者的资产阶级却转化为被统治者”，“拥有土地的地主阶级转化为失掉土地的阶级，而曾经是失掉土地的农民却转化为取得土地的小私有者”，以及“战争转化为和平”“和平转化为战争”等重大的现实问题。在对矛盾的斗争性的分析中，毛泽东突出地提出和回答了“对抗在矛盾中的地位”问题。毛泽东提出，“矛盾和斗争是普遍的、绝对的，但是解决矛盾的方法，即斗争的形式，则因矛盾的性质不同而不同”，并以如何看待和对待“共产党内正确思想和错误思想的矛盾”为例，深刻地说明了解决矛盾的方法“因矛盾的性质不同而不同”的道理。

《矛盾论》从头到尾，贯穿始终的如何“认识”和“研究”矛盾，怎样“对待”和“解决”矛盾，也就是在“认识论”的意义上讲述“辩证法”，在“实践论”的意义上用到“辩证法”。《矛盾论》是认识论的辩证法，是实践智慧的辩证法。毛泽东的“哲学就是认识论”的论断，包含着从认识论的理论性质去理解辩证法的深刻的思想内涵。

（三）辩证法：《实践论》和《矛盾论》的理论内容

如果说《矛盾论》是在“认识论”的意义上讲“辩证法”，那么，《实践论》则是以“辩证法”为内容讲“认识论”。认识论的理论性质与辩证法的理论内容的统一，或者简洁地说辩证法与认识论的统一，才是《实践论》和《矛盾论》。

《实践论》讲认识论，讲的是认识的辩证关系的认识论，讲的是认识的辩证运动的认识论，讲的是克服形而上学的思维方式、运用辩证法的思维方式的认识论。《实践论》的认识论，并不是简单地“把辩证法应用于认识论”，而是以辩证法为内容的认识论，是运用辩证思维分析问题的认识论，是作为实践智慧的认识论。

《实践论》的切入点，就是认识与实践、知与行的辩证关系。围绕这个基本的辩证关系，《实践论》具体地分析和阐述了感性认识与理性认识的辩证关系，直接经验与间接经验的辩证关系，相对真理与绝对真理的辩证关系，特别是理论与实践的辩证关系，揭示了认识的辩证运动规律。认识的辩证关系和认识的辩证运动，构成《实践论》的基本内容。离开这些辩证关系，就不是《实践论》；离开辩证思维，就无法理解《实践论》。

在阐述马克思主义的实践观的基础上，毛泽东在《实践论》中提出的问题是："人的认识究竟怎样从实践发生，而又服务于实践呢?"整部《实践论》就是围绕着认识与实践的辩证关系展开的，就是以"认识的发展过程"即认识的辩证运动为基本内容的。

《实践论》首先分析的是以实践为基础的感性认识与理性认识的辩证关系，以及以这种辩证关系为内容的认识的辩证运动。毛泽东指出，人在实践过程中，"开始只是看到过程中各个事物的现象方面，看到各个事物的片面，看到各个事物之间的外部联系"，这就是"认识的感性阶段"。然而，"认识的真正任务在于经过感觉而到达于思维，到达于逐步了解客观事物的内部矛盾，了解它的规律性，了解这一过程和那一过程间的内部联系"，这就是"认识的理性阶段"。由此，毛泽东体会真切地指出："感觉只解决现象问题，理论才解决本质问题。"在进一步的论述中，毛泽东明确地把感性认识与理性认识的辩证关系概括为：理性认识依赖于感性认识，感性认识有待于发展到理性认识；由感性认识发展到理性认识，是认识辩证运动中的第一次"飞跃"。

在对感性认识与理性认识的辩证关系的论述中，毛泽东提出了一对值得深思的重要范畴：直接经验和间接经验。毛泽东指出："一个人的知识，不外直接经验的和间接经验的两部分。""一切真知都是从直接经验发源的。但人不能事事直接经验，事实上多数的知识都是间接经验的东西，这就是一切古代的和外域的知识。"关于"间接经验"，毛泽东所指称的并不只是作为"共同经验"的常识，还主要是指经过"科学的抽象"的知识，"科学地反映了客观的事物"的科学知识、科学理论。因此，在《实践论》这里，直接经验与间接经验之间的关系，已经不是单纯的"经验"之间的关系，即不是单纯的"个人经验"与"共同经验"的关系，而是包含了"经验"与"知识"的关系、"经验"与"理论"的关系、"经验"与"科学"的关系。从这个意义去理解"直接经验"与"间接经验"的关系，不仅会直接深化对"感性认识"与"理性认识"的辩证关系的理解，而且会深化对《实践论》的根本问题即认识与实践的辩证关系的理解。

实践是认识的来源，更是认识的目的。毛泽东说：“马克思主义的哲学认为十分重要的问题，不在于懂得了客观世界的规律性，因而能够解释世界，而在于拿了这种对于客观规律性的认识去能动地改造世界。”“认识的能动作用，不但表现于从感性的认识到理性的认识之能动的飞跃，更重要的还须表现于从理性的认识到革命的实践这一个飞跃。”从认识到实践的飞跃之所以“更重要”，不仅在于认识的目的是实践，而且在于只有实践才是检验认识的真理性的标准，只有实践才能推进认识的深化和发展。毛泽东说：“人类认识的历史告诉我们，许多理论的真理性是不完全的，经过实践的检验而纠正了它们的不完全性。许多理论是错误的，经过实践的检验而纠正其错误。”《实践论》关于“实践是检验真理的唯一标准”的论述，不只肯定了检验真理的实践标准，而且从认识的深化、真理的发展深切地阐述了认识与实践的辩证关系。

“通过实践而发现真理，又通过实践而证实真理和发展真理”，这充分说明了真理是具体的，真理是历史的，真理的发现和发展是一个过程。因此，《实践论》又具体地阐述了“相对真理”与“绝对真理”的辩证关系。毛泽东说：“马克思主义者承认，在绝对的总的宇宙发展过程中，各个具体过程的发展都是相对的，因而在绝对真理的长河中，人们对于在各个一定发展阶段上的具体过程的认识只具有相对的真理性。无数相对的真理之总和，就是绝对的真理。”对此，毛泽东具体地做出解释：“客观过程的发展是充满着矛盾和斗争的发展，人的认识运动的发展也是充满着矛盾和斗争的发展。一切客观世界的辩证法的运动，都或先或后地能够反映到人的认识中来。社会实践中的发生、发展和消灭的过程是无穷的，人的认识的发生、发展和消灭的过程也是无穷的。根据于一定的思想、理论、计划、方案以从事于变革客观现实的实践，一次又一次地向前，人们对于客观现实的认识也就一次又一次地深化。客观现实世界的变化运动永远没有完结，人们在实践中对于真理的认识也就永远没有完结。马克思列宁主义并没有结束真理，而是在实践中不断地开辟认识真理的道路。”这是彻底的认识论的辩证法，也是彻底的辩证法的认识论。离开辩证法，就丢弃了《实践论》的真实的理论内容和“活的灵魂”。

(四)辩证法也就是认识论：《实践论》和《矛盾论》的理论渊源

《实践论》和《矛盾论》的认识论的理论性质与辩证法的理论内容的统一，不仅是与马克思、恩格斯、列宁的哲学思想一脉相承的，而且特别是直接地继承和发展了列宁关于“辩证法也就是(黑格尔和)马克思主义的认识论”的哲学思想。

“辩证法也就是(黑格尔和)马克思主义的认识论”，这是列宁在他的“辩证法”名著《哲学笔记》中做出的最为重要的论断。这个论断，不只表达了列宁对哲学，特别是对马克思主义哲学的根本性理解，而且直接继承并深刻地发挥了马克思恩格斯对他们所创建的马克思主义哲学的根本性理解。

马克思写于1845年春的《关于费尔巴哈的提纲》，被恩格斯称作“包含天才世界观萌芽的第一个宝贵文件”。正是在这个“宝贵文件”中，马克思以批评旧唯物主义的直观反映论为切入点，逐条深入地阐述了“人的思维是否具有客观的真理性”问题，明确地提出必须“在人的实践中以及对这个实践的理解中”去解决全部哲学问题，并因此得出“哲学家们只是用不同的方式解释世界，问题在于改变世界”的根本性结论。“改变世界”的马克思主义哲学，首先就是以实践观点为核心观点的、唯物论与辩证法相统一的能动的反映论。这集中地、深刻地体现了马克思主义哲学的认识论的理论性质。

马克思和恩格斯对他们所创建的马克思主义哲学的根本性理解是深刻一致的：第一，马克思批评旧唯物主义“只是从客体的或者直观的形式”去看待思维和存在的关系问题，而这正是恩格斯所指认的旧唯物主义“只是”从“内容”方面去看待思维和存在的关系，这表明，马克思恩格斯都从认识论上把旧唯物主义的“主要缺点”归结为直观的反映论；第二，马克思批评唯心主义只是“抽象地发展了能动的方面”，而这正是恩格斯所指认的唯心主义“只是”从“形式”方面去看待思维和存在的关系，这表明，马克思恩格斯都从认识论上把唯心主义归结为抽象的能动性；第三，马克思认为旧唯物主义和唯心主义的共同根源在于离开“感性的人的活动”去看待思维和存在的关系，而这正是恩格斯所指认的离开“历史中行动的人”去解决思维和存在的关系问题，这表明，马克思恩格斯都从认识论上把旧唯物主义和唯心主义的根本问题归结为不理解实践对认识的决定性作用。在马克思恩格斯这里，“辩证法”绝不是离开“认识论”的孤立的“方法论”，而是构成“能动的反映论”的理论思维。

上述分析表明，马克思恩格斯对旧唯物主义和唯心主义的批评，都是立足于以“思维和存在的关系问题”为“基本问题”的“认识论”问题。特别值得我们深思的是，恩格斯不仅把“思维和存在的关系问题”概括为“全部哲学，特别是近代哲学的重大的基本问题”，而且深刻地揭示了这一问题的实质，这就是：“我们的主观的思维和客观的世界服从于同样的规律”，“它是我们的理论思维的不自觉的和无条件的前提”。批判地反思这个“前提”，阐发“主观的思维与客观的世界”的辩证关系，是认识论的根本任务，也是哲学的根本任务；辩证法是认识论的根本内容，认识论是辩证法的理论性质；因此，辩证法也就是认识论。由此可见，列宁关于“辩证法也就是(黑格尔和)马克思主义的认识论”的论断，直接地继承并合理地阐发了马克思恩格斯对他们所创建的马克思主义哲学的根本性理解，与马克思恩格斯的哲学思想是一脉相承的。

在列宁的《哲学笔记》中，“辩证法也就是(黑格尔和)马克思主义的认识论”这个命题，绝不是一个孤立的、简单的论断，而是列宁在研究哲学史，特别是在研究黑格尔《逻辑学》和马克思《资本论》的理论探索中所得出的基本结论，是列宁在《哲学笔记》中以大量的研究成果为基础所得出的基本结论。对于这个基本结论，列宁强调指出，这不是问题的一个“方面”，而是问题的“实质”，并且尖锐地指出，对于这个问题的“实质”“普列汉诺夫没有注意到，至于其他的马克思主义者就更不用说了”①。毛泽东则不仅“注意到”了这个问题，而且深刻地阐发了这个问题的“实质”。

《实践论》和《矛盾论》多处引证了马克思、恩格斯、列宁的相关论述，其中，引证最多的是列宁的《黑格尔〈逻辑学〉一书摘要》和《谈谈辩证法问题》。这表明，毛泽东是在认真研读列宁的上述著作并深入阐发列宁的相关思想的基础上形成了《实践论》和《矛盾论》。毛泽东为《矛盾论》提出的主要的理论任务，是“引申和发挥”列宁在《谈谈辩证法问题》中所阐发的哲学思想，这深刻地体现了“辩证法也就是认识论”的基本思想。这表明，能否理解《实践论》和《矛盾论》的认识论与辩证法的统一，不仅取决于对这两部著作本身的理解，而且深层地取决于对马克思主义的认识论和辩证法的相互关系的理解。只有理解辩证法就是马克思主义的认识论，才能真正理解《实践论》和《矛盾论》是认识论的辩证法，也是辩证法的认识论。

(五)实践智慧的辩证法：《实践论》和《矛盾论》的真实意义

《实践论》和《矛盾论》的辩证法和认识论的统一，是以实践为核心观点的统一，也是以实践为根本目的的统一。它们是实践智慧的辩证法，也是辩证法的实践智慧。

实践智慧，是以实践观点的思维方式对待人与世界关系的智慧，是实现“合目的性”与“合规律性”相统一的智慧，也就是尊重客观规律与发挥主观能动性相统一的智慧。它不同于理论智慧，也不同于生活智慧，但又与理论智慧、生活智慧密不可分。理论智慧主要是指超然于实践的形上智慧，生活智慧主要是指基于经验的常识智慧。实践智慧既融形上智慧于生活智慧之中，又把生活智慧提升为理论的形上智慧。借用毛泽东关于文学艺术的看法，实践智慧是“源于生活”又“高于生活”的智慧。

---

① 《列宁专题文集：论辩证唯物主义和历史唯物主义》，151 页，北京，人民出版社，2009。

作为实践智慧的《实践论》和《矛盾论》，首先是“源于生活”的智慧。这两部著作的宗旨是反对和克服以教条主义和经验主义为主要表现形式的主观主义，这两部著作的内容是以教条主义和经验主义为“靶子”来阐发知行统一的“实践论”和对立统一的“矛盾论”。无论是论证实践对认识的基础作用和以实践为基础的认识的辩证运动，还是阐发矛盾观点在认识中的核心地位和以矛盾的观点所构成的矛盾分析方法，《实践论》和《矛盾论》都立足于中国革命的实践，并始终贯穿着对生活、实践的具体分析。

作为实践智慧的《实践论》和《矛盾论》，又是“高于生活”的智慧。这突出地表现在，两部著作对认识的矛盾分析，不仅升华为一系列哲学范畴，而且赋予这些范畴以独创性的哲学内涵。范畴是反映事物本质属性和普遍联系的基本概念。从“同时态”来看，范畴是“思维的联结点”，是理论思维的具有高度概括性、结构性的基本概念，使人们在概念的逻辑关系中把握世界；从“历时态”来看，范畴又是人类认识成果的结晶和升华，构成人类认识的“阶梯”和“支撑点”，使人们在已有认识成果的基础上把握世界。毛泽东在《实践论》和《矛盾论》中提出和阐述的感性认识与理性认识、直接经验与间接经验、相对真理与绝对真理、理论与实践、内因与外因、共性与个性、主要矛盾与次要矛盾、矛盾的主要方面与矛盾的次要方面等基本范畴，既有生动鲜活的实践内涵，又有深刻睿智的理论内涵，不仅是以理论思维把握世界的最具普遍性的概念，而且是列宁所说的认识的“阶梯”和“支撑点”。

“源于生活”而又“高于生活”的实践智慧，使得“灰色”的理论变得熠熠生辉，使得“朴素”的现实变得厚重深沉。在实践智慧中，现实活化了理论，理论照亮了现实。这突出地表现在，毛泽东的实践智慧，把作为哲学基本问题的“思维和存在的关系问题”，具体化为“主观与客观”“理论与实践”“尊重客观规律与发挥主观能动性”的关系问题，这从根本上超越了马克思所批判的“把理论引向神秘主义的神秘东西”。在《实践论》和《矛盾论》中，“解释世界”的哲学与“改变世界”的哲学的根本区别，不仅在于是否用实践的观点回答“思维和存在的关系问题”，而且在于能否把“思维和存在的关系问题”具体化为“主观与客观”“理论与实践”的关系问题，能否实现“尊重客观规律与发挥主观能动性”的统一问题。这是《实践论》和《矛盾论》“转识成智”的实践智慧的本质之所在。

“源于生活”又“高于生活”的毛泽东的“实践智慧”，就是毛泽东的辩证法的实践智慧或实践智慧的辩证法。它具有三个方面的重大意义：一是在世界观的意义上阐发了辩证法的思维方式和方法论，实现了辩证法的世界观、认识论和方法论的统一；二是在实践论的意义上总结和升华了以矛盾分析方法为核心的辩证智慧，使辩证法成为认识世界和指导行动的现实力量；三是在中国化、时代化和大众化的意义上构建了具有中国特色、气派和风格的马克思主义哲学，从而以历史悠久的中华文明和创新实践的中国经验丰富和发展了马克思主义哲学。《实践论》和《矛盾论》的“实践智慧”开辟了马克思主义哲学中国化的正确道路。

第二章　辩证法与理论思维的前提批判

一　理论思维前提批判的概念解析

理论思维的前提批判，这个词组是由三个概念组成的：理论思维、前提和批判。首先解析这三个概念，并且把它们的顺序颠倒过来予以解析，对于说明这个词组的含义是必要的。

批判是人类所特有的活动方式。它包括观念形态的精神批判活动和物质形态的实践批判活动。在人类现实的历史发展过程中，否定世界的现存状态而把世界变成人所要求的现实的实践批判活动，既是精神批判活动的现实基础，又以精神批判活动为前提。在观念上否定世界的现存状态并在观念中构建人所要求的现实的精神批判活动，构成实践活动中的理想性图景和目的性要求。

批判作为否定现状和实现理想的活动，它直接地表现为揭示、辨析、鉴别和选择的过程。但是，作为活动过程的批判，它既不是批判的根据或出发点，也不是批判的目的或结果，而只是批判的一系列中介环节。批判的根据或出发点，是批判者用以观照现实的理想和要求。这种理想和要求，在批判者的批判活动中，是作为批判的根据、标准和尺度而存在的。依据某种设定的根据、标准和尺度而进行的揭示、辨析、鉴别和选择活动就是批判。

批判，总是对批判对象的批判，无对象的批判活动是不存在的。但是，批判的对象却不只是批判活动所指向的对象，而且包括批判活动的出发点——进行批判的根据、标准和尺度。这后一种批判，是推动人类思维、人类文明和人类社会发展的最为深刻的批判活动——它改变人类的思维方式、价值观念、审美意识和整个生活样式。

在批判活动中，批判者之间总是出现相距甚远乃至迥然相反的歧见。这往往并不是由于批判者在揭示、辨析、鉴别和选择活动中出现了偏差，而是由于批判的根据、标准和尺度发生了冲撞。当这种冲撞显露出来的时候，批判活动就超越了对批判对象本身的批判，而转向了对批判的根据、标准和尺度的批判。这种批判活动，就是对批判的前提的批判，即前提批判。

前提，通常解释为推理中已知的判断。显而易见，这样的解释是把对前提的理解限定在形式逻辑的框架内了。作为批判活动的前提，它是对批判对象进行揭示、辨析、鉴别和选择的根据、标准和尺度。这种前提在批判活动中具有双重性：一方面，它作为批判活动的根据和出发点，对于据此进行批判活动的批判者来说，是一种“已知的判断”或“确定的标准”；另一方面，它作为批判活动中的不同批判者所采取的根据和出发点，对于不同的批判者来说，又只能是一种“或然的判断”和“可供选择的标准”。前提批判，必须以承诺前提的或然性和可选择性为前提。

这样，就显示了前提批判的一个最本质的特征：它是一种无穷无尽的追问，现实地说，它是一种历史性的追问。前提批判具有历史的展开性。历史的发展表现为前提批判的深化，以及由此而实现的人类文明的进步。

人类所进行的否定现状和实现理想的批判活动，特别是对批判的前提进行批判的活动，是以人类具有越来越发达的理论思维为前提的。

理论思维，在其直接的意义上，是与经验思维、表象思维、常识思维相区别的一种思维方式。它超越对世界的经验的、表象的、常识的把握、理解和解释，而形成对世界的普遍性的、本质性的、规律性的把握、理解和解释。它的具体表现形式是科学思维和哲学思维。

理论思维的本质在于它的超验性——超越生动的经验表象而达到对经验对象的概念把握，并在概念的运动中把握对象的本质的联系，即达到对经验对象的规律性认识。

那么，人类的理论思维是否能够把握经验对象的本质和规律？思维的规律是否与存在的规律服从于同一规律？这就是理论思维的前提问题。理论思维的前提批判，就是对理论思维活动的根据的反思。这种对理论思维的前提批判，构成了哲学的基本问题，也决定了辩证法理论的批判本性。

二　理论思维的前提批判的哲学反思

我们首先分析恩格斯的两个著名论断。

一个是恩格斯关于哲学基本问题的论断："全部哲学，特别是近代哲学的重大的基本问题，是思维和存在的关系问题。"①

另一个是恩格斯关于思维和存在的关系问题的论断："我们的主观的思维和客观的世界服从于同样的规律，因而两者在自己的结果中不能互相矛盾，而必须彼此一致，这个事实绝对地统治着我们的整个理论思维。它是我们的理论思维的不自觉的和无条件的前提。"②在这两个论断中，恩格斯既确认了思维和存在的关系问题在哲学中的地位——它是全

① 《马克思恩格斯选集》第 4 卷，223 页，北京，人民出版社，1995。
② 《马克思恩格斯全集》第 20 卷，610 页，北京，人民出版社，1971。

部哲学的重大的基本问题，又对这个重大的基本问题给出了明确的回答——思维和存在在本质上服从于同一规律。

不仅如此，恩格斯还以一种毋庸置疑的态度告诉人们，思维和存在在本质上服从于同样的规律，这不仅“统治着我们的整个理论思维”，而且是我们的理论思维的“不自觉的和无条件的前提”。

从表层来看，恩格斯的这两个论断似乎是自相矛盾的：如果承认思维和存在“服从于同样的规律”，并且认为这是“理论思维的不自觉的和无条件的前提”，那么，哲学为什么要以思维和存在的关系问题作为自己的“重大的基本问题”？而如果认为思维和存在的关系问题是哲学的“重大的基本问题”，这就是说，思维与存在不仅是一种矛盾，而且是作为世界观理论的哲学所研究的根本矛盾。那么，恩格斯为什么又断定思维和存在的统一是“理论思维的不自觉的和无条件的前提”？

简单地说，思维和存在究竟是怎样一种关系？到底应当怎样理解理论思维的前提？

我认为，正是这两个似乎是自相矛盾的论断，深刻地揭示了哲学的特殊性质及其在人类把握世界的诸种方式中的独特价值；也正是这两个似乎是自相矛盾的论断，深刻地揭示了作为哲学世界观的辩证法理论的批判对象和批判本性。

恩格斯关于思维和存在服从于同样的规律的论断，有两层基本含义：其一，它作为“事实”而“绝对地统治着我们的整个理论思维”；其二，它以“不自觉的和无条件的”方式构成理论思维的“前提”。

就第一层含义来说，思维和存在服从于同样的规律，它既是最根本的人类生存的“事实”，又是最重大的科学成果的“事实”。在人类生存的意义上，如果思维和存在所服从的不是同样的规律，或者说，思维不能够认识存在，那么，人类的一切目的性要求及其对象化活动就都不可能具有现实性，因而人类本身也就不可能存在和发展。人类以自己的目的性和对象化的实践活动的方式存在着和发展着，这就证明了思维和存在服从于同样的规律。在实证科学的意义上，科学本身的发展不断地证明人及其思维是自然界的产物，思维的运动规律受到物质运动一般规律的支配。天体演化理论、生命起源理论、生物进化理论、人类起源理论，以及控制论、信息论、脑科学、人工智能等现代科学理论，已经和正在越来越深刻地证明了这个“事实”。

就第二层含义来说，人在现实的思维活动中，并不是通过反省理论思维的“前提”——思维和存在服从于同样的规律——去实现思维与存在的统一，而是通过具体的思维活动——思维认识存在——来达到思维与存在的统一。因此，思维和存在服从于同样的规律这个前提，在理论思维活动中又是作为“不自觉的和无条件的”前提而存在的。

在《黑格尔〈逻辑学〉一书摘要》中，列宁有一段耐人寻味的评论。他说，黑格尔关于逻辑学“说得很妙”，因为黑格尔提出，把逻辑学说成似乎是“教人思维”的，这是一种“偏见”。这样来理解逻辑学，就犹如把生理学说成是“教人消化”的一样。① 这个比喻的确是生动、贴切而又深刻的。因为所有的人都知道，人的消化活动并不是生理学“教”出来的。消化属于人的本能活动，人的消化活动本身就可以使食物转化成维持人生存的营养。这可以说是“消化”的“不自觉的和无条件的前提”。同样，人的思维活动也不是逻辑学“教”出来的。没有学过概念、判断和推理的人，每天都在运用概念、判断和推理进行思维活动和思想交流。人的思维活动本身就能够把思维对象转化成人的头脑中的思想映象，这是“思维”的“不自觉的和无条件的前提”。

现在的问题是：既然思维和存在的统一性“绝对地统治着我们的整个理论思维”，并且是“我们的理论思维的不自觉的和无条件的前提”，为什么哲学还要把思维和存在的关系问题作为自己的“重大的基本问题”，还要对理论思维的这个“不自觉的和无条件的前提”进行“批判”呢？

大家知道，虽然每个人本能地就可以进行“消化”活动，但这并不等

① 参见《列宁全集》第55卷，72页，北京，人民出版社，1990。

于说每个人自发地就能“懂得”消化。同样，虽然每个人天生地就能“思维”，但这并不等于说每个人自发地就能“懂得”思维和存在的关系。人类为了“懂得”消化(当然不仅为此)，因而创建了生理学。同样，人类为了“懂得”理论思维的“不自觉的和无条件的前提”——思维和存在的关系问题——也必然创建相应的学科进行专门研究。

特别值得思考的是，这个研究思维和存在的关系问题的学科，与研究“消化”的生理学、研究“数量关系和空间关系”的数学、研究“原子运动”的化学、研究“法律”的法学等一切科学具有根本不同的对象与性质。

所有的具体科学，都有一个共同的根本特点：都把思维与存在的统一性作为“理论思维的不自觉的和无条件的前提”，运用理论思维去研究各种具体的存在，而不去研究理论思维的“前提”。或者说，在具体科学那里，不管是数学和自然科学，还是社会科学和人文科学，都不自觉和无条件地把思维和存在的统一性当作自己认识世界的“前提”。

不仅如此，在人类把握世界的诸种方式中，除哲学之外的各种方式都把理论思维的前提当作不言而喻和不证自明的东西，而去进行生产劳动，经验累积，科学探索，技术发明，工艺改进，艺术创新，政治变革，道德践履等。就是说，它们的使命都不是研究理论思维的前提，探索思维与存在的关系，而是使思维和存在在观念与实践两个基本层次上获得现实的、具体的统一。它们现实地实现思维和存在的统一，但不去反思实现这种统一的前提——思维和存在的关系问题。

与此相反，专门以思维和存在的关系问题为对象的学科，则不是现实地实现思维和存在的统一，而是反过来追问思维和存在统一的根据，把理论思维的“不自觉的和无条件的前提”作为自己的研究对象，这个专门研究理论思维前提的学科，被称为“哲学”。

哲学研究理论思维的前提，这就是说，它既不脱离人的思维去研究存在，也不离开存在去研究人的思维，而是专门研究以人为中介的“思维和存在的关系问题”。

恩格斯在提出关于理论思维前提的论断之后，接着就指出，“十八世纪的唯物主义，……只就这个前提的内容去研究这个前提。它只限于证明一切思维和知识的内容都应当起源于感性的经验，……只有现代唯心主义的而同时也是辩证的哲学，特别是黑格尔，还从形式方面去研究了这个前提”①。这就是说，无论是唯物主义哲学，还是唯心主义哲学，都是对理论思维的“不自觉的和无条件的前提”的自觉反思，尽管它们对这个“前提”的研究角度、研究方式及其研究结果是不同的。

哲学在对理论思维前提的追问和反思中，形成了自己的独特的问题领域。哲学与存在统一的根据何在？思维所表达的存在是不是自在的存在？思维怎样实现与存在的统一？思维与存在统一的现实基础是什么？思维与存在是否统一如何检验？存在的规律怎样用思维的概念运动来表达？人类的知、情、意在思维与存在的关系中如何统一？事实判断、价值判断和审美判断是何关系？区别真善美与假恶丑的根据和标准是什么？人类能否达到对存在的终极解释？人自身是一种怎样的存在？“人是万物的尺度”吗？“我思故我在”吗？“存在就是被感知”吗？“理性是宇宙的立法者”吗？“语言是世界的寓所”吗？“科学是世界的支点”吗？“世界就是人所理解的世界”吗？……

毫无疑问，哲学对理论思维前提的追问和反思，显示了它的特殊性质和独特价值。

人类作为改造世界的实践—认识主体，其全部活动的指向和价值，在于使世界满足人类自身的需要，把世界变成对人来说是真、善、美相统一的世界。因此，具有理论思维能力的人类，不仅把思维和存在的统一当作“理论思维的不自觉的和无条件的前提”，去探索自然的、社会的和人生的奥秘，而且总对“前提”本身提出质疑，力图在最深刻的层次上把握人及其思维与世界的内在统一性，并以人类所把握到的统一性去解释人类经验中的一切事物和规范人类的全部行为。

哲学的特殊性质就在于，它是人类的这种最深层的渴望与追求的理

---

① 《马克思恩格斯全集》第20卷，610页，北京，人民出版社，1971。

论表达。哲学的独特价值就在于，它在反思理论思维前提的进程中，使人类不断地深化对思维和存在关系问题的认识，从而不断地更新人类的思维方式、价值观念和审美意识，并引导人类现实地变革自己的生存状态和生活方式。

当我们这样来理解哲学的时候，并不是说科学家、文学家、艺术家、政治家、军事家等都不去思考作为世界观矛盾的理论思维的前提问题，恰恰相反，正因为思维和存在的关系问题是一切理论思维活动的“前提”，所以人们在理论思维活动的一切领域都会不可逃避地提出理论思维的前提问题。也正因如此，哲学反思的领域是极为广阔的，甚至可以说涉及人类活动的一切领域。它是无所不在的。

问题在于，当人们在各种不同的活动领域中自觉地提出上述“前提”问题，并试图对这些“前提”问题给予理论解释时，他就超越了自己的特定的研究对象和研究领域，也就进入了哲学的问题领域。

很明显，一个人可以既是科学家又是哲学家，或既是文学家又是哲学家，如此等等。这正如一个哲学家可以同时又是一个科学家或文学家一样。但是，一个人作为科学家所进行的研究，或作为文学家所进行的创作，与他作为哲学家所进行的哲学反思，具有不同的研究对象和研究方式。这种区别的根本标志就在于，只有当一个科学家或文学家不是把思维与存在的统一当作“理论思维的不自觉的和无条件的前提”，而是相反，把这个理论思维的“前提”本身当作反思的对象时，他才进入了哲学的问题领域，他才在进行哲学层面的理论思考。这是科学家、文学家、艺术家等与哲学家的区别，同样也是科学、文学、艺术等与哲学的区别。这就不难理解，为什么黑格尔说哲学是“反思”，是对认识的认识、对思想的思想。

实际上，由于科学的“发展”(革命性的飞跃而不是渐进性的累积)只能由旧的思维方式跃升为新的思维方式，由旧的概念框架转换为新的概念框架，或者像托马斯·库恩所说的“范式”革命和伊姆雷·拉卡托斯所说的“研究纲领”更新，科学家总是自觉或不自觉地进入理论思维的“前提”问题，总要进行不同方向的、不同层次的哲学思考。但是，这种情况所表明的是，科学活动不可能离开哲学活动(因为哲学所思考的正是包括科学活动在内的人类全部活动的“前提”)，而不是说科学活动本身就是哲学活动(因为哲学把科学作为“前提”所不予反思的问题当作自己的对象)。

这表明，哲学既不是科学的延伸(把科学结论泛化或提升为某种“普遍性”的结论)，也不是科学的变形(把科学范畴转化为哲学范畴)，而是对科学的超越(反思科学活动的“不自觉的和无条件的前提”)。

由此我在这里提出一种初步的看法：以思维和存在的关系问题为基本问题的哲学，本质上是对理论思维前提的自觉反思，也就是把思维和存在的统一性作为反思的对象来考察；关于世界观矛盾的辩证法理论，就是研究理论思维前提的内在矛盾；而辩证法理论之所以在本质上是批判的，就在于它是对理论思维的前提批判。

三　辩证法对理论思维的前提批判

作为最抽象的规定，我们可以把辩证法理论归结为“关于矛盾的学说”。

然而，由此却引发一个问题：世界就是矛盾，那么，人类在其前进的发展中所创建的关于世界的全部科学理论，在最抽象的意义上，是否都应归结为辩证法理论?

对于这个问题，通常是从“一般与特殊”的关系来回答：辩证法理论作为哲学世界观和方法论，不是研究具体的矛盾即矛盾运动的特殊形式和特殊规律，而是研究抽象的矛盾即矛盾运动的一般形式和普遍规律；它不提供关于具体的矛盾运动的理论解释，而提供对整个世界进行辩证思考的理论思维方式。

如果深究这种回答，又会引发一个更为实质性的问题：“抽象的矛盾”以何种方式构成辩证法理论的研究对象？或者反过来说，何种对象才能构成哲学世界观即理论思维方式的“矛盾”？

实际上，当我们承认思维和存在的关系问题是哲学的基本问题时，我们就已经承认，哲学世界观的根本矛盾，就是思维与存在的矛盾。而研究思维与存在的矛盾，则是对理论思维的前提反思。

思维与存在的世界观矛盾，首先表现在，虽然思维和存在“这两个系列的规律在本质上是同一的，但是在表现上是不同的”①。思维以感性为中介，通过概念的逻辑运动来表达存在的运动规律。因此，思维与存在的统一，并不是思想内容与其对象本质的直接符合，而是思维在概念运动和概念发展中所形成的矛盾的统一、对立的统一、矛盾运动过程中的统一。

思维与存在的对立统一的矛盾运动过程，直接地表现出三个基本层次的矛盾关系：一是人的表象意识与经验对象的关系；二是人的思维规定与对象本质的关系；三是人的表象意识与人的思维规定的关系。

表象意识与经验对象的关系问题，本质上是作为感性映象的表象是否“摹写”“复现”“复制”经验对象的问题，也就是表象是否以及如何与对象相符合的问题。而思维规定与表象意识及其所反映的经验对象的关系问题，又包括两个基本层次的关系问题：在其表层，是思维规定（概念、范畴、命题以及由它们的逻辑联结所构成的诸种理论体系）是否表述经验对象的本质和规律的问题；在其深层，则是思维运演的逻辑（由思维形式、思维范畴、思维规则、思维方法和思维能力所构成的思维运动）能否描述存在运动规律的问题。这就是思维和存在在规律层次上的统一问题。

规律的客观性问题，思想的客观性问题，真理的客观性问题，是从思维的现实运动的层面对理论思维前提的批判性反思。辩证法作为关于

① 《马克思恩格斯选集》第4卷，243页，北京，人民出版社，1995。

世界观的矛盾学说，通过反思理论思维的前提，揭示思维以其概念运动和概念发展所表达的存在运动的规律。

思维与存在的世界观矛盾，更深层地表现在，人的思维的最本质最切近的基础，既不是人的思维本身，也不是与思维相对立的存在，而是把思维与存在现实地联系起来的中介——人的目的性和对象化活动——实践。

实践问题，不仅是思维和存在关系问题的现实基础，而且是思维和存在关系问题的无限展开的实质内容。在思维和存在的关系问题中，不仅包含着以思维为出发点的思维对存在的反映问题，而且包含着以实践为出发点的思维与存在的交互作用问题。思维和存在的关系问题，在其现实性上，是以人的实践活动及其历史发展为实质内容的。

在人类的实践活动中，直接地蕴含着思维的能动性与对象的现实性、主体的目的性与客体的规律性、理想性的要求与客观性的存在、人的尺度与物的尺度、认知判断与价值判断等丰富的矛盾关系。人类的实践作为历史的展开过程，又蕴含着人作为历史的前提与结果的矛盾，人类文化的正面效应与负面效应的矛盾，历史进程的前进性与曲折性的矛盾，认识进程中的真理性与谬误性的矛盾，人类历史的必然性与偶然性、确定性与非确定性的矛盾，人类思维的至上性与非至上性、无限性与有限性的矛盾，等等。辩证法作为关于世界观的矛盾学说，只有达到对理论思维前提的实践论批判，才能充分地揭示世界观的内在矛盾，并做出合理的解释。

马克思说，辩证法在它的“合理形式”上，就是“在对现存事物的肯定的理解中同时包含对现存事物的否定的理解，即对现存事物的必然灭亡的理解；辩证法对每一种既成的形式都是从不断的运动中，因而也是从它的暂时性方面去理解；辩证法不崇拜任何东西，按其本质来说，它是批判的和革命的”①。

辩证法之所以能够在对世界上的一切事物的肯定理解中同时包含对

① 《马克思恩格斯选集》第2卷，112页，北京，人民出版社，1995。

它的否定理解，之所以能够为人类提供一种对整个世界进行辩证思考的理论思维方式，从根本上说，是因为辩证法理论把自己的批判指向了“理论思维的不自觉的和无条件的前提”。

理论思维的前提，是人类全部活动的最基本的前提。人类的认知活动、评价活动、审美活动和实践活动，人类所创建的数学、自然科学、社会科学和人文科学，就其实质内容而言，都是解决思维和存在的关系问题。理论思维的前提，不自觉地和无条件地蕴含在人类的全部活动之中。只有在对思维和存在的关系问题的肯定理解中同时包含对它的否定理解，把思维和存在的统一理解为“不断的运动”过程，才能从根本上把整个自然的、历史的和精神的世界理解为一个过程。

辩证法理论之所以在本质上是“批判的”，也同样是因为它所指向的是理论思维的“不自觉的和无条件的前提”。没有对思维和存在关系问题的批判反思，不把这种批判反思指向理论思维的“前提”，就无法揭示蕴含在人类全部活动之中的这个“不自觉的和无条件的”前提，也就没有作为世界观理论的辩证法的理论思维方式，因而也就没有辩证法。

辩证法在本质上是批判的，也就是说辩证法本身是关于世界观矛盾的批判性理论，没有这种世界观批判就没有辩证法，而并非仅仅是说辩证法理论具有批判的功能。批判，是辩证法的“本质”或“本性”。

恩格斯说，与“坏的时髦哲学”不同，辩证哲学是“一种建立在通晓思维的历史和成就的基础上的理论思维”①。辩证法理论的发展，辩证法批判本质的深化，是在对理论思维前提批判的历史过程中实现的，它本身蕴含着极为丰富而深厚的理论内容。把辩证法的批判本质归结为一个抽象的命题或现成的结论，必然会导致辩证法理论的苍白和匮乏。

需要说明的是，把辩证法理论归结为关于世界观矛盾或理论思维前提的批判性理论，并不是对辩证法研究领域的限定，而是对辩证法的理论性质或理论实质的界说。这就是说，从研究领域来看，辩证法理论的

① 《马克思恩格斯全集》第20卷，552页，北京，人民出版社，1971。

触角是极其广阔的，也是充分敞开的。不仅有自然辩证法、认识辩证法、思维辩证法、社会辩证法、历史辩证法等，而且有数学辩证法、物理学辩证法、医学辩证法、法学辩证法、史学辩证法、管理学辩证法等，还有艺术辩证法、政治辩证法、军事辩证法等。

但是，无论是哪个领域、哪个层次的辩证法，还是从哪个角度研究的辩证法，作为哲学世界观理论，辩证法的实质内容都是对理论思维的前提反思，都是对该领域的人类活动的前提批判，而不是研究某种特定的对象领域或某种特定的人类活动。能否从理论思维的前提批判去理解辩证法，是能否形成辩证法的哲学世界观的决定性环节。

第三章　辩证法对形式逻辑、常识和科学的前提批判

一　辩证法的形式逻辑前提批判

辩证法对理论思维的前提批判，直接地表现为对形式逻辑的前提批判。它把形式逻辑不予讨论的前提，作为自己批判反思的对象。

形式逻辑具有双重含义：一是指人们在现实的思维活动中所运用的思维逻辑结构及其所遵循的思维规律和思维规则，这是自在意义上的形式逻辑；二是指关于思维的逻辑结构及其规律和规则的科学，即通常所说的普通逻辑学。这是自为意义上的形式逻辑。

辩证法的形式逻辑的前提批判，是以批判自为意义上的形式逻辑为中介的，进而揭示隐藏于自在意义上的形式逻辑的内在矛盾。在这种批判性的揭示过程中，蕴含于理论思维前提中的内在矛盾得到初步的显现。

(一)形式逻辑不予讨论的两类前提

前提，在形式逻辑中被定义为“推理中已知的判断”。例如，在“凡金属都导电，铁是金属，所以铁导电”这个直言三段论中，“凡金属都导

电”和“铁是金属”这两个直言判断，就作为“已知的判断”来构成这个直言三段论的大、小前提。

在思维推理过程中，人们所要求的是从作为已知判断的前提推出结论，所关切的是推理过程是否符合思维的规则，而不思考作为已知判断的“前提”是否合理。如果对“前提”提出质疑，批判性地追问“前提”是否合理，就超出了形式逻辑的论域。正因如此，逻辑学界一直对莱布尼茨的“充足理由律”表示怀疑，认为这种要求指向了推理的“前提”，不应该也不可能在形式逻辑范围内得到解决。

形式逻辑排斥对推理中的前提——已知的判断——的质疑，也就是排斥对思维内容的批判性思考。这就是说，形式逻辑是以承诺或设定推理前提的已知性、真实性和确定性为前提的。即使形式逻辑并不做出这种承诺，它也是对前提的真实性采取“存而不论”或“置之不理”的态度。这两种态度其实是等值的：它们都以不考虑推理的前提为前提。

形式逻辑排斥对推理前提的质疑，符合形式逻辑自身的规定性。从自为意义的形式逻辑来说，它已经预先声明自己“撇开思维内容”，专门研究“思维的形式结构及其规律和规则”。而如果不“撇开思维内容”，抽取思维的形式结构进行研究，就无法考察思维形式的规律和规则。这就如同数学一样，要研究事物之间的数量关系和空间关系，就必须对具体的事物(手指头或建筑物)采取存而不论的态度。

从自在意义的形式逻辑来说，虽然在现实的思维过程中并不能“撇开思维内容”，但人们仍然对“前提”采取预先设定或存而不论的态度。在上面例举的直言三段论中，人们只需要从“凡金属都导电”和“铁是金属”这两个前提推出“铁导电”的结论。至于是否金属都导电，以及铁是不是金属，在形式推理过程中是不予考虑的。如果去探讨“是否金属都导电”或“铁是不是金属”，那就变成了另外的推理过程。比如，要推论“凡金属都导电”，就可以在思维过程中形成这样的直言三段论：“凡是材料中有大量可以自由移动的带电粒子的材料就是导电材料，所有的金属都有大量可以自由移动的带电粒子，因此凡金属都导电。”但是，在这个形式推理过程中，是以承诺“有大量可以自由移动的带电粒子的材料就是导电材料”为前提的。这就是说，只要在形式逻辑的论域内思考问题就总是以承诺“前提”为前提。

由此，我们便提出了一个问题：在人类的历史发展中，作为所有“已知判断”的各种前提(也就是作为思维内容的各种知识)并不是固定不变的，而是历史地变化着的。那么，这种“已知判断”的更新或“推理前提”的变革是怎样实现的？这是形式逻辑不予讨论的第一类前提。

进一步思考，我们又会发现另一类问题，即形式逻辑不仅对作为“已知判断”的前提不予讨论，而且对形式逻辑本身何以能够成立的前提也同样不予讨论。这就是说，形式逻辑并不讨论它为什么能够抽取“思维的形式结构”和提供思维的“规律和规则”。

从自在意义的形式逻辑来说，如果人们在思维过程中违反了形式逻辑的规律和规则，就不能正确地表达思想。这时，人们就会矫正自己的概念表达或推理过程，使之符合形式逻辑的规律和规则。但是，对于能够准确地交流思想的语言表达方式，以及蕴含于这种语言表达方式之中的规律和规则，在形式逻辑的思维过程中，人们同样是不加反思的。就是说，人们在现实的思维过程中，并不提出这样的问题：我们为什么必须遵循一定的规律和规则进行思维活动？

自为意义的形式逻辑作为一门科学的形式逻辑，它向自己提出这样的问题，并做出了自己的回答。但是，形式逻辑所提出的问题是：各条具体的规律和各种具体的规则的根据是什么。与此相适应，形式逻辑所做出的回答是，具体地论证各条规律和各种规则的根据。比如，形式逻辑提出为什么直言三段论的中项在前提中至少要周延一次的问题，我们就从中项、大项和小项的关系来加以论证。这就是说，作为一门科学的形式逻辑，也不去追问形式逻辑的规律和规则何以能够成立的前提问题。

形式逻辑是有前提的。这就是“理论思维的不自觉的和无条件的前提”——思维和存在服从于同样的规律。形式逻辑是以承诺思维运演与思维对象之间具有某种异质同构性为前提的。形式逻辑以自己所承诺的这个根本性前提为前提，去研究思维的形式结构及其运演的规律和规则。如果没有这种承诺，人们又如何运用形式逻辑去思考和推论对象的复杂联系呢?

由此可见，在形式逻辑的论域内，有两类不予讨论的“前提”：一类是作为思维内容即“已知判断”的前提，另一类是作为思维形式即形式逻辑本身的前提。形式逻辑把对这两类前提的批判性反思，都留给了作为世界观理论的哲学。

(二)哲学对形式逻辑前提的双重关切

形式逻辑在自已的论域内有两类不予讨论的前提，与此相适应，哲学对形式逻辑的反思也表现为双重关切：一是关切作为思维内容的“已知判断”，批判地考察这些“已知判断”的合理性，也就是把形式逻辑设定为“已知”的前提作为批判的对象；二是关切作为思维形式的思维运演的规律和规则，批判地考察理论思维的前提，也就是把形式逻辑的不证自明的前提作为批判的对象。

形式逻辑有三条基本规律：同一律、不矛盾律和排中律。

由于形式逻辑既不讨论作为思维内容的前提，也不反省自身存在的前提，而只要求思维运演或思维操作的过程符合形式逻辑的自洽的规律和规则，所以形式逻辑的内部是无矛盾的，是排斥矛盾的。形式逻辑的同一律、不矛盾律和排中律，就其实质而言，都是要求思维的确定性(是就是，不是就不是，不能同时既是又不是)。在这个意义上，形式逻辑只要求人的思维运演过程遵循一条规律——A就是A的同一律。不能同时肯定A和非A的矛盾律，对A和非A必有所断定的排中律，都不过是同一律的逻辑延伸和补充说明。因此，哲学对形式逻辑的同一律表现出了特殊的关切。

同一律的前提是双重的：任一事物在现实中是与自身同一的；任一事物在思维中可以被思考为与自身同一。就是说，形式逻辑既承诺每一个别事物具有同一性，又承诺每一个别事物与相应的思维单位具有同一性。

同一律的双重性前提又构成人的思维的双重性条件：它既是事物可以被思考的条件，又是保证思维运演中的论题、命题和概念的确定性和同义性的条件。

问题在于：形式逻辑同一律所确定的思维条件，只是表象思维和常识思维的条件，而不是理论思维——科学思维和哲学思维——的条件(确切地说，不是理论思维的充分条件)。

表象思维是一种概念依附于表象、从属于表象的思维。“表象思维的习惯可以称为一种物质的思维，一种偶然的意识，它完全沉浸在材料里，因而很难从物质里将它自身摆脱出来而同时还能独立存在。”①在表象思维中，概念对应于表象，而表象则对应于确定的对象。在这种思维方式中，思维被赋予了双重确定性：对象的确定性以及概念的确定性。因此，形式逻辑的同一律构成表象思维的充分且必要条件。

常识思维是满足日常生活需要的经验思维。常识总是牢固地依附于经验，而经验总是同个别的事物、现象和体验相联系。在经验常识的范围内，人们只能以一种二值逻辑的方式进行思维：是就是，不是就不是，不能说“既是又不是”；A 就是 A，非 A 就不是 A，不能说“既是 A 又是非 A”。因此，形式逻辑的同一律也是常识思维的充分且必要条件。

但是，人的思维“一跨入广阔的研究领域”，运用科学思维和哲学思维去进行理论思考，表象思维和常识思维“就会遇到最惊人的变故”。哲学对形式逻辑同一律(以及不矛盾律和排中律)的前提的关切，是一种超越表象思维和常识思维的对理论思维前提的关切。

在形式逻辑中，作为“已知判断”的前提，就其具体内容来说是无限丰富的，就其知识内容来说则可以分为三个基本层次：作为已知判断的常识、作为已知判断的科学和作为已知判断的哲学。哲学对形式逻辑前提的另一重关切，就是对作为推理前提的常识、科学和哲学的前提批判。这种批判的实质是概念的自我批判。

---

① ［德］黑格尔：《精神现象学》上卷，40 页，北京，商务印书馆，1979。

在形式逻辑推理过程中，作为“已知判断”的前提都是既定的、给予的，因而也是唯一的、确定的。从确定性的前提出发，必须也能够合乎逻辑地推出确定性的结论。因此，思维过程才必须和能够排除矛盾。反之，如果作为已知判断的前提是矛盾的、不确定的，它就根本无法充当形式逻辑推理的前提，因为它不能满足思维过程必须排除矛盾的要求。这种相互矛盾的和不确定的前提，只有转化为某种内容更丰富和更深刻且同样具有非矛盾性和确定性的前提，才能够充当形式逻辑推理中已知判断的前提。这样，在形式逻辑推理中，前提本身仍然是无矛盾的，因而也仍然要求思维运演过程中的无矛盾性。哲学对形式逻辑的推理前提的关切，也就是对这种前提无矛盾性和确定性的批判反思。哲学所提出的问题是：作为前提的“已知判断”是确定的和无矛盾的吗？作为知识内容的常识、科学和哲学可以非批判地予以承认吗？

显而易见，哲学对形式逻辑前提的双重关切，是一种指向形式逻辑的前提而又超越形式逻辑的论域的关切，是批判性地思考理论思维前提的哲学层面的关切。因此，对形式逻辑的前提批判，是批判地反思理论思维的前提，而不是否定形式逻辑本身的作用。

(三)辩证法对形式逻辑的前提批判

哲学对形式逻辑前提的关切，从具有实质性内容的角度来看，始于18世纪末到19世纪初的德国古典哲学。这种实质性内容，就是辩证法对形式逻辑的前提批判。

德国古典哲学创始人康德，在与其先验逻辑相对立的意义上去批判形式逻辑，认为形式逻辑割断认识的内容与形式的联系，也就取消了认识的真正的矛盾——认识内容与认识形式的矛盾。康德本人则从认识的内容与形式的矛盾入手，批判性地反思理论思维的前提——思维把握存在的逻辑。

德国古典哲学的集大成者黑格尔，从本体论、认识论和逻辑学相统一的视野出发，认为逻辑不是关于思维的外在形式的学说，而是关于人类思维运动规律的科学。在人类思维运动的进程中，形式是具有内容的形式，是和内容不可分离地联系着的形式。黑格尔所要求的这种逻辑，是概念发展的逻辑，也就是概念辩证法。正是黑格尔所创建的自觉形态的概念辩证法，真正开始了辩证法对形式逻辑的前提批判。

真正的思维规律究竟是怎样的？这是黑格尔辩证法思想的聚集点，也是他对形式逻辑前提批判的出发点。黑格尔立足于“抽象的同一”与“具体的同一”是的区别，批评形式逻辑的同一律只是抽象理智的规律，而不是真正的思维规律。他提出，同一律被表述为“一切东西和它自身同一”或“甲是甲”，这个命题的形式自身就陷于矛盾，因为一个命题总要说出主词与谓词之间的区别，而“甲是甲”的命题没有做到它的形式所要求于它的。[①] 与“抽象的同一”相区别，“具体的同一”是包含着差别的同一，是具有内在否定性的同一。黑格尔认为，思维与存在的同一，包含着思维和存在的“差别的内在的发生”，由这种具有内在差别的思维与存在的同一性所展开的思维运动的逻辑，是一个概念的自我否定的扬弃过程。这样，黑格尔在批判形式逻辑的出发点上，就把批判的锋芒指向了理论思维的前提——思维和存在的同一性，并在这个批判的过程中，构成了他的概念自我发展的辩证法。

黑格尔的概念辩证法，同时又是对形式逻辑的作为“已知判断”的前提的批判。黑格尔认为，概念不是僵死凝固的存在，而是一个自我展开的发展过程。这是因为，任何概念都同时既是规定又是否定，都是作为环节和中介而存在的。概念的自我否定，既是对自身的虚无性的否定（使自身获得更全面的规定性），又是对自身的固存性的否定（使自身在更高的逻辑层次上重新获得规定）。因此，在黑格尔的《逻辑学》中，概念的自我发展表现为，从作为思想直接性的概念之间的相互过渡（存在论），进展到作为思想间接性的概念之间的相互映现（本质论），再进展到思想的直接性与间接性的统一的具体概念（概念认识论）。

黑格尔的概念辩证法，以唯心主义的神秘形式，提供了思维运动的

① 参见［德］黑格尔：《小逻辑》，248页，北京，商务印书馆，1980。

“一般逻辑”——概念发展的逻辑。在这个逻辑中，对作为“已知判断”的一切前提——常识前提、科学前提和哲学前提——都在肯定的理解中同时包含着否定的理解，因而使辩证法获得了自觉的批判本性。

马克思主义哲学对形式逻辑的前提批判，首先指向同一律的前提。恩格斯说：“旧形而上学意义下的同一律是旧世界观的基本原则：a=a。每一个事物和它自身同一。一切都是永久不变的，太阳系、星体、有机体都是如此。这个命题在每个场合下都被自然科学一点一点地驳倒了，但是在理论中它还继续存在着，……抽象的同一性，像形而上学的一切范畴一样，对日常应用来说是足够的，……但是，对综合的自然科学来说，即使在任何一个部门中，抽象的同一性是根本不够的。”①

很明显，恩格斯对形式逻辑同一律的批判，是对“旧世界观的基本原则”的批判，也就是要求世界观理论超越“抽象的同一性”，形成辩证法的世界观理论。列宁也提出，“在旧逻辑中，没有过渡，没有发展(概念的和思维的)，没有各部分之间的‘内在的必然的联系’，也没有某些部分向另一些部分的‘过渡’”②。从这种批评出发，列宁非常赞赏黑格尔所要求的内容与形式相统一的逻辑，并提出“逻辑不是关于思维的外在形式的学说，而是关于‘一切物质的、自然的和精神的事物’的发展规律的学说，即关于世界的全部具体内容的以及对它的认识的发展规律的学说。即对世界的认识的历史的总计、总和、结论”③。

尤其值得注意的是，列宁更为明确地把对旧逻辑的批判升华为对理论思维前提的批判反思。列宁提出，“如果一切都发展着，那么这是否也同思维的最一般的概念和范畴有关？如果无关，那就是说，思维同存在没有联系。如果有关，那就是说，存在着具有客观意义的概念辩证法和认识辩证法”④。

---

① 《马克思恩格斯全集》第20卷，557—558页，北京，人民出版社，1971。

② 《列宁全集》第55卷，81页，北京，人民出版社，1990。

③ 同上书，77页。

④ 同上书，215页。

在这里，列宁极为深刻地把作为世界观理论的辩证法与作为哲学基本问题的理论思维的前提联系起来。旧逻辑中没有过渡和发展，而辩证法则是关于发展的逻辑。但是，与旧逻辑相对立的辩证法究竟是一种怎样的逻辑呢？它是关于思维与存在统一的逻辑，也就是具有客观意义的概念的辩证法和认识的辩证法。正因如此，辩证法、认识论和逻辑学才是同一个东西——在理论思维的前提批判中所构成的关于思维和存在的关系问题的世界观理论。

辩证法理论作为关于思维和存在的统一与发展的学说，不是把形式逻辑中作为“已知判断”的前提当作凝固的东西，而是当作发展着的东西。任何概念、范畴、命题都只是“认识世界的过程中的梯级，是帮助我们认识和掌握自然现象之网的网上纽结”①。所有这些“梯级”“网上纽结”，都蕴含着思维与存在的矛盾，都具有内在的自我否定性，从而构成人类认识发展的逻辑。

恩格斯和列宁在形式逻辑的前提批判中，还特别突出地强调辩证法对一般与个别、共性与个性关系的批判反思。恩格斯说：“同一性自身包含着差异性，这一事实在每一个命题中都表现出来，在这里述语是必须和主语不同的。百合花是一种植物，玫瑰花是红的，这里不论是在主语中或是在述语中，总有点什么东西是述语或主语所包括不了的。”②列宁说：“从最简单、最普通、最常见的等等东西开始；从任何一个命题开始，如树叶是绿的，伊万是人，茹奇卡是狗等等。在这里(正如黑格尔天才地指出过的)就已经有辩证法：个别就是一般，……个别一定与一般相联而存在。一般只能在个别中存在，只能通过个别而存在。”“可见，在任何一个命题中，很像在一个‘单位’(‘细胞’)中一样，都可以(而且应当)发现辩证法一切要素的胚芽，这就表明辩证法本来是人类的全部认识所固有的。”③在辩证法的形式逻辑前提批判中，我们可以发现

① 《列宁全集》第55卷，78页，北京，人民出版社，1990。

② 《马克思恩格斯全集》第20卷，557页，北京，人民出版社，1971。

③ 《列宁全集》第55卷，307—308页，北京，人民出版社，1990。

辩证法的要素及其批判本性的“胚芽”，而在辩证法的常识、科学和哲学的前提批判中，我们就会发现辩证法对理论思维前提批判的丰富的理论内容，从而真切地理解辩证法的批判本性。

二 辩证法的常识前提批判

常识，在词义解析的意义上，就是普通、平常但又持久、经常起作用的知识。

世界上的任何一个民族，都在世世代代的延续中累积了不可胜数的常识。

世界上的任何一个健全的正常人，都在历史的延续和个人的生活经验中，分享着常识，体验着常识，重复着常识，并贡献出新的常识。

人类的常识犹如动物的保护色，是人类生存的一种重要手段，对人类具有重要的生存价值。

然而，人类可以非批判地享用常识吗？人类可以非批判地把常识作为理论思维的前提吗？常识本身又是以什么为前提的？这就是辩证法对常识的前提批判。

(一)作为理论思维前提的常识

人类思维的最广泛和最基本的前提是常识。

“人总是要死的，所以某人也会死”；“太阳每天从东升起，所以明天太阳也会从东方升起”；“狼是凶残的，所以这座山里的狼也是凶残的”；“水向低处流，所以这条江也向低处流”，如此等等。这是简单推论中的常识。

“站得高，望得远”；“不吃苦中苦，难得甜中甜”；“树怕扒皮，人怕伤心”；“人多力量大，柴多火焰高”；“尊重别人，就是尊重自己”；“天下无难事，只怕有心人”，如此等等。这是格言、警句式的生活常识。

“早看东南，晚看西北”；“冷在三九，热在三伏”；“急雨易晴，慢雨不开”；“一场春雨一场暖，一场秋雨一场寒”，如此等等。这是简捷、明快的自然常识。

“得道多助，失道寡助”；“民可载舟，亦可覆舟”；“分久必合，合久必分”；“一时强弱在于力，千秋胜负在于理”，如此等等。这是凝重、睿智的政治常识。

常识是人所共知和普遍认同的，因而在人类的思想和行为中起着最广泛、最稳定和最重要的“前提”作用：它规范人们怎样想和不怎样想，怎样做和不怎样做，它既是人类思想和行为的一种根据，又是人类思想和行为的一种限度。常识对于人类的思想和行为，同时起着规定和否定的双重作用。

常识作为人类思想和行为的“前提”，是人类世世代代长期经验的产物，并且是在最实际的水平上和最广泛的基础上进化而来的对人类生存环境——自然环境、社会环境以及一般文化环境——的适应。常识以简捷、通俗、生动的语言表达形式而使人烂熟于胸，并以其独特的隐喻形式而延伸其适用的范围。

常识以人类的思想和行为的“前提”的形式在人类的社会历史中发挥作用，是人类的生活经验得以共享、思想情感得以沟通、行为规范得以共识、文化传统得以延续的“前提”。

常识作为理论思维的前提，集中地表现在它是人的最基本的概念框架，是构成人的经验世界的最基本的思维方式。在常识的概念框架中，人们的思想可以得到最广泛的认同；在常识的思维方式中，人们的经验世界可以得到最广泛的相互理解。正因如此，一切超越常识的概念框架和思维方式都要在某种程度上诉诸常识，常识是所有其他概念框架和思维方式的基础。

常识具有稳定性和普遍性。但是，常识既非一成不变的，也不是万能的。随着人类物质生产方式的变革，社会生活方式的改变，人们曾经普遍遵循的常识，就会变成违背新的常识的、显而易见的谬误。例如，

“心之官则思”早已被“大脑是思维的器官”所取代，“太阳围绕地球旋转”早已被“地球围绕太阳旋转”所取代，“上帝创造亚当和夏娃”早已被“类人猿是人类的祖先”所取代，如此等等。

常识的转换，就是要更新作为“已知判断”的前提，从而显露出“前提”本身的矛盾性。我们现在提出的问题是：常识的转换和前提的更新是怎样实现的？更明确地说，常识本身能否实现自我更新？

“常识”与“经验”是密不可分的。

常识形成于人类世世代代的共同经验，并在世世代代的人类共同经验中重复与证实。例如，“太阳每天从东方升起”(实质是“太阳围绕地球旋转”)，在迄今为止的人类经验中就是每天重复和被证实的(被经验观察所证实)。因此，常识在人类的经验中具有牢固的、不可动摇的地位。

在所有非批判的经验中，常识都被认为是确凿无疑的，而且只能被认为是确凿无疑的。因为常识形成于经验，常识符合于经验，常识适用于经验。对常识的挑战，也就是对人类的共同经验的挑战。因此，在人类的历史进程中，向常识挑战的思想，总被认为是不可思议的荒唐念头；向常识挑战的行为，总被看作是滑稽可笑的愚蠢行为；向常识挑战的人物，总被视为稀奇古怪的疯子和狂人。哥白尼提出“日心说”，达尔文提出“进化论”，爱因斯坦提出“相对论”，都曾经由于与人类的常识背道而驰(当然还有各不相同的其他原因)，而在相当长的时期内被视为异端邪说。

正因为常识与经验如此密不可分，所以人们往往把二者合而为一，称作“经验常识”；正因为常识牢固地依附于经验，所以人类不可能在经验自身的范围内超越常识；正因为人类不可能在经验范围内超越常识，所以也无法在经验范围内理解和接受对常识的挑战；正因为人类无法在经验范围内理解和接受对常识的挑战，所以人类就不可能在经验范围内实现常识的转换和前提的更新。

很明显，这个一连串的推理所得出的基本结论是：在经验自身的范围内无法实现对常识的更新，或者说，实现对常识的更新必须实现对经验的超越。对常识的超越就是科学和哲学。

(二)常识的科学批判和哲学批判

超越常识，就必须超越经验；而超越经验，就是理性反思。

对经验的理性反思，不是以经验对象为思维对象，而是以关于经验对象的“经验”即常识为理性反思的对象。这种对经验常识的理性反思，其实质就是对经验常识的前提批判。科学和哲学，都是作为常识批判而产生的。

科学不是常识的延伸，而是对常识的超越。美国当代科学哲学家瓦托夫斯基曾举例说，在常识的概念框架中，我们既无法想象也无法表达某物在同一时间内存在于两个地方。然而，量子物理学则要设想和描述基本粒子不“经过”中介空间而从一个地方到达另一个地方，不要一条路径而在不同时间突然出现在不同的地方。“这些奇怪的概念上的可能性严重地扭曲了我们的常识框架，然而它们是属于理论科学不得不加以考虑的概念上的选择对象。”①显然，瓦托夫斯基的这个例证与解释，正是恩格斯早就指出的常识在“广阔的研究领域”所必然会遇到的“最惊人的变故”。②

常识在“广阔的研究领域”所遇到的“最惊人的变故”，就是科学对常识的批判性超越。常识是从经验中积淀和概括出来的知识。它总是零散地、片断地、模糊地，甚至是隐喻式地表达某种共同经验。常识是对经验的概括，但它所“概括”出来的只是共同的经验，而不是超越经验的理论。同时，常识作为共同的经验，它没有可供自身批判反思的明晰的、完整的概念系统。与此相反，科学虽然也形成于经验，但它所概括出来的并不是“共同的经验”，而是关于经验对象的“本质性解释”或“规律性认识”。在科学理论中，这种“本质性解释”或“规律性认识”被表述为系统的、严谨的、明晰的概念逻辑体系。

---

① [美]M. W. 瓦托夫斯基：《科学思想的概念基础——科学哲学导论》，12 页，北京，求实出版社，1982。

② 《马克思恩格斯选集》第 3 卷，360 页，北京，人民出版社，1995。

同样，哲学也不是常识的变形，而是对常识的反思。在古希腊哲学中，芝诺就在对“运动”这个常识概念的反思中提出了千年聚讼的“飞矢不动”的哲学命题。对于这个哲学命题，人们往往站在经验常识的立场上，从经验常识的视野去理解。正因如此，人们也总在经验常识的层次上批判这个命题，而无法洞悉这个超越常识的哲学命题的真实意义。

与人们在常识的层次上看待这个命题不同，列宁从哲学反思的层次上去分析这个命题。列宁说，“芝诺从没有想到要否认作为‘感性确定性’的运动”，他之所以提出“飞矢不动”的命题，是因为他无法“用概念的形式来表达……运动是(时间和空间的)非间断性与(时间和空间的)间断性的统一”①。

这就是说，作为“感性确定性”，或者说关于经验对象的表象意识，芝诺完全承认箭在飞，在“运动”。但是，芝诺所要回答的不是一个“经验”事实问题，而是一个“超验”理论问题——怎样用概念来表达“运动”？由于芝诺还无法对“运动”做出概念解释，所以他说“飞矢不动”。

从这个例证的分析中我们可以懂得，健全的常识并不是哲学。恰好相反，哲学形成于对常识的批判性反思。列宁在分析“飞矢不动”这个典型例证之后，曾做出极具启发力的哲学提示：“问题不在于有没有运动，而在于如何用概念的逻辑来表达它。”②这就是说，只有达到概念辩证法的水平，才能真正超越对经验世界的常识把握，并实现对经验世界的辩证的理解与解释。

(三)常识与形而上学的思维方式

对于常识，恩格斯曾多次把它与辩证法相对立的思维方式——形而上学——联系在一起予以考察。这对于我们理解常识的本质以及辩证法与形而上学的对立，是极富启发意义的。

---

① 《列宁全集》第55卷，216—217页，北京，人民出版社，1990。

② 同上书，216页。

恩格斯指出，作为哲学世界观或理论思维方式的形而上学，其实质是“在绝对不相容的对立中思维”。它的思维公式是：“是就是，不是就不是，除此以外，都是鬼话。”①在对形而上学的思维方式做出这样的概括之后，恩格斯接着分析了这样一个问题：为什么这种“在绝对不相容的对立中思维”的形而上学思维方式会在人类思维中占据牢固的地位？恩格斯的回答是：“初看起来，这种思维方式对我们来说似乎是极为可取的，因为它是合乎所谓常识的。”②

在日常活动的范围内，常识是“极可尊敬”的。简单推论的常识可以满足日常活动中的形式逻辑推理；一般的生活常识可以作为技术格言和道德箴言，既满足日常活动中的处理各种事物的需要，又满足日常交往中的调节人际关系的需要；模糊的自然常识，在并非要求对自然现象做出精确解释的日常活动中，可以基本满足人的活动适应自然规律的需要；警世格言式的政治常识，使人们在日常活动中持有一种可以得到共识的对政治的评论、解释和期待，从而满足人们在日常活动中关注天下大事的需要。

这种在人们的日常活动中“极可尊敬”的常识，无论是简单推论的常识和一般的生活常识，还是模糊的自然常识和警世格言式的政治常识，都是从世世代代的个体经验中积淀出来的“共同经验”。这种“共同经验”不仅是一套观念，而且是一种思维方式和生活方式。

常识的生活方式就是自觉或不自觉地依据“共同经验”进行日常活动的方式。在这种生活方式中，一切对象都是给予的、确定的。太阳就是太阳，月亮就是月亮；爸爸就是爸爸，儿子就是儿子；饿了就要吃饭，渴了就要喝水；种瓜就能得瓜，种豆就能得豆；欠账就得还钱，杀人就得偿命；男大就要娶妻，女大就要嫁人。做什么和不做什么，可以做什么和不可以做什么，应当做什么和不应当做什么，在日常生活中基本上

---

① 《马克思恩格斯选集》第3卷，734页，北京，人民出版社，1995。

② 同上书，734页。

是确定的。是与非、善与恶、美与丑，在“共同经验”中具有相对稳定的界限和标准。

形而上学的思维方式首先是常识的思维方式。常识的思维方式，是形成于常识的生活方式并适用于常识的生活方式中的思维方式。常识的生活方式要求人们在思维活动中保持对事物的“是”与“否”的断定，对行为的“善”与“恶”的断定。由此形成的常识的思维方式，其实质就在于“是就是，不是就不是”，这种常识思维方式的哲学表达就是形而上学的思维方式——“在绝对不相容的对立中思维”。

正因为常识的思维方式形成于并适用于“日常活动范围”，所以，在“日常活动范围”内就有常识思维方式的持久、稳固的存在基础。而要改变常识思维方式，首先要求“活动范围”上的拓宽、深化和转换。

恩格斯说：“形而上学的思维方式，虽然在相当广泛的、各依对象的性质而大小不同的领域中是正当的，甚至必要的，可是它每一次都迟早要达到一个界限，一超过这个界限，它就要变成片面的、狭隘的、抽象的，并且陷入不可解决的矛盾，因为它看到一个一个的事物，忘了它们互相间的联系；看到它们的存在，忘了它们的产生和消失；看到它们的静止，忘了它们的运动；因为它只见树木，不见森林。例如，在日常生活中，我们知道，并且可以肯定地说某种动物存在还是不存在；但是在进行较精确的研究时，我们就发现这有时是极其复杂的事情。这一点法学家们知道得很清楚，他们绞尽脑汁去发现一条判定在子宫内杀死胎儿是否算是谋杀的合理界限，结果总是徒劳。同样，要确定死的时刻也是不可能的，因为生理学证明，死并不是突然的、一瞬间的事情，而是一个很长的过程。同样，任何一个有机体，在每一瞬间都是它本身，又不是它本身；在每一瞬间，它同化着外界供给的物质，并排泄出其他物质；在每一瞬间，它的机体中都有细胞在死亡，也有新的细胞在形成；经过或长或短的一段时间，这个机体的物质便完全更新了，由其他物质的原子代替了，所以每个有机体永远是它本身，同时又是别的东西。在进行较精确的考察时，我们也发现，某种对立的两极，例如正和负，是彼此不可分离的，正如它们是彼此对立的一样，而且不管它们如何对立，它们总是互相渗透的；同样，原因和结果这两个观念，只有在应用于个别场合时才有其本来的意义；可是只要我们把这种个别场合放在它和世界整体的总联系中来考察，这两个观念就汇合在一起，融化在普遍相互作用的观念中，在这种相互作用中，原因和结果经常交换位置；在此时或此地是结果，在彼时或彼地就成了原因，反之亦然。”①我之所以在这里如此详细地引证恩格斯的这段论述，是因为这段论述极为精彩地阐明了常识与形而上学思维方式的联系，非常亲切、具体地阐明了形而上学思维方式在“广阔的研究领域”所遇到的“最惊人的变故”。

生与死，一切与他物，正和负，原因和结果，在常识的范围内是界限分明、不容混淆的。但是，正如恩格斯所强调指出的，在进行“较精确的研究”时，它们的界限就不再分明了。因此，那种“是就是，不是就不是”的形而上学思维方式就不适用了。

这表明，要确立辩证法的思维方式，就要超越日常生活及其“共同经验”的视界，就要进入“广阔的研究领域”，对事物进行“较精确的研究”，就要批判地反思形而上学思维方式的现实基础即作为生活方式和思维方式的常识。

(四)辩证法对常识的前提批判

常识的本质在于它的非批判性，与此相反，辩证法的本质在于它的批判性。

常识是对经验事实的描述，而不是对经验事实的反省；常识只是运用概念去描述经验事实，而不去反省描述经验事实的概念；常识总是零散地、外在地、含混地表述经验事实或表达心灵体验，而不是系统地、内在地、明确地陈述某种知识；常识不具有自我批判的可批判性，因此常识无法在自身的范围内超越形而上学的思维方式，也无法在自身的范围内实现其作为形式逻辑前提的自我转换和前提更新。

---

① 《马克思恩格斯全集》第20卷，24—25页，北京，人民出版社，1971。

在经验常识的范围内，人们可以发现和承认各种各样的“矛盾”现象，例如，生死相即，前后相随，善恶相对，万物流变，等等。所谓素朴的辩证法思想，就是对诸如此类的矛盾现象的表达。但是，值得认真思考的是，这种素朴的辩证法并不是对经验常识的否定，而是对经验常识的肯定——肯定作为经验事实的矛盾现象和对这些现象的常识表达。例如，我们以“万物皆变，无物常住”这个素朴辩证法命题为前提，可以合乎逻辑地推论出“任一事物都非凝固不变，而是变动不居的”。在这个推理中，作为前提的素朴辩证法的这个命题是经验的、无矛盾的。它肯定了一种具有普遍性的经验事实，又由此推论出各种特殊的经验事实。在形式逻辑的论域内，这个推理过程是完全合乎“逻辑”的。但是，它并没有改变前提的常识性质。这就是说，“素朴的”辩证法还不具有真正的批判常识的能力，还不可能实现常识的转换和前提的更新。

自觉形态的辩证法是概念辩证法（这里不特指黑格尔的唯心主义概念辩证法，而泛指达到反思概念运动的辩证法理论）。这种辩证法理论虽然要以健全的常识为前提，但是如果把它降低为常识或常识的变形——冠以哲学概念的常识——却会从根本上丢弃辩证法的批判本性。

反思概念的辩证法，也就是对思维如何把握存在的规律进行反思的辩证法。列宁曾经说：“任何没有进过疯人院或向唯心主义哲学家领教过的正常人的‘素朴实在论’，都承认物、环境、世界是不依赖于我们的感觉、我们的意识、我们的自我和任何人而存在着。”①这种“素朴实在论”首先是作为普通人的经验常识而构成人们对思维和存在的关系的基本理解。概念辩证法则进一步从思维把握存在的规律出发来提出问题。比如，任何一个正常的普通人都知道“桌子在我们的意识之外”，“它不依赖于我们的意识而存在”。对此，辩证法理论提出的问题是：思维如何把外在于意识的“那个东西”把握为桌子？如果没有“桌子”的概念，怎

① 《列宁选集》第2卷，66页，北京，人民出版社，1995。

么把“那个东西”把握为“桌子”？思维怎样把“桌子”理解为具有内在否定性的存在？“桌子”自己的运动规律与思维描述它的运动规律是何关系？关于“桌子”的真与假、好与坏、美与丑的观念与“桌子”本身的存在又是何关系？……

显然，这是一种超越常识的思考。它要在对“桌子”的肯定理解中同时包含对它的否定的理解。它显现了在经验常识中所隐含着的思维与存在、主观与客观、感性与理性、对象意识与自我意识、认知判断与价值判断的复杂矛盾。比如，对人的感官所显现的“桌子”是一种感性的存在，对人的思维所把握的“桌子”则是它的本质规定；“桌子”的感性存在对于思维来说是无法把握的，“桌子”的本质规定对于感官来说是无法显现的；感官与思维的对立统一，把“桌子”理解为感性存在与本质规定的对立统一。这就是隐含在关于“桌子”的常识观念中的人的感性与理性的矛盾。

在常识观念中，这些矛盾是隐含着的。由于辩证法理论所思考的是理论思维的前提问题——思维与存在的关系问题，它必然以批判性反思的方式，把常识观念作为批判对象，揭示隐含于其中的思维与存在的诸种矛盾。

如果用常识观念去看待这种超越常识的反思，当然只能看到这种反思的超常识性；如果以常识观念去限制这种反思，就只能使人的思维滞留于常识；如果把辩证法变成冠以哲学概念的常识，辩证法及其批判本性就不复存在了。辩证法对常识的前提批判，使人们走出常识的狭隘视界，升华到哲学层面去反思理论思维的前提，从而形成一种辩证法的理论思维方式。

辩证法的常识前提批判，是随着科学知识和哲学知识不断地转化为常识而发展的。常识不仅是科学和哲学的共同来源和批判对象，而且是科学和哲学的历史的转化形态。人类历史进步性的表现形式之一是，科学知识和哲学知识、科学思想和哲学思想总是历史地转化成人类共同的常识。地球围绕太阳旋转，人类起源于自然界，电脑可以模拟人脑功能，这些曾经震惊人类的科学发现和哲学思想，已经成为人们普遍接受的常识，并构成形式逻辑推理的毋庸置疑的前提。正因为常识历史地容涵着科学知识和哲学知识，所以辩证法的常识前提批判是不断深化的，并从而实现辩证法理论本身的发展。

三　辩证法的科学前提批判

辩证法对理论思维的前提批判，不仅是指向形式逻辑和经验常识的，而且是指向科学的。它在对科学的前提批判中，更为深刻地揭示理论思维前提的内在矛盾，更为鲜明地表现出自己的批判本性。

(一)科学作为理论思维的前提

科学是人类的一种活动，是人类把握世界的一种基本方式，是理性和进步的事业。

科学作为人类的一种活动，是人类运用理论思维能力和理论思维方法去探索自然、社会和精神的奥秘，是获得关于世界的规律性认识并用以改造世界的活动。

科学作为人类把握世界的一种基本方式，区别于对世界的宗教的、艺术的、伦理的、常识的和哲学的把握，是人类运用科学的思维方式和科学的概念体系去构筑科学的世界图景的方式。

科学作为理性和进步的事业，是科学的思维方式和科学的概念系统的形成和确定、扩展和深化、更新和革命的过程。科学发展过程中所编织的科学概念和科学范畴之网，构成了越来越深刻的科学世界图景，也构成了人类认识世界的愈来愈坚实的阶梯和支撑点。科学的发展“代表着一条抽象思维能力迅速进步的指示线。它已导致具有最高完善性的纯粹理论结构，……它已把人类的思维训练到能够理解以前几世纪中有教养的人所不能理解的逻辑关系”①。

科学本身是对常识的超越。它不满足于对经验的常识性描述，而要求探寻经验对象的根据、本质和规律，并形成解释经验对象的概念、命题和原理，即有组织的和系统性的知识体。科学不仅是解释，也是预见。它依据自己关于对象的规律性认识，逻辑地推论对象的发展趋势以及新现象的产生。

科学所回答的问题，可以分为“是什么”和“怎么办”两大方面，即陈述关于世界的各种本质性的和规律性的认识，并以这些认识成果为基础来规范人们在各个不同领域的思想方式、行为方式和行为准则。

科学作为理论思维的前提，要求思维与存在在规律层次上的统一，因而也蕴含着更为深刻的思维与存在的矛盾关系。

科学并不是某种超出人类活动的自我存在的实体，恰恰相反，科学就是人类的科学活动及其结果即科学理论。在人类的历史性的科学活动中，科学家们总是以各种不同的概念框架、解释原则、研究方法、价值观念和审美意识等为“前提”，而形成关于世界“是什么”的各种知识和“怎么办”的行为规范。但是，科学自身并不去反省这些“前提”，也不去追问诸如思维为何能够表达存在，思维所表达的存在是不是自在的存在，思想的客观性如何检验与证明，概念的运动怎样反映存在的运动，思维主体的知情意在反映存在的过程中如何统一，科学的发展怎样变革人类的思维方式等思维和存在的关系问题。科学把这些理论思维的前提问题当作无须反省和解释的东西隐含于科学活动和科学理论之中。

在通常的理解中，科学是一种“建立在事实基础上的建筑物”。因而，人们往往把科学看作一种纯粹“客观的”“中性的”“确定的”东西。似乎科学活动所使用的概念和方法不是人类历史活动的产物，似乎科学活动所凭借的观察和实验同观察和实验的主体无关，似乎科学理论所提供的世界图景具有终极存在的性质。因此，人们在对待科学的时候，在把

① ［德］H. 赖欣巴哈：《科学哲学的兴起》，96页，北京，商务印书馆，1983。

科学理论作为推理前提的时候，往往“忘记”了科学也是人类的历史性活动，“忘记”了科学活动和科学理论中所隐含的各种不同的概念框架、解释原则、研究方法、价值观念和审美意识，“忘记”了科学自身的历史性。

显然，这里所使用的“忘记”一词，指的是批判意识的匮乏。辩证法对科学的前提批判，就是要揭示隐含于科学活动和科学理论之中的“前提”，凸显这些“前提”的内在矛盾，从新的视角，以新的方法，用新的理论去重新理解理论思维的“不自觉的和无条件的前提”，从而变革人类对人与世界相互关系的理解，实现科学以及哲学在逻辑层次上的跃迁。

(二)科学的常识批判和自我批判

科学与常识不同，它在本质上是批判的。科学批判包括两个基本层次：一是经验常识批判，二是科学自我批判。

科学形成于经验常识批判。它在观察和实验的基础上，以理性抽象的形式构成关于经验对象的科学解释，说明或反驳经验常识，从而以科学概念取代常识概念，以科学原理取代常识信念，把形式逻辑推理的常识前提转换为科学前提。

知识的本质是对普遍性的寻求。常识作为知识，是从个体经验中积淀出的共同经验。这种共同经验所具有的普遍性，只是经验的普遍性或普遍性的经验，而不是关于经验对象的普遍性原理。这种共同经验所具有的普遍性，只是经验共同体的日常活动模式，而不是关于这种活动模式的理论解释。最初的科学萌芽，在于要求超越共同经验而获得对共同经验的解释，超越日常活动模式而形成说明这种模式的根据。这种要求的产物，就是把主要的东西同次要的东西区别开来，把有关系的东西同无关系的东西区别开来，把多样性的存在归结为单一性的存在，从而形成对共同经验的“概括”。这种“概括”出来的东西，就是作为解释性原理而存在的萌芽状态的科学知识。

解释性原理作为思维“抽象”“概括”的产物，具有不可避免的“超验性”。这种超验的解释性原理是关于经验对象的本质规定的理论表达，它表现为各种特殊的科学概念的逻辑体系，也表现为运用和操作这些特殊的概念系统的科学思维方式。

科学概念的逻辑体系，是以各种首尾一贯、秩序井然的符号系统的概念框架来理解、描述和操作研究对象的，并使这些符号系统本身成为自我理解的对象。在科学概念的逻辑体系中，虽然也使用诸如上下、大小、内外、强弱、冷热、快慢、高低、因果、时空、运动、发展、价值等各种常识概念，但是，它们作为特殊的科学概念框架中的概念，已经被赋予了各种不同的特殊的规定性，与常识所理解的这些概念是大相径庭的。科学改造了常识，科学超越了常识。

科学形成于常识批判，而科学的发展则表现为科学的自我批判。

科学的发展主要表现在两个方面：一是新的科学理论必须具有向上的兼容性，即能够对原有的科学理论做出更为合理的理论解释；二是新的科学理论应该具有论域的超越性，即能够提出和回答原有的科学理论所没有提出或没有解决的问题。前者属于原有逻辑层次上的理论的延伸、拓宽和深化，后者则要求突破原有的思维方式，实现逻辑层次的跃迁。与此相对应，科学的自我批判也具有两个基本层次。

任何一门科学在自身的历史发展过程中，总是出现当代科学哲学家拉里·劳丹所说的两类问题：经验问题和概念问题。所谓经验问题，即理论与经验的不一致、理论与经验的冲突问题。所谓概念问题，一是指理论内部出现的矛盾或基本概念的含混不清即“内部概念问题”，二是指某一理论与另一理论或另一种基本信念的相互冲突即“外部概念问题”。

在发生经验问题或概念问题的时候，科学的自我批判就是不可避免的了。对于经验问题，科学或者批判地检讨和修正既有理论以适应新发现的事实，或者批判地考察和解释新的事实以适应既有的理论。在科学的发展过程中，这两方面又往往是相互渗透和相互补充的，从而达到对既有理论的拓宽或深化。对于概念问题，科学或者通过调整和澄清原有的概念系统使之具有更强的逻辑自洽性，或者通过“科学范式”“研究纲领”的转换而构成新的层次上的科学理论。

拓宽、深化既有理论，使既有理论增强逻辑的自洽性，这些属于科学自我批判的第一个层次。“科学范式”或“研究纲领”的转换，则属于科学自我批判的第二个层次。它所引起的是托马斯·库恩所说的“科学革命”。

在科学发展史上，科学的自我批判不仅包括在既定的理论框架内对个别或部分概念、命题和原理的修正，而且包括伊姆雷·拉卡托斯所说的对“理论硬核”的修正。拉卡托斯提出，任何一个科学研究纲领都是由方法论的规则组成的。这些方法论规则从总体上可以分为两大部分：一部分规则是把研究所应避免的途径告诉人们，这就是所谓反面启发法；另一部分规则又把研究所应遵循的途径告诉人们，这就是所谓正面启发法。纲领的反面启发法，最主要的就是关于不得摈弃或修正该纲领所依据的基本假定——“理论硬核”——的规定。所谓研究纲领的“理论硬核”，就是这个研究纲领的一系列相互联系的基本理论，它由许多辅助性假说和初始条件作为“保护带”来加以保护。比如，哥白尼的日心说的“理论硬核”是关于地球和其他行星沿着轨道环绕静止的太阳运行，牛顿物理学的“理论硬核”是他的运动定律和万有引力定律。

借用拉卡托斯关于“研究纲领”对“理论硬核”和“保护带”的区分，我们对两个层次的科学自我批判可以做这样的界说：如果科学的自我批判只是指向作为“保护带”的“辅助性假说”，那么，这种科学就仍然是以既有的“研究纲领”去思考问题和进行科学研究，还没有实现科学研究中的逻辑层次的跃迁，因而属于科学自我批判的第一个层次；如果科学的自我批判指向并修正了“理论硬核”，那么，这种科学就构成了“研究纲领”的转换，实现了科学研究中的逻辑层次的跃迁，它属于科学自我批判的第二个层次。这个层次的科学自我批判是对既有理论的逻辑前提的批判与变革，它具有科学革命的性质。

科学对既有理论逻辑前提的批判，就是对占有统治地位的或人们普遍认同的“公理”的挑战。在科学发展史上，日心说之于地心说，进化论之于创生论，非欧几何之于欧氏几何，相对论和量子物理学之于经典物理学，剩余价值学说之于古典政治经济学，科学社会主义之于空想社会主义，唯物史观之于唯心史观，都可以说是对“公理”的挑战，并以新的“公理”取代旧的“公理”(包括把旧公理作为新公理的特例而容涵于新公理之中，如相对论和量子力学把经典物理学视为描述宏观物体低速运动的特例)。正因如此，科学的发展不仅是知识内容的增长，而且是理论思维方式的变革。

科学对逻辑前提的自我批判，以及由此而实现的“公理”转换，是科学的划时代变革的实质内容。它要求人们变革原有的理论思维方式，变革哲学的原有理论形态。因此，恩格斯提出，“随着自然科学领域中每一个划时代的发现，唯物主义也必然要改变自己的形式”①。

但是，值得我们认真反思的是，科学的自我批判和科学的划时代发展，并不能直接地从哲学层面上引起理论思维方式的变革和哲学理论形态的转换。要实现这种变革和转换，还必须经过对科学前提的辩证法批判。

科学自身的逻辑前提批判，是以新的科学逻辑前提取代旧的科学逻辑前提，而不是对逻辑前提“本身”的反省；科学在自我前提批判中，所关注的是实现逻辑前提的转换，而不是关注实现逻辑前提转换的思维方式的变革。这就是说，科学自我批判所指向的“前提”，仍然是作为具体科学理论或具体知识内容的前提，而不是思维何以能够与存在相统一的“理论思维的不自觉的和无条件的前提”。与此相反，辩证法对科学的前提批判，则是对蕴含于科学研究、科学理论和科学批判之中的理论思维前提的反思。它特别关注并致力于揭示科学自我批判中所隐含的概念框架、解释原则、研究方式、价值观念和审美意识的变革与转换，从而更深刻地揭示理论思维前提的内在矛盾，通过对科学自我批判的批判，辩证法在哲学世界观的层次上概括出自己时代的科学精神及其内蕴的理论思维方式，从而变革人类对人与世界相互关系的理解，塑造和引导新的

---

① 《马克思恩格斯选集》第4卷，228页，北京，人民出版社，1995。

时代精神。

（三）辩证法对科学的前提批判

辩证法对科学的理论思维前提的批判，主要是通过相互联系的两个方面来实现的：一是总结思维的历史和成就；二是沟通人类把握世界的诸种方式及其成果。

我们先来分析第一方面。

在论述哲学与科学的关系时，恩格斯提出这样的看法："不管自然科学家采取什么样的态度，他们还是得受哲学的支配。问题只在于：他们是愿意受某种坏的时髦哲学的支配，还是愿意受一种建立在通晓思维的历史和成就的基础上的理论思维的支配。"①恩格斯还指出，由于自然科学家"对哲学史的不熟悉"，"在哲学中几百年前就已经提出了的、早已在哲学上被废弃了的命题，常常在研究理论的自然科学家那里作为全新的智慧出现，而且在一个时候甚至成为时髦的东西"②。针对这种状况，恩格斯又提出，"如果理论自然科学家愿意从历史地存在的形态中仔细研究辩证哲学"，达到辩证思维的过程，"就可以大大地缩短"③。

显然，恩格斯在这里所说的"建立在通晓思维的历史和成就的基础上的理论思维"，就是指"辩证哲学"。而辩证法的科学前提批判，就是以思维的历史和成就为基础，去揭示科学家的科学研究活动及其科学理论成果中的诸种前提，包括那些被科学家们当作"全新的智慧"的"早已在哲学史上被废弃了的命题"。

思维的历史和成就，是思维向客体无限地接近和逼迫的历史，是思维所编织的概念、范畴之网不断地更新人类的世界图景的历史，是人类的理论思维能力日益增强的历史。它包含无数的各式各样观察现实、接近现实的认识成分，它凝聚着人类关于世界的规律性认识，它积淀着思维向客体接近的规律和方法，它蕴含着人类思维方式的变革和价值观念

① 《马克思恩格斯全集》第20卷，552页，北京，人民出版社，1971。

② 同上书，383页。

③ 同上书，385页。

的更新，它表现为科学的诸种前提——概念框架、解释原则、研究方法以及价值观念和审美意识——的历史性转换。通晓思维的历史和成就，就是把思维的历史和成就作为对科学进行前提批判的立足点和出发点，去批判地审度蕴含于科学活动和科学理论之中的诸种前提。

科学史表明，科学的发展总表现为学科发展的不平衡性。某门学科的具有划时代意义的重大发现，总是突出人类用以理解和把握世界的某种认识成分。它的璀璨夺目的光芒，使得其他认识成分(部分、方面、环节、特征)在特定的时期内相形见绌、黯然失色。由此引发的连锁反应，首先是吸引其他各门学科都试图运用这种认识成分(以及它所蕴含的概念框架、解释原则、研究方法和价值观念等)去考察自己的研究对象并反省自己的理论成果，以求得本学科的突破性进展；其次是吸引哲学家试图运用这种被各门学科普遍使用的认识成分去重新审度已有的哲学理论，并进而重构关于理论思维前提的哲学概念框架；最后是由于世界观理论的变革而导致整个思维方式、价值观念以及生活方式的变革。

对此，美国当代哲学家莫尔顿·怀特曾做出这样的描述："在十八世纪牛顿物理学胜利的时代，机械学成为学问之王；十九世纪黑格尔的历史和达尔文的生物学占有同样的重要地位；至那一个世纪的末期，心理学大有主宰哲学研究的希望。"①怀特的描述，不仅会使我们想到18世纪的法国唯物主义("机械学成为学问之王")，18世纪末到19世纪初的德国古典哲学("黑格尔的历史和达尔文的生物学")，以及19世纪末的生命哲学和意志哲学("心理学大有主宰哲学研究的希望")，而且会使我们想到黑格尔对笛卡尔、斯宾诺莎的批评(他批评他们试图用数学方法来改进哲学是"找错了路子")，也会使我们更为直接地想到20世纪以来的相对论、量子论、系统论、信息论以及自组织理论等所引起的对各门科学以及哲学的轰动效应和连锁反应。

---

① [美]M. 怀特编著：《分析的时代——二十世纪的哲学家》，242页，北京，商务印书馆，1981。

但是，正如“思维的历史”所表明的，这种由科学的重大发现凸显出来的认识成分所引起的轰动效应和连锁反应，对于哲学来说，可能引起正或负两种不同效应：如果哲学以通晓“思维的历史和成就”为基础，从思维和存在的关系问题去反思这种科学成果，揭示和阐发它所蕴含的变革人的思维方式和价值观念的哲学意义，就会在更深刻的层次上认识理论思维前提的内在矛盾；如果哲学未加反思地、片面地夸大这种由于科学的重大发现而凸显出来的认识成分，并从这个被片面夸大了的认识成分出发去构筑世界观理论体系，就会“把认识的某一特征、某一方面、某一侧面，片面地、夸大地……发展(膨胀、扩大)为脱离了物质、脱离了自然的、神化了的绝对”①，这种哲学就成为唯心主义哲学。这后一种情况，在哲学史上和在当代哲学中都是屡见不鲜的。

辩证法的科学前提批判，是把科学理论所提供的认识成分转化为理论思维的前提问题，以“通晓思维的历史和成就的理论思维”去审度这些认识成分，并把它们置于人类思维历史地扩展和深化的范畴之网中。辩证法理论运用这个内容极为丰富的、历史地扩展和深化的范畴之网，展现人类已经形成的认识系统、思维方式和价值观念的辩证联系和辩证发展，从而为批判地考察这种新的认识成分提供一个坚实的、具有“巨大的历史感”的哲学概念框架。这样，科学重大发现所提供的认识成分，就不是作为一个被片面夸大了的认识成分而存在，而是构成思维与存在统一的具体环节。

我们再来分析第二方面，即沟通人类把握世界的诸种方式及其成果，以实现辩证法的科学前提批判。

科学作为人类在其前进的发展中所获得的认识成果，不是某种与人类的其他活动无关的独立自在的实体，也不是某种与人类的整个文明程度相分离的独立自在的进程。因此，科学作为理论思维的前提，蕴含着两方面至关重要的因素：其一，科学是人类整个文明的结晶，它与人类

① 《列宁全集》第55卷，311页，北京，人民出版社，1990。

把握世界的其他各种方式（诸如常识的、经验的、神话的、宗教的、艺术的、伦理的、哲学的等方式）是相互制约和相互渗透的；其二，在科学理论的深层结构中，蕴含着种种经验的、幻想的、逻辑的、直觉的、价值的、审美的、信仰的前提。

辩证法对科学的前提批判，是建立在这样的一种基础上，即它不仅仅与科学具有“单向”关系，还与整个文化具有“多向”关系。它的批判对象包括艺术、宗教、伦理、语言、历史以及科学等在内的全部文化现象。它从文化现象的整体关系中去批判地考察科学的前提，因而能够不断深入地揭示蕴含于科学理论深层结构中的种种前提。

当代著名的美学家苏珊·朗格曾提出“什么样的问题才是哲学问题”的问题。下面，我不惜笔墨地把她自己的回答抄录如下，也许会有助于我们对辩证法的科学前提批判的理解。

“一个哲学问题必然会涉及到我们所探求的事物的含义，因此，它与那些仅涉及到事实的科学问题是很不相同的。在提出一个涉及到事实的科学问题时，我们当然明白我们指的是什么，也就是说，我们知道我们正在说的这件事实是什么。举例说，如果有人问道：‘太阳离我们这儿有多远?’我们就会作出有关这件事实的回答：‘太阳离我们 90 亿哩。’当我们作出这样的回答时，我们自然知道‘太阳’、‘哩’、‘离这儿多远’等词句的含义；即使我们的回答是错误的……我们仍然知道我们说的话是什么意思，因为我们运用了量度单位，并找到了自以为是符合事实的答案。但是，假如有人提出下述问题，如‘什么是空间?’‘这儿’是什么意思?‘从这儿到某地之间的“距离”的含义是什么?’等等，这些问题就不能通过度量、试验值或通过其他方式发现的事实去回答。对这些问题，我们只能通过对我们所指的东西进行思考所得的结果去回答。……在绝大多数情况下我们总感到自己对这些词的含义根本就没有一个清晰的概念，甚至还时常把某些含义模糊的词相互混淆起来。在这种情况下，每当我们开始对它们进行分析的时候(即每当我们想搞清楚它们的含义时)，就会发现，它们不是矛盾百出，就是荒诞离奇或毫无意义。

因此，对它们进行逻辑分析是无济于事的，我们只能去求助于哲学中那一最难懂然而又最有意思的部分，即那一不能仅通过某种法则就能学会的部分——逻辑构成部分。换言之，我们必须对自己陈述的含义作出判定和解释，并由此找到一种能够解决我们想要解决的那些问题的方法。这就是说，除非我们能够赋予诸如'距离'、'点'、'空间'、'速度'以及其他一些为我们所熟知的然而又对此感到十分模糊的词语以某些含义，否则就谈不上什么科学。确定这样一些基本含义的工作是由哲学承当的，因此，现代科学中的哲学应当是我们时代中最为辉煌的脑力劳动之一。"①

作为美学家，苏珊·朗格还具体地提出，"在艺术哲学中，最为关键和最引人注目的问题，就是时常为人们所争论的有关'创造'的含义的问题。我们为什么总是说艺术家'创造'了一件艺术品？画家们创造不出油彩和画布，音乐家创造不出震颤的乐音结构，诗人创造不出词语，舞蹈家也创造不出身体和身体的动态。……然而，当我们提及一件艺术品的时候，却真心实意地称它是一种'创造物'。由此便自然地引出这样一个哲学问题：'创造'这个词的意思是什么？我们究竟创造了什么？如果我们继续对这个问题探究下去，它就会引出一连串与这个问题有关的其他问题，比如，艺术家在艺术作品中创造了什么？他创造这些东西的目的是什么？这些东西又是怎样创造出来的？等等。要回答这一连串的问题，就必然会涉及到艺术哲学中所有重要的概念，如幻象或想象、表现、情感、动机、转化等等"②。

如果模仿苏珊·朗格的提问方式，我们同样可以问道："发现"这个词的意思是什么？科学家在科学研究中"发现"了什么？他"发现"这些东西的目的是什么？这些东西是怎样"发现"出来的？如果我们回答说："发现"就是"认识到了"；科学家"发现"的是事物的"规律"；他"发现"

① [美]苏珊·朗格：《艺术问题》，1—2页，北京，中国社会科学出版社，1983。

② 同上书，3—4页。

"规律"的目的是改造世界或造福人类；他是通过观察、实验和科学抽象"发现""规律"的。那么，这就必然会引发出一系列的柏拉图式的、亚里士多德式的、笛卡尔式的、休谟式的、康德式的、黑格尔式的，乃至波普尔式的、库恩式的、皮亚杰式的问题：科学家发现的是"理念世界"吗？一般与个别是何关系？世界是我思的结果吗？规律是一种因果联想吗？人的认识何以可能？思维与存在是自在统一的吗？科学是猜测性的假说吗？科学发展是信念的转换吗？认识是同化与顺应的统一吗？

很明显，辩证法的科学前提批判，并不是一般地把科学理论作为再思想、再认识的对象(科学家也总是把已有的科学理论作为再思想、再认识的对象，揭露已有的科学理论与新的经验事实之间的矛盾，以及科学理论自身的内在矛盾，从而推进科学的发展)，而是从世界观层面向反思对象提出问题。这种世界观层面的问题包括：在科学理论中蕴含着怎样的概念框架、解释原则、价值观念和研究方法？它从何种角度推进了人类对思维与存在、人与世界相互关系的理解？它怎样变革了人类的思维方式和价值观念？它表达着怎样的时代精神？

(四)范例：马克思的政治经济学批判

恩格斯把辩证法看作一种"建立在通晓思维的历史和成就的基础上的理论思维"，这对于我们理解辩证法的批判本质及其对科学的前提批判是十分重要的。因为，只有"通晓思维的历史和成就"，才能切实地反思"理论思维的不自觉的和无条件的前提"，才能真正实现对科学的前提批判。马克思的政治经济学批判就是光辉的典范。

作为对比，我先引证恩格斯的一段论述，这就是他对"官方的黑格尔学派"的批判。

恩格斯说："自从黑格尔逝世之后，把一门科学在其固有的内部联系中来阐述的尝试，几乎未曾有过。官方的黑格尔学派从老师的辩证法中只学会搬弄最简单的技巧，拿来到处应用，而且常常笨拙得可笑。对他们来说，黑格尔的全部遗产不过是可以用来套在任何论题上的刻板公式，不过是可以用来在缺乏思想和实证知识的时候及时搪塞一下的词汇语录。……这些黑格尔主义者懂一点'无'，却能写'一切'。"[①]与此相反，马克思对政治经济学的批判，则是以"通晓思维的历史和成就的理论思维"去批判地考察古典政治经济学理论的前提，使人们得到一个"贯穿着整个经济学并在资产阶级经济学家头脑中引起过可怕混乱"的事实。恩格斯说："这个事实就是：经济学所研究的不是物，而是人和人之间的关系，归根到底是阶级和阶级之间的关系；可是这些关系总是同物结合着，并且作为物出现；诚然，这个或那个经济学家在个别场合也曾觉察到这种联系，而马克思第一次揭示出它对于整个经济学的意义，从而使最难的问题变得如此简单明了，甚至资产阶级经济学家现在也能理解了。"[②]

马克思的政治经济学批判，以及在这种批判中所形成的科学巨著《资本论》，是辩证法的科学前提批判的光辉典范和巨大成果。

在《政治经济学批判》的序言和导言中，在《资本论》的序和跋中，以及在《哲学的贫困》关于"政治经济学的形而上学"的论述中，马克思反复地强调，他运用辩证法研究政治经济学，他所运用的辩证法首先是对古典政治经济学的前提批判。马克思提出，古典政治经济学家的理论前提是"把人变成帽子"，即以物与物的关系掩盖人与人的关系，而他的理论出发点则在于"经济范畴只不过是生产的社会关系的理论表现"。因此，他致力于揭示商品的自然属性与社会属性(使用价值与交换价值)的内在矛盾，劳动的自然过程与社会过程(具体劳动与抽象劳动)的内在矛盾，以及商品与货币、价值与价格、货币与资本等一系列矛盾，从而创立了以劳动价值论为基础的剩余价值学说，并使关于历史的理论变成了科学。

很明显，马克思所理解和所运用的辩证法，不仅在本质上是批判的，而且这种批判是指向理论思维的前提的。正因为马克思的政治经济

① 《马克思恩格斯选集》第2卷，40页，北京，人民出版社，1995。

② 同上书，44页。

学批判指向古典政治经济学的前提，所以他才能够揭示在物和物的关系掩盖下的人和人的关系，创立剩余价值理论；正因为马克思是运用辩证法去批判考察理论思维的前提，所以他的政治经济学批判才具有哲学意义，才能够从这种批判中产生出历史唯物论。马克思的两大发现——剩余价值学说和历史唯物主义——都是辩证法的前提批判的理论成果。

马克思的政治经济学批判还有一个非常引人注目的特点：马克思是从考察人们每天都与之打交道的最平常的商品交换现象出发的，也就是从考察人们习以为常、不加思考的商品概念出发的。这表现了辩证法的科学前提批判的另一个重要特点：在科学与常识的相互观照中来实现辩证法的前提批判。

人类用以把握世界的最根深蒂固和最广泛使用的概念，并不是那些高度专业化和高度精确化的科学概念，而是那些在我们思想中构筑经验世界的、具有高度概括性的常识概念。科学家在抽象世界中表现出某些特征，并在运用某些高度专业化的概念去表述这些特征的时候，也必须使用诸如形状、颜色、大小、内外、快慢、多少、因果、好坏、真假、美丑等表达普通思维的普通概念。即使这些概念在严肃的科学批判中发展到与常识概念大相径庭，甚至不相容的程度，科学家也仍然带着常识的影响，并以常识概念框架作为科学理解的必要前提；即使科学家通过创造严格形式化的科学语言(如数学语言)来描述科学理解的世界，也不得不讲述人类共同的自然语言，并把人们在普通语言和常识理解中所表示的世界与科学对话中的非常识理解中的世界联系起来。这表明，作为常识概念的一般框架是构成科学概念的特殊框架的基础。辩证法的科学前提批判，在于它的批判不是停留在对科学概念框架的分析上，而是深入科学概念框架与常识概念框架的不可分割的联系中，从而揭示科学前提的内在矛盾性。

在马克思的政治经济学批判中，我们还发现一个十分重要的特点：马克思把那些被视为不证自明的“初始概念”作为科学前提批判的出发点。

任何一种科学理论，其中当然包括政治经济学，都表现为一个概念逻辑体系。在每个概念逻辑体系中，各个概念和命题都不是孤立理解的零星碎片，而是构成彼此联系的概念网络，并在这种概念网络中得到相互规定和相互理解。而这种概念网络中的每一概念和每一命题之所以能够相互规定和相互理解，则在于它总是以少数不予定义的概念和不予讨论的命题作为逻辑体系展开的出发点。这些不予定义的概念称作“初始概念”，这些不予讨论的命题称作“初始命题”。“初始概念”和“初始命题”作为该种理论的“公设”或“公理”构成该理论体系的逻辑前提。因此，只有把那些被视为不证自明的“初始概念”或“初始命题”作为批判的出发点，才能真正把批判的锋芒指向理论体系的逻辑前提，从而变革整个理论体系。

马克思的政治经济学巨著《资本论》是从论述商品的二重性以及体现在商品中的劳动的二重性开始的。马克思在关于“商品”和“劳动”的论述中，并不是把这两个作为“初始概念”的基本范畴当作既予的、给定的东西，而是当作批判反思的对象进行考察。

在《〈政治经济学批判〉导言》中，马克思对“劳动”这个概念进行了历史的和逻辑的批判性考察。“劳动”似乎是一个既古老又简单的范畴。但是，马克思指出，在经济学上从“劳动一般”这种简单性上来把握的“劳动”，是“现代的范畴”。货币主义还把财富看成是完全客观的东西，重工主义或重商主义才把财富的源泉转到“商业劳动”和“工业劳动”上。重农学派则把劳动的一定形式——农业——看作创造财富的劳动。亚当·斯密“大大地前进了一步”，他抛开了创造财富的各种特殊劳动的规定性，而把劳动当作创造财富的活动的抽象一般性。① 这就是马克思以前的政治经济学对“劳动”的理解。

马克思在《资本论》中，深刻地阐发了理解整个政治经济学的“枢纽点”——体现在商品中的劳动的二重性。马克思说，商品原来对我们表

① 参见《马克思恩格斯选集》第2卷，21页，北京，人民出版社，1995。

现为一个二重物，使用价值和交换价值。以后又明白了，劳动在它表现为价值的限度之内，不会再有它作为使用价值创造要素时所有的那些特征。包含在商品中的劳动的这种二重性，是首先由马克思批判地指出的。① 马克思的这种批判，变革了古典政治经济学的逻辑前提，从而构成了《资本论》对资本、利润、利息、地租等全部政治经济学基本范畴的批判性考察，并在这种批判性考察中给予了科学的规定。

马克思的《资本论》不仅是“政治经济学批判”的典范，也是所有科学前提批判的典范，是体现辩证法批判本性的典范。正是在《资本论》的跋文中，马克思明确地提出，辩证法在对现存事物的肯定的理解中，同时包含着对它的否定的理解，它的必然灭亡的理解；它对每一个已经生成的形态，都是在运动的流中，从它的暂时经过的方面去理解；它不会屈服在任何事物面前，就它的本质说，它就是批判的，革命的。

辩证法的批判，不仅是指向形式逻辑、常识和科学的，而且更为深刻地指向哲学自身。这就是辩证法对哲学前提的自我批判。

① 参见马克思：《资本论》第1卷，12页，北京，人民出版社，2004。

第四章　辩证法的哲学前提自我批判

一　哲学前提及其内在矛盾

批判，不仅要有批判的对象，而且要有批判的根据和标准。那么，辩证法对形式逻辑、常识和科学的前提批判的根据是什么？或者说，辩证法凭借什么和以什么为标准去进行这种批判？显然，这只能是辩证法作为世界观理论所具有的哲学前提。

对于这种回答，理所当然地要提出进一步的追问：为什么辩证法能够以哲学前提为根据和标准去批判形式逻辑、常识和科学的前提？哲学前提本身可以是非批判的存在吗？辩证法如何对待自己的哲学前提？

这种进一步的追问，对于理解辩证法理论及其批判本质，具有最深刻的实质意义。辩证法之所以在本质上是批判的，从根本上说，就在于它是哲学前提的自我批判。这是因为，哲学前提的自我批判，直接地就是对理论思维前提的批判。

（一）反思哲学的“统一性原理”

哲学作为理论化、系统化的世界观，是通过哲学家思维着的头脑所建构的、规范人们怎样理解和变革人与世界相互关系的理论形态的思维方式。

任何一种哲学所代表的理论思维方式，都凝聚着哲学家所捕捉到的该时代人类对人与世界相互关系的自我意识，都贯穿着哲学家用以说明人与世界相互关系的独特的解释原则和概念框架，都熔铸着哲学家用以观照人与世界相互关系的价值观念和审美意识。

哲学家的这种解释原则和概念框架，价值观念和审美意识，以及凝聚其中的该时代的人类自我意识，集中地表现为哲学家在自己时代的水平上所形成的关于理论思维前提的“统一性原理”，即对思维与存在、人与世界相互关系的根本性解释。这种“统一性原理”就是哲学前提。

总结哲学的历史与逻辑，我们会发现，一代又一代的哲学家们所苦苦求索的根本目标，就是在最深刻的层次上把握人及其思维与世界的内在统一性，并以这种统一性去解释人类经验中的一切事物，以及关于这些事物的常识的和科学的全部知识。这种“统一性原理”，构成哲学家反思常识、科学、艺术、伦理、宗教以及人类实践活动的哲学前提。而这种作为“统一性原理”的哲学前提，又构成哲学自我反思、自我批判的对象。辩证法在其作为哲学世界观的意义上，既是哲学自我反思和自我批判的理论，又是哲学自我反思和自我批判的方法。辩证法就是哲学的“统一性原理”的自我批判。

亚里士多德——这位被黑格尔称为一切哲学家的老师的人物——曾提出，哲学是一种“寻取最高原因的基本原理”的学术。这种“基本原理”的意义在于，它可以使人类经验中的各种各样的事物得到统一性的解释，或者可以被解释为某种普遍本质的各种具体表现，从而达到思维把握和解释世界的全部自由性。

黑格尔完全赞同亚里士多德所规定的哲学目标，并且认为古希腊以来的哲学家们都在寻求和提供这种“基本原理”。但他提出，第一，亚里士多德在把各式各样的现象提高到概念之后，又使概念本身分解为一系列彼此外在的特定的概念，而没有突出强调那个把一切概念结合起来的“统一性原理”。因此，黑格尔提出，“作为一个体系，需要有一个原理被提出并且贯穿在特殊的东西里面”，“全部被认识的东西必须也是作为一种统一性、作为概念的一种有机组织而出现”①。黑格尔哲学的“统一性原理”就是他所说的“绝对概念”。对此，黑格尔解释说，“要这样来理解那个理念，使得多种多样的现实，能被引导到这个作为共相的理念上面，并且通过它而被规定，在这个统一性里面被认识”②。第二，这种哲学的“统一性原理”，是通过对认识的认识、对思想的思想即“反思”而构成的。黑格尔说：“全体的自由性，与各个环节的必然性，只有通过对各环节加以区别和规定才有可能。”③因此，哲学的“统一性原理”是形成于对人类所创建的全部知识和整个人类认识史的“反思”，而不是直接地形成于对各种经验对象的认识。

在黑格尔看来，哲学所追求的“统一性原理”之所以具有理论思维前提的意义，是因为它能够把各种知识和整个认识史扬弃为思维把握存在的逻辑，而这种逻辑具有充实任何真理性内容的功能。因此，黑格尔所理解的哲学“统一性原理”，就是人类思想运动的逻辑，也就是人类的全部知识得以生成的统一性根据。黑格尔的以唯心主义为基础的本体论、认识论、逻辑学相统一的概念辩证法体系，是以一种颠倒的和神秘的形式所表达的思维与存在相统一的逻辑。

德国哲学家赖欣巴哈在20世纪50年代初提出，“思辨哲学努力想获致一种关于普遍性的、关于支配宇宙的最普遍原则的知识”。他还具体地指出：“思辨哲学要的是绝对的确定性。如果说预言个别事件是不可能的，那么，支配着一切事件的普遍规律至少应被视为是知识所能知道的；这些规律应该可以用理性的力量推导出来。理性，宇宙的立法者，把一切事物的内在性质显示给人的思维——这种论纲就是一切思辨哲学的基础。”④作为逻辑经验主义者，赖欣巴哈一方面承认传统哲学寻

---

① [德]黑格尔：《哲学史讲演录》第2卷，384页，北京，商务印书馆，1960。
② 同上书，385页。
③ [德]黑格尔：《小逻辑》，56页，北京，商务印书馆，1980。
④ [德]H. 赖欣巴哈：《科学哲学的兴起》，234—235页，北京，商务印书馆，1983。

求“统一性原理”的事实，另一方面则认为这种寻求是一种由狂妄的理性所导致的整部错误的哲学史。

美国当代哲学家理查·罗蒂虽然也对传统哲学寻求“统一性原理”持否定态度，但他却更为明确地道出了这种“统一性原理”的真实意义。他说，“自希腊时代以来，西方思想家们一直在寻求一套统一的观念，……这套观念可被用于证明或批评个人行为和生活以及政治习俗和制度，还可为人们提供一个进行个人道德思考和社会政治思考的框架”；“作为一门学科的哲学，把自己看成是对由科学、道德、艺术或宗教所提出的知识主张加以认可或揭穿的企图”；“哲学相对于文化的其他领域而言能够是基本性的，因为文化就是各种知识主张的总和，而哲学则为这些主张进行辩护”①。

那么，为什么哲学总是寻求这种“统一性原理”呢？美国当代另一位哲学家瓦托夫斯基的见解或许是更为深刻的。他提出，“不管是古典形式还是现代形式的形而上学思想的推动力都是企图把各种事物综合成一个整体，提供出一种统一的图景或框架，在其中我们经验中的各式各样的事物能够在某些普遍原理的基础上得到解释，或可以被解释为某种普遍本质或过程的各种表现”。而哲学的这种“企图”之所以是无法“拒绝”的，是因为人类“存在一种系统感和对于我们思维的明晰性和统一性的要求——它们进入我们思维活动的根基，并完全可能进入到更深处——它们导源于我们所属的这个物种和我们赖以生存的这个世界”②。

在哲学史上，哲学对“统一性原理”的寻求，具体地表现为对“终极存在”“终极解释”和“终极价值”的寻求。

哲学的“存在论”或“本体论”，所追寻的“存在”，并不是各种具体事物的存在，而是总体性的存在或存在的总体性即“存在”本身。这种“存

---

① ［美］理查·罗蒂：《哲学和自然之镜》，1、11页，北京，生活·读书·新知三联书店，1987。

② ［美］M. W. 瓦托夫斯基：《科学思想的概念基础——科学哲学导论》，13—14页，北京，求实出版社，1982。

在”本身，对于把握“存在”的思维主体来说，是一种统一性的抽象或抽象的统一性。思维主体寻求这种抽象的统一性，是企图以此为根据去说明全部“在者”(即具体事物)的生成、变化和复归。因此，这种“存在”对于思维主体来说，具有作为“统一性原理”的“终极存在”的意义。

这种“存在”本身或“终极存在”，只能是超越经验而为思维所把握的理性存在物即概念的存在。这种概念的存在，就是亚里士多德所说的关于“最高原因的基本原理”，它构成对人类经验中的各种各样事物的统一性解释。由于这种统一性解释所指向的是作为世界的统一性的“终极存在”，因此，它对于思维主体来说，又有“终极解释”的意义。

从古希腊的哲学家苏格拉底开始，哲学家们就试图引导人们离开各种特殊的事例去思索普遍的原则，从而使人们明确自己用以判断事物的真假、善恶、美丑的根据、标准和尺度到底是什么。这种对普遍原则的思考，也就是对“终极价值”的追求。

在中国传统哲学中，所谓“究天人之际，通古今之变”，“判天地之美，析万物之理”，“为天地立心，为生民立命”，也是寻求熔“终极存在”“终极解释”和“终极价值”于一炉的“统一性原理”。

“自然是人的法则”，“人是万物的尺度”，“上帝是最高的裁判者”，“理性是宇宙的立法者”，这些命题都曾经在哲学史上充当最根本的哲学前提，即黑格尔所说的“统一性原理”。尽管现代西方哲学的各种流派猛烈地抨击传统哲学对“统一性原理”的寻求，但是他们所做的一切努力，仍然是以新的“统一性原理”去代替他们所抨击的旧的“统一性原理”。所谓“科学是人性的最高表现”，“哲学是科学的逻辑”，“理解是人的存在方式”，“语言是世界的寓所”，“人的存在先于本质”，“人是符号活动的存在”，“世界就是人所理解的世界”，如此等等的根本性命题，不正是现在西方哲学各个流派作为立足点和出发点的“统一性原理”吗?

这种关于人与世界相互关系的“统一性原理”即哲学前提，在人类把握世界的各种方式(宗教的、伦理的、艺术的、科学的、常识的等方式)中，在人类所创建的全部知识体系(数学、自然科学、社会科学、人文科学、思维科学等知识体系)中，扮演了一种独特的角色，即它作为最高的或最终的根据、标准和尺度，批判性地反思人类一切活动和全部知识的各种前提，为人类的存在和发展提供自己时代水平的“安身立命之本”或“最高的支撑点”。

然而，究竟应当如何看待和对待哲学自身的前提即它所提供的“统一性原理”？它所追求的“终极存在”“终极解释”和“终极价值”是否真的具有“终极”的性质？哲学用以批判人类的全部活动和全部知识的“统一性原理”是否也具有内在的否定性？

哲学的“统一性原理”总是对时代精神的概括，总是“思想中的时代”，因而只能是历史性的存在。只有批判地反思哲学前提，才能敏锐地触摸到时代精神及其内在的否定性，从而塑造和引导新的时代精神；因此也只有批判地反思哲学前提，才能形成在本质上是批判的辩证法的理论思维方式。作为两种世界观理论或两种理论思维方式的辩证法与形而上学，其本质区别在于能否批判地反思哲学自身的前提——哲学的“统一性原理”。

(二)哲学“统一性原理”的内在否定性

哲学的“统一性原理”，是一种追本溯源式的意向性追求，是一种基于实践活动的历史展开性的人类思维的无穷无尽的指向性。它试图对人类活动的最根本的前提——“理论思维的不自觉的和无条件的前提”——做出最根本的和最彻底的解释，但它在每个历史时代所做的解释又总具有相对的性质。因此，它的可能达到的目标，并不是它所自许的终极性的解释；它的真实的意义，也不在于是否能够达到它所追求的终极存在、终极解释和终极价值；它的真实的积极意义在于，它永远悬设着某种崇高的理想目标，并以这种理想目标去审视人类所从事和所关注的一切，使人类在自己的全部活动中保持活生生的求真意识、向善意识和审美意识，永远敞开自我批判和自我超越的空间。

恩格斯说，人的思维是至上性与非至上性的辩证统一，“按它的本性、使命、可能和历史的终极目的来说，是至上的和无限的；按它的个别实现情况和每次的现实来说，又是不至上的和有限的”[①]。哲学对“统一性原理”的寻求，首先植根于人类思维的“本性、使命、可能和历史的终极目的”，即植根于人类思维的“至上”性或无限性。化学寻求基本元素，物理学寻求基本粒子，生物学寻求遗传基因，所有的科学都寻求“基本原理”。哲学的“统一性原理”正是在理论思维前提的层面上，表达了人类思维对确定性、必然性、简单性、统一性和终极性的寻求。

问题在于：哲学的“统一性原理”本来是，并且只能是自己时代的产物；对于具体的哲学家来说，本来是并且只能是思维的“个别实现和每次的现实”。因此它是“不至上的”。但是，这种“统一性原理”作为哲学自身的前提，作为哲学考察人类的全部活动和全部知识的根据，却总要求最高的权威性和最终的确定性，把自己所承诺或设定的“统一性原理”视为毋庸置疑和不可变易的“绝对”。

对于这种情况，维也纳学派的领导者、德国哲学家石里克做过颇为精彩的描述。他说，“所有的大哲学家都相信，随着他们自己的体系的建立，一个新的思想时代已经到来，至少，他们已发现了最终真理。如果没有这种信念，哲学家几乎不能成就任何事情。例如，当笛卡尔引进了使他成为通常所称‘现代哲学之父’的方法时，他就怀着这样的信念；当斯宾诺莎试图把数学方法引进哲学时，也是如此；甚至康德也不例外，在他最伟大著作的序言中，他宣称：从今以后，哲学也能以迄今只有科学家所具有的那种可靠性来工作了。他们全都坚信，他们有能力结束哲学的混乱，开辟某种全新的东西，它终将提高哲学思想的价值”[②]。与此同时，石里克颇有见地地指出，“哲学事业的特征是，它总是被迫在起点上重新开始。它从不认为任何事情是理所当然的。它觉得对任何哲学问题的每个解答都不是确定或足够确定的。它觉得要解决这个问题必须从头做起”[③]。

---

① 《马克思恩格斯选集》第 3 卷，427 页，北京，人民出版社，1995。
② [德]M. 石里克：《哲学的未来》，载《哲学译丛》1990 年第 6 期。
③ [德]M. 石里克：《哲学的未来》，载《哲学译丛》1990 年第 6 期。

哲学从其产生开始，就蕴含着两个基本矛盾。其一，它指向对人及其思维与世界的“统一性原理”的终极占有和终极解释，力图以这种“统一性原理”为人类的生存和发展提供永恒的最高支撑点；而人类的历史发展却总是不断地向这种终极解释提出挑战，动摇它所提供的“最高支撑点”的权威性和有效性。这就是哲学所承诺的“统一性原理”与人类历史发展的矛盾。其二，哲学以自己所承诺的“统一性原理”作为判断、解释和评价一切的根据、标准和尺度，也就是以自己作为“理论思维的不自觉的和无条件的前提”，从而造成自身无法解脱的哲学解释循环。因此，哲学家只有通过对哲学前提的自我批判，重新奠定哲学的“地基”，才能使哲学的解释循环不断地跃迁到高一级层次。这就是哲学前提的自我矛盾。

哲学自身所蕴含的这两个基本矛盾，是辩证法理论得以产生的基础，也是辩证法的哲学前提批判得以进行的基础。哲学所承诺的“统一性原理”与人类历史发展的矛盾，是辩证法的现实的、历史的根据；哲学自身的解释循环所造成的哲学前提的自我矛盾，则是辩证法的理论的、逻辑的根据。辩证法对哲学前提的批判，就是揭示哲学自身所蕴含的历史的和逻辑的内在矛盾，从而在更深刻的层次上揭示理论思维前提的内在矛盾。

在哲学理论蕴含的两个基本矛盾中，前者是后者的根源和基础。这正如恩格斯在分析近代西方哲学时所指出的，“推动哲学家前进的，决不像他们所想象的那样，只是纯粹思想的力量。恰恰相反，真正推动他们前进的，主要是自然科学和工业的强大而日益迅猛的进步”①。

同时，我们又必须看到，后者是前者的理论升华和哲学表达。哲学所承诺的“统一性原理”与人类历史发展的矛盾，只有升华和表达为哲学前提的自我矛盾，引发哲学家发现、揭示和展开先前的或其他的哲学前提的内在矛盾，并把这些矛盾提升为理论思维前提的内在矛盾，才能构

---

① 《马克思恩格斯选集》第4卷，226页，北京，人民出版社，1995。

成作为哲学世界观的“矛盾”。辩证法理论是以这种具有哲学世界观意义的“矛盾”为对象，通过哲学前提的自我批判而发展的。

(三)哲学前提批判的双重内涵

辩证法的哲学前提批判具有双重内涵：一是揭露哲学前提的内在矛盾，否定既有的“统一性原理”；二是在更高的层次上展现理论思维前提的内在矛盾，形成表达新的时代精神的“统一性原理”，这就是辩证法对哲学前提的双重否定或否定之否定。在这种双重否定中，哲学的“统一性原理”既是被否定的对象，又是被重建的对象，因而是否定与重建的统一。

辩证法的哲学前提批判，从其理论内容上看，是不同水平的哲学理论之间的斗争。在辩证法发展史上，古代的本体论追究的辩证法被近代的认识论反省的辩证法所取代，近代的认识论反省的辩证法被德国古典哲学的逻辑学反思的辩证法所取代，德国古典哲学的逻辑学反思的辩证法又被马克思主义的实践论批判的辩证法所取代。这种“取代”并不是简单的“抛弃”，而是一个复杂的“扬弃”过程。首先，后者总是否定了前者的“统一性原理”并且否定了前者据以形成这种“统一性原理”的思维方式，实现了反思层次的跃迁。近代的认识论反省的辩证法，否定了离开思维对存在的关系直接断言存在的思维方式；逻辑学反思的辩证法否定了离开概念运动而直接断言思维和存在的关系的思维方式；实践论批判的辩证法则否定了离开人类的实践活动及其历史发展而抽象地展开概念自我运动的思维方式。而这些否定的积极成果，则是新的思维方式以及新的哲学“统一性原理”的生成。

辩证法的哲学前提批判，从其理论形式上看，是哲学的提问方式的历史性转换。哲学理论是历史性的思想，哲学史则是思想性的历史。哲学问题总是自我相关、自我缠绕的。一方面是老问题以胚芽的形态蕴含着新问题，研究和回答新问题总要反省老问题；另一方面是新问题以成熟的形态展开老问题，解决老问题又有赖于探索新问题。当代英国哲学家艾耶尔提出：“哲学的进步不在于任何古老问题的消失，也不在于那些有冲突的派别中一方或另一方的优势增长，而是在于提出各种问题的方式的变化，以及对解决问题的特点不断增长的一致性程度。”①古代哲学从客体提出问题，探寻“万物的统一性”；近代哲学从自然(唯物论)或精神(唯心论)提出问题，探寻“思想的客观性”；黑格尔从“思维和存在的同一性”提出问题，探寻人类思想运动的“逻辑”；马克思则从“现实的人”提出问题，探寻人类自身的解放道路。这种提问方式的历史性转换，构成了辩证法的理论形态的历史性转换。

在辩证法的理论内容和理论形式的历史发展中，实现了对哲学前提的双重否定或否定的否定。一方面，它不断地否定了哲学前提的“虚无性”，使哲学的“统一性原理”获得了越来越丰富的规定性，也就是越来越深刻地展现了理论思维前提的内在矛盾。另一方面，它又不断地否定了哲学前提的“固存性”，使哲学在新的层次上重构自己的“统一性原理”，也就是以新的思维方式揭示理论思维前提的内在矛盾。辩证法对哲学前提的否定就是对它的新的规定，辩证法对哲学前提的规定则是在更高的层次上对它的否定。这就是辩证法的哲学前提批判的规定与否定的对立统一，也就是辩证法的哲学前提批判的双重内涵。

列宁说：“辩证法的特征的和本质的东西不是单纯的否定，不是徒然的否定，……而是作为联系环节、作为发展环节的否定，它保持着肯定的东西，即没有任何动摇、没有任何折中。”②列宁还具体地解释说，辩证法的思维方式就在于“否定第一个论点，用第二个论点去代替它(就在于前者过渡到后者，在于指出前者和后者之间的联系等等)”③；“对于简单的和最初的‘第一个’肯定的论断、论点等等，‘辩证的环节’，即科学的考察，要求指出差别、联系、过渡。否则，简单的、肯定的论断就是不完全的、无生命的、僵死的。对于‘第二个’否定的论点，‘辩证的环节’则要求指出‘统一’，也就是指出否定和肯定的联系，指出这个

① [英]艾耶尔：《二十世纪哲学》，19页，上海，上海译文出版社，1987。

② 《列宁全集》第55卷，195页，北京，人民出版社，1990。

③ 同上书，195页。

肯定存在于否定之中。从肯定到否定——从否定到保存着肯定东西的'统一'，——否则，辩证法就要成为空洞的否定，成为游戏或怀疑论"①。

那么，这种作为联系的环节、作为发展的环节的辩证否定，与那种"空洞的否定"和"怀疑论"有何区别呢？列宁以"诡辩和辩证法"为题引述了黑格尔的看法："诡辩是依据未予批判和不加思索的无根据的前提而作的推理；而我们称辩证法是高级的理性运动，在这种运动中，那些似乎是全然分离的规定通过自己，通过它们本身而相互过渡，前提则被扬弃。"②

辩证法对哲学前提的双重否定，也就是哲学前提的自我重建。辩证法的这种批判与建构的矛盾运动，构成哲学世界观的螺旋式上升运动。它的特点是，辩证法一次又一次地把哲学的"统一性原理"推翻，却一次又一次地重建哲学前提。辩证法的双重否定过程，就是哲学家从新的视角、以新的方法、用新的综合，揭示人与世界之间的新的意义，提示可供人类反省和选择的新的理想，使人类在越来越高级的层次上实现自我认识和自我理解。

辩证法的实质就在于，它以否定性的思维对待自己的前提——哲学的"统一性原理"。在辩证法看来，作为"统一性原理"的哲学前提，既是一种历史的进步性，又是一种历史的局限性，因而它包含着内在的否定性，孕育着新的历史可能性。辩证法是一种具有"巨大的历史感"的理论思维方式。

从历史的进步性来看，哲学在自己时代所提供的"统一性原理"，就是该时代人类所达到的对人与世界的统一性的最高理解，即该时代人类全部活动的最高支撑点，因此它具有绝对性；从历史的局限性来看，哲学在自己时代所提供的"统一性原理"，又只是特定历史时代的产物，它

---

① 《列宁全集》第55卷，196页，北京，人民出版社，1990。

② 同上书，89页。

作为人类全部活动的最高支撑点，正表现了人类作为历史的存在所无法挣脱的片面性，因此它具有相对性；从历史的可能性看，哲学在自己时代所提供的“统一性原理”，又是人类在自身发展过程中所建构的阶梯和支撑点，它为人类的继续前进提供世界观层面的理论支持，并作为世界观层面的批判对象而存在。

在哲学世界观层面上，辩证法理论的批判本质就在于，它揭露了哲学前提自身的内在矛盾，展现了哲学前提自身的狭隘性、片面性和暂时性，论证了它的历史进步性、历史局限性和新的历史可能性，促使人类不断地反省自己的安身立命之本，以批判的、革命的态度去对待自己的全部思想和行为，以新的理论思维方式和价值观念去反观人类的历史和现实存在，并在新的更高的层次上重建哲学的“统一性原理”。

二　思维与存在的否定性统一

思维和存在的关系问题是贯穿于整个哲学发展史，并贯通于全部哲学问题之中的重大的基本问题。哲学前提，就是关于思维与存在关系问题的统一性原理；哲学前提的内在矛盾，就是思维与存在的矛盾在理论层面的表达；辩证法的哲学前提批判，就是揭示哲学本身对思维与存在的矛盾的理论解释中的片面性、狭隘性和暂时性，也就是在对哲学前提的肯定理解中同时包含对它的否定理解。因此，如何理解思维与存在的关系，是辩证法的哲学前提批判的实质内容。

(一)辩证法与哲学基本问题

如果我们承认哲学是世界观理论，世界观的根本矛盾是思维与存在的矛盾，并且承认辩证法是关于世界观矛盾的哲学理论，就会合乎逻辑地推论出：辩证法是关于思维和存在的矛盾关系的理论。

但是，正如人们所熟知的，在对哲学基本问题的通常解释中，人们恰恰是把辩证法排除在思维和存在的关系问题之外的。按照通常的解释，哲学基本问题包括思维和存在“谁为第一性”(谁为本原)的本体论问题，以及思维和存在“有无同一性”(思维能否认识存在)的认识论问题这两个方面，辩证法则成了与哲学基本问题无关的、与本体论和认识论相并列的另一类哲学问题。

作为这种解释的逻辑延伸，辩证法又被相应地解释为：第一，与“本体论”相联系的辩证法，即关于客观世界矛盾运动的客观辩证法(包括自然辩证法和历史辩证法)；第二，与“认识论”相联系的辩证法，即关于人类认识和人类思维辩证运动的主观辩证法(包括认识辩证法和思维辩证法)；第三，作为这两方面的概括性统一，辩证法是关于自然、社会和思维发展的普遍规律的学说。

毫无疑问，作为世界观理论的辩证法是关于自然、社会和思维发展的普遍规律的学说，它包括自然辩证法、历史辩证法、认识辩证法和思维辩证法等理论内容。问题在于：能否离开思维和存在的关系问题去理解辩证法？能否离开思维和存在的关系问题去看待辩证法作为关于普遍发展规律的学说？能否离开哲学基本问题去解释自然辩证法、历史辩证法、认识辩证法和思维辩证法？

马克思就是这样提出问题的。他在《关于费尔巴哈的提纲》中，批评旧唯物主义“只是”从“客体的或者直观的形式”去理解事物，而没有从人的感性活动、人的实践去理解，没有从主观方面去理解，批判唯心主义“只是”抽象地发展能动的方面，而“当然”是不知道真正现实的、感性的活动本身。① 结果，近代的唯物主义变成了形而上学的唯物主义，辩证法却成了黑格尔的“无人身的理性”的自我运动和自我认识的辩证法，即唯心主义的辩证法。

恩格斯也是这样提出问题的。他在《自然辩证法》中提出，“我们的主观的思维和客观的世界服从于同样的规律，因而两者在自己的结果中不能互相矛盾，而必须彼此一致，这个事实绝对地统治着我们的整个理

① 参见《马克思恩格斯选集》第1卷，54页，北京，人民出版社，1995。

论思维。它是我们的理论思维的不自觉的和无条件的前提”。但是，18世纪的唯物主义却只就这个前提的“内容”去研究这个前提，而没有从“形式”方面去研究这个前提。与此相反，近代的辩证唯心主义哲学，特别是黑格尔，“还从形式方面去研究了这个前提”。恩格斯对此所做的评论是，尽管“思维和存在的统一”在这种哲学中“采取了唯心主义的头足倒置的形式”，但却把思维过程同自然过程和历史过程联系起来了。①

列宁也是这样提出问题的。在《哲学笔记》中，他尖锐地指出：“对于‘发展原则’，在20世纪(还有19世纪末)‘大家都同意’。——是的，不过这种表面的、未经深思熟虑的、偶然的、庸俗的‘同意’，是一种窒息真理、使真理庸俗化的同意。……如果一切都发展着，那么这是否也同思维的最一般的概念和范畴有关？如果无关，那就是说，思维同存在没有联系。如果有关，那就是说，存在着具有客观意义的概念辩证法和认识辩证法。”列宁认为，这里所提出的问题，就是“关于辩证法及其客观意义的问题”②。在批评普列汉诺夫把辩证法“当作实例的总和……而不是当作认识的规律(以及客观世界观的规律)”之后，列宁又进一步提出，“辩证法也就是(黑格尔和)马克思主义的认识论”，并强调指出，“正是问题的这一‘方面’(这不是问题的一个‘方面’，而是问题的实质)普列汉诺夫没有注意到，至于其他的马克思主义者就更不用说了”③。

把马克思、恩格斯和列宁所提出的问题集中到一点，那就是必须把辩证法问题同哲学的基本问题统一起来，从思维和存在的关系问题去理解和看待辩证法理论，又从辩证法去理解和看待哲学基本问题。不论是离开哲学基本问题去看待辩证法，还是离开辩证法去看待哲学基本问题，都无法说明马克思主义哲学的实质及其在哲学发展史上所实现的革命。这是因为，彻底的唯物主义只能是辩证唯物主义，彻底的辩证法只能是唯物辩证法。马克思主义哲学所实现的唯物论与辩证法的统一、辩

① 参见《马克思恩格斯选集》第4卷，364页，北京，人民出版社，1995。

② 《列宁全集》第55卷，215页，北京，人民出版社，1990。

③ 同上书，305、308页。

证唯物主义与历史唯物主义的统一，从根本上说，就在于马克思主义哲学以人类的社会实践活动及其历史发展为基础，唯物地、辩证地理解和回答哲学的基本问题。

作为哲学基本问题的思维和存在的关系问题，最集中最深刻地表达了世界观的内在矛盾。它的基本内容有两点。一方面，人及其思维是自然的产物，人的思维在本质上与自然服从于同一规律。因此，在思维和存在、精神和物质"谁为本原"的问题上，只有坚持"物质第一性、意识第二性"的唯物主义原则，才能正确地回答"本原"问题。另一方面，从自然中生成的人类及其思维，又不仅仅按照"自然的尺度""物的尺度"去适应自然，还按照"人的尺度""人的目的"去改造自然。世界是自在的存在，人却要给自己构成自己所需要的世界的客观图画；世界不会满足人，人却要以自己的行动让世界满足人；世界是现实的存在，人却要以自己的现实性把世界变成自己的理想的现实。因此，在思维和存在的相互关系中，必须立足于人类的实践活动及其历史发展，看到人对世界、思维对存在的能动作用，看到人对世界、思维对存在的否定性统一，辩证地理解思维和存在的关系问题。

唯心主义抽象地发展思维的能动性而否认存在对思维的本原性，旧唯物主义肯定存在对思维的本原性而不理解思维对存在的能动性，因此都无法唯物地、辩证地解决思维和存在的关系问题。马克思主义哲学则既坚持存在对思维的本原性的唯物主义基础，又肯定思维对存在的能动性的辩证理解，在哲学基本问题上实现了唯物论与辩证法的有机统一，创立了辩证唯物主义。

辩证唯物主义全面地论证了思维与存在相统一的物质基础，彻底地坚持了唯物主义的认识路线。它认为，思维运动作为物质运动的最高形式，是由物质运动的低级形式发展而来的，思维和物质在本质上服从于同一物质运动规律，这就从思维的起源上论证了物质是思维和存在统一的基础；思维运动作为人脑这种高度发达的物质的机能和属性，依赖于人脑这个物质载体，这就从思维运动的物质承担者上论证了物质是思维和存在统一的基础；思维运动作为物质反映的特性的高级形式，它的内容是对存在的反映，而不是主观自生的，这就从思维内容的派生性上论证了物质是思维和存在统一的基础；思维运动作为人类特有的自觉的能动的反映活动，以人类的物质实践活动为基础，作为人类实践活动的内在环节而存在，这就从思维运动的现实性上论证了物质是思维和存在统一的基础。

从思维和存在统一的物质基础出发，辩证唯物主义集中地研究思维反映存在运动的规律、思维反映存在的现实过程。思维与存在相统一的过程，就是人类的历史活动过程。在人类的历史活动过程中，积淀在思维之中的关于存在的规律性认识，又构成人类对世界的目的性要求，并实现为人类改造世界的目的性、对象性的实践活动。这就是思维与存在的历史的、具体的、辩证的统一。

马克思主义的辩证唯物主义理论，既以存在对思维的本原性的唯物主义为基础去解释思维和存在的相互关系的发展，又以思维对存在的能动性的辩证法为内容去解释思维和存在的历史的统一。正是由于马克思主义哲学在哲学基本问题上实现了唯物论基础与辩证法内容的统一，它才成为科学的世界观、认识论和方法论。

(二)思维与存在的现实统一

在旧哲学中，基本上以两种方式来解释和说明思维与存在的统一：一是把思维归结为存在，用存在的运动去说明思维的运动；二是把存在归结为思维，用思维的运动去说明存在的运动。而在这两种相互对立的解释方式中，却蕴含着一种共同的解释原则：用一个方面(思维或存在)去完全地说明另一个方面(存在或思维)。因此，在这种解释原则中，思维与存在被描述为一种单纯的“肯定性”的统一。

这两种解释方式，在其单纯的肯定性的解释原则框架里，可以分别承认思维的矛盾运动和存在的矛盾运动，但却排除了思维和存在之间的矛盾运动。

这是因为，如果可以用思维的矛盾运动完全地解释存在的矛盾运动，或者可以用存在的矛盾运动完全地解释思维的矛盾运动，那么，无论思维和存在各自具有怎样的矛盾，也无论思维与存在的统一过程具有怎样的矛盾，而思维和存在的相互关系却是可以用思维(或存在)去说明存在(或思维)，因而思维和存在之间是无矛盾的。

对思维和存在之间的相互关系的这两种解释方式，都把哲学的基本问题抽象化了，都不是现实的思维与存在的关系。现实的思维和存在的关系，不是一种单纯的、肯定性的统一，而是一种以人类的实践活动及其历史发展为基础的否定性的统一。

在批判黑格尔的“无人身的理性”自我运动的时候，马克思指出，在抽象的最后阶段，一切事物都成了“逻辑范畴”，各种各样的运动都成为纯粹形式上的运动、运动的纯粹“逻辑公式”。而黑格尔却用这种逻辑范畴(事物的抽象)和逻辑公式(运动的抽象)去代替、吞没事物及其运动。“黑格尔认为，世界上过去发生的一切和现在还在发生的一切，就是他自己的思维中发生的一切。”“他以为他是在通过思想的运动建设世界；其实，他只是根据绝对方法把所有人们头脑中的思想加以系统的改组和排列而已。”①在批评费尔巴哈的直观的唯物主义的时候，马克思指出，“费尔巴哈不满意抽象的思维而喜欢直观；但是他把感性不是看作实践的、人的感性的活动”，“费尔巴哈对感性世界的‘理解’一方面仅仅局限于对这一世界的单纯的直观，另一方面仅仅局限于单纯的感觉。费尔巴哈设定的是‘一般人”，而不是‘现实的历史的人’”，“他没有看到，他周围的感性世界决不是某种开天辟地以来就直接存在的、始终如一的东西，而是工业和社会状况的产物，是历史的产物，是世世代代活动的结果”，“他还从来没有看到现实存在着的、活动的人，而是停留于抽象的‘人’，并且仅仅限于在感情范围内承认‘现实的、单个的、肉体的人’”，“他从来没有把感性世界理解为构成这一世界的个人的全部

① 《马克思恩格斯选集》第1卷，138、141页，北京，人民出版社，1995。

活生生的感性活动”。① 马克思的这些论述表明，无论是唯心主义者黑格尔，还是直观唯物主义者费尔巴哈，都把思维与存在、人与世界的关系抽象化了。在黑格尔那里，人和人的思维，事物和事物的运动，全都被抽象为“逻辑范畴”和“逻辑公式”，因此他把思维与存在的统一变成了“无人身的理性”的自我运动和自我认识。在费尔巴哈那里，人和世界都被视为抽象的“感性存在”，人的思维则被视为抽象的人的肉体存在的“宾词”，因此他把思维与存在的统一变成了思维对世界的“感性的直观”。

在“无人身的理性”的自我运动和自我认识中，思维与存在的统一是“不证自明”的，因为思维自身就是它所要认识的存在(存在也是思维的逻辑范畴)。在思维对存在的“感性直观”中，“感性存在”的世界被思维消极地接受为自己的“表象”，思维与存在的统一也是“不言而喻”的。这样，他们就把思维与存在的统一视为单纯的、直接的统一。

显然，这种把思维和存在的统一视为单纯的、直接的统一的观点，是以把思维和存在及其关系抽象化为前提的。他们都丢弃了思维与存在统一的最本质最切近的基础——实践。

作为理论思维前提的思维和存在的统一性，在其现实性上，既不是黑格尔的“无人身的理性”与其“逻辑规定”的统一，也不是费尔巴哈的“抽象的个人”与其“感性的直观”的统一，而是马克思和恩格斯充分论证了的“现实的人”以其“感性的活动”为中介而与“现实的世界”的统一。这种统一不是肯定性的统一，而是否定性的统一。

人及其思维是自然的产物。人的思维在本质上与自然服从于同一规律。在思维和存在、意识和物质谁为本原的问题上，我们必须坚持物质第一性、意识第二性的唯物主义原则(这已经被实证科学所证实)。但是，从自然中生成的人类，却不仅仅是按照“自然的尺度”“物的尺度”去适应自然，而且是按照“人的目的”“人的尺度”去改造自然。在人和自然

① 《马克思恩格斯选集》第1卷，56、75、76、78页，北京，人民出版社，1995。

的相互关系中，一方面是人受自然环境的制约和限制，另一方面则是人不断地改变着外界自然环境。人的生存和发展的最基本的前提，主要不是适应外部自然条件改变自身，而是通过改造外部自然环境使之适应人的需要。

列宁提出，“人的实践＝要求(1)和外部现实(2)”①。一方面，“人在自己的实践活动中面向客观世界，以它为转移，以它来规定自己的活动”，“人的目的是客观世界所产生的，是以它为前提的”；② 另一方面，“世界不会满足人，人决心以自己的行动来改变世界”，人具有“对自己的现实性和世界的非现实性的确信”，“为自己绘制客观世界图景的人的活动改变外部现实，消灭它的规定性(＝变更它的这些或那些方面、质)”③，人类的实践活动所蕴含的现实的思维与存在的关系，是人的目的与外部现实、人的尺度与物的尺度、合目的性与合规律性、自由与必然的矛盾关系。世界不会满足人，人却要以自己的行动让世界满足人；世界是自在的存在，人却要给自己绘制自己所要求的世界的客观图景；世界是现实的存在，人却要以自己的现实性去消灭它的规定性；这是思维对存在的否定，是思维对存在的否定中所实现的统一。

(三)辩证法的批判本性与人的超越性

思维与存在的否定性统一，根源于人类自身的超越本性，并对人类的生存和发展具有决定性的意义。辩证法的批判本性，是对思维与存在的否定性统一关系的理论表达，也就是对人类自身的超越本性的理论表达。

世界就是自然。老子说：“人法地，地法天，天法道，道法自然。”(《道德经》)在这个意义上，整个世界自然而然地存在与发展着。然而，从自然中生成的人类，却要认识世界，改造世界，把世界变成马克思所说的“人化了的自然”。为了让世界满足自己的需要，人类要从这个自然

① 《列宁全集》第55卷，183页，北京，人民出版社，1990。

② 同上书，157、159页。

③ 同上书，182—183、187页。

而然的世界中去探索真(为何如此)、去寻求善(应当怎样)、去实现美(是与应当的统一)，把世界变成对于人来说是真善美相统一的世界。这个对于人来说是真善美相统一的世界，就是人与世界、思维与存在的否定性统一，就是把人的非现实性(目的性要求)转化为现实性、把世界的现实性(自在的存在)转化为非现实性(为我的存在)。这就是人对自然世界的超越。

人生也是自然。“人之生，气之聚也，聚则为生，散则为死”(这种不科学的说法表达了人生的自然性)，生生死死，自然而然。然而，从自然中生成的人类，却要认识人生，改造人生，在对人生的认识与改造中去寻求意义(为何生存)，去追求价值(怎样生活)，去争取自由(实现人生的意义和价值)，把人类的生存变成人类所向往和追求的生活，把人类社会变成人类所期待和憧憬的现实。马克思说：“历史不过是追求着自己的目的的人的活动而已。”①人生的困惑与奋争，理想的冲突与搏斗，社会的动荡与变革，历史的迂回与前进，绘制出人类自己创造自己、自己发展自己的扑朔迷离、色彩斑斓的画卷。人类社会的发展史，也就是人与世界、思维与存在的否定性统一。这就是人的自我超越。

人类超越自然而构成人类社会，由此便产生了个人与社会、个体意识与历史文化的矛盾。人作为类而构成认识和改造世界的“大我”，人作为个体则表现为各自独立的“小我”。因此，每个人同时具有两种关于“我”的自我意识：其一，人类是“我”，个体只是人类“大我”的类分子，“我”只能作为类而存在；其二，个体是“我”，别的存在(包括其他人类个体)都是“非我”，“我”只是作为个人而存在。这种“大我”与“小我”的矛盾正如黑格尔所说的，“因为每一个其他的人也仍然是一个我，当我自己称自己为‘我’时，虽然我无疑地是指这个个别的我自己，但同时我

---

① 《马克思恩格斯全集》第2卷，118—119页，北京，人民出版社，1957。

也说出了一个完全普遍的东西”①。由这种“大我”与“小我”的矛盾关系所构成的社会正义与个人利益的矛盾，提出了具有更为迫近的人类生存意义的政治理想问题、社会制度问题、法律规范问题、伦理道德问题、价值观念问题以及人类未来问题。而政治理想的实现、社会制度的更迭、法律规范的转换、伦理道德的践履、价值观念的变革，同样是人与世界、思维与存在的否定性统一。

人是现实的存在，但现实的人却总不满足(不满意)于人的现实，总要使现实变成对于人来说是更加理想(更加满意)的现实。生产劳动，科学探索，技术发明，工艺改进，理论研究，艺术创新，道德践履，观念更新，政治变革，都是现实的人对人的现实的超越。人在现实中生活，又在希望、期待、向往的理想追求中生活。现实规范着理想，理想又改变着现实。爱因斯坦认为，在科学研究中“想象比知识更重要”，因为只有丰富的想象力才能导致创造性的科学发现。对于整个人类来说，美好的理想和坚定的信念比人类已经获得的全部财富(物质财富和精神财富)更重要，因为只有崇高的理想和坚韧的信念才能引导人类自觉地为自身解放而斗争。理想与现实的对立统一，同样是人与世界、思维与存在的否定性统一。它是人的超越本性的集中体现。

人类的超越本性，归根结底就在于，人是认识和改造世界的主体，世界则是人认识和改造的对象即客体。马克思说：“凡是有某种关系存在的地方，这种关系都是为我而存在的；动物不对什么东西发生‘关系’而且根本没有‘关系’；对于动物来说，它对他物的关系不是作为关系存在的。”②人与世界的“关系”，就是人作为主体而世界作为客体的主体—客体关系。而这种主体—客体关系的实质，则是人对世界、思维对存在的否定性统一关系。

在人与世界的主体—客体关系中，作为主体的人，具有对自己的

① [德]黑格尔：《小逻辑》，81页，北京，商务印书馆，1980。

② 《马克思恩格斯选集》第1卷，81页，北京，人民出版社，1995。

感觉和知觉、表象和想象、欲望和目的、情感和意志、思想和观念、利益和价值、实践和历史的“自我意识”。在自我意识的统摄下，人不仅觉其所觉，知其所知，想其所想，而且在自己的意识活动中观念地创造出自己所要求的、现实中尚不存在的客体，并以自己的实践活动把这种观念地创造出的客体转化为现实的客体。这就是思维对存在的否定性统一。

在这种自觉的意识活动和实践活动中，人既要把观念性的存在同现实性的存在区别开来、对立起来，又要把观念性的存在同现实性的存在联系起来、统一起来，由此便引发了人们对“理论思维的不自觉的和无条件的前提”——思维和存在的统一性——的哲学思考：我所意识到的世界是不是世界本身？我的意识如何与世界本身相统一？我的目的性要求能否实现？思维的逻辑是否具有客观意义？……人类超越自然而与世界构成主体—客体关系，人类就不可避免地形成理论地解释人与世界、思维与存在的相互关系的渴求，也就不可避免地在理论思维的层次上去思考“理论思维的不自觉的和无条件的前提”。人类的哲学思考及其辩证的思维方式发轫于人类自己的超越本性。

(四)辩证法与认识论和历史观

普通人的即非理论化的哲学思考，可以形成某些零散的、模糊的、素朴的哲学观念。在这种哲学观念中，可能包含某些素朴的唯物论思想，如认为物在人的意识之外，物的存在不依赖于人的意识，人的意识是物的映象，等等；可能包含某些素朴的辩证法思想，如认为事物之间是有联系的，事物是在运动和变化的，事物之间是有矛盾的，等等；也可能包含某些粗糙的唯心论思想，如认为人先有某些观念才会形成某些事物，等等；也可能包含某些粗糙的形而上学思想，如认为事物之间非此即彼，等等。

正因为这种非理论化的哲学观念是零散的、模糊的、素朴的、自发的、不系统的，所以各种不同的哲学观念往往是相互掺杂的。更为重要的是，这种非理论化的素朴哲学观念，具有一种根本性的缺陷，即它只能抽象地承认思维统一于存在或存在统一于思维，并把这种“承认”诉诸经验的例证，而不可能具体地说明思维与存在的矛盾统一，并把这种“说明”诉诸系统的分析。因而，无论在非理论化的哲学观念中具有怎样丰富的素朴辩证法思想，无论它把这种素朴的辩证法思想诉诸怎样丰富的经验例证，它在本质上仍然是非批判的。

旧唯物主义之所以具有自身难以克服的形而上学性质，从根本上说，就在于马克思所批判的，它“对对象、现实、感性，只是从客体的或者直观的形式去理解，而不是把它们当作人的感性活动，当作实践去理解，不是从主体方面去理解”①。

正因为旧唯物主义“只是”从客体的或者直观的形式去理解思维与存在的关系问题，所以只能把思维和存在的统一理解为思维对存在的消极、被动、直观的反映。这样，旧唯物主义关于思维和存在的“统一性原理”就不可避免地存在如下缺陷：首先，取消了思维的能动性，即取消了思维对存在的否定性统一关系；其次，在它的发展学说中，只能达到对事物的运动、变化和发展的肯定，而不能从“形式”方面去研究思维的概念运动与事物自身运动的统一；最后，把人与世界的丰富的现实关系与对思维和存在关系的认识论解释割裂开来，在认识论上是唯物主义的反映论，而对人类历史则进行唯心主义解释。

马克思说：“和唯物主义相反，唯心主义却发展了能动的方面，但只是抽象地发展了，因为唯心主义当然是不知道现实的、感性的活动本身的。”②马克思的这个论断包括两层含义。其一，唯心主义发展了能动的方面。这个“能动的方面”，就是思维对存在的能动性，亦即思维对存在的否定性统一。正因如此，才会产生唯心主义的辩证法，该辩证法才能够逐步深入地揭示思维自身及其与存在的矛盾(如从笛卡尔经休谟和康德到黑格尔)，才能够形成概念辩证法的发展学说(主要是黑格尔)。

---

① 《马克思恩格斯选集》第1卷，58页，北京，人民出版社，1995。

② 同上书，58页。

其二，唯心主义“只是”抽象地发展了思维对存在的能动性，亦即抽象地发展了思维对存在的否定性统一。因为，唯心主义把思维和存在的关系同人与世界的丰富的现实关系割裂开来，离开人的实践活动及其历史发展去看待思维的能动性。这样，思维对存在的否定性统一，就变成了黑格尔式的概念的自我对置和自我运动。因此，唯心主义虽然也有它自身的历史发展，即不断深入地发挥思维的能动性，但却无法克服它的辩证法思想的唯心主义性质。

人们经常说：马克思主义的认识论之所以是能动的反映论，是因为它把实践观引进了认识论，把辩证法应用于反映论；人们还经常说：马克思主义的历史观之所以是唯物史观，是因为它以实践为基础，运用唯物辩证法去观察人类社会历史。这当然是对的。

问题在于：第一，把实践观引进认识论，并以实践为基础去观察历史，这意味着什么？它怎样变革了认识论和历史观？第二，把辩证法应用于反映论，并用唯物辩证法去观察历史，这又意味着什么？它怎样变革了认识论和历史观？

把实践观引进认识论，并以实践为基础去观察历史，这就意味着，马克思主义对思维和存在关系问题的理解，既不简单地承认存在对思维的本原性，也不抽象地发展思维对存在的能动性，而是从人的思维最本质最切近的基础即实践去解决全部哲学问题。这样，马克思主义就从人对世界的现实的否定性统一去说明思维对存在的否定性统一，使理论思维的前提批判具有了“合理形式”。由这种“合理形式”的理论思维前提批判所构成的认识论，就是唯物辩证法的认识论，即能动的反映论；由这种“合理形式”的理论思维前提批判所构成的历史观，就是唯物辩证法的历史观，即唯物史观。

把辩证法应用于反映论，并用唯物辩证法去观察历史，就意味着，马克思主义在对人的认识和实践的肯定理解中，同时包含着对它的否定的理解，从它的不断运动中，从它的暂时性方面去理解，把人的认识和实践理解为思维对存在、人对世界的否定性统一过程。

在论述辩证法与认识论的关系时，列宁提出，“辩证法是活生生的、多方面的(方面的数目永远增加着的)认识，其中包含着无数的各式各样观察现实、接近现实的成分(包含着从每个成分发展成整体的哲学体系)，——这就是它比起‘形而上学的’唯物主义来所具有的无比丰富的内容”①。

在论述辩证法与唯物史观的关系时，恩格斯提出，唯物主义历史观“只有借助于辩证法才有可能”②。他还具体地指出，唯物主义在它的近代始祖培根那里，“本身还包含着多方面发展的萌芽”，“被赏心悦目的、诗意的魅力环绕着的物质似乎以迷人的微笑吸引着人的整个身心”；“唯物主义在以后的发展中变得片面了”，“唯物主义开始憎恨起人类来了”③，原因在于，旧唯物主义只看到了人及其思维是自然的产物，而没有看到人及其思维与存在的统一是以人的实践活动及其历史发展为内容的否定性统一。因此，只有对理论思维前提的实践论进行批判的辩证法，才能构成能动的反映论和唯物辩证的历史观。

以实践论为基础、以辩证法为内容的马克思主义哲学，是自然观、历史观、认识和逻辑学相统一的“合理形式”的辩证法理论。马克思说：“人的思维是否具有客观的真理性，这并不是一个理论的问题，而是一个实践的问题。人应该在实践中证明自己思维的真理性，即自己思维的现实性和力量，亦即自己思维的彼岸性。关于离开实践的思维是否现实的争论，是一个纯粹经院哲学的问题。”④马克思的论述，当然不是排斥对思维与存在的理论研究，而是强调，只有从人的实践活动出发，才能合理地说明思维与存在的否定性统一，从而构成“合理形式”的辩证法理论。

---

① 《列宁全集》第55卷，308—311页，北京，人民出版社，1990。
② 《马克思恩格斯选集》第3卷，692页，北京，人民出版社，1995。
③ 《马克思恩格斯全集》第22卷，340页，北京，人民出版社，1965。
④ 《马克思恩格斯全集》第3卷，3—4页，北京，人民出版社，1960。

三　辩证法的批判本性与形而上学

作为哲学世界观的形而上学，是与辩证法相对立的理论思维方式。

形而上学的思维方式是以经验常识为基础的。它把适用于经验常识的思维方式作为理解和把握整个世界观的发展观，作为解释和说明思维与存在关系问题的解释原则和方法论，构成了在绝对不相容的对立中思维的理论思维方式。

从哲学世界观层面上看，形而上学的根本特征在于，它以非批判的方式去对待哲学自身的前提，把哲学的“统一性原理”视为某种永恒的终极真理。正因如此，全部旧哲学虽然包含着丰富的辩证法思想，却以形而上学而告终。马克思主义的唯物辩证法则在对形而上学的理论思维方式的批判中，深化了辩证法的理论思维前提批判。

（一）两种意义的形而上学及其同一性

人们通常是在两种不同的意义上使用“形而上学”这个概念的：

其一，是在近似于“哲学”或“世界观”的意义上使用这个概念。在这个意义上，“形而上学”是一种追求和论证超验的“存在”即超验的世界统一性原理的理论。正因为传统的思辨哲学家把“哲学”视为关于超验的世界统一性的理论，所以他们也在这个意义上把形而上学视为哲学的同义语或代名词。

古希腊哲学家亚里士多德是一位百科全书式的人物。后人在编辑他的著作时，把讲自然现象的著作归为一类，称作《物理学》，又把讲事物本质、神、灵魂、意志自由等篇章放在《物理学》后面，称为《物理学之后》或《后物理学》。我国学者在确认这部著作的中文译名时，根据《易·系辞》中“形而上者谓之道，形而下者谓之器”一语，把此书定名为《形而上学》。朱熹曾说，“形而上者无形无影，是此理；形而下者有情有状，是此器”，“有是理便有是气，但理是本”。应该说，把亚氏的《物理学之后》译为《形而上学》是很贴切的，甚至是画龙点睛的，因为这部著作所寻求的“实是之所以为实是”的“最高原因的基本原理”，正是超验之“道”，也就是“形而上”之学。从总体上说，西方传统的思辨哲学，就是这种“形而上学”。

对于这种“形而上学”，德国现代科学哲学家赖欣巴哈评论说，“理性，宇宙的立法者，把一切事物的内在性质显示给人的思维——这种论纲就是一切思辨哲学的基础”①，现代西方的主要哲学流派(不仅现代西方科学哲学)都认为思辨哲学的这种企图是一种“理性的狂妄”，因而他们的旗帜和口号是“拒斥形而上学”。

美国当代哲学家瓦托夫斯基认为，“不管是古典形式还是现代形式的形而上学思想，其驱动力都在于力图把各种事物综合成一个整体，提供出一种统一的图景或框架，使我们经验中的事物多样性能够在这个框架内依据某些普遍原理而得到解释，或可以被解释为某种普遍本质或过程的各种表现”②。他还提出，“形而上学的历史是一部关于这种普遍的或一般类别的概念的批判史，是一部致力于系统表述这些概念的体系的历史，……我们也许可以这样总结这种历史，即把形而上学定义为‘表述和分析各种概念，对存在的原理及存在物的起源和结构进行批判性、系统性探究的事业’”③。正是由于这样来理解和看待形而上学，所以瓦托夫斯基反对“拒斥形而上学”，反对把现代哲学与传统形而上学完全割裂开来和对立起来。

其二，是在与辩证法相对立的意义上使用“形而上学”这个概念。在这个意义上，“形而上学”是指一种以否认矛盾的观点对待世界的理论思维方式。

黑格尔的哲学著作，最先在这种意义上使用“形而上学”这个概念。

---

① [德]H. 赖欣巴哈：《科学哲学的兴起》，235页，北京，商务印书馆，1983。

② [美]M. W. 瓦托夫斯基：《科学思想的概念基础——科学哲学导论》，19页，北京，求实出版社，1982。

③ 同上书，20—24页。

他认为，在以往的形而上学理论中，总是把形而上学所寻求的“本体”当作某种永恒不变的东西。他从形而上学的这一特征出发而予以引申，把形而上学作为与辩证法相对立的思维方式。正是在与这种形而上学相对立的意义上，黑格尔提出，“辩证法是现实世界中一切运动、一切生命、一切事业的推动原则。同样，辩证法又是知识范围内一切真正科学认识的灵魂”①。

马克思主义哲学批判地继承了黑格尔的辩证法思想，在两种发展观、两种思维方式相对立的意义上，具体地阐述了形而上学思维方式的本质、特征和根源。马克思提出，辩证法在对事物的肯定理解中同时包含着对它的否定的理解，因而在本质上是批判的、革命的。而形而上学的本质，正如恩格斯所说，它认为“是就是，不是就不是，除此之外，都是鬼话”。形而上学的基本特征，就是在“绝对不相容的对立中思维”。形而上学思维方式能够存在，是因为它在日常生活和经验常识的范围内是“极可受尊敬的”。而形而上学思维方式有局限性，是因为它在广阔的研究领域会遭到“惊人的变故”，即无法去说明世界的运动、变化和发展。我们通常所说的“坚持辩证法，反对形而上学”，首先是在这种意义上使用“形而上学”这个概念的。

现在的问题是，作为思辨哲学论纲的形而上学，与作为理论思维方式的形而上学，在世界观理论的意义上是否具有统一性?

作为哲学世界观的辩证法理论，其实质内容是对理论思维的前提批判。它通过揭示、展现、论证和重构理论思维前提的内在矛盾，特别是通过批判地考察哲学前提的内在矛盾，形成作为哲学世界观的理论内容和思维方式。与这样的辩证法理论相对应，作为哲学世界观和理论思维方式的形而上学，不是在一般的意义上否认矛盾，而是否认作为理论思维前提的内在矛盾，特别是否认作为哲学的统一性原理的哲学前提的内在矛盾。正因为它把哲学前提凝固化、教条化和神圣化，把人类的最高

① ［德］黑格尔：《小逻辑》，177页，北京，商务印书馆，1980。

支撑点视为不可变易的存在，因此在对自然、社会、人生和精神的总体理解上，它就无法在肯定的理解中同时包含着否定的理解，就无法以矛盾的观点去说明世界的“自己运动”和“自生的发展”，从而构成一种与辩证法相对立的世界观理论和理论思维方式。

这就是说，上述两种意义的形而上学，并不是两种不同的哲学理论，而是同一种哲学世界观的两种根本性表现：一是以非批判的观点去对待人类理性对人类的“最高支撑点”或黑格尔所说的“全体自由性”的追求，否认哲学前提的内在矛盾性；二是以这种非批判的世界观去对待人类的思想和行为，用绝对不相容的对立的思维方式去解释现实的存在。

(二)传统哲学的形而上学本质

从哲学发展史上看，马克思主义以前的传统哲学，总是把哲学的前提批判变成对哲学前提的非批判信仰，因而无论它包含着怎样丰富的辩证法思想，却总是最终陷入形而上学。

传统哲学的本质特征在于，总是力图获得一种绝对的、确定的、终极的真理性认识，即关于支配人类的全部思想和行为的最终性的普遍原则。传统哲学向自己提出的问题是：什么是绝对的真？什么是至上的善？什么是最高的美？在传统哲学看来，当哲学为人类揭示出这种绝对之真、至上之善和最高之美时，人类才能得到关于世界的完整而正确的科学知识，才能在社会生活中进行真实而有意义的实践活动。

这在致知取向上，就是固执于对绝对之真的追求；在价值取向上，就是执着于对至上之善的向往；在审美取向上，就是沉湎于对最高之美的幻想。它要求把自己的“统一性原理”当作说明人与世界相互关系的终极真理，也就把自己时代所理解的“绝对”当作整个历史的绝对。这从根本的思维方式上看，就是把世界分裂为真与假、善与恶、美与丑的非此即彼、抽象对立的存在。这种把哲学的“统一性原理”及其提供给人类的最高支撑点凝固化、教条化和神圣化的理论思维方式，就是反历史(反现实)的形而上学世界观。

从根本上说，全部旧哲学都没有超越这种形而上学的世界观。旧唯物主义哲学和唯心主义哲学的共同特点是，分别从对立的两极去理解和解释人与世界的相互关系。旧唯物论认为，“自然是人的法则”，用自然来解释人的思想和行为，把物的尺度当作人的根据；唯心论认为，“理性是宇宙的立法者”，用理性来解释人的思想和行为，把理性的尺度作为人的根据。

由于旧唯物论只是从被动的观点去理解人与世界的关系，取消了人的能动性，因此它坚持的是一种单纯的、自在的客体性原则；由于唯心论只是从能动的观点去理解人与世界的关系，抽象地发展了人的能动性，因此它坚持的是一种单纯的、自为的主体性原则。这样，旧唯物论哲学和唯心论哲学，就不仅固执于“本原”问题上的自然本体与精神本体的抽象对立，而且造成了思维方式上的客体性原则与主体性原则的互不相容。它们把这种本原问题上的抽象对立和思维方式上的互不相容扩展到全部哲学问题，就使它们成为片面夸大两极的形而上学的世界观理论。

传统哲学的两极对立，以及由此而形成的非此即彼的形而上学思维方式，其根源是把人的自然属性与精神属性对立起来，从而把自然对人的本原性与人对自然的超越性对立起来。人类作为物质世界链条上的特定环节，是自在的或自然的存在；人类作为认识世界和改造世界的主体，又是自为的或自觉的存在。作为自在的或自然的存在，人类统一于物质世界，人必须“按照宇宙的尺度”来规范自己的全部思想和行为；作为自为的或自觉的存在，人是自己生存和发展的根据，人必须“按照人的尺度”来规范自己的全部思想和行为。传统哲学从人的自在性或人的自为性这两极去理解人与世界的相互关系，因而在哲学世界观上传统哲学陷入非此即彼的形而上学的思维方式。

（三）唯物辩证法的形而上学批判

哲学层面的形而上学理论，或者说，形而上学的理论思维方式，并不是一般地否认“矛盾”和“发展”，而主要是否认思维和存在的矛盾，否认思维和存在的矛盾关系的发展，从而否认哲学世界观的矛盾和发展。

形而上学的思维方式之所以能够在“绝对不相容的对立中思维”，之所以能够认为“是就是，不是就不是，除此之外，都是鬼话”，是因为它认为思维与存在之间并不是矛盾的统一、发展中的统一，而是直接的统一、不变的统一。

在经验常识中，思维与存在之间并不存在矛盾，因而也就不存在它们之间的矛盾关系的发展。比如，我们说看见了一本书，那就是说，外在于意识的书被反映为意识中的关于书的映象，并被思维的概念规定——书——所把握。在书、书的映象和书的概念之间，达到了直接的统一。再比如，我们说看见了一条奔腾的江河，那就是说，外在于意识的江河被反映为意识中的关于江河的奔流不息的映象，并被思维的概念规定——奔腾的江河——所把握。在奔腾的江河、关于江河的奔流不息的映象以及奔腾的江河的概念之间，达到了直接的统一。因此，人们在表象意识和经验常识的水平上，虽然可以承认事物之间的外部联系和事物的外部变化，但却否认思维与存在之间存在矛盾。

人们在经验常识中发觉思维与存在之间存在矛盾，并把这种矛盾看成是直接的不统一，即发觉概念与对象不一致。比如，公园里新展出的一种动物，虽然人们可以在头脑中形成关于它的映象，却找不到相应的概念去表达它。在这种情况下，人们往往以某种类似的概念去把握对象，如把秃鹫说成是老鹰等。但是，这种思维与存在的“矛盾”，仍然是以“是就是，不是就不是”为其思维方式的。

列宁说：“就本来的意义说，辩证法是研究对象的本质自身中的矛盾”①，它要提供“理解一切现存事物的‘自己运动’的钥匙”，提供理解“飞跃”“渐进过程的中断”“向对立面的转化”“旧东西的消灭和新东西的产生”的钥匙。② 这就真正地发生了思维和存在的矛盾：如果思维不把不间断的东西“割断”，不使活生生的东西“简单化”“粗陋化”，我们就不

① 《列宁全集》第 55 卷，213 页，北京，人民出版社，1990。

② 参见同上书，306 页。

能“想象”“表达”“测量”“描述”运动；① 而如果我们以概念的“隔离性”“僵化性”去把握事物，又无法从“对象本质自身中的矛盾”去理解事物的“自己运动”“自生的发展”，就无法在对事物的肯定理解中包含对它的否定的理解。这就是思维与存在之间的矛盾。

这种思维与存在之间的矛盾是历史地发展着的。人类思维对事物运动规律的抽象，并不是简单的、直接的、完全的把握到事物的规律，而是“有条件地近似地把握永恒运动着和发展着的自然界的普遍规律性”②。作为思维与存在矛盾统一的结晶的概念和范畴，只有认识过程的一些“小阶段”“阶梯”和“支撑点”，而不具有终极性认识的意义。

作为哲学世界观的形而上学，却否认人类认识的过程性，否认概念和范畴的内在否定性。以这样的思维方式去看待思维和存在及其相互关系，思维的内在矛盾性，存在的内在矛盾性，思维和存在之间的内在矛盾性，就统统不见了。特别是它以这种“是就是，不是就不是”的思维方式去看待理论思维的前提和哲学的“统一性原理”，理论思维前提的内在矛盾性，哲学的“统一性原理”的内在矛盾性，也统统不见了。其结果是，它把理论思维的前提批判，变成了对理论思维前提的“不自觉的和无条件的”承诺；把哲学“统一性原理”的自我批判，变成了对哲学“统一性原理”的非批判信仰，以僵死凝固的思维方式去看待思维与存在、人与世界的关系，从而在本质上把世界看成是没有矛盾和发展的存在。

因此，从哲学世界观的层面上看，形而上学的根本特征在于，它以非批判的方式去对待哲学自身的前提，把哲学的“统一性原理”视为某种永恒的终极真理。正因如此，全部的旧哲学都以形而上学而告终。

---

① 参见《列宁全集》第55卷，219页，北京，人民出版社，1990。
② 同上书，152—153页。

四　哲学前提批判的层次跃迁

马克思主义以前的各种哲学理论，都把自己关于理论思维前提的“统一性原理”视为解释人与世界相互关系的终极真理，并且分别从思维或存在、主体或客体这两极出发去建构关于理论思维前提的“统一性原理”，因此都最终陷入了在绝对不相容的对立中思维的形而上学。但是，这既不是说传统哲学不进行哲学前提的自我批判，也不是说传统哲学不探讨思维与存在、主体与客体的对立统一关系。

事实上，传统哲学本身就通过哲学前提的自我批判，不断地深化对思维与存在关系问题的辩证理解。因此，传统哲学包含着极为丰富的和不断发展的辩证法思想。这些辩证法思想是彻底的辩证法理论——马克思主义的唯物辩证法——的理论前提和思想来源。

问题在于，首先，马克思主义以前的各种哲学理论，它们的哲学前提批判都只指向先前的和其他哲学，却总把自己所设定的或承诺的哲学前提视为终极的真理性认识。这样，它们就都由对哲学的前提批判而陷入对哲学前提的非批判性信仰。与此相反，马克思主义的辩证法的合理性和彻底性在于，它认为自己只是开辟了认识真理的道路，而绝不是结束了真理的发展。因此，它不断地批判反思自己的哲学前提。其次，马克思主义以前的各种哲学理论，虽然从不同的角度和在不同的深度上探索了思维与存在的关系问题，揭示和阐发了“理论思维的不自觉的和无条件的前提”的内在矛盾，但是，它们囿于历史条件的限制，始终未能找到思维与存在对立统一的现实基础。这样，它们就总是或者用思维去解释存在，或者用存在去解释思维，陷入思维与存在的两极对立之中。与此相反，马克思主义辩证法的合理性和彻底性在于，它从思维与存在对立统一的现实基础——人类的实践活动及其历史发展——出发去探索“理论思维的不自觉的和无条件的前提”，因此能够不断深入地揭示世界观的内在矛盾，把辩证法的批判本质贯彻到底。

在哲学发展史上，辩证法理论通过对理论思维前提的批判反思，特别是通过对哲学前提的自我批判，实现了如下理论形态的转换：从古代的本体论追究的辩证法到近代的认识论反省的辩证法；从近代的认识论反省的辩证法到黑格尔的逻辑学反思的辩证法；从黑格尔的逻辑学反思的辩证法到马克思主义的实践论批判的辩证法。在当代哲学中，还有西方的多元文化批判的辩证法。

作为辩证法理论的几种基本形态，由于它们是在不同的层次上批判地反思理论思维的前提，并且是在不同的层次上进行哲学前提的自我批判，因此，它们所揭示和阐发的世界观矛盾也具有不同的层次性，它们所表达和论证的理论内容是历史地发展的。

首先是古代的本体论追究的辩证法。它虽然蕴含着思维与存在、主观与客观、主体与客体等世界观矛盾的胚芽，但从其理论内容的直接性来看，它却把人与世界的矛盾对象化给客观世界，主要探索“万物与始基”“存在与逻各斯”“存在与非存在”“原子与虚空”“影像与理念”“质料与形式”等关于世界的“本原”或“本体”的矛盾。

其次是近代的认识论反省的辩证法。它的出发点是“没有认识论的本体论为无效”，因而自觉地从思维与存在、主观与客观、主体与客体的矛盾去批判地反思“理论思维的不自觉的和无条件的前提”。在这种认识论反省的辩证法理论中，它凸显了“客观世界与人类意识”“意识内容与意识形式”“对象意识与自我意识”“物质实体与心灵实体”“感性经验与理性思维”“天赋观念与后天认识”“知性范畴与理性超越”“认知活动与价值观念”“理论理性与实践理性”“知情意与真善美”“思维规律与存在规律”等一系列世界观的内在矛盾。批判地反思这些世界观矛盾，不仅“十分清楚地”提出了思维和存在的关系问题并使之获得了“完全的意义”，而且使辩证法在认识论的统一中升华为自觉形态的辩证法理论。

再次是黑格尔的逻辑学反思的辩证法。它的出发点是“没有概念发展体系的本体论和认识论为无效”，它要求以概念环节的逻辑展开来实现思维把握世界的“全体自由性”。在黑格尔的逻辑学中，他把传统哲学追求的思维全体自由性上升为思维的自我反思活动；他把作为哲学前提的“统一性原理”归结为思维运动的逻辑；他把思维与存在统一的前提归结为“绝对理念”的逻辑先在性；他把思维与存在统一的方式归结为思维自己构成自己的“绝对方法”；他把思维与存在统一的进程展开为概念的反思与建构；他把思维的逻辑运动与认识的历史发展的统一归结为概念发展的具体环节。“规定与否定”“建构与反思”“抽象与具体”“历史与逻辑”“必然与自由”，是黑格尔逻辑学反思的辩证法的基本矛盾。

恩格斯说，“在黑格尔那里，辩证法就是概念的自我发展”。正是以本体论、认识论和逻辑学相统一的概念运动的形式，黑格尔把古代的本体论追究的辩证法和近代的认识论反省的辩证法升华为逻辑学反思的概念辩证法。这种概念辩证法就像马克思所说的那样，表明黑格尔“第一个全面地有意识地叙述了辩证法的一般运动形式”①。

但是，黑格尔的“概念的自我发展”的辩证法，本质上是马克思所指出的“无人身的理性”的自我运动。这种“无人身的理性”，是包括马克思主义哲学以及现代西方哲学的科学主义思潮和人本主义思潮在内的整个现代哲学共同批判的哲学前提。

近代的认识论反省的辩证法，抓住的是人的“认识形式”“认识能力”对认识本身的能动作用。在这种辩证法理论中，它所理解的思维对存在的否定性统一，即不仅思维对象制约着我们对它的认识，而且我们的认识也受思维形式和思维能力的制约。黑格尔的逻辑学反思的辩证法，则进一步抓住了人的“思维内容”“思维规定”对认识本身的能动作用。它所描述的通过思维的概念运动去实现思维与存在的统一。它

① 《马克思恩格斯选集》第2卷，112页，北京，人民出版社，1995。

们的共同的根本缺陷，就是离开人的实践活动及其历史发展，“抽象地”发挥了人的思维的能动作用，即抽象地对待思维对存在的否定性统一。正是在对这种“无人身的理性”的哲学前提批判中，诞生了马克思主义的唯物辩证法，也形成了现代西方哲学的多元文化批判的辩证法思想。

最后是现代西方哲学的多元文化批判的辩证法。它以“拒斥形而上学”为旗帜，以讨伐黑格尔的“无人身的理性”为出发点，以“语言学转向”为特征，集中地探讨了“人与语言”“人与科学”“人与历史”“人与文化”等世界观矛盾。其主要内容包括“理性与非理性”“科学与非科学”“指称与实在”“理解与意义”“理论与观察”“存在与本质”，“意识与潜意识”“历史视野与个人视野”“决定论与非决定论”“哲学与文化”等以文化批判为实质内容和基本标志的辩证法思想。

在这种对哲学前提进行多元文化批判的过程中，现代以至于当代的西方哲学各种流派，或者试图以对科学的逻辑分析去代替“思辨哲学的论纲”(如逻辑实证主义)；或者把人类的文化活动视为人性的“众多变奏的同一主题”，试图以文化哲学去取代传统哲学(如文化—符号哲学)；或者把个体的自我实现视为人的最高价值，试图以“存在主义”去取代传统的“本质主义”(如存在主义哲学和现代人格本体论述)；或者以人的“异化”为核心范畴，试图以社会批判的辩证法作为哲学的实质内容(如以法兰克福学派为代表的西方马克思主义)；或者突出语言对人的世界的根本性和普遍性，试图以意义的阐释来实现对“本文”的理解(如解释学理论)；或者强调哲学“不是思想王国的王后而是思想共和国的公民”，试图把哲学归结为文化“对话”的基本形式(如解构主义和非基础主义)，如此等等。

现代西方哲学以“语言学转向”的形式，通过多元文化批判去解决近代哲学“认识论转向”所遗留下来的主体与客体、人与世界二元对立的难题，从而在更深刻的层次——文化层次——上展开了哲学前提的自我批判，并形成了某些富于启发性的辩证法思想。但是，由于现代西方哲学的各种流派离开人类最基本的实践活动——物质资料生产活动——去反思人类文化，因此这些流派总是片面地夸大人类文化的某个侧面或某个环节，不具有马克思主义唯物辩证法的“合理形式”和彻底性。

马克思主义的实践论批判的辩证法，以批判黑格尔的“无人身的理性”和费尔巴哈的“人本学”为出发点，以人类的实践活动及其历史发展为“理论硬核”，实现了哲学发展史上的空前的大革命。

与黑格尔逻辑地把握世界和费尔巴哈抽象地议论人的存在不同，马克思首要关切和毕生探寻的是人类自身的解放问题。因此，马克思批判黑格尔和费尔巴哈的出发点是：“绝对理念”即“无人身的理性”所表达的主客统一的规律体系的现实基础是什么？肉体与精神相统一的人的感性存在的现实基础是什么？马克思认为，这个现实基础就是现实地批判和变革现实的人类实践活动及其历史发展。

马克思的实践论批判，从四个基本层次深化了世界观矛盾：一是由实践活动所造成的现实世界的二重化，即自然世界与属人世界的矛盾；二是由实践活动所造成的人类自身的二重性，即自然对人的本原性和人对自然的超越性的矛盾；三是由实践活动造成的人类历史的二象性，即个人的自我实现与历史的发展规律的矛盾；四是构成世界的二重化、人类的二重性和历史的二象性的人类实践活动的二极性，即实践活动所蕴含的客观条件性与主观能动性、合规律性与合目的性、物的尺度与人的尺度、客体性原则与主体性原则、理性因素与非理性因素、必然与自由、个体存在与人类存在等矛盾。

人类的实践活动是自我否定、自我扬弃的无限发展过程。对哲学前提的实践论批判，既赋予辩证法理论以深刻的理论内涵和合理的理论形式，又赋予辩证法理论的批判本质以前所未有的科学性和彻底性。它把哲学史上所探寻的万物与本原、变体与本体、肉体与灵魂、个别与一般、感性与理性、理论与实践、自在之物与为我之物、思维规律与存在规律等关于“理论思维的不自觉的和无条件的前提”问题即世界观矛盾，都以扬弃的形式蕴含在这种发生了革命性转变的唯物辩证法理论之中。

马克思主义的实践论批判的辩证法，破除了把哲学的“统一性原理”视为某种与人类的历史发展无关的、绝对确定的真理性认识的形而上学的思维方式，为人类提供了对整个世界进行辩证思维的理论思维方式。它引导人类不断地批判反思和重新建构自己的知识体系和理想模式，为人类的彻底解放而不懈地奋斗。

人类的根本问题不是以不同的方式“解释世界”，而是现实地“改变世界”。以改变现存世界为宗旨的马克思主义辩证法，既是对历史上的辩证法思想的继承，又是对先前的辩证法思想的革命性变革。这就不难理解，为什么恩格斯说，他和马克思共同创建的“现代唯物主义”，已经根本不再是“哲学”，而只是“世界观”，哲学在这里被“扬弃”了。①

哲学前提批判的层次跃迁，其实质内容是辩证法理论在越来越深刻的层次上揭示和论证理论思维前提的内在矛盾。这一过程同时也就是辩证法批判本性的历史发展和辩证法理论形态的历史转换。

---

① 参见《马克思恩格斯选集》第 3 卷，481 页，北京，人民出版社，1995。

第五章　理论思维前提批判的历史发展

一　本体论追究的辩证法

自觉地反思理论思维的前提，是以理论思维的高度发达为前提的；没有高度发达的理论思维，就不可能自觉地反思理论思维的前提。

古代的辩证法，从根本上说，是以不发达的理论思维为前提的，因而也就无法达到对理论思维前提的系统化的自觉反思。正因如此，通常把古代的辩证法称作“自发的辩证法”或“朴素的辩证法”。

古代的辩证法是朴素的，但也是充满生机的。它的根本特征，正如列宁对亚里士多德的逻辑学的评论，是“寻求”和“探索”，“处处、到处都是辩证法的活的胚芽和探索”，“在每一步上所提出的正是关于辩证法的问题”。①

赫拉克利特对“逻各斯”的寻求，巴门尼德对“存在”的思考，苏格拉底对“美德”的盘诘，德谟克利特对“原子”的沉思，柏拉图对“理念”的论证，亚里士多德对“本体”的探索，不仅构成了古代的本体论追究的两种思路，而且构成了古代辩

① 《列宁全集》第55卷，313页，北京，人民出版社，1990。

证法的多重变奏。

古代辩证法的交响乐，透露出思维与存在的矛盾关系的乐音，跃动着批判地反思这种矛盾关系的节奏，尽管这种批判还没有构成这支交响乐的鲜明的主旋律。

(一)哲学思维的形成与朴素的辩证法

人类的理论思维方式并不是突然出现的，而是经历了漫长艰难的发展过程才形成的。

原始人是以幻化的方式来把握世界的，自然现象总是按照人的经验来设想，而人的经验又按照宇宙的事件来设想，原始人用种种臆想的原因来“解释”经验以及经验的对象。

但是，“解释”的冲动即“概括”的要求。而“概括”的要求则是“理论思维”的萌芽。用朴素类比法的解释来满足普遍性的冲动要求，同时也就训练了思维对普遍性的概括能力。

思维对普遍性的概括能力，由概括“共同经验”进展为科学思维和哲学思维。但是，理论思维在古代人那里还不发达。

这种理论思维的不发达，主要表现在下述三个方面。

第一，形式逻辑的形成过程。

形式逻辑作为关于思维的形式结构及其规律和规则的科学，就其实质而言，要求思维运演(思维操作)过程的确定性和无矛盾性。形式逻辑的“逻辑”，就是对思维运演过程中的矛盾的排除。

形式逻辑的形成过程，是人的认识由对思维对象的直观把握，进展到思考思维本身的过程。在这种思考中，蕴含着思维与存在的关系问题，因而也表现为古代的辩证论者在类概念等问题上的困惑和探索；但是，形式逻辑形成过程中对思维本身的思考，它的根本指向是排除思维运演过程中的自相矛盾，确立思维的操作规则，以达到思维本身的确定性。

相对于辩证逻辑，形式逻辑只能是一种初级的思维逻辑。这种初级逻辑是理论思维发展的必经阶段，是辩证逻辑的必要前提，更是自觉形态的辩证法理论得以形成的重要的批判对象。

在古代哲学中，形式逻辑主要的并不是辩证法的批判对象，而是辩证法思想发展的一种内容和结果。在古希腊哲学中，直到亚里士多德，才形成了比较系统的演绎逻辑（主要是直言三段论）。因此，古代辩证法还不可能自觉地、系统地反思理论思维的前提。

第二，科学思维的形成过程。

科学是对经验常识的超越。科学与常识的根本区别，在于科学命题的明确性、科学思维的逻辑性、科学目标的自觉性和科学思想（科学理论）的可检验性或可反驳性。科学理论以其系统化的概念体系去描述和解释它所考察的经验对象，因而尖锐地凸显了思想内容的客观性问题、思想成果的检验性问题、思想出发点的前提问题等，也就凸显了作为理论思维前提的思维和存在的统一性问题。辩证法自觉地反思理论思维的前提，需要以科学思维的发达和科学理论的成熟为前提。

古代的哲学思维和科学思维基本上是同步形成的，并且是相互交融的。它们的共同的批判对象是原始宗教和经验常识，科学本身则不是辩证法的批判对象，而是直接地构成辩证法的理论内容。

古代的哲学和科学，首先批判原始宗教和常识对世界的拟人化解释。在原始思维中，一方面按照人类经验来设想自然现象，另一方面又按照宇宙的事件来设想人类经验。由于人类思维能力的进步而产生的哲学思维和科学思维，则力图用自然原因来解释自然和人类经验。如用水、土、火、气等“元素”来解释万物的产生和变化，用人体内部的物理实体的失调来解释疾病，等等。在这种解释中，自然的因果关系构成了最基本的哲学解释模型和科学解释模型，而“因果关系”却不是哲学的思考对象。

科学思维的发达，科学理论的成熟，以及由此而形成的哲学与科学的分化，是科学成为辩证法批判对象的前提；由于古代还不具备哲学与科学分化的条件，因而科学本身还不是辩证法的批判对象。由此便决定，古代辩证法的批判对象主要是经验常识。由于经验常识的零散性、模糊性、经验性，辩证法便具有不可避免的素朴性。

第三，哲学思维的形成过程。

科学思维的形成过程，也是哲学思维的形成过程。在古代人那里，科学和哲学都寻求知识，这是二者的共同之处；二者的区别则在于，科学和哲学所寻求的是不同等级的即普遍性程度不同的知识。

知识的本质是概括。用 H. 赖欣巴哈的说法，把有关系的因素从无关系的因素中分离出来，即知识的开始。概括也就是解释的本质。解释一个观察到的事实，就是把这个事实归入一个普遍的规律里去。① 概括和解释，是古代的科学和哲学的共同要求。

思维概括和解释的对象，不仅包括具体的事物，而且包括整体的世界。哲学思维是从寻求对世界的统一性解释萌发和形成的。用亚里士多德的说法，哲学就是一种研究“实是之所以为实是”，“寻取最高原因的基本原理”的学术。②

古代哲学对世界统一性的寻求是“纯朴的”，即它不是从思维与存在的关系中去看待自己对世界统一性的解释，而是把这种解释当作世界本身的存在。这表明，作为形成过程中的哲学思维，还只能把思维与存在的统一性当作“理论思维的不自觉的和无条件的前提”，而没有自觉地反思这个前提。

由于古代哲学处于形式逻辑以及科学思维和哲学思维的形成过程中，无法达到对理论思维前提的自觉反省，因此它的辩证法是素朴的，具有自发的而非自觉的批判性。

让我们具体地探讨古希腊哲学的辩证法。

(二)本体论追究的两种思路及其意蕴

把古希腊哲学的辩证法称作“本体论追究的辩证法”，包括两层基本含义：其一，从这种辩证法的理论内容上看，虽然它蕴含着作为理论思

---

① [德]H. 赖欣巴哈：《科学哲学的兴起》，8—9 页，北京，商务印书馆，1983。

② [古希腊]亚里士多德：《形而上学》，56 页，北京，商务印书馆，1997。

维前提的思维与存在的关系问题，但在其直接性上，却离开思维与存在的矛盾关系，而去探讨有关“世界本原”或“万物本原”的矛盾关系；其二，从这种辩证法的理论性质上看，虽然它蕴含着对理论思维前提的反省，但在其直接性上，却只是通过常识批判而揭露经验常识及其与概念的矛盾，而没有(也不可能)达到概念层次的、系统的自我批判。所谓“本体论追究的辩证法”，就是以追究万物本原为目的，以关于万物本原的矛盾为内容，以常识批判为基础的具有素朴性质的辩证法。

恩格斯说，“古希腊的哲学家都是天生的自发的辩证论者”①；又说，在古希腊哲学中，“辩证的思维还以天然的纯朴的形式出现”②。

那么，作为“天生的自发的辩证论者”，古希腊哲学家所研究的“矛盾”是什么？他们怎样研究这些“矛盾”？为什么他们的辩证思维具有“天然的纯朴的形式”？

似乎无人否认，古希腊哲学的中心问题是“世界本原”(“万物本原”)问题。在寻求世界“本原”的过程中，古希腊哲学家分别探讨了“万物与始基”(米利都学派)、“世界与逻各斯”(赫拉克利特)、“存在与非存在”(巴门尼德)、“原子与虚空”(德谟克利特)、“影像与理念”(柏拉图)、“质料与形式”(亚里士多德)等一系列关于“本体”问题的矛盾。

考察古希腊哲学家对“本体”问题的辩证思考，可以发现两种不同的基本思路。一是关注经验世界的多样统一性，把“本体”视为“万物所由来、万物所复归”的某种感性存在物，因而以现实的因果关系去解释万物与本原、变体与本体的对立统一关系。这就是古代唯物论者的辩证法思想。二是探寻对象世界的现象与本质的逻辑关系，把“本体”视为超越经验而为思维所把握的理性存在物，因而以超验的逻辑关系去说明事物存在与其本质规定的对立统一关系。这主要是古代唯心论者的辩证法思想。

古希腊哲学家思考本体问题的两种思路，构成了古代唯物论者的物

① 《马克思恩格斯选集》第4卷，358页，北京，人民出版社，1995。

② 同上书，287页。

理思辨的辩证法思想，以及古代唯心论者的逻辑思辨的辩证法思想。

作为物理思辨的辩证法，古代的唯物论者认为，事物的多样性、流变性和复杂性是由某种统一的质料、始基、基质派生出来的，寻求到这种统一性的质料、始基或基质，就可以解释万物的来源、演化和归宿，说明宇宙的形成、结构和发展。物理思辨的辩证法，在其直接性上就是一种宇宙本体论。

这种物理思辨的辩证法思想，表现出科学思维和哲学思维的发展。美国当代科学哲学家瓦托夫斯基认为，在阿那克西曼德对“无限物”的解释中，包含着如下思想内容：(1)活动性或原初运动的概念；(2)元素概念，以及世界万物是这些原初元素的结合物或混合物的概念；(3)关于世界在不断变化，万物是暂时的混合物，以及变化是通过元素的结合和分解而进行的概念；(4)关于作为一种基础或来源，以及作为一种其本身包含着的世界形成所必要的一切要素的统一场或统一过程的“无定”的概念；(5)关于一种通过时间而起作用的立法般的必然性的概念，即关于自然界中贯穿着一种合乎规律性的概念。① 阿那克西曼德在宇宙本体论中，已经透露出一种信息，即作为过程的宇宙服从于某种“秩序”；这种“秩序”是生生不息的宇宙的本体。赫拉克利特则明确把这种思想表述为万物所服从的“逻各斯”。

值得思考的是，赫拉克利特以“火”为万物的本原，并提出宇宙是燃烧的活火，并不只把某种确定的存在物(火)作为万物所由来和万物所复归的“始基”或“基质”，而且把过程本身视为本体。黑格尔认为，赫拉克利特把“变”作为宇宙的原则，是“有”和“无”这两个相反的范畴的第一个统一，因而是第一个具体的思想；把“变”作为宇宙的原则，因而否定的环节是内在的，它是“整个哲学的概念”。②

在赫拉克利特这里，作为万物本原的“火”，既是某种现实的存在

① ［美］M. W. 瓦托夫斯基：《科学思想的概念基础——科学哲学导论》，98 页，北京，求实出版社，1982。

② ［德］黑格尔：《哲学史讲演录》第 1 卷，300—301 页，北京，商务印书馆，1959。

物，又是一种象征意义的过程。它在古希腊辩证法的发展进程中具有双重意义：(1)本体是具有内在否定性的过程和矛盾，因而本体论即是关于矛盾的辩证法理论；(2)本体既是现实的存在物又是作为过程(必然性)的逻各斯，而作为现实性的某种存在物难以解释万物的统一性，因此它启发哲学家沿着相反的思路——对“逻各斯”的逻辑把握——去寻求世界的本体。

超越对感官对象的经验直观把握，而诉诸对超验对象的逻辑思维把握，就引发了巴门尼德的“存在与非存在”的矛盾。

以事物的本质、必然性即“逻各斯”为世界的本体，世界本身就分裂为互相对立的两个世界：万物对人的感官显现着的现象，虽然存在着，但却不是世界的本体，所以是“非存在”；本体作为本质、必然性，虽然对人的感官经验是不存在的，但却为人的思维或理性所把握，因此是唯一真实的“存在”。

对此做出深刻的哲学反应的是柏拉图的“理念论”。在柏拉图看来，既然真实的“存在”或“本体”并不是对人的感官显现的物理事物(事件)，那么，在人所经验的物理事物(事件)之外，就应当存在着另一类事物——它们是超验的，但为超验的思维而存在，所把握。这就是他所说的“理念世界”。

现实的物理事物，总是以其特殊性的存在而表现出某种不完善性；理念则以完美完善的形式规范具体的物理事物。从经验对象所获得的知识，总是以其有限性的内容来表现出某种不完善性；理念作为普遍性的知识能够对经验的事物做出规定和解释。因此柏拉图认为，必须有一个高于物理事物的较高实在的世界，而物理事物则以不完善的形式显示着那个较高实在的世界。这个以完善的形式规定物理事物的世界就是柏拉图所说的“理念世界”，而以不完善的形式表现这个理念世界的物理事物则是他所说的“影像世界”。

被称为自然哲学家的古希腊唯物主义者，试图以自然原因来解释万物的多样统一性，因而注重感性经验，坚持“本体”的可感性。被称为思辨哲学家的古希腊唯心主义者，试图以逻辑关系来说明支配万物的逻辑必然性，因而注重理性思维，坚持“本体”的超验性。前者可以说是一种经验论的宇宙本体论，后者则可以说是一种理性论的宇宙本体论。只是由于古代哲学还没有达到对本体论的认识论反省的近代水平，因而古代哲学家还不可能从认识论的角度来反省自己的本体论追究。

(三)思维与存在的矛盾关系的萌芽

隐藏在本体论对立背后的认识论根源，促使古希腊哲学家自发地意识到，关于事物本体的确认和解释，与对人自身的理解、对人与世界相互关系的理解是分不开的。

从人的角度去看“本体”问题，就引发出更为深刻的矛盾。其一，人既有感官又有理性。对于感官来说的存在是理性的非存在，对于感官来说的非存在却是理性的存在。以人为万物的尺度，这个尺度是人的感官经验还是人的理性规定？感官把握到的经验对象是真实的存在，还是理性思维把握到的本质规定是真实的存在？其二，人既有情欲又有理智。人作为自身的尺度，是以情欲为理智的尺度，还是以理智为情欲的尺度？其三，人既是自然的存在又是超自然的存在。人作为万物和人自身的尺度，是以人的自然性存在作为人的超自然存在的尺度，还是以人的超自然存在作为人的自然性存在的尺度？

由于人作为万物的尺度而引发的感官经验与理性思维的矛盾，形成了古希腊哲学提出的两种尺度。一是以人的个体自我感觉为万物的尺度。我感觉到的即是存在着的存在者，我没有感觉到的则是非存在的不存在者；我感觉到的存在者是什么样子，它就是什么样子。这种以自我感觉为尺度的本体论，以其朴素的形式开启了主观唯心主义的先河。二是以人的思维所把握到的“共相”为万物的尺度。“共相”作为普遍性的思维规定来判断事物之真伪、善恶、美丑，符合思维规定即为存在着的存在者，违背思维规定则为非存在的不存在者。这种以思维规定为尺度的本体论，又以其朴素的形式构成了客观唯心主义的雏形。

由于人作为万物的尺度和人作为人的尺度而引发的两个尺度的矛

盾，形成了古希腊罗马哲学对主观性与客观性对立统一的寻求。事情很明显：如果以人的感觉或理智作为万物的尺度而符合万物的本性，那么，万物的本性也应当符合人的本性，否则人作为万物的尺度便只是一种纯粹的主观性，而没有客观性，因此也就构不成万物的尺度；进一步来看，如果人的尺度构不成万物的尺度，而只是规范人自己的尺度，那么这种尺度就不是绝对的真、至上的善和最高的美。因此，后苏格拉底哲学(主要是柏拉图和亚里士多德的哲学)试图以这样一种方式来“消解”主观性与客观性的对立，即把世界的本体——存在——作为一个普遍共相，通过系统的范畴规定而构成的逻辑体系来实现主观性与客观性的统一。柏拉图和亚里士多德的本体论追究的辩证法理论由此而形成。

亚里士多德围绕古希腊哲学家在“本体”问题上的两种思路的对立及其内在矛盾，概括出关于事物的四种原因(质料因、形式因、动力因和目的因)、三种实体(个体、共相和神)等十余个主要问题，分别从正反两个方面予以分析论证。经过亚里士多德系统地诘难、阐发和引申，古希腊哲学本体论的种种内在矛盾不仅被显露和凸显出来了，而且获得了初步逻辑化的理论内容。这种展现本体论内在矛盾的理论内容，就是古代形态的辩证法理论。正因如此，列宁极为赞赏亚里士多德对古希腊哲学的理论总结，认为他“最典型的特色就是处处、到处都是辩证法的活的胚芽和探索”①。

(四)“对话”的辩证法与前提批判

分析古希腊哲学的辩证法思想，还有一个主要环节，就是苏格拉底哲学。

人们常常把古希腊哲学分为“前苏格拉底哲学”和“后苏格拉底哲学”。这表明苏格拉底哲学是整个古希腊哲学的一个“转折点”。

这个“转折点”给古希腊哲学的本体论追究及其辩证法理论提供了什么具有巨大启发意义的东西，以至于黑格尔称苏格拉底为“古代哲学中

---

① 《列宁全集》第55卷，313页，北京，人民出版社，1990。

最饶有趣味的人物”“具有世界史意义的人物”①？这就是反思前提的辩证方法。

与米利都学派和爱利亚学派不同，苏格拉底不追寻“世界本原”，而用他自称为“催生术”的盘诘方法，以“对话”的形式去诱引人们据以形成其结论的根据和前提，引导人们明确地意识到并且承认自己的根据和前提中的“矛盾”。

苏格拉底的“催生术”，首先是在谈话中引导人们离开各种特殊的事例而去思索普遍的原则，明确人们自己所确信的真、善、美的普遍原则到底是什么。这样，就把人们据以形成其结论的根据或前提暴露出来，构成了审察和批判反思的对象。然后，苏格拉底再从这些人们确信的普遍原则中引申出与这些普遍原则恰好相反对或恰好相矛盾的命题。他不去直接反驳人们确信的那些普遍原则，而只是向人们指出，他们的普遍原则怎样包含着恰恰相反的东西。

黑格尔说，苏格拉底“这样作，是为了唤醒人们的思想，在人们的信心动摇之后，他就引导人们去怀疑他们的前提，而他们也就被推动而自己去寻求肯定的答案”②。苏格拉底的这种雄辩的、批判的辩证方法，对于古希腊哲学的本体论追究，具有显而易见的重大意义。

它要求哲学家们在追寻“世界本原”的时候，不能把自己所说的“本原”或“本体”只作为一种抽象的观念，而必须使之具体化。本体观念的具体化即对本体的解释。对本体的解释则会显露本体观念的内在矛盾。解决本体观念的内在矛盾则需要考察据以形成这些观念的前提或根据。这样，苏格拉底就把古代哲学对“世界本原”的追究，引向对“本体”观念的批判反思。

同样引人注目的是，苏格拉底不像古希腊自然哲学家那样去探寻宇宙的奥秘，而是“把哲学从天上带到了地上”（西塞罗语）。对诸如美德、

① ［德］黑格尔：《哲学史讲演录》第2卷，39页，北京，商务印书馆，1960。

② 同上书，53页。

正义、勇气、虔诚、义务、死亡、对死亡的恐惧等人类社会生活和政治生活中的种种信念进行“辩证法”式的批判反省，使人们意识到“未经审视的生活是无价值的生活”。

例如，柏拉图在《美诺篇》中记载了苏格拉底对“美德”的盘诘。美诺提出男人的美德、女人的美德，以及老人、孩子和青年的美德。而苏格拉底则要求美诺回答“包括一切的普遍的美德”。美诺认为这就是“能够取得人所要求的那些善”。苏格拉底则进一步要求对“善”进行解释。于是问题便发展为对整个生活信念的前提反思了。

苏格拉底把哲学的兴奋点由探索自然的奥秘引向对社会生活的反省，把哲学的宇宙本体论追究引向人类学本体论批判，从而把对象化给自然的人的本质及其矛盾引向主体的自我批判和自我反省。

古希腊哲学中的苏格拉底“环节”，是否定的环节。它否定了前苏格拉底哲学的非前提批判的本体论追求，开启了后苏格拉底哲学把“本体”的概念表达当作哲学的主题。在这个意义上，作为古希腊哲学否定环节的苏格拉底哲学，起着类似于近代的休谟哲学和康德哲学的作用。它的价值是在古代的水平上把概念批判引入古代的本体论追究。

苏格拉底式对话的引人注目之处在于，他不满足于人们用具体事例来说明什么东西是真的、善的、美的，总是要求人们回答真善美是什么。对于这种提问方式，当时的人感到惊愕和困惑，甚至认为提问者是否疯了。因为人们当时还只能把普遍性表现在特殊的形态里(如说“少女是美的”)，而没有达到把普遍性自身作为对象而予以考察(如考察“美”是什么)。前苏格拉底哲学正是以理论形式表达了这样的思维方式。

(五)“理念论”与类概念的困惑

苏格拉底要求把真善美作为主词而予以追究和回答，就是要求以概念为内容给真善美下定义。这表明，苏格拉底式对话为本体论追求提示了一条道路：“本体”(单一的东西)是概念表达的主题。柏拉图的“理念论”就是关于这个主题的系统的研究成果。

柏拉图的深刻之处在于，他在抽象思维的层次而不是感性具体的层次上去看待苏格拉底提出的问题。这就揭示了苏格拉底问题的真实矛盾。他认为，既然各种各样的美的事物都不是“美本身”，那就是说人不能凭借感官经验而必须诉诸抽象思维来形成关于“美”的认识。这就是他所说的“事物，可见不可知；理念，可知不可见”。这是思维与感性以及本质与现象的矛盾在古代条件下的表达。

“理念”即关于事物的类概念。类概念作为人类反映现实的思维形式，它的本质特征和基本功能是抽象和概括。概念的抽象和概括，就是蒸发和扬弃现实事物在意识中再现的表象，从现象上升到本质、从个别过渡到一般的过程。因此，在概念中固定下来的内容只能是对象的共同的本质属性。概念作为思维形式的抽象、概括作用，与概念作为思维内容的本质性、普遍性，二者是相互依存的。

但是，由于对类概念作为思维形式的抽象、概括作用和类概念作为思维内容的本质性、普遍性的对立统一关系的不理解，柏拉图仅仅把类概念视为本质性、普遍性的存在，并把类概念的存在与事物的存在视为这样的两种存在：可知而不可见的“理念”，是可见而不可知的“事物”的原形，事物则是理念的摹本；理念是规定事物之所以为事物的根据，事物则是理念的表现。在这个意义上，理念即事物的本体。

这里表现了柏拉图在类概念问题上的最基础层次上的也即第一个层次的困惑——事物、类概念和理念的关系是什么？对此可以列图示如下：

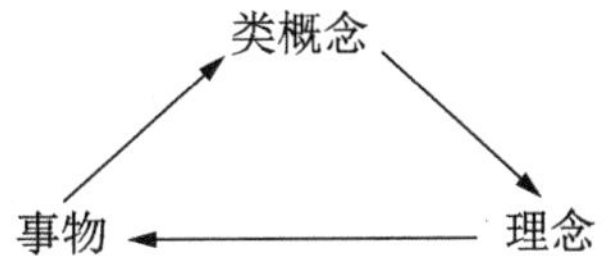

这个图示表明，类概念是对事物本质的抽象，而不是与事物并列的、独立的存在。但是，由于柏拉图还不可能达到这种认识，他反而从作为思维抽象结果的类概念出发，把“理念”当作事物的原型。

柏拉图在类概念问题上的第二个层次的困惑是：理念之间是何种关系？由于把理念视为事物的原型，各种事物都有自己的理念，理念本身就成了“单个的存在物”。这个层次的困惑的根源在于，经过思维抽象而形成的类概念，“只能作为一个具体的、生动的既定整体的抽象的单方面的关系而存在”①，这些抽象的规定只是在思维的行程中达到理性具体，才能达到对类概念之间的相互关系的辩证理解。

柏拉图在类概念问题上的第三个层次的困惑是：如果每一事物各有自己的理念，理念之间是相互割裂的，那么，最高的理念即本体又是什么呢？

自觉到这些困惑，柏拉图甚至反问自己，还要不要承认理念的存在？这种自我反思促使柏拉图深入研究理念世界，试图把理念从分离割裂的状态转变为相互联系的状态。他的努力的起点是，超越关于具体事物的理念(即概括性较低的类概念)而追求“理念的理念”(即具有高度概括性的类概念)。这样，他就在哲学史上最先把哲学的研究对象指向自己的范畴运算了——哲学范畴。它的重大意义在于，哲学的本体论批判开始有了自己的批判性反思对象。

以寻求哲学范畴为起点，柏拉图在《巴门尼德篇》中提出十几对相互对立的范畴，又在《智者篇》中具体地研究了存在和非存在、同和异、动和静这 6 个范畴，并探索它们之间的相互联系。柏拉图由类概念的困惑而初步形成的范畴辩证法，以及亚里士多德在这个基础上的发展，可以说是黑格尔概念辩证法的古代雏形。

在柏拉图的“理念论”中，他由善的理念来推论各个等级的理念的存在，又由各个等级的理念的存在来推论事物的存在。这样，他就完全颠倒了人类的认识秩序：把事物→类概念→哲学范畴，变成哲学范畴→类概念→事物，从而把类概念，特别是哲学范畴的普遍性“片面地、夸大地……发展(膨胀、扩大)为脱离了物质、脱离了自然的、神化了的绝对”②。这就是柏拉图理念论的客观唯心主义实质之所在。

---

① 《马克思恩格斯选集》第 2 卷，19 页，北京，人民出版社，1995。

② 《列宁全集》第 55 卷，311 页，北京，人民出版社，1990。

柏拉图的客观唯心主义也就是非批判的本体论即形而上学。这种客观唯心主义阉割了柏拉图在类概念的困惑与反思中所形成的辩证法思想，使他的本体论批判归于非批判的本体论信仰。

我赞同这样的看法："通过推论获得确定性必须首先设定一个不通过推理而获得的确定性，这是柏拉图的理念论，也是一切本体论体系所永远无法解脱的困境"，"纵观二千多年来的西方哲学，可以看到，一切热衷于本体论的哲学家皆以柏拉图对理念世界的构造为范本"①。但是，我对此持有一种谨慎的乐观态度。这就是，本体论的建构与反思是对立统一的；在本体论自我批判的层次跃迁中，它实现为辩证法理论的形态转换和历史发展。这种发展，首先表现为近代哲学对古代哲学本体论追究的认识论反省，以及在这种反省的进程中所形成的自觉形态的辩证法理论。

二　认识论反省的辩证法

人们常常把西方近代哲学称作哲学发展史中的"认识论转向"。那么，这种"转向"的根本标志和实质内容是什么？能否把这种"转向"仅仅解释为近代哲学"侧重于"认识论研究？

近代以前的哲学是从对象世界自在的矛盾去寻求和说明世界的"本体"，因而是一种"纯朴的"本体论追究的辩证法。近代哲学则越来越明确地自觉到：凡属对象在人类思维中的规定性，都是人的思维关于对象的规定；这些规定是否合理，不仅需要考察关于对象的思维内容，而且必须探究形成思维内容的思维形式。这样，近代哲学就在哲学研究的立足点和出发点上发生了重大变革：没有认识论的本体论为无效。这才是"认识论转向"的真正内涵。

"认识论转向"要求哲学从人的思维对存在的关系上去思考理论思维

① 余纪元：《论柏拉图对理念世界的构造》，载《哲学研究》1988年第2期。

的前提问题，因此，近代哲学研究的主要“矛盾”是：自然世界与人类意识，意识内容与意识形式，感性认识与理性认识，对象意识与自我意识，外延逻辑与内涵逻辑，感觉对象与理性直观，知觉与表象，知识与信仰，自由与必然，等等。近代哲学的德国古典哲学阶段，则进一步研究了自在之物与为我之物，自我与非我，理论理性与实践理性，理论理念与实践理念，合目的性与合规律性，思维规律与存在规律等更深层次的“矛盾”。

这种对理论思维前提的自觉的认识论反省，“十分清楚”地提出了思维和存在的关系问题，并使之获得了“完全的意义”。它把辩证法的理论思维前提批判提升到自觉的认识论反省的新阶段。这种以认识论反省为出发点、以认识论的内在矛盾为内容的辩证法理论，就是“认识论反省的辩证法”。

因此，所谓“认识论转向”，它的根本标志是从认识论上自觉地反省理论思维前提的内在矛盾，它的实质内容就是认识论反省的辩证法。这种认识论反省的辩证法，不是自发地而是自觉地实现了辩证法的批判本性。

西方近代哲学的“认识论转向”，以及由此而形成的“认识论反省的辩证法”，是西方近代的“时代精神的精华”。它反映了近代资产阶级革命以及近代工业和近代实验科学发展的要求。这种要求的实质是弘扬人的理性权威，确立人的主体地位，发挥人的主观能动作用。

同时，西方近代哲学又是以西方近代的社会变革以及近代工业和近代实验科学的发展为前提的，而决不是纯粹思辨的产物。它以理性思辨的形式恢复了古希腊哲学的探索精神，并以新的时代内容实现了理论思维前提批判的层次跃迁。

（一）上帝本体论的理性批判

古希腊哲学是素朴的，也是充满生机的。它的根本特征，恰如列宁对亚里士多德的逻辑学的评论，是“寻求”“探索”，“在每一步上所提出的正是关于辩证法的问题”①。然而，这种充满生机的寻求和探索，在“基督教中世纪的长期冬眠中”②，“却被变成僵死的经院哲学，它的一切探求、动摇和提问题的方法都被抛弃”③。辩证法理论被扼杀的根源，从哲学自身发展的历史与逻辑上说，是把批判性的本体论探索即揭示本体论的内在矛盾，变成了对“本体”的非批判信仰。哲学家把“本原”“本体”“共相”“理念”“形式”等范畴从与其相对待的“万物”“变体”“个体”“事物”“质料”等范畴的关系中独立出来，并予以凝固化和绝对化，它们便演化为西方中世纪哲学的“上帝本体论”。

西方近代哲学的根本任务，借用费尔巴哈的论断，就是“将上帝现实化和人化”“将神学转变为人本学”，④ 即把异化给上帝的人的本质力量和主体地位归还给人。

在西方近代哲学的上帝本体论批判中，哲学世界观的内在矛盾便相应地转化成上帝与自然、上帝与理性、上帝与人的矛盾。揭示、展开、论证和深化这些矛盾，构成了西方近代哲学的上帝自然化(物质化)、上帝理性化(精神化)、上帝人本化(自然化与理性化之人化统一)的发展进程。

上帝作为创造宇宙的造物主，创造了自然，也创造了精神。一种合乎逻辑的推理是：能够创造自然和精神的上帝，自身就应该具有自然的属性和精神的属性。近代哲学的上帝本体论批判，首先是紧紧地抓住了上帝与两种属性的内在矛盾，把上帝自然化和精神化，取消了上帝的彼岸性和神圣性，肯定了自然和精神的实在性，并从而肯定了人的自然欲求和理性思维的合理性。

在近代哲学的上帝本体论批判中，马丁·路德的宗教改革具有重要意义。它把异在的、人格化的上帝变成了纯粹的精神性存在，从而使精

---

① 《列宁全集》第55卷，313页，北京，人民出版社，1990。

② 《马克思恩格斯选集》第4卷，224页，北京，人民出版社，1995。

③ 《列宁全集》第55卷，313页，北京，人民出版社，1990。

④ 参见《费尔巴哈哲学著作选集》上卷，94—192页，北京，生活·读书·新知三联书店，1959。

神本身成为哲学批判性反思的对象。

上帝并不在人的心灵之外，而是个人的心灵深处所固有的。这样，上帝就变成“它如何在我的心中被认可、被证实；我判断、认识我认为真的东西是不是真理，这件事必须向我自己心中显示出来。真理在我的精神里面是怎么样的，真理就是怎么样的；反之，我的精神只有当真理存于其中而它自己也这样存在于内容之中时，才是正当地和真理发生了接触”①。由此，黑格尔认为，“成为宗教改革的原则的，是精神深入自身这个环节、自由这个环节、……自由正意味着：在某一特定的内容中自己对自己发生关系，——精神的生命，就在于显得是他物的东西里面回归于自身中”②。笛卡尔的“哲学沉思”以“怀疑”为出发点，就是对精神活动本身的反省。在他看来，“怀疑”的目的，就是在可以被怀疑的观念和知识中找出一个不可怀疑的、确定性的存在。为此，首先不能把我认为是真的观念和知识视为真的；其次把这些不能确定为真的观念和知识予以分解；最后达到某种不可怀疑的、清楚明白的存在。这就是笛卡尔所理解的哲学据以为出发点的确定性。

路德的宗教改革告诉人们，上帝作为精神性的存在而存在于人的精神活动之中。笛卡尔由此认为，上帝的存在必以人的精神活动为前提。不是由上帝的存在而推论出人的精神活动，恰好相反，应该由人的精神活动而推论出上帝的存在。我在怀疑，没有我便不存在怀疑，因此我是不可怀疑的存在。“那么我究竟是什么呢？是一个在思维的东西。什么是一个在思维的东西呢？那就是说，一个在怀疑，在领会，在肯定，在否定，在愿意，在不愿意，也在想象，在感觉的东西。”③

我即我思。由我思而推论出我的思想的存在，由我的思想存在而推论出上帝作为精神性的存在。这就显示了笛卡尔上帝本体论批判的革命

---

① ［德］黑格尔：《哲学史讲演录》第 3 卷，382 页，北京，商务印书馆，1959。

② 同上书，384 页。

③ ［法］笛卡尔：《第一哲学沉思集——反驳和答辩》，27 页，北京，商务印书馆，1986。

意义：过去，自我屈从上帝，理性屈从信仰；现在，认识的秩序发生了逆转，哲学的探索不是先上帝而后自我，而是先自我而后上帝，不是先信仰而后理性，而是先理性而后信仰。这样，笛卡尔就打破了经院哲学对理性的禁锢，提高了自我在宇宙中的地位，高扬了人及其理性的主观能动性。①

作为近代唯物论和近代实验科学的真正始祖的弗兰西斯·培根，则从剖析“成见”入手来弘扬理性的批判精神。他提出，由于人的心灵被“成见”或“偏见”缠住，因而是一面给出虚假反映的“魔镜”。他把人的成见或偏见概括为四种“假相”：倾向于只看到和相信所赞同的东西的“种族假相”，由于个人的偏爱所造成的“洞穴假相”，围绕语词和名称的争论而造成的“市场假相”，由于采纳特殊的思想体系特别是忠于特定的哲学或神学体系而造成的“剧场假相”。他认为，哲学家和科学家都必须首先从心灵中清除掉这四种“假相”，才能进行真正的哲学思考和科学研究。

（二）科学方法与科学前提批判

笛卡尔和培根所弘扬的理性精神，是近代科学精神的哲学表达。在这种科学精神的哲学表达中，一方面要求哲学家运用科学方法来研究哲学；另一方面则要求哲学家把科学理论提升为思维和存在的关系问题，批判地反思科学理论的前提。运用科学方法进行哲学研究和从哲学层面反思科学前提，是认识论反省的辩证法的重要特征之一。

要反映和表达近代实验科学的基本要求和基本精神，培根坚持认为，一切科学知识都必须从不带偏见的观察开始。他卓有成效地概括总结出，近代实验科学始于观察和实验，这种科学方法能够经过归纳达到某种普遍性的认识，他特别探索了思维的归纳过程，提出了一种迥异于亚里士多德的演绎逻辑的归纳逻辑。这种以近代实验科学为基础的归纳逻辑，一方面表现为对传统的演绎逻辑的前提批判（探寻这种前提所以成立的根据），另一方面又构成更深层次的形式逻辑前提批判的对象（现

① 参见汪堂家：《论笛卡尔的自我概念》，载《中国社会科学》1988年第5期。

代西方科学哲学的重要内容之一就是对归纳主义的批判)。

培根不仅强调不带偏见的观察和思维的归纳作用，而且站在哲学的立场上反省科学的观察方法和归纳方法。他形象地把单纯的经验主义者比作蚂蚁，把先验的理性主义者比作蜘蛛，而把正确的科学家比作蜜蜂，从而要求把经验主义和理性主义、不带偏见的观察和合乎逻辑的推理结合起来。他说："实验家像蚂蚁：它们只知采集和利用；推理家犹如蜘蛛，用它们自己的物质编织蜘蛛网。但蜜蜂走中间路线；它从花园和田野里的花朵采集原料，但用它自己的力量来变革和处理这原料。"①

与培根精心地探索实验科学的方法不同，笛卡尔认为数学是唯一使他感到满意的学科，因为数学的证明具有最严谨的逻辑性和最明晰的确定性。在笛卡尔看来，数学应当成为哲学以及其他学科的典范，因为数学具有从最简单的观念开始，然后从它们出发进行严谨推理的独特优点。笛卡尔正以数学的严谨逻辑去"怀疑"和"澄清"人们的观念，从而高扬了理性的批判，确立了理性的权威。

笛卡尔及其后的马勒伯朗士、斯宾诺莎和莱布尼茨等 17 世纪的哲学大家，都以数学为楷模，试图从某种直觉地把握到的最高确定性出发，通过严格的推论方法构筑理性的永恒真理的王国。18 世纪哲学则以自然科学为样板，在一种比较朴素的意义上去看待理性。

恩斯特·卡西尔提出，18 世纪哲学是在这种意义上来理解理性的，即不把理性看作知识、原理和真理的容器，而把理性视为一种能力，一种力量，这种能力和力量只有通过它的作用和效力才能充分理解。②

那么，理性最重要的作用和效力是什么呢？在 18 世纪哲学看来，就是它的分析和综合的功能。理性把一切经验材料分解为最简单的观念，把一切传统观念分解为最基本的成分，进而批判地反省这些最简单

① [英]亚·沃尔夫：《十六、十七世纪科学技术和哲学史》，711 页，北京，商务印书馆，1985。

② 参见[德]E. 卡西勒：《启蒙哲学》，11 页，济南，山东人民出版社，1988。

的观念和最基本的成分，从而使人的全部知识和信仰都成为批判考察的对象。

(三)对象、对象意识和自我意识

以近代实验科学为基础的近代哲学，要解决的根本问题是，思维怎样才能正确地反映思维对象的本质和规律，也就是思想的客观性问题。因此，正如黑格尔所说的，近代哲学的原则并不是“淳朴的思维”，并不是“如实地思维各个对象”，而是“思维那个对于这些对象的思维和理解”①。

思维把自己关于对象的思维和理解当作对象，这样的思维当然就不是“淳朴的”。它是对认识的认识，对思想的思想。这种哲学思考，包含着三者最基本的关系：对象—对象意识—自我意识。

实际上，笛卡尔的“我思”或“自我”，就已经不仅是一般意义上的精神活动，而且是自我对意识本身的意识即“自我意识”。就是说，笛卡尔的“我思”具有双重性：关于对象的意识和关于对象意识的意识。在“我思”的双重性中，对象变成意识中的存在，就是意识界的存在或对象意识；对象意识又成为思维反省的对象，这种关于对象意识的意识就是思维的反省活动或自我意识。

在意识对象(意识外的存在)、对象意识(意识界的存在)、自我意识(关于对象意识的意识)三者关系中，自我意识是作为觉其所觉、知其所知、想其所想的反省意识而存在的。

正是由于近代哲学自觉到了关于对象意识的自我意识，而不仅仅自觉到了意识对象与对象意识的关系，它才能够“十分清楚”地提出思维和存在的关系问题，并使之获得“完全的意义”。也正因如此，近代哲学才能把形式逻辑前提、常识前提、科学前提和哲学前提自觉地作为自己批判反省的对象。这就是对理论思维前提的认识论反省。

意识对象、对象意识和自我意识的三者关系，蕴含着对象与经验、

① [德]黑格尔：《哲学史讲演录》第4卷，5、7页，北京，商务印书馆，1978。

经验与知觉、知觉与表象、表象与思维、思维与想象、想象与情感、情感与意志、意志与自我等极为复杂而丰富的矛盾关系。近代哲学通过认识论反省揭示出隐含于理论思维前提之中的这些矛盾关系，这在认识论的层次上发展了辩证法的批判本性，并使辩证法理论转换为新的形态。

哲学思维在自己的反思活动中考察思维与存在的关系，思维与存在的对立就转化为思维内部的矛盾。

近代哲学对这种矛盾的揭露，首先是以批判笛卡尔的“天赋观念论”来实现的。笛卡尔的“我思”，在其直接性上，是以个人的独立判断去代替信仰的权威；在其间接性上，则蕴含着以超越个人理性的普遍理性去代替上帝的普遍性。那么，这种普遍理性是如何形成的？笛卡尔从“我思”出发去推论上帝及其两种属性的存在，精神也就成为被审察的对象即客体。那么，人的精神活动为什么能够实现与存在的统一？

对于这些问题的回答，显露了笛卡尔哲学的简单性和独断性。由于无法解释自我观念及由此而来的种种观念的来源，笛卡尔提出了他的“天赋观念说”。这个学说在整个17世纪哲学中占有统治地位，而没有得到真正的批判。从某种直觉地把握到的最高确定性(自我、实体、单子等)出发，通过自我演绎而构成的哲学逻辑体系，是17世纪哲学的共同出发点。

在17世纪的形而上哲学体系中，斯宾诺莎的“实体”学说是特别令人感兴趣的。他认为实体的属性是思维和广延(自然)。这样，他就扬弃了两个极端(思维和广延)的独立性，把两个极端变成了实体的对立面的统一。

在斯宾诺莎看来，人的思维作为实体的思维属性的一种样态，应该具有实体的观念，以及由实体的观念而来的关于思维和广延两种属性及其各种样态的观念。这些“真观念”不是来源于感觉和经验，而是来自“天赋的理智”对事物本质的直观把握。在这种直观把握中，人们既不断地形成关于事物本质的真观念，又不断地对这些真观念进行再认识，这就是他所说的“反思的知识”。在这种反思的知识中，越是推演到后来的真观念，越是处在理智的更高层次上。这样，斯宾诺莎哲学就蕴含了黑格尔概念辩证法的雏形——思维在自己的建构与反思的对立统一中实现自身的发展。

与17世纪以演绎和证明的方法来构造形而上体系不同，18世纪哲学从一种比较朴素的意义来看待理性。它不是把理性看作先于一切经验的“天赋观念”的总和，而是把理性看作一种后天获得物。因此，它从理性的经验来源上反省人的认识。

有两类经验：外在的、物质的经验，以及内在的经验——思维规律和思维形式。英国经验论者洛克开启了这样一条道路，即从分析“外在的、物质的经验”而反省思维形式在观念形成中的作用，从而说明理性的能力和力量。18世纪的法国哲学沿着这条道路创建了近代的成熟形态的唯物主义理论；贝克莱、休谟则把这条道路引向唯心主义的经验论，并以彻底的经验论使洛克开启的这条道路告终。

洛克否认天赋观念的实在性，突出感性在认识中的作用。他明确地说：“人心中没有天赋的原则。”[①]他从感官活动所产生的感觉出发，分析简单观念到复杂观念的形成过程，探讨人的各种观念和人的认识能力的真的程度，研究知识的本质和分类以及人类的知识所能达到的界限，思考如何合理地对待知识与信仰的关系。

但是，在思维与存在的关系中，人不仅需要从“外在的、物质的经验”即思想的内容方面去揭示它的丰富性和矛盾性，而且需要从“内在的经验”即思想的形式方面去探索它的丰富性和矛盾性。由于洛克把观念混同于感觉，而不理解观念的本质是意义的觉知，取消了思维的能动性，因而无法达到对“内在经验”的反思。

观念是主客统一的意义觉知，即真理问题。黑格尔说，关于真理的科学——哲学——是对认识的认识、对思想的思想。这就是反思。真正

① [英]洛克：《人类理解论》上册，6页，北京，商务印书馆，1959。

达到反思的认识，是德国古典哲学才实现的。

但是，从笛卡尔的先怀疑而后确定、先理性而后信仰、先自我而后上帝，到18世纪哲学从认识论上对人类观念的反省，已经比较系统地考察了物质世界与人类意识、广延与思维、实体与属性、属性与样态、意识内容与意识形式、对象意识与自我意识、感性认识与理性认识、外延逻辑与内涵逻辑、知识与信仰等一系列具有哲学世界观意义的矛盾，在一定程度上实现了本体论、认识论和辩证法的统一，从而使辩证法理论跃迁到自觉的形态。

(四)近代哲学的辩证法的不彻底性

西方近代哲学的认识论转向，以及在这个“转向”的进程中所形成的自觉形态的辩证法理论，把理论思维前提的内在矛盾明确地展开为思维与存在之间的多侧面、多层次的矛盾。但是，近代哲学并没有合理地解决这些问题。

思维和存在的关系问题，在近代哲学中集中地表现为“理性”与“实体”的关系。如果不拘泥于哲学家自己的某些自相矛盾的论述(这是不可避免的)，那么，我们可以发现，近代哲学对于“理性”和“实体”及其二者的关系，提出了两种对立的理解方式。

其一，实体即自然，理性(思维)只是实体(自然)的一种基本属性。人作为理性动物，通过理性活动(包括感性直观和理性分析)认识实体，从而实现理性与实体的统一。这就是强调人及其理性对自然的依赖性(或者说自然对人及其理性的本原性)的近代唯物论思想。

其二，实体即理性，理性(思维)的规律就是自然(存在)的规律。理性作为自为的能动性主体，通过自我认识和自我反观而实现思维与存在的统一。这就强调人及其理性对自然的超越性(或者说自然对人及其理性的被动性)的近代唯心论思想。

由于上述两种理解方式的对立，近代的唯物论哲学和唯心论哲学，都试图以还原论的方式去解决思维与存在的统一性问题。这样，近代哲学在批判上帝本体论、将上帝现实化和人化的过程中，就形成了两种近代意义的本体论——物质(自然)本体论和精神(理性)本体论。

它们分别从对立的两极(自然或理性)去理解理论思维的前提问题，而没有找到物质与精神、自然与理性、自然对人的本原性和人对自然的超越性对立统一的真实中介和现实基础。

由此造成了整个西方近代哲学在“本体”问题上的自然本体与理性本体的抽象对立，以及在思维方式上的客体性原则与主体性原则的互不相容。

这种本体论的抽象对立和思维方式上的互不相容导致对立的双方各把自己所承诺的本体视为不容置疑的人类安身立命之本。这样，近代哲学的认识论反省就以非批判的本体论信仰而终结了，自觉形态的辩证法理论也最终陷入了非批判的形而上学中。

三　逻辑学反思的辩证法

在辩证法发展史上，18 世纪末到 19 世纪初的德国古典哲学的唯心主义辩证法，使理论思维的前提批判跃迁到体系化的、概念反思的层次，突出地体现了辩证法理论的批判本性。

德国古典哲学对理论思维的前提批判，具有两个标志性的基本特征：一是集中于对人类精神活动的深切反思，二是把这种反思诉诸哲学前提的自我批判。

整个西方近代哲学的根本问题，是思想的客观性问题，也就是理论思维的前提——思维和存在的统一性——何以能够成立的根据问题。但是，德国古典哲学以前的西方近代哲学，既没有把理论思维的前提问题提升为思维把握存在的规律问题，也没有把理论思维的前提问题升华为概念的逻辑运动如何表达存在的运动规律问题，而是站在经验论的或唯理论的立场上，把思想客观性问题诉诸感觉的认识论分析(如洛克、贝克莱和休谟)，或理性的超验直观(如笛卡尔、斯宾诺莎和莱布尼茨)。

德国古典哲学则力图通过对人类精神活动的批判反思，特别是通过反思思维自身的概念逻辑运动，从思维运动的规律性上来探索理论思维的前提问题。

德国古典哲学的这种探索，诉诸对科学的前提批判(如康德探讨数学真理何以可能)，形式逻辑的前提批判(如费希特和谢林对同一律和判断形式的哲学分析，黑格尔对形式逻辑的系统的哲学反思)，并特别显著地诉诸哲学前提的自我批判。

康德的三大批判——纯粹理性批判、实践理性批判和判断力批判——是对哲学前提的系统化的、体系化的自我批判。黑格尔把他的逻辑学视为扬弃了外在性和偶然性的哲学发展史，又把他的哲学史讲演录视为历史形态的逻辑学，他试图在历史与逻辑的统一中来实现哲学前提的全面性的自我批判。

德国古典哲学的这种自觉的、系统的、规模宏大的清理哲学“地基”的工作，使得德国古典哲学具有一种“巨大的历史感”(恩格斯对黑格尔哲学的评论)。这种“巨大的历史感”，就是对思维的历史和成就的系统总结。由此而形成的辩证法理论，突出地体现了辩证法的批判本性——它把辩证法的批判升华为自觉的哲学前提自我批判。

(一)康德对思想客观性的前提批判

近代唯物论哲学认为，思想的客观性在于，思想映象是关于对象的反映，思维通过分析、抽象感性映象而形成的思想观念，表达的就是思维对象的规定性。

近代唯心论哲学认为，思想的客观性在于，思想的对象即思想内容(意识界的存在)，通过自我认识而形成思维规定，也就是关于思维对象的规定。

对于近代唯物论哲学来说，它必须回答这样一个问题，思想映象不仅是关于对象的映象，而且只能是经过思维主体的思维活动所形成的映象；思想映象的客观性，要求主体的思维活动具有客观性。那么，主体的思维活动具有客观性吗？

进一步看，主体的思维活动即以思维形式去分析、抽象对象的规定性，那么，思维形式具有客观性吗？恩格斯说，18世纪的唯物主义只限于证明一切思维和知识的内容都应当起源于感性的经验，而没有从“形式”方面去反思理论思维的前提。因此，近代唯物论并没有从思维与存在的关系问题中解决思想客观性问题。

对于近代唯心论哲学来说，它必须回答这样一个问题：把思想的对象限定为意识界的存在，那么，意识界的存在是从哪里来的？意识界的存在与意识外的存在是何关系？如果不解决意识界的存在与意识外的存在的统一性问题，又如何确认思想的客观性？近代唯心论把意识外的存在作为在认识论上无意义的问题而排除在思想客观性问题之外，近代唯心论就只能是“抽象地”发展思维的能动性，而不可能解决思想客观性问题。

德国古典哲学的奠基人康德认为，近代唯物论不去反思认识形式而断定思想的客观性，近代唯心论回避意识外的存在而断定思想的客观性，因此二者都是“独断论”。

康德本人从认识内容与认识形式的矛盾入手去思考思想客观性问题。他认为，作为意识之外的自在之物或物自体是世界的本来面目，但它不转化成人的意识界的存在，就构不成认识的内容；作为意识界存在的认识内容具有现实性，但它作为意识界的存在已经不是自在之物即世界的本来面目。仅从认识内容的二重性来看，人类的认识陷入了不可解脱的“二律背反”：人类要认识自在之物或世界的本来面目，就必须超越认识内容即意识界的存在；而超越认识内容即意识界的存在，自在之物或世界的本来面目又构不成认识的对象。因此，康德从根本上改变了近代哲学的提问方式，即不是追究思想的客观性，而是反过来考察人的认识能力。这就是康德的“哥白尼式的革命”。

康德认为，人类认识世界的根据在于，人类先验地具有提供时空观念的感性形式和提供判断形式的知性范畴。感性形式和知性范畴使世界对人生成为“现象”，这就是人所把握到的世界；而“物自体”则作为消极的局限而限定人类认识的可能性。人的认识只能达到“现象界”，而永远不可能达到“物自体”。人要想超出“现象界”，力图用概念、范畴表达“物自体”，就必然陷入“二律背反”。

这样，康德就承诺了两种“本体”的存在：既把“自然本体”即“自在之物”作为认识的对象性前提和认识的消极界限承诺下来，又把“精神本体”即“先验逻辑”作为认识的主体性根据和认识的积极界限而承诺下来。在这个意义上，康德就不是消解了近代唯物论哲学的自然本体与近代唯心论哲学的精神本体的对立，反而证明了这种对立的不可克服。

康德认为，这种两极对立的本体(自然本体和精神本体)都是不可或缺的，而且它们之间是不能简单还原的，人的认识只能成立于对立两极的统一。但是，康德所强调的是，这种对立两极的统一所达到的是“现象界”，而不是“物自体”。思维以自己的“统觉能力”“感性形式”和“先验范畴”等把握对象世界，思维的运动规律就是“思维把握存在的规律”，它只具有主观逻辑的意义，而不具有客观逻辑的意义，即它本身并不表达存在的规律。因此，康德的结论是：“理性是宇宙的立法者。”

进一步，康德又把人的理性分为理论理性(纯粹理性)和实践理性。他认为，自然本体与精神本体对立统一的结果，是使自在的世界变成自为的世界即属人的世界。属人的世界是实践理性领域。在这个领域中，人类行为所服从的“绝对命令”就是人类自我约束的“自律”，因而是人类的自由领域。这样，康德又在理论理性的基础上，把实践理性所表现的“自律”作为人类全部行为的根据而确立为人类的最高支撑点。

康德的纯粹理性批判和实践理性批判，对于德国古典哲学辩证法理论的发展具有实质性意义。这两大批判要求从主体的活动出发去体认自然与精神、客体与主体的交互作用，阐发其间的辩证转化。但是，站在唯心主义立场上的德国古典哲学，无法说明现实的人的实践活动，因而也就无法实现对理论思维前提的实践论批判。

(二)黑格尔的“逻辑先在性”

康德通过批判“独断论”哲学所得出的结论是：思维把握存在的逻辑(规律)，只是思维自身的逻辑，而不是客观世界的逻辑，因而它只具有主观逻辑的意义，而不具有客观逻辑的意义，这就是康德的“不可知论”。

黑格尔对康德的“不可知论”的批判，其根本论点是，思维把握存在的逻辑，也就是思维和存在所服从(所遵循)的同一逻辑，因而它不仅具有主观逻辑的意义，而且具有客观逻辑的意义。这就是黑格尔的“思维与存在的同一性”。

黑格尔认为仅从思维的主观性上看，它作为一种普遍性的精神活动，其内部直接地包含着全体的自由性；但由于这样的自由只不过是抽象的思想的自我联系，所以又只能是一种没有任何规定的虚幻的自由。而从思维的客观性上看，它必须在内容上包含事物的各种规定。但如果思维只是按照自己的本性(而非事物的本性)去把握事物，则思维所实现的也只能是主观臆想的自由。因此，黑格尔认为，哲学的最高任务在于确认思维本性与事物本性的一致性，进而达到理性与现实的“和解”。而要完成这个任务，就必须以思维本身为对象，通过思维的自我认识来确认思维和存在的同一性。

思维之所以能够进行自我认识，在于人同自然界的区别。自然界不能使它所含蕴的理性得到意识，只有人才具有双重的性能，是一个能意识到普遍性的普遍者。人不仅以外在世界为对象，把事物的规定自觉为思维的规定，从而使事物所含蕴的理性得到意识，而且以思维自身的规定为对象，从而反省思维规定与事物规定的一致性。

思维的自我认识不是一般的精神活动。精神作为感觉和直观，以感性事物为对象；精神作为想象，以形象为对象；精神作为意志，以目的为对象。而精神对于相反于或仅相异于它的这些特定存在形式和它的对象而言，则要求以它的最高的内在性——思维——为对象。这就是黑格尔所说的人类思维的反思活动，即人类思维反过来以自己为对象而思之。

在人类思维的反思活动中，作为感觉和直观、想象和意志的全部精神活动，以及这些精神活动的无限丰富的对象，被人类思维的本性统摄起来，并在思维的统一性中得到解释。因此，黑格尔认为，以思维的全体自由性为目标的哲学，既不能求助于对外在事物的研究(那只能把事物的具体规定自觉为思维的具体规定)，也不能满足于对精神活动的考察(那只能使具体形式的精神活动得到发展)，而必须集中于思维的自我认识。

思维反思自己的目的，在于认识思维把握全部现实(各种精神活动及其对象)的统一性原理。这种统一性原理能够把各种知识吸收进理性的形式之中，掌握并保持它们的本质，扬弃外在的东西，并以这种方式从它们之中抽出逻辑的东西，给逻辑东西的抽象基础充实任何真理的内容。因此，“要这样来理解那个理念，使得多种多样的现实，能被引导到这个作为共相的理念上面，并且通过它而被规定，在这个统一性里面被认识”①。可见，作为统一性原理的绝对理念，其实质就是人类思想运动的逻辑。

黑格尔把哲学的对象归结为绝对理念即人类思想运动的逻辑，这既来源于他对自己的时代——建立科学体系的时代——的哲学反省，也形成于他对以往哲学的批判总结。黑格尔以前的哲学家都把哲学分割为研究世界本原的本体论、探索人类认识的认识论和考察思维形式的逻辑学这三大部分。黑格尔则试图以绝对理念即人类思想运动的逻辑作为统一性原理，把本体论、认识论和逻辑学熔铸为统一的哲学理论。在这种哲学理论中，不仅没有认识论基础的本体论是无效的，而且没有思维自己构成自己的认识论也是无效的。本体论、认识论和逻辑学在黑格尔哲学中所实现的统一，并非如通常所解说的那样，仅仅使绝对理念具有了三个方面的意义，还以思想运动的逻辑去展现思维和存在所服从的同一“原理”。

黑格尔的这种努力有其更深层的根据，以往的哲学或者把思维和存在的关系问题归结为意识内容与感性对象的统一，即黑格尔所说的作为感觉和直观的精神与其对象的统一(如 18 世纪的法国唯物论)；或者把

① [德]黑格尔：《哲学史讲演录》第 2 卷，385 页，北京，商务印书馆，1960。

思维的规律与存在的规律对立起来，否认思维规律具有客观逻辑的意义(如康德的先验论)，而从来没有实现思维和存在在规律层次上的统一。以人类思想运动的逻辑去展现思维和存在所服从的同一规律，从而理论地表达思维把握和解释世界的全体自由性，这就是绝对理念作为统一性原理的实质内容。它把全部哲学，特别是近代哲学的重大的基本问题——思维和存在的关系问题——明确地提升到两个规律的统一问题上来。

黑格尔以前的哲学，都是先把思维和存在分割，再以某种形式(关系)把它们统一起来(或否定它们的同一性)，黑格尔则认为，思维和存在必须首先是自在统一的，然后才能有自为的统一。或者说，在人的理论思维的前提中，必须包含思维和存在的同一性。这就是绝对理念的逻辑先在性。

绝对理念的逻辑先在性，是指它首先自在地内蕴于人类思维和客观事物之中。不管人类思维是否自觉到自己的以及事物的本性，它们的本性都是存在的，并且是统一的。因此，逻辑上的先在，并不是超然于世界之上或游荡于世界之外的幽灵，而是相对于自为存在的自在存在。正因为绝对理念只有在人类思维的反思中才能被自觉到，所以在思维自觉到自己的本性之前，作为自在存在的绝对理念，又只能是一种逻辑上的即思维推断上的先在。这就是黑格尔的本体论承诺。

黑格尔的这种看法是相当深刻的。只要对绝对理念的逻辑先在性予以唯物主义的解释，其真实意义是显而易见的。这就是恩格斯所说的“理论思维的不自觉的和无条件的前提”。

在黑格尔看来，是否承认绝对理念的逻辑先在性(也就是理论思维的无条件的前提)，对哲学理论来说是至关重要的。康德之所以否认思维与存在的同一性，就在于他把思想看作只是“我们的”思想，而与“物自体”之间有一个无法逾越的鸿沟隔开着。肯定思维与存在的同一性，则必须承认思想不仅是我们的思想，同时又是事物自身。

黑格尔强调绝对理念的逻辑先在性，其目的在于说明：第一，思维和存在之所以能够在人类思维的进程中自为地实现统一，其根源在于它们自在地就是统一的；第二，人类思维自为地实现的统一，是把自在的统一升华成自为的统一，把潜在的东西转化成现实的东西；第三，哲学的任务就在于使人们自觉到思维的本性，按照思维自己构成自己的道路去实现思维与存在的自在自为的统一。因此，绝对理念的逻辑先在性，或思维和存在的自在统一，并不是说思维先在地包含了存在的具体内容，而是说思维和存在在本质上服从于同一规律。哲学在对思维的反思中把思维与存在的自在同一性转化为自在自为的同一性，这就以理论的形态表达了人类思想运动的逻辑。

(三)概念自我发展的辩证法

在哲学史上，哲学家总是试图从其他科学去寻找方法。斯宾诺莎、笛卡尔、莱布尼茨、沃尔夫等人都曾从数学中寻求建立哲学体系的方法。黑格尔认为这是“找错了路子”，因为哲学所研究的正是数学中不证自明的前提。黑格尔提出，哲学的方法应当是它自己的方法，“方法就是对于自己内容的内部自己运动的形式的觉识”，也就是绝对理念自我发展的绝对方法。

绝对方法不是外在于绝对理念的附加物，而是绝对理念自身所具有的规定性，即思维自己构成自己的方法。黑格尔对绝对方法的这种规定，是基于这样的认识，即哲学是“关于真理的客观科学，是对于真理之必然性的科学”①。绝对方法作为“真理之必然性”的逻辑，就是作为“全体的自由性”的真理的“各个环节的必然性”的展开过程，也就是思维自己运动、自己展开、自己发展的过程。离开绝对理念的自我认识就不存在表现这种自我认识进程的绝对方法；离开绝对方法的逻辑展开也不存在实现自我认识的绝对理念。这样，黑格尔就把他的本体论与辩证法统一起来了：他的逻辑学本体论就是概念自我发展的辩证法；他的概念发展的辩证法就是他的逻辑学本体论。

---

① ［德］黑格尔：《哲学史讲演录》第1卷，17—18页，北京，商务印书馆，1959。

列宁把黑格尔的这种理解与前黑格尔哲学相比较，指出："在旧逻辑中，没有过渡，没有发展(概念的和思维的)，没有各部分之间的'内在的必然的联系'，也没有某些部分向另一些部分的'过渡'"①；而"黑格尔则要求这样的逻辑：其中形式是富有内容的形式，是活生生的实在的内容的形式，是和内容不可分离地联系着的形式"②。因此，列宁非常重视黑格尔关于"只有沿着这条自己构成自己的道路……哲学才能成为客观的、论证的科学"的看法，提出"'自己构成自己的道路'＝真正认识的、不断认识的、从不知到知的运动的道路(据我看来，这就是关键所在)"③。

概念自我运动、自我发展、"自己构成自己"的根据何在？就在于概念自身的内在否定性。黑格尔十分欣赏斯宾诺莎关于"实体自因""规定即是否定"的看法，并把它视为"绝对方法"即概念自我发展的辩证法的灵魂，贯穿于整个逻辑学本体论的建构与反思之中。

这种内在的否定性，在思维自己构成自己的进程中，表现为双重的否定性：一方面，思维不断地否定自己的虚无性，使自己获得越来越具体、越来越丰富的规定性，这就是思维自己建构自己的过程；另一方面，思维又不断地反思、批判、否定自己所获得的规定性，从而在更深刻的层次上重新构成自己的规定性，这又是思维自己反思自己的过程。

思维在这种双重否定的运动中，既表现为思维规定的不断丰富，实现内容上的不断充实，又表现为思想力度的不断深化，实现逻辑上的层次跃迁。这就是人类思维运动的建构性与反思性、规定性与批判性、渐进性与飞跃性的辩证统一。

黑格尔这种认识的深刻性在于：他不是把思维的内在否定性仅仅理解和描写为对"虚无性"的否定，即不是把思维的内在否定性仅仅看作规定性的丰富和建构过程；而是把思维的内在否定性理解和描述为对"规

① 《列宁全集》第55卷，81页，北京，人民出版社，1990。

② 同上书，77页。

③ 同上书，73页。

定性”的否定，即把思维的内在否定性看作规定性的批判和反思过程。正因为思维自己构成自己的过程是建构与反思、规定与批判的辩证统一，所以作为“本体”的绝对理念不是某种凝固、僵化的存在，而是一个不断深化、发展的过程。本体论与辩证法的统一，是黑格尔逻辑学本体论的真实意义之所在。它启发人们从本体论批判的角度去理解辩证法，又从辩证法的角度去理解本体论的自我批判和自我发展。

在黑格尔的逻辑学中，这种本体论批判的辩证法，就是思维自己构成自己、自己反思自己的双重否定进程。

作为逻辑学开端范畴的“纯存在”，是一种“无规定性的直接性，先于一切规定性的无规定性，最原始的无规定性”①，因而也就是“纯思”。它是思维与存在的自在的或潜在的，即逻辑上先在的统一，因而是一种“一切皆有，外此无物”的“有”；然而，正因为这种逻辑上先在的“有”没有任何具体的规定性，“便抹煞了所有的特定的东西，于是我们所得的，便只是绝对的空无，而不是绝对的富有了”②。逻辑上先在的绝对理念既是有，又是无，自己与自己相对立，因此具有内在的否定性。

“纯存在”由于内在的否定性而使自己变为规定性的存在即“定在”。但是，规定即否定——它否定了自己的无对待性，否定了自己的全体自由性，变成了具体的规定性。而人类的思维总是指向全体的自由性。所以，思维建构具体的规定性，又否定规定的具体性。规定性(一切的规定性)就成为“中介性”的存在。它是自身，又是向自己的他者转化的中介。对此，列宁评论说：“黑格尔提出两个基本要求：(1)‘联系的必然性’和(2)‘差别的内在的发生’。”③列宁还说：“一切……都是经过中介，连成一体，通过过渡而联系的。”④透过黑格尔把思维的建构与反思的辩证统一进程神秘化为“无人身的理性”自己运动的迷雾，我们会发现：由

---

① [德]黑格尔：《小逻辑》，190页，北京，商务印书馆，1980。

② 同上书，194页。

③ 《列宁全集》第55卷，81页，北京，人民出版社，1990。

④ 同上书，85页。

于黑格尔把“概念、范畴的自身发展和全部哲学史联系起来”①，把逻辑学的各个环节视为哲学史各个阶段的逻辑表达，所以，他实际上逻辑地表达了辩证法批判本性的发展史。这就给予我们一种启示：辩证法理论的实质内容，就是理论思维前提批判的逻辑展开，这或许就是黑格尔所理解和要求的历史与逻辑的统一。

按照黑格尔的描述，这个历史与逻辑相统一的辩证法进程就是：绝对理念在自我否定的运动中由自在的存在而获得不断丰富的规定性；规定性的不断丰富使绝对理念由抽象向具体发展；发展的进程是绝对理念在越来越高级的层次上的自我反思和自我回复，从而构成思维进展的螺旋式上升的圆圈；这个发展进程构成的最大圆圈，就是由绝对理念直观自己的自在的存在进展到反思自己的自为的存在，最后达到直观与反思相统一的自在自为的存在。

(四)逻辑学反思的辩证法的真实意义

人类思维所面对的世界具有无限丰富的规定性，人又如何以自己的思维去实现把握和解释思维和存在的同一性？这就构成了传统哲学无法解决的两大矛盾：一是哲学的宏伟目标与实证科学的历史成果的矛盾，二是人类思维的至上性与非至上性的矛盾。黑格尔的概念辩证法是作为解决这两大矛盾的独特方式出现的。

黑格尔认为，传统哲学之所以陷入这两大矛盾而不能自拔，是因为它们分属于两种错误的思维方式——表象思维和形象思维。“表象思维的习惯可以称为一种物质的思维，一种偶然的意识，它完全沉浸在材料里，因而很难从物质里将它自身摆脱出来而同时还能独立存在。与此相反，另一种思维，即形式推理，乃以脱离内容为自由，并以超出内容而骄傲。”②

表象思维之所以沉浸在物质材料里，从思维方式上看，是以外物作

① 《列宁全集》第55卷，97页，北京，人民出版社，1990。

② [德]黑格尔：《精神现象学》上卷，40页，北京，商务印书馆，1979。

为思维的尺度，因而是一种消极的客体性原则。客观世界作为各个环节彼此联结在一起的整体，自在地就是全体，却无自由可言。因此，表象思维虽然能够不断地把外在世界的规定性转化成思维的规定性，却根本无法实现思维的全体自由性。表象思维不是哲学层次的思维方式。

形式思维以超出内容而骄傲，从思维方式上看，是以抽象的精神活动来实现思想的自我联系，因而是一种空洞的主体性原则。精神作为一种活动性，自在地就是自由的，却与环节的必然性相脱离。因此，形式思维虽然可以在内心得到现实中所得不到的满足，却根本达不到真正的自由。形式思维也不是哲学所要求的思维方式。

黑格尔提出，哲学层次的思维方式，是一种必须把自由沉入内容，让内容按照它自己的本性而自行运动，从而考察这种运动的思维方式。这就是不同于表象思维和形式思维的思辨思维。它把哲学的视角从表象思维的客体性原则和形式思维的空洞的主体性原则，转换成思辨思维的主体性原则。

思辨思维的内容就是绝对理念，即人类思想运动的逻辑。把自由沉入内容，并让内容按照它自己的本性而自行运动，就是把哲学对全体自由性的追求，从对自在的外部世界和抽象的内心世界的关注，转移到既使外部世界逻辑化，又使内心世界具体化的人类思维运动的过程上来；而考察这种运动，则是人类思维反过来以自己为对象而思之，即哲学层次的反思活动。

在这种反思活动中，绝对理念既是主体又是客体。作为主体，它不是能思者，而是能思者的思维；作为客体，它不是自在的外部世界和抽象的精神活动，而是思维自己构成自己的进程。这里，黑格尔对传统哲学的追求实行了两大转变：第一，把主体由个体的思维转换成人类的思维，用人类思维的普遍性来克服个体思维的有限性；第二，把客体由自在的外部世界和精神世界转换成人类思维自为地把握精神活动及其全部对象的逻辑进程，用人类思想运动的逻辑来取代客观世界的外在性和精神活动的抽象性（主观性）。这样，人类思维就在自己的反思活动中实现了思维的全体自由性与各个环节的必然性的统一。

在这两大转换中，黑格尔既把现实的主体抽象为普遍性的思维，又把一切事物抽象为逻辑范畴，把各式各样的运动抽象为范畴的逻辑运动，因而是一种如马克思所批评的“无人身的理性”的自我运动。这表明思辨思维是一种彻底的唯心主义的思维方式，但它又是如同列宁所说的“聪明的唯心主义”即辩证的唯心主义，它“比愚蠢的唯物主义更接近于聪明的唯物主义”①。它孕育着马克思的实践唯物主义和整个现代哲学。

黑格尔把主体由个体的思维转换成人类的思维，把客体由自在的外部世界和抽象的精神活动转换成人类思维运动的逻辑，从而把哲学归结为思维的自我认识(反思)，把哲学对思维全体自由性的追求归结为对思维本性的自觉。这是对人类自觉到思维巨大的能动作用、自觉到人“为自己绘制客观世界图景”(列宁语)的哲学反映。它把哲学的视角由从物的外在尺度来透视人的内在尺度，转向以人的内在尺度来把握物的外在尺度；由认识的客体性原则，转向认识的主体性原则；由追求思维结果的统一性，转向探究思维活动和思维过程的统一性。它把哲学的视角彻底地引向了人类的自我认识。

黑格尔的主体性原则，不仅要求以人的内在尺度去把握物的外在尺度，而且要求以人的世界去代替物的世界；不仅要求思维反思自己，而且要求这种反思展示世界对人类思维的生成。这标志着哲学对象的重大转换。

作为思维对象的思维，既不是自在的外部世界，也不是抽象的精神世界，而是人类按照自己的思维本性去把握全部的精神活动及其对象所生成的人的特有世界——概念的世界。这样，黑格尔就把传统哲学对外部世界的统一性或精神世界的统一性的寻求，转换成对外部世界与精神世界的统一，即概念世界的研究。

概念世界是外部世界对人类思维的生成，因而是客观世界的主观

① 《列宁全集》第55卷，235页，北京，人民出版社，1990。

化；概念世界又是精神世界对外部世界的生成，因而是主观世界的客观化。概念世界作为客观世界主观化和主观世界客观化的产物，不仅以观念的形态构成思维把握对象的工具，而且以千姿百态的形式构成人类的文化世界。卡尔·波普尔引人注目地提出的世界三，恩斯特·卡西尔在《人论》中所论述的神话、宗教、语言、艺术、历史和科学，就是对黑格尔所提示的概念世界的引申和发挥。这种引申和发挥更加深刻地提醒现代人：人与动物虽然生活在同一个物理世界(自然世界)之中，但人的生活世界却完全不同于动物的世界；人只有掌握人类所创造的各种概念系统，才能成为真正意义上的人，并在运用和创造概念的活动中，去获得思维的全体自由性。

人对概念的学习有两种不同的方式：一是学习概念本身，即掌握关于对象的各种各样的知识，并运用这些概念去把握世界和指导自己的行为；二是以概念为对象，通过对概念的研究来考察人类的思维本性，探索思维把握精神活动及其对象的逻辑，揭露各种概念系统的狭隘性、片面性和历史的暂时性，促成概念系统之间的渗透和综合，推动概念系统的扩展和深化，从而实现人类的思维运动由旧逻辑向新逻辑的转化，实现人类的思维方式由旧模式向新模式的跃迁。这种对概念本身的考察，就是黑格尔所说的“对思想的思想”“对认识的认识”，即哲学层次的反思。

黑格尔把哲学规定为思维的自我反思，实质上是将哲学把握世界的方式同人类把握世界的其他方式既联系起来，又区别开来。人类通过神话的、宗教的、常识的、艺术的和科学的各种方式去把握世界，从而形成关于世界各个领域的不同层次的概念系统。这些概念系统取得“外部现实性”，构成人类的物质态文化；这些概念系统凝聚积淀成人的思维模式、价值观念，审美意识等，构成人类的心理态文化；这些概念系统客观化为各种各样的符号系统，则构成人类的理论态文化。由此，人类便构成了属人的世界——文化世界。黑格尔所说的概念对象化而生成世界，其实质就是指世界对人的概念的生成，即真正的人的世界——文化世界——的生成。在黑格尔看来，文化世界的灵魂就是概念，所以人的自我认识的实质内容只能是概念的自我认识。

概念的自我认识以概念系统的存在为前提，所以哲学必须通过对哲学史的总结(恩格斯把这种总结概括为“通晓思维的历史和成就”“沿着实证科学和利用辩证思维对这些科学成果进行概括的途径”；列宁又把这种总结具体化为对“各门科学的历史”“儿童智力发展的历史”“动物智力发展的历史”“语言的历史”“心理学”和“感觉器官的生理学”的研究)来实现概念的自我认识。同时，由于哲学以概念本身为对象，所以它研究的是人类把握世界的各种方式及其成果，而不是这些方式所把握的对象。

这样，哲学的使命就不是通过对外在世界或内心世界的研究而形成概念和发展概念(包括数学、自然科学、社会科学和思维科学在内的各门科学的任务)，而是通过对历史地发展着的各种概念系统的研究而展现人类思维运动的逻辑；哲学的功能不是为人类提供各种具体的知识和方法(那是科学的功能)，而是对各种概念系统进行批判性的反思，启发人类从新的视角去观察世界和理解世界，从世界中获得新的“意义”。

对此，美国当代著名科学哲学家瓦托夫斯基曾做出这样的总结：哲学是“表达和分析各种概念”，“对科学的概念和概念框架进行系统研究的事业”，“理解科学理解的事业”，“对科学的人文主义理解”的事业，而“批判地辩证法正是哲学的生命线”。①

黑格尔把哲学对象由外在世界和精神世界转换成概念世界，从而把哲学的主体性原则深化为哲学以人的世界为对象，这对现代哲学的产生和发展具有深远的影响。首先，它启发现代哲学将人类把握世界的哲学方式同其他方式既联系起来，又区别开来，从而把哲学的视角彻底地引向属人的世界——人的文化世界及其灵魂即概念的世界。现代的哲学文

① [美]M. W. 瓦托夫斯基：《科学思想的概念基础——科学哲学导论》，导言及26页，北京，求实出版社，1982。

化学、哲学人类学、哲学符号学等，就是沿着这条道路发展的。其次，它引发现代哲学将人的文化世界的各个侧面、各个层次、各种形式的概念系统综合起来考察，并从而形成某种说明人的文化世界的统一性原理。现代的现象学、解释学、语言分析哲学以及科学哲学所提供的科学结构的逻辑模型和科学发展的历史模式等，在本质上都是如此。再次，它引发现代哲学在对科学、艺术、语言、历史、伦理、法律以及宗教等的反思中，形成关于人类把握世界的各种方式的哲学，诸如科学哲学、艺术哲学、语言哲学、历史哲学、人生哲学、法哲学以及宗教哲学等。最后，它引发现代哲学在对人的世界的反思中重新考察哲学本身，形成现代意义的、逐步深化的各种“元哲学”理论。这就是黑格尔的思辨哲学**不自觉**地为现代哲学走出传统哲学的迷宫所提示的道路。

在黑格尔看来，人类思想运动的逻辑既是人类思维本性的表达，也是人类思维所自觉到的思维和存在所服从的同一规律体系。因此，反思人类思想运动的逻辑的辩证法，就不仅仅是对思维与存在的同一性的理论解释，更重要的是使人自觉到自己的思维本性，从而按照思维的本性去实现思维和存在的现实统一。这就是黑格尔所说的“善”的要求，即通过扬弃外部世界的各个规定来使自己获得具有外部现实性形式的实在性。我以为，这就是黑格尔的辩证法所蕴含的对理论思维前提的实践论批判的胚芽，也就是列宁所说的“历史唯物主义的胚芽”。

毫无疑问，由于黑格尔的逻辑学反思的辩证法所描述的是“无人身的理性”的自我运动和自我发展，因而是以唯心主义的形式“抽象地”发挥了思维的能动性。在其原有的形态中，思维对存在的否定性统一，变成了思维活动中的思维规定的自我反思和自我建构。这是黑格尔未能达到对理论思维前提的实践论批判的必然结果。

但是，黑格尔以其概念辩证法所提示的从思维的矛盾运动去理解思维和存在的统一性，从思维的建构与反思去发挥辩证法的批判本性，从思维与存在的否定性统一去理解人的世界，从理论理性与实践理性的否定性统一出发，去理解人与世界的否定性统一，却把理论思维的前提批判和辩证法的批判本性提升到了马克思主义哲学以前的最高水平。黑格尔的逻辑学反思的辩证法，是马克思主义的实践论批判的辩证法的直接的理论先导。

第六章　理论思维前提的实践论批判

一　马克思和恩格斯的哲学革命

卡尔·马克思和弗里德里希·恩格斯是人类的骄傲。人类思想史上最伟大的哲学革命，是同这两个伟大的名字联系在一起的。

他们为之奋斗终生的崇高目标是人类自身的解放。他们所创建的马克思主义是关于人类自身解放的学说。他们的理论活动的出发点是“对现存的一切进行无情的批判”。

马克思和恩格斯的哲学批判，直接指向的是全部旧哲学的最高成果——黑格尔的辩证唯心主义和费尔巴哈的人本主义。这种批判的伟大成果就是马克思主义哲学。它把哲学对思维和存在的关系问题的理论层面的反思跃迁到新的逻辑层次——对理论思维前提的实践论批判。

(一)传统哲学与两极对立的思维方式

作为世界观理论的哲学，它所提供给人类的，首先是一种把握、理解和解释世界的理论思维方式。

马克思主义以前的旧唯物主义哲学和唯心主义哲学，分别从对立的两极去思考思维与存在、精神与自然界的关系问题，因而始终僵持于“本原”问题的“自然本体”与“精神本体”的抽象对立，并以还原论的思维方式去说明二者的统一。

旧唯物主义以自然界为精神的本原(这在原则上是正确的)，但却试图简单地、直接地把精神还原为自然，用自然来解释人类的精神活动，从而把物的尺度当作人类全部行为的根据。与此相反，唯心主义则以精神为自然界的本原(这在原则上是错误的)，只是从能动的观点去理解思维对存在、人对世界的关系，试图把自然还原为精神，用人类的精神活动来解释自然，从而把精神的尺度当作人类全部行为的根据。

由于旧唯物主义只是从被动的观点去理解思维对存在、人对世界的关系，取消了人及其思维的能动性，因此，它所坚持的是一种单纯的、自在的客体性原则。由于唯心主义只是从能动的观点去理解思维对存在、人对世界的关系，抽象地发展了人及其思维的能动性，因此，它所坚持的是一种单纯的、自为的主体性原则。

这样，旧唯物主义和唯心主义就不仅简单地固执于“本原”问题上的自然本体与精神本体的抽象对立，而且造成了思维方式上的客体性原则与主体性原则的互不相容。它们把这种本原问题上的抽象对立和思维方式上的互不相容扩展到全部哲学问题，就使它们自身成为片面地夸大两极的哲学理论，并形成了理论层面的两极对立的思维方式。

18 世纪末到 19 世纪初的德国古典哲学，在新的自然科学前提(恩格斯所说的自然科学由主要是“搜集”材料的科学发展成主要是“整理”材料的科学)和新的社会历史背景(恩格斯称德国古典哲学为“法国革命的德国理论”)下，试图克服本原问题上的自然本体与精神本体的抽象对立，扬弃思维方式上的客体性原则与主体性原则的互不相容，以新的思维方式去开拓新的哲学道路。这种探索的积极成果就是**自觉形态**的辩证法理论。

德国古典哲学的奠基人康德试图以一种折中、调和的方式来消解这种对立。他既把“自然本体”(康德所说的“物自体”或“自在之物”)作为认识的对象性前提和理性的消极界限承诺下来，又把“精神本体”(康德所说的“先验形式”和“先验范畴”)作为认识的主体性根据和理性的积极界限承诺下来。然而，康德这样做的结果，却使思维与存在、主观逻辑与客观逻辑以更为尖锐的形式对立起来——人类思维把握存在的逻辑。它只有主观逻辑的意义，而没有客观逻辑的意义，它只能构成人所理解的世界，而不能表述世界的本来面目。

德国古典哲学的集大成者黑格尔，试图以概念作为客观主观化和主观客观化的中介环节，以概念自身的“生成”和“外化”来实现思维与存在、主观与客观、真与善的统一，但他却把这种“统一”变成了神秘的“无人身的理性”的自我运动和自我认识。黑格尔的逻辑学虽然包含着把实践活动作为自然与精神、客观与主观相统一的中介的“天才猜测”，但从本质上说，黑格尔以最彻底的唯心主义方式来回答理论思维的前提问题——“要证明的东西已经默默地包含在前提里面了”①。

包括德国古典哲学在内的整个前马克思主义哲学，不仅是两极对立的，又是两极相通的。在两极对立的思维方式中，全部传统哲学——旧唯物主义哲学和唯心主义哲学——总是力图获得一种绝对的、确定的、终极的、不容置疑和不可变易的真理性的认识。它向自己提出的问题是：什么是绝对的真？什么是至上的善？什么是最高的美？这在致知取向上，就是固执于对绝对之真的追求；在价值取向上，就是执着于对至上之善的向往；在审美取向上，就是沉湎于对最高之美的幻想。而从根本的思维方式上看，则是把世界分裂为真与假、善与恶、美与丑的非此即彼的、抽象对立的、超历史的存在。因此，从最深层的本质上看(而不是从某些理论内容上看)，全部传统哲学都没有达到彻底的辩证法理论，都没有为人类提供彻底的辩证法的理论思维方式。

(二)马克思的哲学论纲与“实践的转向”

马克思写于1845年春的《关于费尔巴哈的提纲》，被恩格斯称为包含天才世界观萌芽的第一个宝贵文件。它凝聚着马克思对全部哲学史的

① 《马克思恩格斯选集》第4卷，225页，北京，人民出版社，1995。

高度概括性总结，熔铸着马克思对哲学本身的深切反思，表达了马克思对全部旧哲学的根本性批评，显露出马克思的哲学革命的标志性特征——“实践的转向”。

马克思的这个哲学论纲是从批判全部旧哲学——旧唯物主义和唯心主义——出发的。

“从前的一切唯物主义——包括费尔巴哈的唯物主义——的主要缺点是：对事物、现实、感性，只是从客体的或者直观的形式去理解，而不是把它们当作人的感性活动，当作实践去理解，不是从主观方面去理解。所以，结果竟是这样，和唯物主义相反，能动的方面却被唯心主义发展了，但只是抽象地发展了，因为唯心主义当然是不知道真正现实的、感性的活动的。”①

在这段简洁精辟的文字中，马克思既尖锐地指出了旧唯物主义的“主要缺点”，又深刻地揭露了唯心主义“抽象地发展了”能动的方面的本质。而这二者的共同之处，则在于它们都不懂得“革命的”“实践批判的”意义。

对于旧唯物主义的批判，马克思突出强调的是它“只是”从客体的或者直观的形式去理解事物、现实、感性，而“不是”把它们当作人的感性活动，当作实践去理解，不是从主观方面去理解。

显然，马克思在对旧唯物主义的总体评价中，包含着两个方面或两个层次的意思。第一个方面或第一个层次，马克思并不否认旧唯物主义从客体的或者直观的形式去理解事物的积极意义，恰好相反，马克思在他的全部著作中都首先坚定不移地承认外部自然界对人及其思维的“优先地位”，承认唯物主义的基本原则及其思想路线，并一再声明他自己是“唯物主义者”。第二个方面或第二个层次，马克思批评旧唯物主义“只是”从客体的或者直观的形式去理解事物、现实、感性，而“没有”从实践的方面去理解。正是在这第二个方面或第二个层次，马克思展开了

① 《马克思恩格斯全集》第3卷，3页，北京，人民出版社，1960。

对旧唯物主义的批评，并在这种批评中提出了新的理论思维方式。

在《神圣家族》一书中，马克思曾经分别考察和批判了费尔巴哈以前的“纯粹的”唯物主义和费尔巴哈的“直观的”唯物主义。所谓“纯粹的”唯物主义即马克思在《关于费尔巴哈的提纲》中所批评的“客体”形式的唯物主义。它在对人与世界关系的理解中，仅仅看到人和自然都服从于同样的规律，而没有从人的方面去理解人对世界、思维对存在的关系，因此马克思说它变得“敌视人”了。所谓“直观的”唯物主义即费尔巴哈的唯物主义，“比‘纯粹的’唯物主义者有巨大的优越性：他也承认人是‘感性的对象’。但是，毋庸讳言，他把人只看作是‘感性的对象’，而不是‘感性的活动’，因为他在这里也仍然停留在理论的领域内，而没有从人们现有的社会联系，从那些使人们成为现在这种样子的周围生活条件来观察人们”①。这就是说，虽然费尔巴哈的“直观的”唯物主义从人出发来看待人与世界的关系(这是他优越于“纯粹的”唯物主义的地方)，但他只是把人看成“感性的对象”，而没有从“感性的活动”出发去理解人与世界的关系(这表明他同“纯粹的”唯物主义一样同属于旧唯物主义范畴)。

在《德意志意识形态》一书中，马克思和恩格斯提出：“凡是有某种关系存在的地方，这种关系都是为我而存在的；动物不对什么东西发生‘关系’，而且根本没有‘关系’；对于动物来说，它对他物的关系不是作为关系存在的。”②这里的批评，对于理解马克思的“实践的转向”，是非常重要的。

费尔巴哈从人出发去理解人和世界的关系，但他却不理解“人”以及人和世界的“关系”。

关于怎样理解“人”，马克思在《关于费尔巴哈的提纲》中指出：“费尔巴哈把宗教的本质归结于人的本质。但是，人的本质并不是单个人所固有的抽象物，实际上，它是一切社会关系的总和。”“费尔巴哈不是对

---

① 《马克思恩格斯全集》第3卷，50页，北京，人民出版社，1960。

② 《马克思恩格斯选集》第1卷，81页，北京，人民出版社，1995。

这种现实的本质进行批判，所以他不得不：(1)撇开历史的进程，孤立地观察宗教感情，并假定出一种抽象的——孤立的——人类个体；(2)所以，他只能把人的本质理解为'类'，理解为一种内在的、无声的、把许多个人纯粹自然地联系起来的共同性。"[①]很明显，在费尔巴哈对"人"的这种理解中，"人"已经变成了孤立的人类个体，变成了抽象的"类"的共同性，也就是完全抛开了人与世界的"关系"。

但是，这并不是说费尔巴哈不去考察人与世界的"关系"，也不是说费尔巴哈离开人与世界的"关系"去看待人。恰恰相反，费尔巴哈在他的哲学著作中反复地谈到了人与世界的"关系"。问题在于：费尔巴哈所理解的"关系"不是人与世界的现实关系，而是他所说的感性直观的"关系"；不是人在"感性的活动"中所建立的世界对人的"为我关系"，而是人对世界的"直观关系"。正是在这个意义上，我们说费尔巴哈完全抛开了人与世界的"关系"。

动物不与什么东西发生"关系"，而且根本没有"关系"。这当然不是说动物不同其他事物发生"联系"。如果没有各种动物的不同的生存环境，哪里有各种动物的存在呢？马克思所强调的是，对于动物来说，它对他物的关系"不是作为关系存在的"；真正作为"关系"而存在的关系，只能是以"我"的存在为前提的"为我关系"。正因为费尔巴哈不是从"为我关系"去理解人与世界的关系，因此，费尔巴哈所说的人与世界的关系并不是"作为关系存在的"，费尔巴哈所说的"人"也不是作为现实的人而存在的。

"为我关系"是人与世界的关系，确切地说，是人在自己的"感性活动"中所建立的主体对客体的改造关系。世界不会满足人，人决心以自己的行动来改变世界；人要使世界满足自己的需要，又必须使自己顺应世界的规律；在改造世界的过程中，人既要给自己构成关于世界的客观图景，确信自己的现实性和世界的非现实性，又要以世界自己的规律来

---

① 《马克思恩格斯全集》第3卷，5页，北京，人民出版社，1960。

规定人的活动，把现实的世界变成人所要求的现实。"感性活动"是"为我关系"的实质内容。离开人的"感性活动"就没有"为我关系"，那样，人与世界的关系就会像动物对世界的关系一样，不是作为"关系"而存在。

马克思所说的"感性活动"就是人的实践活动；马克思所说的"为我关系"就是人与世界的实践关系。实践活动是人的存在方式，也是人与世界的现实"关系"。旧唯物主义离开人的存在方式和人与世界的关系，"只是"从客体的或者直观的形式去理解事物、现实、感性，因而无法正确地回答思维和存在的关系问题。

对于唯心主义的批判，马克思强调的是它"抽象地"发展了能动的方面，并且进一步指出，它"当然"是不知道真正现实的、感性的活动本身的。

马克思和恩格斯在《德意志意识形态》一书中指出："'精神'从一开始就很倒霉，注定要受物质的'纠缠'，物质在这里表现为震动着的空气层、声音，简言之，即语言。语言和意识具有同样长久的历史；语言是一种实践的、既为别人存在并仅仅因此也为我自己存在的、现实的意识。语言也和意识一样，只是由于需要，由于和他人交往的迫切需要才产生的。"①在这里，马克思和恩格斯先把"精神"同它的物质外壳——"语言"——联系起来，之后又把"精神"和"语言"同人的存在方式——实践活动——联系起来，并由此而提出"为我关系"问题。这就是说，"为我关系"，即人与世界的现实"关系"，只能是人对世界的实践关系，而绝不是唯心主义所理解的"精神"对世界的关系。正因为唯心主义离开人的实践活动去看待"为我关系"，才把人对世界、思维对存在的关系说成是"精神"创造世界的关系。也正因如此，唯心主义只能是"抽象地"发展能动的方面。

唯心主义"抽象地"发展能动的方面，有其深刻的社会历史根源。马

① 《马克思恩格斯全集》第3卷，34页，北京，人民出版社，1960。

克思和恩格斯指出："分工只是从物质劳动和精神劳动分离的时候起才开始成为真实的分工。从这时候起意识才能真实地这样想像：它是同对现存实践的意识不同的某种其他的东西；它不想像某种真实的东西而能够真实地想像某种东西。从这时候起，意识才能摆脱世界而去构造'纯粹的'理论、神学、哲学、道德等等。"①

这是对唯心主义的何等深刻的揭露！这是对唯心主义之所以能够"抽象地"发展精神的能动性的何等深刻的揭露！社会分工所造成的物质劳动与精神劳动的分离，使"精神"可以"不想像某种真实的东西而能够真实地想像某种东西"。而唯心主义却把这种"想像"当作了精神对世界的"现实"。因此，唯心主义只能是"抽象地"发展精神的能动性。

值得我们注意的是，马克思在指出唯心主义"发展了能动的方面"时，用词是含义深刻的。他说，结果"竟"是这样，唯心主义"却"发展了能动的方面。这就是说，本来应当是唯物主义发展人的能动的方面，但结果"竟"是唯心主义发展了能动的方面。因此，马克思给自己提出的哲学任务是：改造旧唯物主义，创建新唯物主义。

在《关于费尔巴哈的提纲》中，马克思从下述几个方面明确地区分了新唯物主义与旧唯物主义(直接的是费尔巴哈的唯物主义)：

第一，费尔巴哈致力于把宗教世界归结于它的世俗基础，新唯物主义则致力于在实践中使世俗基础革命化；

第二，费尔巴哈不满意抽象的思维而诉诸感性的直观，新唯物主义则把"感性"理解为实践的、人类感性的活动；

第三，费尔巴哈把人看作单个人所固有的抽象物，新唯物主义则把"人"理解为属于一定社会形式的、进行实践活动的人；

第四，旧唯物主义的立脚点是"市民"社会，新唯物主义的立脚点则是"人类社会"或"社会化了的人类"；

第五，包括旧唯物主义在内的全部旧哲学只是用不同的方式解释世

---

① 《马克思恩格斯全集》第3卷，35—36页，北京，人民出版社，1960。

界，新唯物主义的历史使命则是改变世界。

以上对比可以使我们非常清楚地看到，从实践的观点去理解人及与世界的关系，并通过人的实践现实地改变世界，是马克思的哲学论纲的精髓，也是马克思在哲学史上所实现的“实践的转向”。

正是这个“实践的转向”使辩证法获得了“合理的形式”：它在对现存事物的肯定的理解中同时包含着对它的否定的理解，它的必然灭亡的理解；它对每一个已经生成的形态，都是在运动的流中，从它的暂时经过的方面去理解；它不会屈服在任何事物面前，就它的本质来说，它就是批判的、革命的。

(三)“辩证思维”与“实证科学”

马克思主义的唯物辩证法不是抽象的教条，它对理论思维的前提批判不是空泛的议论。

恩格斯指出，马克思和他所开拓的新的哲学道路，是“沿着实证科学和利用辩证思维对这些科学成果进行概括的途径去追求可以达到的相对真理”①。在与“坏的时髦哲学”相对比的意义上，恩格斯还提出，这种新哲学是“一种建立在通晓思维的历史和成就的基础上的理论思维”②。这种“通晓思维的历史和成就”的“理论思维”，就是“辩证思维”。

马克思主义哲学“利用辩证思维”去概括科学成果，其目的是通过这种概括来丰富和发展“辩证思维”。作为哲学世界观和方法论的辩证思维，既是哲学概括科学成果的前提条件，又是对科学成果进行哲学概括的结晶。唯物辩证法以实证科学的历史成果为内容，从而不断深入地具体地揭示理论思维前提的内在矛盾，并在更深刻的层次上回答思维和存在的关系问题。

为了理解“辩证思维”与“实证科学”的关系，并深化对马克思和恩格斯的哲学革命的理解，我们有必要论及哲学与科学的关系，以及传统哲

---

① 《马克思恩格斯选集》第4卷，220页，北京，人民出版社，1995。
② 《马克思恩格斯全集》第20卷，552页，北京，人民出版社，1971。

学、现代西方哲学和马克思主义哲学对这种关系的不同理解。

哲学和科学是一种“同中之异”和“异中之同”的关系。古代哲学认为，哲学和科学的共同对象就是“世界本身”，而二者的区别在于，作为最高智慧的哲学探究世界的本原、原理和原因，作为一般智慧的其他学问则是解释世界的各种具体现象；近代哲学认为，哲学和科学统一于“人类意识”，而二者的区别在于，哲学作为最高层次的科学，它提供作为绝对真理的意识原理或一般逻辑，而其他科学是对意识原理或一般逻辑的运用与证明。现代西方哲学主要是把哲学和科学对立起来，或者认为哲学是科学的逻辑(科学主义思潮)，或者认为哲学是科学无法解决的人学(人本主义思潮)。马克思主义哲学则从思维和存在的关系问题出发去理解哲学与科学的关系。

人类对于世界的认识，是由人类在其前进的发展中所创建的全部科学共同实现的。任何一门科学，都把思维与存在的统一当作“理论思维的不自觉的和无条件的前提”，都致力于从各种不同的领域、各个不同的角度去揭示世界的运动规律。与此相反，哲学在自身的历史发展过程中，越来越自觉地把思维和存在的关系问题当作自己的基本问题，专门研究理论思维的“不自觉的和无条件的前提”。

这样，作为科学形态的哲学，所研究的就既不是独立于思维之外的存在(像古代哲学那样)，也不是脱离存在的思维(像近代哲学那样)，而是从总体上把整个世界(自然的、社会的和精神的世界)作为思维的对立面，专门研究思维与存在的对立统一关系，揭示思维自觉反映存在运动的规律。

哲学以全部科学共同的根本矛盾——思维和存在的关系问题——作为自己的基本问题，这就不仅把哲学与实证科学确切地区别开来，而且真正把二者内在地统一起来。

思维和存在的关系问题作为哲学的基本问题，就不是哲学中的“一个”问题(无论把“这个问题”说得多么重要)，而是对全部哲学问题的本质抽象(正如把全部数学问题都抽象为数量关系和空间形式问题一样)，一切问题只有提升到思维和存在的关系问题上，它才是哲学问题；否则，就是实证科学问题。

同时，由于思维自觉反映存在运动的规律，这就体现在人类思维的历史过程中，特别是集中地体现在人类认识世界所获得的科学成果以及获得这些成果的理论活动之中，所以，哲学又必须以实证科学为基础，通过对实证科学的概括和总结来实现自身的发展。这样，哲学才能凝聚、积淀人类在其前进的发展中所创建的全部科学反映世界的认识成果，科学地而不是幻想地展现出思维反映存在运动的规律，也就是思维和存在所服从的同一规律。

哲学与实证科学的这种对立统一关系表明，哲学的对象和性质取决于相互联系的两个方面：一是对实证科学依赖的深刻性，二是对哲学基本问题解决的自觉性。

当科学尚在哲学母体的怀抱中时，哲学基本问题还处在朦胧状态的时候，哲学必然以“整个世界”为对象，具有“知识总汇”的性质；当科学成长起来，纷纷从哲学母体中独立出去，哲学基本问题处于明朗状态的时候，哲学必然转向对人类认识的反省，以“人类意识”为对象，试图为科学提供认识的根据，从而使哲学具有“科学的科学”的性质；只有当哲学既完全地、彻底地依赖于实证科学，又自觉地、科学地解决哲学基本问题的时候，哲学才能成为哲学科学，才能科学地解决自己的对象问题。

哲学要完全地、彻底地依赖于实证科学，其前提是实证科学自身必须发达到足以揭示世界普遍联系的程度。从 19 世纪初开始，自然科学已由主要是“搜集材料”的科学，关于既成事物的科学，发展为“整理材料”的科学，关于过程、关于这些事物的发生和发展以及关于这些自然过程结合为一个伟大整体的联系的科学。恩格斯说，由于细胞学说、能量守恒和转化定律、达尔文生物进化论这三大发现和自然科学的其他巨大进步，“我们现在不仅能够指出自然界中各个领域内的过程之间的联系，而且总的说来也能指出各个领域之间的联系了，这样，我们就能够依靠经验自然科学本身所提供的事实，以近乎系统的形式描绘出一幅自然界联系的清晰图画”。在这种科学背景下，那种“用理想的、幻想的联系来代替尚未知道的现实的联系”的“自然哲学就最终被清除了。任何使它复活的企图不仅是多余的，而且是一种退步”。① 恩格斯还指出，由于马克思的历史观终结了历史领域内的哲学，所以，“现在无论在哪一方面，都不再是要从头脑中想出联系，而是要从事实中发现这种联系了”②。这表明，马克思主义哲学在哲学史上的革命变革，首先是以 19 世纪科学的巨大发展为背景的，由传统哲学在头脑中制造的联系而转变为从科学成果中概括和总结现实的联系。实证科学才是马克思主义哲学直接的研究客体。

现代哲学对世界各环节的规定性和必然性及其辩证联系和辩证发展的认识，为实现思维把握和解释世界的全体自由性提供了极为坚实的基础，开拓了空前广阔的前景。在现代科学的背景下，一些人企图超越科学对世界必然性的认识而让哲学直接地去研究“整个世界”，这就不仅是对哲学的历史和科学的现实的无知，而且是一种更加明显的、不可接受的倒退。

但是，马克思主义哲学以实证科学为直接的研究客体，既不是把实证科学成果汇集起来以之充当包罗万象的知识总汇，也不是一般地研究科学本身的问题以之充当关于科学的科学(马克思主义哲学也包括关于科学的科学哲学，但这只是它的一个部门哲学)，而是要从实证科学的成果中概括和总结出思维反映存在运动的规律，科学地解决思维和存在的关系问题。因此，不能简单地说马克思主义哲学的对象就是实证科学。

任何一门实证科学，都不仅以自己所提供的关于世界的规律性的认识去指导人类扩展和深化对世界的改造，而且历史地扩展和深化了人类用以反映世界的认识系统，历史地提供和更新了人类用以把握世界的概念之网，历史地改善和变革了人类用以理解世界的思维方式，从而历史

---

① 《马克思恩格斯全集》第 21 卷，339—340 页，北京，人民出版社，1965。

② 同上书，351—352 页。

地表现着思维向客体接近的规律。思维规律与存在规律的统一，是人类在实践的基础上，通过科学进步的中介而实现的。这就是实证科学自身所具有的巨大的认识论意义。

科学的历史发展为人类提供不断增加的认识成分，哲学理论的现实内容来源于科学。哲学是通过对认识史的总结而深化用以概括科学成果的辩证思维方式。同时，运用辩证思维去概括和总结实证科学自身所具有的认识论意义，自觉地使之升华为思维反映存在运动的规律。

坚定并日趋全面地以实证科学为基础，用科学成果来深化哲学基本问题的解决，这决定了马克思主义哲学的科学性质；自觉地并且日益深化地解决哲学的基本问题，用通晓思维的历史和成就的辩证思维去概括科学成果，促进科学的发展，这又保证了马克思主义哲学的哲学性质。这种科学性质与哲学性质的统一，使马克思主义哲学成为哲学科学；这种哲学科学的对象，就是凝聚在整个人类认识史和全部实证科学之中的思维自觉反映存在运动的规律。

一般地说，马克思主义哲学以“整个世界”为对象，不仅无视马克思主义哲学被认作科学的现实基础——实证科学，而且混淆了马克思主义哲学作为哲学所研究的基本问题——思维和存在的关系问题；笼统地说，马克思主义哲学以“思维和存在的关系问题”为对象，丢弃了马克思主义哲学在人类认识史上所实现的革命变革，而与传统哲学相混同；简单地说，马克思主义哲学以“实证科学”为对象，会脱离马克思主义哲学的哲学性质而与现代西方科学哲学相并论。只有把马克思主义哲学的科学性质和哲学性质辩证地统一起来，才能真正地理解马克思主义哲学。

二　扬弃黑格尔的唯心主义概念辩证法

马克思主义的唯物辩证法，从直接的理论来源上看，是黑格尔的唯心主义概念辩证法。

在《资本论》第1卷第2版的跋中，马克思说，当“德国知识界吹牛的后生小子们”把黑格尔看作一条“死狗”而予以抛弃的时候，“我要公开承认我是这位大思想家的学生”，并认为黑格尔第一个“全面地有意识地叙述了辩证法的一般运动形式”。

在《社会主义从空想到科学的发展》的德文版序言中，恩格斯特别强调，“科学社会主义本质上是德国的产物，而且也只能产生于古典哲学还生气勃勃地保存着自觉的辩证法传统的国家，即产生于德国。唯物主义历史观及其在现代的无产阶级和资产阶级之间的阶级斗争上的特别应用，只有借助于辩证法才有可能”①。而在《自然辩证法》一书中，恩格斯又提出这样的告诫：“不管自然科学家采取什么样的态度，他们还是得受哲学的支配。问题只在于：他们是愿意受某种坏的时髦哲学的支配，还是愿意受一种建立在通晓思维的历史和成就的基础上的理论思维的支配。”②

列宁在《哲学笔记》中，集中探讨了黑格尔《逻辑学》的“真实意义”，并提出了如下发人深省的论断：“辩证法也就是(黑格尔和)马克思主义的认识论”③，“不钻研和不理解黑格尔的全部逻辑学，就不能完全理解马克思的《资本论》”④，“要继承黑格尔和马克思的事业，就应当辩证地探讨人类思想、科学和技术的历史”⑤，在黑格尔的《逻辑学》中包含着“历史唯物主义的胚芽”⑥。

“辩证法这一最高的思维形式”，在黑格尔哲学中形成了神秘的但又是自觉的理论形态——唯心主义的概念辩证法。马克思主义哲学以它作为反思理论思维前提的直接对象，从而使自己的理论思维前提批判跃迁到了新的层次，使辩证法理论获得了现实的和彻底的批判本质。

---

① 《马克思恩格斯全集》第19卷，346—347页，北京，人民出版社，1963。

② 《马克思恩格斯全集》第20卷，552页，北京，人民出版社，1971。

③ 《列宁全集》第55卷，308页，北京，人民出版社，1990。

④ 同上书，151页。

⑤ 同上书，122页。

⑥ 同上书，159页。

(一)区分开两个不同层次的辩证法

黑格尔的唯心主义概念辩证法是马克思主义的唯物辩证法的直接理论来源，对此，理论界是普遍认同的。问题在于，承认这一点，对我们理解马克思主义的唯物辩证法提出了怎样的要求?

我认为，这首先要求我们从理论上区分开经验层次的素朴辩证法和概念层次的自觉辩证法，以概念层次的自觉辩证法作为批判反思的对象，进而理解以实践观点去反思理论思维前提的唯物辩证法。对于这种要求的重大意义，列宁讲得极为简洁深刻：不理解黑格尔的《逻辑学》，就不懂得马克思的《资本论》。①

在我看来，要从理论上区分开经验层次的素朴辩证法和概念层次的自觉辩证法，并以此为基础去理解马克思主义的唯物辩证法，其重要前提之一是，必须区别辩证法的自在性和自为性。

在通常的解释中，人们把辩证法区分为“客观辩证法”和“主观辩证法”。这里的客观辩证法，是指物质世界的或事物本身的辩证法；这里的主观辩证法，是指人类精神的或思维运动的辩证法。对于这两种辩证法的关系，我们解释为主观辩证法是对客观辩证法的反映。

在认识论的意义上，我们承认思维是对存在的反映，由此也必然承认，思维的辩证运动是对存在的辩证运动的反映。

但是，马克思主义的认识论不是直观的反映论，而是能动的反映论。这种以实践论为基础的能动反映论，从人的实践活动及其历史发展出发去理解思维和存在的关系，因此，它不仅肯定思维内容是对思维对象的反映，而且承认作为思维内容的人的目的性要求与人的存在的否定性统一关系。这表明了现实的人的思维对存在的能动作用。

我在这里进一步提出了一些问题。

物质世界或事物本身是否存在与辩证法相对立的形而上学？如果物质世界或事物本身就是一个由其内在矛盾引起的永恒的、无限的辩证发

① 参见《列宁全集》第55卷，151页，北京，人民出版社，1990。

展过程，并不存在与之相对立的形而上学，那么我们在什么意义上可以把物质世界或事物本身称作客观辩证法？

人的思维是不是物质世界长期发展的产物即物质运动的高级形式？它是否与物质世界在本质上服从于同一运动规律？如果对此给予肯定的回答，那又是在什么意义上把思维的辩证法称作“主观辩证法”，并认为它是对客观辩证法的反映？

物质世界的辩证运动规律只有通过思维的辩证运动即概念的辩证运动才能被人理解和表达，如果思维的辩证运动是“主观的”，又如何断定它所表达的物质世界的辩证运动规律是“客观的”？

人类的认识活动和实践活动，是在思想观念和直接现实性这两个层次上实现思维和存在、主观和客观的统一的，那么，人类的认识活动和实践活动属于客观辩证法，还是主观辩证法，抑或称为主客观统一的辩证法？

唯物主义地回答这些问题，我们就必须区分开自在的辩证法和自为的辩证法。

在自在的意义上，无论是外在于思维的物质世界还是作为物质高级运动形式的人类思维，无论是思维反映存在的人类认识活动还是主体改造客体的人类实践活动，都是一个辩证的发展过程。从自在性的角度来说，既不存在与辩证法相对立的形而上学，也不存在客观辩证法与主观辩证法的区分。

相对于自在意义上的辩证法，在自为的意义上，辩证法指的是人类把握世界的一种理论思维方式、一种发展学说、一种世界观理论。用马克思的话来说，辩证法就是在对事物的肯定的理解中同时包含对它的否定的理解。①

这种自为的辩证法是与形而上学相对立的。只有掌握这种自为的辩证法的理论思维方式、发展学说、世界观理论，才能够把物质世界、人

---

① 参见马克思：《资本论》第1卷，第2版跋，北京，人民出版社，2004。

类思维以及人类的认识活动和实践活动理解和描述为辩证的发展过程。在这个意义上，自为的辩证法是认识自在的辩证法的前提，不掌握自为的辩证法的世界观理论，就不能深刻地理解和表达自在的辩证法。这就不难理解，面对同样的、自在的世界的辩证运动，为什么会存在与辩证法的世界观相对立的形而上学的世界观。

从自在的辩证法与自为的辩证法的“本原”关系上看，自为的辩证法根源于自在的辩证法，自为的辩证法是对自在的辩证法的反映。但是，如果我们承认不仅有辩证法的世界观与形而上学的世界观的对立，而且有辩证法的世界观由素朴的形态到自觉的形态再到科学的形态的历史发展过程，那么，我们就必须承认，作为世界观理论的辩证法，并不是自发地反映自在的辩证法的产物，而是自觉地探索思维与存在如何统一的结果。

自觉地探索思维与存在的关系问题，就是哲学对理论思维前提的批判反思。这种自觉地批判反思的结晶，就是辩证法的世界观理论。辩证法的世界观理论，是随着理论思维前提批判的深化而历史地发展的。要掌握“合理形式”的唯物辩证法理论，就必须做到两点：(1)真正懂得它的直接理论来源——黑格尔的唯心主义概念辩证法；(2)真正懂得马克思恩格斯对黑格尔辩证法的革命变革。

达不到这一点，就无法达到第二点；反之，达不到第二点，就不可能真正达到第一点。在我看来，长期存在的一个突出问题是，许多人试图“绕过”黑格尔的概念辩证法而达到马克思的唯物辩证法。这样，所达到的就不是唯物辩证法，而是从黑格尔的概念辩证法倒退回经验层次的素朴辩证法。

为此，我在这里主要依据列宁的《哲学笔记》，首先从四个方面说明自在的辩证法，并以此为基础来区分自在的辩证法和自为的辩证法、素朴的辩证法与自觉的辩证法。

首先，辩证法是物质世界自身所固有的。列宁反复强调，辩证法是

"自在之物本身"的"自己运动""自生发展"。[①] 世界就是无限多样的物质形式以无限多样的运动形式所构成的普遍联系和永恒发展的过程。因此，就物质世界自身来说，并不存在与辩证法相对立的形而上学。

其次，辩证法又是物质世界长期发展的产物——人类思维——人所固有的。列宁指出，"思维的范畴不是人的工具，而是自然的和人的规律性的表述"[②]，"从任何一个命题开始，如树叶是绿的，伊万是人，茹奇卡是狗等等"，"就已经有辩证法：个别就是一般"[③]。人类思维以概念、范畴的普遍性为中介而实现一般与个别的对立统一，因此"在任何一个命题中……都可以(而且应当)发现辩证法一切要素的胚芽"[④]。从自在性上看，思维的辩证运动也是"客观的"，因而也不存在与辩证法相对立的形而上学。

再次，辩证法又是思维反映存在的认识运动所固有的。列宁曾这样提出问题："如果一切都发展着，那么这是否也同思维的最一般的概念和范畴有关？如果无关，那就是说，思维同存在没有联系。如果有关，那就是说，存在着具有客观意义的概念辩证法和认识辩证法。"[⑤]如果人的认识运动在其自在性上存在着与辩证法相对立的形而上学，岂不是说思维和存在服从于各不相同(互不相关)的规律吗？人的认识又如何表达存在的辩证运动呢？

最后，辩证法同样是人类的实践活动所固有的。实践活动作为物的尺度与人的尺度、合规律性与合目的性、世界对人的生成和人对世界的生成的对立统一，就是一个辩证的发展过程。与辩证法相对立的形而上学的"实践"是不可设想的。

现在的问题是：既然辩证法是思维和存在及其相互关系(认识关系

---

① 参见《列宁全集》第55卷，306页，北京，人民出版社，1990。

② 同上书，75页。

③ 同上书，307页。

④ 同上书，308页。

⑤ 同上书，215页。

和实践关系)所固有的，在它们的自在性上并不存在与辩证法相对立的形而上学，为什么在人们关于世界的理论解释中，在人们反映世界的理论思维方式中，却始终存在辩证法与形而上学的对立和斗争呢？为什么人们不能凭借自在性的辩证法而只有掌握自为性的辩证法才能形成辩证法的世界观和方法论呢？

辩证法作为思维和认识的固有本性，在表象意识和经验常识的水平上，就可以承认并且证明事物之间的外部联系和一切事物的外部变化(有谁会否认江河与生活于其中的鱼虾有联系呢？又有谁会否认江水在奔流、鱼虾在游动呢?)。在这个意义上，可以说人人都是天生的辩证论者。问题在于：作为哲学世界观和理论思维方式的辩证法，不仅仅在表象意识和经验常识的水平上承认事物的联系和变化，还要“提供理解一切现存事物的‘自己运动’的钥匙，才提供理解‘飞跃’‘渐进过程的中断’‘向对立面的转化’旧东西的消灭和新东西的产生的钥匙”①。因此列宁提出：“就本来的意义说，辩证法是研究对象的本质自身中的矛盾。”②对此，仅仅凭借辩证法的自在性所形成的自发形态的辩证法不仅是无能为力的，而且往往(必定)走向自己的反面即作为理论思维方式的形而上学。

这是因为，思维虽然在本质上与存在服从于同一规律，但思维在其表现上有自己的特殊性。列宁引证黑格尔的话说：“从来造成困难的总是思维，因为思维把一个对象的实际上联结在一起的各个环节彼此分隔开来考察。”列宁旁批“对！”，并深入地予以发挥：“如果不把不间断的东西割断，不使活生生的东西简单化、粗陋化，不加以划分，不使之僵化，那么我们就不能想象、表达、测量、描述运动。思想对运动的描述，总是粗陋化、僵化。”③由此造成了思维与存在关系中的深刻矛盾。

---

① 《列宁全集》第55卷，306页，北京，人民出版社，1990。

② 同上书，213页。

③ 同上书，219页。

一方面，由于概念所具有的“隔离性”和“僵化性”，当人们用概念去把握事物时，不仅难以“在对现存事物的肯定的理解中同时包含对现存事物的否定的理解，即对现存事物的必然灭亡的理解”①，难以从“对象本质自身的矛盾”去理解和表达事物的“自己运动”“自生的发展”，反而往往把概念的“隔离性”和“僵化性”对象化给概念所反映的事物，从而否认“对象本质自身中的矛盾”，否认对象的“自己运动”“飞跃”“渐进过程的中断”“向对立面的转化”和“自生的发展”，把事物视为非此即彼的存在。这就是作为哲学世界观的形而上学的思维方式。

另一方面，思维又可以发挥自己的能动作用去克服概念的隔离性和僵化性，运用“经过琢磨的、整理过的、灵活的、能动的、相对的、相互联系的、在对立中是统一的”②概念去实现思维与存在的辩证运动的统一。

这就是说，达到关于“对象本质自身中的矛盾”的辩证法，只能是自为的即概念的辩证法。因此，列宁在“辩证法是什么?”的题目下做出这样的概括：“概念的相互依赖”“一切概念的毫无例外的相互依赖”“一个概念向另一个概念的过渡”“一切概念的毫无例外的过渡”“概念之间对立的相对性”“概念之间对立面的同一”“每一个概念都处在和其余一切概念的一定关系中、一定联系中”③。

正是因为只有概念辩证法才能表达“对象本质自身中的矛盾”，所以，没有概念辩证法，对象本质自身中的辩证法就只能是“有之非有”“存在着的无”。有了这种反思，就不难理解，为什么列宁说“辩证法也就是(黑格尔和)马克思主义的认识论”，“唯物主义的逻辑、辩证法和认识论”“是同一个东西”④，为什么列宁甚至提出“聪明的唯心主义比愚蠢

① 《马克思恩格斯选集》第2卷，112页，北京，人民出版社，1995。
② 《列宁全集》第55卷，122页，北京，人民出版社，1990。
③ 同上书，167页。
④ 同上书，290、308页。

的唯物主义更接近于聪明的唯物主义”①。

这里所说的“聪明的唯心主义”，主要是指对理论思维的前提进行逻辑学反思的黑格尔概念辩证法。那么，为什么是唯心主义者的黑格尔而不是旧唯物论者达到了概念辩证法呢？恩格斯说，黑格尔的辩证法理论是以最宏伟的形式总结了全部哲学的发展，是2500年来的哲学发展所达到的成果，黑格尔的每个范畴都是哲学史上的一个阶段；② 列宁说，黑格尔的辩证法是思想史的概括，黑格尔在哲学史中着重探索辩证的东西，黑格尔把他的概念、范畴的自身发展和全部哲学史联系起来了。③这就十分清楚地告诉人们，黑格尔之所以能够在哲学发展史上第一个创立博大精深的概念辩证法理论，就在于这个理论本身是总结哲学发展史(乃至全部人类认识史)的成果，是从哲学发展史(乃至全部人类认识史)的总结中产生出来的。所以，列宁强调：“要继承黑格尔和马克思的事业，就应当探讨人类思想、科学和技术的历史”，“从逻辑的一般概念和范畴的发展和运用的观点出发的思想史——这才是需要的东西!”④

(二)黑格尔概念辩证法的实践论批判

批判地继承黑格尔的概念辩证法，在某种程度上说，就是批判地总结人类的思想史；扬弃黑格尔的概念辩证法，从实质内容上看，就是把理论思维的前提批判跃迁到新的层次。

在黑格尔的概念辩证法中，概念是自在的客观世界对自为的主观世界的生成，即外部世界转化成思维规定；同时，概念又是自为的主观世界对自在的客观世界的生成，即以观念的形态构成思维中的客观世界。概念作为自然与精神双向生成的中介，既是物的尺度与人的尺度的和解，又是合规律性与合目的性的统一，所以它首先是具有客观意义的主观目的性，即以“真”为根基的对“善”的要求。黑格尔说：“人要把内在

① 《列宁全集》第55卷，235页，北京，人民出版社，1990。

② 同上书，223页。

③ 同上书，97、209、289页。

④ 同上书，122、148页。

世界和外在世界作为对象，提升到心灵的意识面前，以便从这些对象中认识他自己。当他一方面把凡是存在的东西在内心里化成‘为他自己的’（自己可以认识的），另一方面也把这‘自为的存在’，实现于外在世界，因而就在这种自我复现中，把存在于自己内心世界里的东西，为自己也为旁人，化成观照和认识的对象时，他就满足了上述那种心灵自由的需要。”①

这种“善”的要求是在思维中所达到的自然与精神、客观与主观的统一，它通过概念的“外化”“对象化”即外部现实性活动而生成人所要求的世界。列宁说，在黑格尔逻辑学的概念论中包含着历史唯物主义的胚芽。② 这个胚芽，就在于黑格尔对概念的实践理解中，具有把实践活动作为自然与精神、客观与主观统一的中介，并通过这个中介来说明人对世界的生成和世界对人的生成的辩证关系的天才猜测。

马克思认为，黑格尔仅仅把概念作为客观主观化和主观客观化的中介环节，以概念自身的生成与“外化”去实现思维与存在、主观与客观、真与善的统一，把概念辩证法变成了“无人身的理性”的自我对置、自我运动和自我发展，这就把人及其思维与世界的现实的辩证关系神秘化了。因此，必须把被黑格尔哲学神秘化了的概念辩证法扬弃为实践辩证法的内在环节，即不是用概念的辩证运动去说明人类实践活动的内在矛盾，而是用实践活动的内在矛盾及其历史发展去说明概念的辩证运动。

概念规定作为实践的内在环节，既是实践主体对实践客体的规律性认识的结晶，又是实践主体对实践客体的目的性要求的体现，因此它才是合规律性与合目的性的统一。在这种统一中，物的尺度与人的尺度熔铸成人为自己绘制的客观世界的图景，升华出人在观念中所创造的、要求世界满足自己的、对于人来说是真善美相统一的新客体。所谓概念的

---

① ［德］黑格尔：《美学》第1卷，40页，北京，商务印书馆，1996。

② 参见《列宁全集》第55卷，159页，北京，人民出版社，1990。

“外化”“对象化”，在其现实性上，就是实践作为外部的现实性活动，把观念中创造的新客体(概念规定)转化成现实存在的、满足人类需要的新客体。

很显然，马克思所创立的“合理形式”的辩证法理论，是一种以实践观点的思维方式去解决人及其思维与世界对立统一关系的概念辩证法。对于这种“合理形式”的辩证法理论，既不能把它等同于黑格尔的概念辩证法，更不能把它视为非概念辩证法的自发形态。马克思主义的辩证法理论是从黑格尔概念辩证法那里做出的进步，而绝不是从黑格尔辩证法理论那里做出的倒退。

三　实践论批判的辩证法理论

以实践观点的思维方式扬弃黑格尔的唯心主义概念辩证法，从而达到对理论思维前提的实践论批判，这是马克思主义唯物辩证法的根本标志，也是它的最重要的理论内容。

马克思和恩格斯批判黑格尔的唯心主义概念辩证法的立足点，和批判地反思理论思维前提的立足点，在于人的思维“最本质最切近”的基础是人类自己的社会实践活动。

作为理论思维前提的思维与存在的关系问题，所包含的全部矛盾关系，以及所有这些矛盾关系的展开与发展，都植根于人类自己的实践活动及其历史发展之中。离开人类的实践活动及其历史发展，仅仅从“思维”或“存在”出发去看待理论思维的前提，就会或者像旧唯物主义那样不懂得思维在实践的基础上所实现的对存在的能动的、否定的统一，或者像唯心主义那样把思维对存在的否定的、能动的统一描述为思维的抽象的自我运动。因此，只有从人类的社会实践活动及其历史发展出发，达到对理论思维前提的实践论批判，才能全面地、合理地、发展地揭示出由现实的人对现实的世界的否定性统一所决定的思维对存在的否定性统一关系，使辩证法理论获得合理形式，使辩证法的批判本质获得彻底性。

马克思和恩格斯对理论思维前提的实践论批判，主要在四个基本层次上揭示了人与世界的否定性统一关系，以及提示了在这种否定性统一关系中所蕴含的思维对存在的否定性统一关系。

首先是现实世界的二重化。这就是由人的实践活动所造成的自然世界与属人世界、主观世界与客观世界的分化与统一的矛盾。

其次是人类自身的二重性。这就是由人的实践活动所造成的自然对人的本原性和人对自然的超越性、人类存在的自在性与人类存在的自为性的矛盾。

再次是社会历史的二象性。这就是人类在自己的实践活动中所造成的自己创造自己的历史与历史发展的客观规律、历史活动的主动性与历史进程的必然性的矛盾。

最后是实践活动的二极性。这就是人类的实践活动所内含的合目的性与合规律性、人的尺度与物的尺度、主体性原则与客体性原则、应然性的要求与客观性的存在、直接的现实性与历史的展开性等无限丰富的矛盾关系。

人类的实践活动蕴含着人与世界、思维与存在的全部矛盾关系。“凡是把理论引向神秘主义的神秘东西，都能在人的实践中以及对这个实践的理解中得到合理的解决。”①

(一)实践和现实世界的二重化

费尔巴哈离开人类的实践活动，在其二位一体的宗教神学批判和思辨哲学批判中，反对把世界二重化为宗教的、想象的世界和现实的、世俗的世界，要求把宗教世界归结于它的世俗基础。但他不懂得，这个现实的、世俗的世界本身也是二重化的。因此他也不懂得，只有从现实世界的二重化出发，才能真正解决他的主词(存在)与宾词(思维)的关系

① 《马克思恩格斯选集》第1卷，56页，北京，人民出版社，1995。

问题。

现实世界的二重化，是人类实践活动的产物。这是因为，实践活动既是把世界分化为自在的世界与自为的世界的活动，又是实现自在世界与自为世界统一的活动。在这种使现实世界既分化又统一的过程中，人类实现了自己的目的性要求，达到了思维对存在的具体的、历史的否定性统一。

人类是实践性的存在，实践活动是人类的存在方式。人类在自己的实践活动中，首先在自己的生产劳动中，把自身提升为认识世界和改造世界的主体，从而把整个自然界(包括人自身的自然)变成认识和改造的对象即客体。这样，实践活动就否定了自然而然的世界的单纯的自在性，使之变成“人化了的自然”“属人的自然”，变成人的实践活动所造成的人的文化世界，由此便形成了现实世界的二重化，即自在世界与自为世界、自然世界与属人世界、客观世界与主观世界的分裂与对立。

所谓现实世界的“二重化”，当然不是说世界自身分裂为两种根本不同的存在(只有在宗教的“想象”中，才把世界分裂为神的“彼岸世界”和人的“此岸世界”)。现实世界的“二重化”是说，人类的实践活动使自然而然的世界具有了二重属性：一方面，无论是实践的主体(从事实践活动的人)和实践的客体(包括人及其思维在内的全部实践对象)，还是实践活动中沟通主体与客体的所有中介(首先是物质性的劳动工具)，在“本原”的意义上，都是自然的存在，都属于自然世界；另一方面，实践活动的主体、客体及其中介，在现实性上，又都是人类自己实践活动的产物和结果，都属于人类自己所创造的属人的世界、文化的世界。对于人类来说，世界不仅是一个自在的、没有“关系”的世界，而且是一个自为的、与人发生种种“关系”的世界。

对于动物来说，世界就是一个自然的世界，根本不存在世界的“二重化”问题。因为动物与自然世界是浑然一体的，它与世界的“关系”不是作为关系而存在的，它就是自然的存在。世界对于人类来说，则是“为我”而存在的实践“关系”的世界。在这种实践“关系”中，世界不仅是人类存在的“寓所”，而且是人类改造的“对象”。人类以改造世界的方式而存在于世界中，世界对于人类来说就具有了二重性。

由于马克思主义以前的哲学——包括旧唯物主义和唯心主义——离开人类的实践活动和人类的历史发展去看待思维和存在的关系问题，不理解由于人类的实践活动所造成的世界本身的二重化，不理解实践活动所造成的现实的为我关系，因而总是抽象地从对立的两极——思维或存在——出发去看待理论思维的前提，而找不到思维和存在统一的现实基础。奥古斯特·科尔纽在《马克思的思想起源》中，通过研究马克思的《关于费尔巴哈的提纲》及其他重要著作，得出这样的基本结论：“思想和具体现实的统一，人和外在世界的统一，只有在承认外部世界本身的现实性和把作为其具体现实的环境看作是人的具体实践活动的产物的情况下，才可能实现。这是历史辩证唯物主义的主张。只有立足于作为实践的行动概念，才能解释人同世界的结合，才能解释历史的进程。”①

理解由于人类的实践活动所造成的现实世界的二重化，是现实地提出理论思维前提问题的前提；而要现实地回答理论思维的前提问题，则必须研究在人类的实践活动及其历史发展中所实现的二重化世界的统一。

人类在目的性的对象化活动中，一方面以客观世界为转移，以它来规定自己的活动，并把对象的规定性转化成思维所把握到的关于对象的规定；另一方面以自己的对象化活动改变对象的规定性，把自己的目的性要求转化成对象的规定性，从而实现世界对人的生成（自在的世界转化成自为的世界）和人对世界的生成（自为的世界转化成自在的世界）的统一。在人类的实践活动的过程中，既不断地消除主观世界与客观世界的对立，在观念和现实两个层次上实现二者的统一，又不断地形成主观世界与客观世界在更高层次上的矛盾，进而达到在更高层次上的新的统

---

① ［法］奥古斯特·科尔纽：《马克思的思想起源》，83页，北京，中国人民大学出版社，1987。

一。正是在人类实践活动的矛盾运动中，思维与存在之间的矛盾关系被不断地揭示和显现出来。这正如列宁所说，“辩证法是活生生的、多方面的(方面的数目永远增加着的)认识，其中包含着无数的各式各样观察现实、接近现实的成分(包含着从每个成分发展成整体的哲学体系)”①。每种认识成分的增加，都意味着思维与存在的新的矛盾，也意味着思维与存在在更高层次上的统一。辩证法作为列宁所说的“活生生的”“多方面的”“方面的数目永远增加着的”认识，在主观世界与客观世界的发展着的对立统一中，获得了自己的日益丰富的理论内容。

(二)实践和人类自身的二重性

人类的实践活动造成了现实世界的二重化，也造成了人类自身的二重性。现实世界的二重化和人类自身的二重性统一于人类的实践活动。

人类作为物质世界链条上的特定环节，是自在的或自然的存在；人类作为认识世界和改造世界的主体，又是自为的或自觉的存在；人类作为自在存在与自为存在的统一是自在自为的存在，即作为物质世界中达到自我认识和自我改造的能动性主体而存在。这就是人类自身的二重性。

作为自在的或自然的存在，人类统一于物质世界，物质世界是人类生存和发展的根据；作为自为的或自觉的存在，人类又创造属于人的世界，人是自己生存和发展的根据；作为自在自为的存在，人类既服从于自然的规律又实现自己的目的，并以自己的历史性活动构成思维与存在、主观与客观、目的性要求与客观性规律、人的尺度与物的尺度的统一。这就是二重化的世界和二重性的人类的现实统一。

人类自身的自在性与自为性的统一，就是自然对人的“本原性”和人对自然的“超越性”的统一。在实践活动中，人类以自身的“物质自然”“感性存在”，并通过“感性存在”的中介，去改变“感性存在”的世界。这三类“感性存在”，在“本原”的意义上，都是“自在的”或“自然

---

① 《列宁全集》第55卷，308—311页，北京，人民出版社，1990。

的”存在。无论人类的实践能力和认识能力发展到何种程度，自然对于人来说，总具有“本原性”。但是，无论是人自身的“感性存在”，还是对象和中介的“感性存在”，又都是人类自身实践活动的产物，都是“人化了的自然”。这三类“感性存在”，在“现实”的意义上，又都是“超越”自然的存在。因此，人类在认识和改造世界的活动中，又总具有对自然的“超越性”。

自然对人的“本原性”，表明人类永远作为物质世界链条上的特定环节即自在的或自然的存在而存在；人对自然的“超越性”，表明人类始终作为认识世界和改造世界的主体即自为的或自觉的存在而存在。自然对人的“本原性”与人对自然的“超越性”的统一，表明人类永远生存于自然世界和属人世界对立统一的过程之中。

哲学史表明，从自在性、自为性和自在自为性这三个不同的视角去看待人以及人与世界、思维与存在的关系，就形成了三种不同的哲学理论：从自在观点出发的旧唯物论，从自为观点出发的唯心论，从自在自为观点出发的马克思主义哲学。由于旧唯物论和唯心论从自在和自为这两极去理解人与世界的关系和思维与存在的关系，所以它们陷入非此即彼的形而上学的思维方式，并成为抽象对立的哲学理论。

自然对人的“本原性”，或者说人及其精神是自然界长期发展的产物，这已经不仅为科学所证明，而且已经成为普遍的人类常识。在知识性的意义上，它构不成哲学理论的现代论争。在现代哲学中，是否承认自然对人的本原性，本质上即是否承认人及其思维在本质上与自然界服从于同一规律，是否承认人类的思想具有关于客观世界的内容，是否承认人类的历史也具有客观规律性。在这个问题上，马克思主义哲学坚持唯物主义的基本原则和思想路线，反对唯心主义把人的自为性夸大成脱离了物质、脱离了自然的绝对。

人对自然的“超越性”，或者说人是认识和改造世界的主体，这同样是无人否认的常识。在知识性的意义上，它同样构不成哲学理论的现代论争。在现代哲学中，是否承认人对自然的超越性，实质在于如何理解世界对人的“为我关系”。旧唯物主义仅仅从自在观点去理解人及其与世界的关系，因而“只是”从客体的或者直观的形式去理解事物、现实、感性，不懂得世界对人的“为我关系”。唯心主义仅仅从自为观点去理解人及其与世界的关系，把人的自为性抽象化为人的精神(感觉或思维)的能动性，因此它所理解的“为我关系”，不是人在自己的“感性活动”中所形成的人与世界的关系，而是人把客观世界说成是依附于人的精神活动的存在。因此，马克思主义哲学在关于人对自然的“超越性”问题上，既坚决反对唯心主义又“抽象地”发挥精神的能动性，彻底克服旧唯物主义“只是”从客体的或者直观的形式去理解世界的“主要缺点”。

马克思主义哲学从实践的观点去看待自然对人的“本原性”和人对自然的“超越性”、人的自在性和人的自为性，认为人类在自身的历史活动中实现“物的尺度”和“人的尺度”的对立统一。在人类的实践活动的历史过程中，两个“尺度”都具有不充分性，即人既不能完全地(彻底地)掌握“物的尺度”(因为思维向客体的接近是一个过程)，也不能完全地(彻底地)掌握“人的尺度”(因为它是一种发展着的规定性)；既不能完全地(彻底地)依据“物的尺度”(因为它不会主动满足人的要求)，也不能完全依据“人的尺度”(因为人对世界的要求受到世界本身的制约)。

因此，对于自在自为的人类来说，思维与存在的统一只能是，在人自己的实践活动及其历史发展中，思维反映存在而又创造存在和思维肯定存在而又否定存在的矛盾的统一。这就是蕴含于理论思维前提之中的基本矛盾。

(三)实践和社会历史的二象性

现实世界的二重化和人类自身的二重性，在社会历史的二象性中得到更为集中、更为深刻的表达。

人是社会历史的主体，“历史不过是追求着自己的目的的人的活动而已”①。在这个意义上，历史表现为人们自己创造自己的历史，表现

① 《马克思恩格斯全集》第2卷，118—119页，北京，人民出版社，1957。

为“具有意识的、经过思虑或凭激情行动的、追求某种目的的人”①的活动过程。

但是，人们创造历史的活动又不是随心所欲的，不是在他们选定的条件下进行的，恰恰相反，是在既予的、给定的、别无选择的历史条件下进行的。在这个意义上，历史又表现为不以人们的主观意志为转移的历史进程，表现为制约和规范人们的创造活动的历史规律。

人们自己创造自己的历史，历史的发展规律又不以人们的意志为转移，这就是人类社会历史的二象性。

正是在社会历史的二象性问题上，旧唯物主义陷入了不可解脱的“二律背反”，并做出了唯心主义历史观的回答。18 世纪的法国唯物主义者曾以“人与环境”的关系问题的形式探讨这个问题。一方面，他们认为人及其观念都是环境的产物，提出要改变人及其观念应该首先改变环境；另一方面，他们又认为环境的改变只能依靠天才人物的智慧的创造，提出要改变环境必须首先创造天才的人物和天才的思想。其结果是，他们把社会的人分为两部分，一部分人是伟大的天才，他们以其天才的思想来改变环境，而其他人则通过环境的改变而改变自己和自己的观念。这样，他们就从唯物主义的自然观走向了唯心主义的历史观。这正如马克思和恩格斯在《德意志意识形态》一书中批评费尔巴哈时所说的：“当费尔巴哈是一个唯物主义者的时候，历史在他的视野之外；当他去探讨历史的时候，他不是一个唯物主义者。在他那里，唯物主义和历史是彼此完全脱离的。”②在旧唯物主义陷入“二律背反”并由此导向历史唯心主义的地方，马克思以辩证的思维方式做出了历史唯物主义的回答。

对于人类社会历史的二象性，马克思从人类的现实存在及其历史发展出发，提出“人的存在是有机生命所经历的前一个过程的结果。只是

① 《马克思恩格斯选集》第 4 卷，247 页，北京，人民出版社，1995。
② 《马克思恩格斯选集》第 1 卷，78 页，北京，人民出版社，1995。

在这个过程的一定阶段上，人才成为人。但是一旦人已经存在，人，作为人类历史的经常前提，也是人类历史的经常的产物和结果，而人只有作为自己本身的产物和结果才成为前提”①。在这里，马克思正是针对困扰着哲学家们的历史观的“二律背反”，深刻地阐发了人作为历史的前提和结果的辩证关系。

人作为“历史的经常前提”，总是“前一个过程的结果”，他们的历史活动总是决定于在他们以前已经存在、不是由他们创立而是由前一代人创立的历史条件。因此，人们的历史活动并不是“随心所欲”的，人们的历史活动的结果表现为不以人们的意志为转移的历史发展规律。

人作为“人类历史的经常的产物和结果”，获得了创造历史的现实条件和现实力量，并凭借这种现实条件和现实力量去改变自己和自己的生存环境，实现社会历史的进步，为自己的下一代创造新的历史条件。因此，人们又是自己创造自己的历史，历史就是追求自己的目的的人的活动过程。

现实的人既是历史的前提又是历史的结果。他作为历史的结果构成新的历史前提，他作为历史的前提又构成新的历史结果。人作为历史的前提与结果的辩证运动，就是人及其历史的辩证法。

人及其历史的辩证法是世界二重化的现实基础。虽然“人的存在是有机生命所经历的前一个过程的结果”，但是，“一旦人已经存在”，他就开始了作为历史的前提与结果的辩证运动。在这个辩证运动中，人不断地创造属人的世界，把自然变成“人化了的自然”，从而构成了现实世界的二重化——自然世界与属人世界的对立统一。

人及其历史的辩证法，也是人类自身二重性的现实基础。人作为历史的经常的前提和结果，就不仅作为有机生命体而自在地存在，而且作为历史的创造者而自为地存在；人类的进化就不仅是生物学意义上的遗传与变异，而且是历史学意义上的延续与创新。杜布赞斯基在《遗传学

① 《马克思恩格斯全集》第26卷(III)，545页，北京，人民出版社，1974。

与物种起源》一书中，曾这样谈论人类“进化的样式”：“人类生物学和人类文化，乃是同一个系统的两部分，是在生命历史中独特性的和前所未有的。人类的进化若不是生物的和社会的变异因素相互作用的结果，那是不可能了解的”；“在动物和植物中，形成对环境的适应性，是通过其基因型的变异。只有人类对环境刺激的反应，才主要是通过发明、创造和文化所赋予的各种作为。现今文化上的进化过程，比生物学上的进化更为迅速和更为有效”，“获得和传递文化特征的能力，就成为在人种内选择上更为重要的了”①。

理解人及其历史的辩证法，对于理解理论思维的前提及其实践论批判，意义尤为重大。

人及其历史的辩证法，是思维和存在的辩证法的现实基础，也是思维和存在的辩证法的现实内容。思维和存在的辩证法，就是人作为历史的前提和结果，在其辩证的历史发展中所实现的思维对象与思维内容、思维内容与思维形式、思维形式与思维能力、思维能力与历史文化、历史文化与人的现实的历史的、辩证的统一。

因此，只有从人及其历史的辩证法出发，并把这种辩证法作为理论内容而“输入”思维和存在的关系问题中，才能使思维和存在的关系问题具有历史的规定性，才能使思维和存在的“统一原则”和“发展原则”具体化为思维和存在的辩证法。

马克思主义对理论思维前提的实践论批判，就其实质内容而言，就是以人及其历史的辩证法去考察和解释思维与存在的辩证法。马克思主义的辩证法与唯物史观是不可分割的。离开辩证法的历史观，离开唯物史观的辩证法，都必然最终导致对人及其历史、思维与存在进行唯心主义和形而上学的解释。

(四)实践活动的二极性

社会生活在本质上是实践的。实践是人类的生存方式和发展方式。

---

① [美]T. 杜布赞斯基：《遗传学与物种起源》，287、288、289页，北京，科学出版社，1964。

世界的二重化、人类的二重性和历史的二象性，其根源都在于实践活动的二极性。

实践活动的二极性，首先表现为实践主体的自然性与自为性。实践活动是人(和人类)的“感性活动”，是人以自己的感性的自然(肉体组织)，通过感性的中介(物质工具)，去改造感性的对象(物质世界)。离开实践主体(人和人类)的自然的感性存在，就没有感性的实践活动。但是，如果人仅仅是一种感性的自然，仅仅凭借自己的感性的自然去适应外部的自然以维持自身的存在，又不成其为实践主体，也就没有改变世界的实践活动。就人的起源来说，人是自然的存在物。“人的活动起初像动物的活动一样，是本能的，靠占有在他之外存在的、不依赖于他的对象来满足自己的需要。但人不是简单的自然存在物，而是具有理智的人的自然存在物。人不像动物那样无意识地适应自然界，而是在适应自然界的同时使自然界适应自己，满足自己的需要。”“正是这种双重的适应性，即环境对人和人对环境的不断作用与反作用，决定了人的活动的本质。”①离开自为性的人的自然性，只能像运动一样去适应自然；离开自然性的人的自为性，只能是唯心主义所设想的思维的抽象自为性。人的自然性是具有自为性的自然，人的自为性是具有自然性的自为。现实的人不是“自然性＋自为性”，而是自然自为的存在。列宁说，“客观过程”有两个形式，即自然界的客观过程和人的有目的的活动的客观过程。② 实践活动作为人的有目的的活动的客观过程，表明人自身是自然性与自为性的对立统一；也表明，没有辩证的思维方式，就无法理解人自身的二重性。

实践活动的二极性，又表现为实践活动的合目的性与合规律性。实践活动作为主体对客体的改造过程，是主体的目的性要求的对象化活动。主体给自己构成自己所要求的世界的客观图画，并以自己的对象性

---

① ［法］奥古斯特·科尔纽：《马克思的思想起源》，75页，北京，中国人民大学出版社，1987。

② 参见《列宁全集》第55卷，158页，北京，人民出版社，1990。

活动来实现对自己的现实性(目的性要求)和对世界的非现实性(变革世界的现存状态)的确信。同时，实践作为主体的目的性要求的对象化活动，又必须面向客观世界，以客观世界为转移。只有在实践主体的目的性要求中积淀着关于世界的规律性认识，这种目的性要求才能取得现实性。因此，目的性要求又是以合乎客观规律为前提的。由此便构成了实践活动中的合目的性与合规律性的矛盾。而对于这个矛盾的唯一合理的解释，就是马克思的关于人及其历史的辩证法。实践活动的目的性要求的客观性，在于人自身既是历史的"前提"又是历史的"结果"，从而在这种"前提"与"结果"的辩证转化中构成实践活动的合目的性与合规律性的对立统一。

实践活动的二极性，又表现为实践活动的"人的尺度"与"物的尺度"。实践活动的目的性要求，是以"人的尺度"去要求世界，实践活动的合规律性，则是以"物的尺度"去规范人的目的与活动。因此，合目的性与合规律性的矛盾，深层地蕴含着"人的尺度"与"物的尺度"的矛盾。对于这个矛盾，马克思曾指出，"动物只是按照它所属的那个种的尺度和需要来建造，而人却懂得按照任何一个种的尺度来进行生产，并且懂得怎样处处都把内在的尺度运用到对象上去；因此，人也按照美的规律来建造"①。在这里，马克思对动物的本能活动与人的实践活动的区别提供了一种重要的标志。这就是：动物的本能活动只有一个尺度，这就是它所属的那个物种的尺度；人的实践活动则有两种尺度，一是任何物种的尺度，二是人的内在的固有的尺度。动物只是按照它所属的那个物种的尺度来进行本能活动，因此它永远只能是一代又一代地复制自己，而没有自己的"历史"。人则不然，人在自己的实践活动中，不仅按照两种尺度——任何物种的尺度和人的尺度——来进行生产，而且随时随地都能用内在固有的尺度来衡量对象，也就是用人的尺度来衡量物的尺度(任何物种的尺度)。在这种人的尺度与物的尺度对立统一的实践活动

① 《马克思恩格斯全集》第42卷，97页，北京，人民出版社，1979。

中，人就不像动物那样一代又一代地复制自己，而是一代又一代地发展自己。只有人才有自己的“历史”，只有人才是历史性的存在。

实践活动的二极性，还表现为实践活动中的世界对人的生成和人对世界的生成、客体的主体化和主体的客体化。人自己和人的世界都是在实践活动中形成的。“人同世界的任何一种属人的关系——视觉、听觉、嗅觉、味觉、触觉、思维、直观、感情、愿望、活动、爱——总之，他的个体的一切官能，正像那些在形式上直接作为社会的器官而存在的器官一样，是通过自己的对象性的关系，亦即通过自己同对象的关系，而对对象的占有。”人的“五官感觉的形成是以往全部世界史的产物”①。我们在仔细地观察人的眼睛和动物的眼睛时，就会发现，动物的眼睛总是在“等待”和“接受”，而人的眼睛则在“期待”和“创造”。人的眼睛不是在消极地接受对象所给予的信息，而是在积极地创造某种意义。这种创造，就是人为自己绘制关于客观世界的图景，并把这种“图景”作为目的性要求而实现为对象化活动，在这种对象化活动中使客体主体化，使自在的世界变成属人的世界或人化了的自然。在世界对人和人对世界的双重作用下，人实现了对世界的改造和人自身的发展。

实践活动的二极性还在于：一方面，人作为自然的产物和自然世界中的存在，以自己的实践活动面向着客观世界，以客观世界为转移，以客观世界来规定自己的活动，并通过自己的实践活动来证明自己的观点、概念、知识、科学的客观正确性。这就是实践活动所要求的实践主体对实践客体的规律性认识，即实践活动内含着的“物的尺度”。另一方面，实践活动的本质又在于世界不会主动地满足人的需要，人必须以自己的行动来改变世界，从而使世界满足自己的需要。在这种实践活动中，人的思维不仅反映客观世界，而且观念地改造世界。人为自己绘制自己所要求的客观世界的图景，并通过对象化的实践活动改变外部现实。这又是实践活动所具有的实践主体对实践客体的目的性要求，即实

---

① 马克思：《1844年经济学哲学手稿》，77—79页，北京，人民出版社，2000。

践活动内含着的“人的尺度”。

实践活动自身所具有的二极性，使它成为一种特殊的“交错点”——思维与存在、主观与客观、主体与客体、人的尺度与物的尺度、合目的性与合规律性、道德法则与自然法则、个人占有历史与历史占有个人，以及人类把握世界的诸种方式(科学、艺术、伦理、宗教、常识和科学)的“交错点”。在这个“交错点”上，思维与存在、人与世界不是单向的、直接的、肯定的统一，而是双向的、间接的(以实践为中介的)、否定的统一。思维与存在、人与世界的辩证关系根源于人类的实践活动；同时，也只有以实践观点去批判考察“理论思维的不自觉的和无条件的前提”，才能够对思维与存在的统一性做出合理的解释。

(五)实践与“逻辑的式”

思维和存在的同一性作为理论思维的前提，它直接地包含两个基本层次的问题。在其表层，是作为思维规定的概念、范畴、命题以及由它们的逻辑联结所构成的诸种理论体系是否表述存在的本质和规律的问题；在其深层，则是作为思维运演逻辑的思维形式、思维范畴、思维规律和思维规则所构成的思维运动能否描述存在运动规律的问题，也就是思维的“逻辑的式”何以具有客观性的问题。

马克思主义以前的旧哲学，离开人的实践活动及其历史发展，都无法正确地回答这个问题。恩格斯说，18 世纪的唯物主义只限于证明一切思维和知识的内容都应当起源于感性的经验，而没有从“形式”方面去思考思维和存在的关系问题。① 这就是说，旧唯物主义还没有向自己提出“逻辑的式”的客观性问题。与旧唯物主义相反，唯心主义虽然从“形式”方面去思考思维和存在的关系问题，但是他们所说的“存在”只是“意识界的存在”，因此，他们又把“逻辑的式”归结为思维自我运动的逻辑。康德在批判近代哲学的过程中，把思维运动的逻辑与存在运动的逻辑对立起来，认为思维把握存在的逻辑只具有主观逻辑的意义，而不具有客

① 参见《马克思恩格斯选集》第 4 卷，364 页，北京，人民出版社，1995。

观逻辑的意义。黑格尔反对康德把思维的逻辑与存在的逻辑对立起来，提出二者“自在地”就是“同一的”，并以这种自在的同一性为前提去展开思维的自我运动，而没有回答为什么思维与存在自在地就是“同一的”问题。因此恩格斯说，黑格尔“要证明的东西已经默默地包含在前提里面了”①。

显然，在全部旧哲学对思维和存在的关系问题的哲学思考中，都只是从“思维”对“存在”或“存在”对“思维”的关系去思考，因此，在思考“逻辑的式”的时候，也仍然没有跳出“思维”和“存在”的关系。这种思考的结果只能是或者直接断言“逻辑的式”就是存在的逻辑，或者断然否定“逻辑的式”表达存在的逻辑。

问题恰恰在于，思维的最本质最切近的基础既不是思维本身，也不是与思维相对立的存在，而是构成思维和存在的“关系”的人类自身的实践活动。

离开人的实践活动的思维和存在的“关系”，无法作为现实的“关系”而存在，因此，离开人的实践活动去思考思维和存在的“关系”问题，也只能把二者的“关系”或者看作“感性直观”的关系(旧唯物主义)，或者看作思维“自我认识”的关系(唯心主义)。在这两种思考方式中，都丢弃了“逻辑的式”的现实基础。

“逻辑的式”的现实基础是人类的实践活动。人的和人类的历史的实践是思维和存在的“交错点”。在论述“逻辑的范畴和人的实践”时，列宁明确地从实践论的视野提出了“逻辑的式”的问题。他说：“人的实践活动必须亿万次地使人的意识去重复各种不同的逻辑的式，以便这些式能够获得公理的意义。”②列宁还说：“人的实践经过亿万次的重复，在人的意识中以逻辑的式固定下来。这些式正是(而且只是)由于亿万次的重复才有着先入之见的巩固性和公理的性质。”③

---

① 《马克思恩格斯选集》第4卷，225页，北京，人民出版社，1995。

② 《列宁全集》第55卷，160页，北京，人民出版社，1990。

③ 同上书，186页。

列宁的这些论述具有丰富的内涵和重大的意义。

首先，列宁提出了“逻辑的式”的来源问题。对于这个问题，列宁十分明确地指出，“逻辑的式”来源于人类的实践活动。人类的实践活动也是一种“逻辑”，是一种表现为“感性活动”的逻辑、外部操作的逻辑。实践操作的逻辑，既受外部存在的制约，又受意识活动的制约；同时，它既改变外部存在，又变革意识活动。在这种既受思维和存在的制约，又改变思维和存在的“亿万次”的实践活动中，实践形成了自己的“逻辑”。与此同时，实践又使意识也“亿万次”地重复“各种不同的逻辑的式”，从而把实践的、外部操作的逻辑转化成意识的、思维运演的逻辑。

近年来，许多学者很重视研究瑞士心理学家和哲学家皮亚杰的发生认识论。这个理论的最基本的观点，是以“图式”“同化”“顺应”和“平衡”四个基本范畴为支点去论述人的(首先是儿童的)认识结构的形成和发展的基本过程。皮亚杰所说的“图式”是指动作的结构，“同化”和“顺应”是指个体适应环境的两种机能，“平衡”是指这两种机能的平衡。在皮亚杰看来，婴儿具有本能性的“遗传性的图式”(如吸吮奶头的运动结构)，在以后的适应环境的过程中，个体或者把客体纳入主体的图式之中(同化)，或者调整原有的图式或者创立新的图式(顺应)，使同化和顺应这两种机能从某一水平的平衡达到另一较高水平的平衡，从而实现认识结构的发展。

对于皮亚杰发生认识论的得与失，这里不去评论。我在这里只想指出，皮亚杰以大量的观察材料和实验材料为基础所提出的图式转换理论，从某种程度或某个侧面证明了外部操作的逻辑向思维运演的逻辑的“内化”过程。而列宁关于“人的实践经过亿万次的重复，在人的意识中以逻辑的式固定下来”的论断，则在最广阔、最深刻的意义上说明了“逻辑的式”的真实来源。

其次，列宁关于实践与“逻辑的式”的关系的论述，说明了“逻辑的式”为何具有“先入之见的巩固性和公理的性质”。

列宁认为，“逻辑的式”既不是自己产生的，也不是突然形成的，而是“亿万次的”实践的产物。因此，“逻辑的式”的先入之见的巩固性和公理的性质，必须而且只能从人的“亿万次的”实践来说明。实践活动面向客观世界，受到客观世界的制约和规范，并在改变客观世界的过程中不断地得到自我调整和自我实现。经过“亿万次”的调整与实现的实践活动的逻辑，与客观世界自在运动的逻辑构成了列宁所说的“相合线与相离线的彼此相接触的圆圈”，具有了按照客观世界的逻辑而改变客观世界的意义。而人的实践活动，又同时使人的意识“亿万次”地重复各种不同的逻辑的式，并使这些逻辑的式以思维规则、思维方法、思维运演的逻辑的形式固定下来。反过来，这种来源于人的实践活动的思维运演的逻辑，又成为调节、控制、规范人的实践活动的逻辑。这样，“逻辑的式”就获得了“先入之见的巩固性和公理的性质”。

最后，我们从列宁关于实践与“逻辑的式”的论述中，还可以进一步认识理论思维的“遗传性的获得”与“获得性的遗传”的辩证法。

人作为现实的人，既是历史的“前提”又是历史的“结果”，而人作为历史的“前提”，必须首先是历史的“结果”。作为历史的“结果”，人不仅获得了历史地给予的生产力、资金、生产关系和全部的社会关系，而且在生物学和社会学的双重意义上获得了理论思维的能力。

生物学意义上所获得的理论思维能力，是一种遗传性的获得，即以生物遗传的形式获得的理论思维能力。它相对于人的后天经验而言，具有先验性(先于经验的性质)。但是，这种先于经验的理论思维能力，既不是凭空产生的，也不是一成不变的。就它的来源来说，它是人类的亿万次实践活动的产物；就它的遗传来说，它总是处于遗传与变异的过程之中。在这两重意义上，我们都不能同意康德的“先验论”，因为康德把人的先于经验的理论思维能力，既说成是纯粹先天的(不懂得它的实践来源)，又看成是固定不变的(否定它的变异性)。

社会学意义上所获得的理论思维能力，是一种获得性的遗传，即以文化积淀的形式获得的理论思维能力。它相对于人的遗传性的获得而言，具有后天性(以学习的方式获得)。恩格斯曾说，理论思维仅仅是一种天赋的能力，这种能力必须加以发展和锻炼，而为了进行这种锻炼，“除了学习以往的哲学，直到现在还没有别的手段”①。这是因为，哲学的理论进程，积淀着思维的历史和成就。而“每一时代的理论思维，从而我们时代的理论思维，都是一种历史的产物，在不同的时代具有非常不同的形式，并因而具有非常不同的内容”②。这种文化的获得性遗传，在人类理论思维发展的过程中，比生物学意义上的遗传性的获得要更为迅速、更为有效和更为重要，因为这种文化的获得性遗传，不仅能够遗传给未来世代的任何数量的个体，而且能够现实地改变人们的理论思维方式，使各个时代的理论思维具有新的内容和形式。

理论思维的遗传性的获得和获得性的遗传，虽然具有生物的或文化的不同的内容与形式，但二者并不能相互取代。人类的生物学意义上的理论思维能力的遗传，并未被人类文化的历史性继承所取代，人类的遗传永远是人类存在和发展的前提。同时，人类文化的历史性延续与更新，又构成理论思维的时代性的特征，并使每个时代的个体在历史文化的占有中达到自己时代的理论思维。

(六)历史地延伸着的“交错点”

人类的社会实践活动是一个历史的展开过程，是一个思维与存在、人与世界的对立统一的矛盾展开过程。

实践活动作为思维与存在、主观与客观、人的尺度与物的尺度、合目的性与合规律性、自然的世界与属人的世界、人的自然性与人的自为性、人们创造历史与历史发展规律、人的生物遗传与人的文化遗传的“交错点”，并不是静止的、凝固的“点”，而是聚集在这个“交错点”上的全部矛盾的历史展开过程。

在实践活动的延伸着的“交错点”上，自然界亿万次地确证自己

① 《马克思恩格斯全集》第20卷，382页，北京，人民出版社，1971。

② 同上书，382页。

对人及其思维的先在性和本原性，人及其思维又同时确证自己对自然界的能动性和超越性。从这个“交错点”上去理解思维和存在、人和世界的关系，就扬弃了传统哲学在这个根本问题上的抽象对立，而把这个根本问题诉诸人类的革命性的、批判性的实践活动及其历史发展。

在实践活动的延伸着的“交错点”上，无论是它的目的性要求还是它的直接现实性活动，无论是它内含着的人的尺度还是它把握着的物的尺度，无论是它作为对象化活动的过程还是它作为对象化活动的结果，都显示了一种最根本性的特征——历史的规定性。从这个最根本性的特征去理解实践活动所蕴含的诸种矛盾关系，就要求把人及其历史的辩证法融注到对所有这些矛盾关系的理解之中，真正地以历史的、辩证的思维方式去回答理论思维的前提问题。

在实践活动的延伸着的“交错点”上，展开了思维与存在的现实的辩证运动。人作为历史的“前提”与“结果”，只能在特定的生存环境、历史条件和文化背景中，以历史性的理论思维去接近存在，因而思维与存在的统一总是具有相对的意义；人类的社会实践活动现实地改造了主观世界和客观世界，使对象的客观规律转化为主体的思维规定，又使主体的目的性要求对象化为客体的存在，因而又现实地达到了思维规定与对象本质、目的性要求与客体存在的具体的、历史的统一；人类的实践活动永远不会停留在一个水平上，而是在无限丰富的侧面和无限深入的层次上扩展主体与客体的交互作用，因而人类能够不断地向着思维与存在统一的目标接近。

以人类的社会实践活动及其历史发展为基础去理解思维与存在的关系问题，思维的逻辑就具有了世界观的普遍意义。思维在人类实践的基础上反映世界的发展过程，思维范畴就构成了人类认识世界过程中的“梯级”和“支撑点”，而“逻辑”不是“关于思维的外在形式的学说，而是关于‘一切物质的、自然的和精神的事物’的发展规律的学说，即关于世界的全部具体内容的以及对它的认识的发展规律的学说，即对世界的认识的历史的总计、总和、结论”①。

恩格斯认为，马克思主义哲学在实质上“把两千年来哲学和自然科学发展的全部思想内容以及这两千年的历史本身的全部思想内容加到旧唯物主义的永久性基础上”②，使自己成为一种“建立在通晓思维的历史和成就的基础上的理论思维”③。列宁又具体指出，“要继承黑格尔和马克思的事业，就应当辩证地探讨人类思想、科学和技术的历史”④，哲学史、各门科学的历史、儿童智力发展的历史、动物智力发展的历史、心理学、语言学、感觉器官的生理学，“这就是认识论和辩证法应当从中形成的知识领域”⑤。

以马克思主义的实践观去总结人类认识史，把握人类思维的产生和发展，把握人类的世界图景的扩展和深化，把握人类的范畴之网的改变和更新，把握人类的思维方式的进化和革命，唯物辩证法的理论思维前提批判就具有了“巨大的历史感”和彻底的“批判的”“革命的”本性。

四　实践论批判的辩证法与人类解放

马克思和恩格斯对理论思维的前提批判，正如马克思自己在《关于费尔巴哈的提纲》中所说，其目的绝不是为了“解释”世界，而是为了“改变”世界。因此，马克思和恩格斯是这样来看待理论思维的前提批判的，即锻造一种世界观武器、一种伟大的认识工具，使之成为一种革命的、批判的理论思维方式，对现存的一切进行无情的批判。⑥ 而这种无情的批判所要达到的最终目的，则是实现人类自身的解放。

---

① 《列宁全集》第 55 卷，77 页，北京，人民出版社，1990。
② 《马克思恩格斯选集》第 3 卷，481 页，北京，人民出版社，1995。
③ 《马克思恩格斯全集》第 20 卷，552 页，北京，人民出版社，1971。
④ 《列宁全集》第 55 卷，122 页，北京，人民出版社，1990。
⑤ 同上书，302 页。
⑥ 参见《马克思恩格斯全集》第 1 卷，415 页，北京，人民出版社，1956。

（一）哲学批判和政治经济学批判

马克思和恩格斯对"现存的一切"所进行的"无情的批判"，首先是对黑格尔唯心主义的哲学批判，并由这种批判直接引向政治经济学批判。

在揭示黑格尔思辨哲学的本质时，马克思指出，黑格尔的体系有三个因素：第一个因素是形而上学地改了装的、脱离了人的自然；第二个因素是形而上学地改了装的、脱离了自然的精神；第三个因素是形而上学地改了装的上两个因素的统一，即现实的人和现实的人类。① 去掉这种"形而上学地改了装的"神秘性，黑格尔哲学在其现实性上，就是这样三个因素：作为人自身和人的对象的"自然"；以自然为基础的人的"精神"；作为二者统一的"现实的人"和"现实的人类"。

但是，黑格尔把真实的"自然""精神"和"人"都抽象化和神秘化了。他把现实的"人"及其"精神"都抽象化为"无人身的理性"，又把人的现实活动抽象化为"无人身的理性"的自我运动，把现实的人以其现实的活动所实现的与现实世界的统一抽象化为"无人身的理性"的自我认识和自我发展。因此，"当黑格尔把否定之否定这原则所包含的肯定方面，理解为真正唯一的肯定，并把这原则所包含的否定方面理解为唯一真正的动作和一切存在自我确证的动作时，他只是对于历史的运动获得了抽象的、逻辑的、思辨的表达，他所表达的历史还不是作为一个先在的主体的人的现实历史，而仅不过是人的产生和发生史"②。

黑格尔以抽象的、逻辑的、思辨的形式表达了人类的自我创造和历史发展，因此，黑格尔的"无人身的理性"的自我运动的唯心主义概念辩证法，并不是某种超然于世界之外或凌驾于世界之上的"遐想"，恰好相反，黑格尔以最抽象的形式表达了最现实的人类状况。这就是："个人现在受抽象统治，而他们以前是互相依赖的。但是，抽象或观念，无非

---

① 参见《马克思恩格斯全集》第2卷，177页，北京，人民出版社，1957。

② 杨适：《马克思〈经济学—哲学手稿〉述评》，125页，北京，人民出版社，1982。

是那些统治个人的物质关系的理论表现。”①

那么，如何从黑格尔哲学的“抽象或观念”中揭示出那些“统治个人的物质关系”？马克思说：“我的研究得出这样一个结果：法的关系正像国家的形式一样，既不能从它们本身来理解，也不能从所谓人类精神的一般发展来理解，相反，它们根源于物质的生活关系，这种物质的生活关系的总和，黑格尔按照18世纪的英国人和法国人的先例，概括为‘市民社会’，而对市民社会的解剖应该到政治经济学中去寻求。”②因此，马克思把辩证法的哲学批判诉诸政治经济学批判，并在政治经济学批判中深化对黑格尔的哲学批判。在这种哲学政治经济学批判中，马克思曾以一个生动而犀利的论断来揭示英国古典政治经济学和德国古典哲学的本质。马克思说：“如果说有一个英国人把人变成帽子，那么，有一个德国人就把帽子变成了观念。这个英国人就是李嘉图，……这个德国人就是黑格尔。”③李嘉图在他的政治经济学理论中，用物和物的关系掩盖了人和人的关系；黑格尔在他的思辨哲学中，把物与物的关系、人与物的关系，人与人的关系都神秘化为观念之间的关系。这样，所有的现实关系，都变成了“纯粹的、永恒的、无人身的理性”的自我运动。正因如此，马克思把辩证法的批判首先指向黑格尔的思辨哲学，使现实的关系从抽象的观念中显现出来，又从哲学批判转向政治经济学批判，深刻地揭示物与物的关系下所掩盖的人与人的关系，并把这种哲学政治经济学批判提升到这样的高度，即“任何一种解放都是把人的世界和人的关系还给人自己”④。这样，马克思就把他的哲学—政治经济学批判与这种批判的目的——人类解放——统一起来了。

马克思认为，黑格尔以抽象的观念普遍性所表达的“统治个人的物质关系”的普遍性，在其现实性上，就是“资本”与“劳动”的关系。马克

① 《马克思恩格斯全集》第46卷(上)，111页，北京，人民出版社，1979。

② 《马克思恩格斯选集》第2卷，32页，北京，人民出版社，1995。

③ 《马克思恩格斯选集》第1卷，136页，北京，人民出版社，1995。

④ 《马克思恩格斯全集》第1卷，443页，北京，人民出版社，1956。

思非常明确地指出："在资产阶级社会里，资本具有独立性和个性，而活动着的个人却没有独立性和个性。"①这表现在：一方面，"作为资本家，他只是人格化的资本，他的灵魂就是资本的灵魂"；另一方面，"不仅各种特殊的局部劳动分配给不同的个体，而且个体本身也被分割开来，转化为某种局部劳动的自动的工具"②。

马克思的精辟分析表明，黑格尔式的泛逻辑主义的"绝对精神"的自我运动，就其实质而言，是以哲学的形式表达了个人受抽象统治的现实；马克思对黑格尔的"无人身的理性"的批判，在其现实意义上，就是要求把人从抽象的统治中解放出来，从物的普遍统治下解放出来，从现实的资本的统治下解放出来，把资本的独立性和个性变为人的独立性和个性，把人的世界和人的关系还给人自己。因此，马克思主义唯物辩证法所实现的对理论思维前提的实践理论批判，首先是以哲学的形式表达了人类争取从抽象统治中解放出来的现实，特别是以哲学的形式表达了无产阶级争取从资本的统治中解放出来的现实。

在《〈黑格尔法哲学批判〉导言》中，马克思明确地表述了自己的哲学批判的现实性。他说："批判的武器当然不能代替武器的批判，物质力量只能用物质力量来摧毁；但是理论一经掌握群众，也会变成物质力量。""哲学把无产阶级当作自己的物质武器，同样，无产阶级也把哲学当作自己的精神武器；思想的闪电一旦彻底击中这块素朴的人民园地，德国人就会解放成为人。"③正是把哲学的批判视为现实批判的理论表达，唯物辩证法才获得了彻底的批判本性。

(二)宗教批判和人本学批判

人类争取自身解放的道路是曲折的，表达这种现实的理论是在自我批判中发展的。

德国古典哲学的最后一位代表人物路德维希·费尔巴哈，反对宗教

---

① 《马克思恩格斯选集》第1卷，287页，北京，人民出版社，1995。

② 马克思：《资本论》第1卷，417页，北京，人民出版社，2004。

③ 《马克思恩格斯选集》第1卷，9、15—16页，北京，人民出版社，1995。

神学把人的本质异化给彼岸世界的上帝，反对黑格尔以抽象的思维统治人的感性存在，并在这种双重批判中提出了他的人本学理论。马克思批判费尔巴哈的人本学，以现实的人为哲学的出发点，奠定了马克思主义唯物辩证法的坚实基础。

对于19世纪上半叶德国哲学批判宗教的意义，马克思指出，“要求抛弃关于自己处境的幻想，也就是要求抛弃那需要幻想的处境。因此对宗教的批判就是对苦难世界——宗教是它的灵光圈——的批判的胚胎”①。正是在这个意义上，马克思认为，“对宗教的批判是其他一切批判的前提”②。

费尔巴哈认为，宗教神学的实质是“人在宗教中把自己的本质对象化”给上帝，黑格尔思辨哲学的实质是把“从思维的人抽象出来的思维”变成独立的本质。因此，他不满意抽象的思维而诉诸感性的直观，认为“生命就是人的最高的宝物，人的最高的本质”，“人的本质是感性，而不是虚幻的抽象、精神”③。

在费尔巴哈看来，他的人本学把存在当作主词，把思维当作宾词，从而把人的本质归结为感性存在的实体，就是整个近代哲学的“将上帝现实化和人化”的完成。

对此，马克思指出，“费尔巴哈是从宗教上的‘自我异化’，从世界被二重化为宗教的、想像的世界和现实的世界这一事实出发的。他致力于把宗教世界归结于它的世俗基础。他没有注意到，在做完这一工作之后，主要的事情还没有做哩。因为，世俗的基础使自己和自己本身分离，……这一事实，只能用这个世俗基础的自我分裂和自我矛盾来说明”④。

---

① 《马克思恩格斯全集》第1卷，453页，北京，人民出版社，1956。

② 《马克思恩格斯选集》第1卷，1页，北京，人民出版社，1995。

③ 《费尔巴哈哲学著作选集》下卷，554页，上卷，213页，北京，商务印书馆，1984。

④ 《马克思恩格斯全集》第3卷，4页，北京，人民出版社，1960。

对于费尔巴哈所完成的“把宗教世界归结于它的世俗基础”的历史任务，马克思给予充分的肯定。因为在马克思看来，“对宗教的批判是其他一切批判的前提”，“谬误在天国的申辩一经驳倒，它在人间的存在就暴露了出来”，“反宗教的斗争间接地也就是反对以宗教为精神慰借的那个世界的斗争”①。

但是，费尔巴哈仅仅“把宗教世界归结于它的世俗基础”，还不可能合理地说明人的本质，因而也不可能合理地说明思维与存在、人与世界的真实关系。因为“人并不是抽象的栖息在世界以外的东西。人就是人的世界”，“人的根本就是人本身”，“人的本质并不是单个人所固有的抽象物”，“抽象的个人，实际上是属于一定的社会形式的”②。在马克思看来，“彼岸世界的真理消逝以后，历史的任务就是确立此岸世界的真理。人的自我异化的神圣形象被揭穿以后，揭露非神圣形象中的自我异化，就成了为历史服务的哲学的迫切任务”③。

“彼岸世界”即宗教的、想象的世界，“此岸世界”则是现实的、人的世界。现实的、人的世界的内在矛盾，是马克思哲学思考的出发点。

“人的自我异化的神圣形象”即作为人的本质对象化的上帝，“非神圣形象中的自我异化”则是作为被异化了的人的存在。揭露这种被异化了的人的现实存在的内在矛盾，是马克思哲学思考的核心问题，而改变这种被异化了的人的现实存在，实现每个人的全面发展，则是马克思哲学思考的内在要求。

马克思对理论思维前提的实践论批判，以及在这种批判中所形成的具有彻底的批判本质的辩证法理论，其根源是马克思哲学思考的出发点、核心问题和内在要求的革命性变革。

黑格尔的唯心主义辩证法，以“无人身的理性”的自我发展的形式，把自然的、社会的和精神的世界描述为一个有规律的发展过程，那么，

---

① 《马克思恩格斯全集》第1卷，452—453页，北京，人民出版社，1956。
② 《马克思恩格斯选集》第1卷，9、56、59页，北京，人民出版社，1995。
③ 《马克思恩格斯全集》第1卷，453页，北京，人民出版社，1956。

不是“无人身的理性”，而是现实的人的思维，怎样才能在人的历史发展中掌握世界的发展规律，并实现客观规律与人的目的性要求的统一呢？费尔巴哈的人本学，从抽象的个人出发，把人的本质归结为肉体和精神相统一的感性存在。那么，不是抽象的个人，而是现实的人类，与现实的世界是怎样一种关系，并如何在现实的人的历史发展中改造人与世界的关系？这里的根本问题，是人的问题。

请看马克思恩格斯对费尔巴哈人本学的批判。他们说：“费尔巴哈……紧紧地抓住自然界和人；但是，在他那里，自然界和人都只是空话。无论关于现实的自然界或关于现实的人，他都不能对我们说出任何确定的东西。”①这是因为：“费尔巴哈想要研究跟思想客体确实不同的感性客体，但是他没有把人的活动本身理解为客观的活动”②；他“不满意抽象的思维而诉诸感性的直观；但是他把感性不是看作实践的、人类感性的活动”③；“他把人只看作是‘感性的对象’，而不是‘感性的活动’”④；“当费尔巴哈是一个唯物主义者的时候，历史在他的视野之外；当他去探讨历史的时候，他决不是一个唯物主义者。在他那里，唯物主义和历史是彼此完全脱离的”⑤。马克思恩格斯的结论是：“要从费尔巴哈的抽象的人转到现实的、活生生的人，就必须把这些人作为在历史中行动的人去考察。”⑥

以人的“感性活动”而不是人的“感性存在”为出发点，以人的“感性活动”所造成的人与世界的矛盾而不是以“宗教上的自我异化”所造成的宗教世界和现实世界的矛盾为研究对象，以人及其思维与现实世界相互关系的辩证发展而不是“无人身的理性”的自我运动为理论内容，构成了马克思主义对理论思维前提进行实践论批判的辩证法理论。

---

① 《马克思恩格斯选集》第4卷，240页，北京，人民出版社，1995。
② 《马克思恩格斯全集》第3卷，6页，北京，人民出版社，1960。
③ 同上书，4—5页。
④ 同上书，50页。
⑤ 同上书，51页。
⑥ 《马克思恩格斯选集》第4卷，241页，北京，人民出版社，1995。

（三）空想社会主义批判与人类解放之路

马克思和恩格斯对“现存的一切”所进行的“无情的批判”，以对宗教的批判作为其他一切批判的前提，通过批判黑格尔的思辨哲学、费尔巴哈的人本学和英国古典政治经济学，来批判空想社会主义学说。这种批判，既锻造了具有彻底批判本性的唯物辩证法理论，又以这个革命的、批判的思想武器去批判“现存的一切”，为无产阶级的解放和整个人类的解放指出了现实的道路。

空想社会主义者针对资本主义社会的残酷现实与资产阶级思想家曾经许诺的“自由、平等、博爱”之间的尖锐矛盾，对资本主义社会进行了有力的揭露和批判。然而，他们所揭露和批判的不是资产阶级思想家的理论，而是借用这种理论去批判现实。在他们看来，资本主义的现实之所以是残酷黑暗的，之所以是必须否定的，是因为它不合乎“人性”，是因为它陷入了“理性的迷误”；而社会主义之所以是美好光明的，之所以是应该追求的，是因为它合乎“人的本性”，是因为它符合人的“理性”。

这样的理论，只能说明资本主义的现实是应该诅咒的，而不能说明资本主义制度灭亡的历史必然性；只能说明无产阶级是一个受苦的阶级，而不能说明无产阶级是资本主义的掘墓人；只能对社会主义的未来做出种种美好的设想，而不能指出实现社会主义的条件和进程。所以，这种以“人性”和“人的理性”为出发点的空想社会主义学说，对于人类自身的解放来说，只能是一种“幻想的武器”。

这种“幻想的武器”的出现也有其历史的必然性。“无产阶级还很不发展，因而对本身的地位的认识还基于幻想的时候，是同无产阶级对社会普遍改造的最初的本能的渴望相适应的。”“阶级斗争越发展和越具有确定的形式，这种超乎阶级斗争的幻想，这种反对阶级斗争的幻想，就越失去任何实践意义和任何理论根据。”①在理论上用“现实的武器”去代替“幻想的武器”，使无产阶级由“自在的阶级”真正成为“自为的阶级”，

---

① 《马克思恩格斯选集》第1卷，304页，北京，人民出版社，1995。

这是历史向理论提出的要求，也是无产阶级向自己的理论家提出的任务。

用“现实的武器”去代替“幻想的武器”，必须首先对“幻想的武器”进行彻底的批判。黑格尔的辩证法认为，历史是一个有规律的发展过程，那么，历史合乎规律地发展的现实基础是什么？费尔巴哈的人本学认为，人是肉体和精神相统一的感性存在，那么，这种感性存在赖以生存和发展的现实基础又是什么？正是通过寻求历史的现实基础，马克思和恩格斯找到了人类最基本的社会实践活动——物质生产活动，从而在社会有机体的众多因素的交互作用中，在社会形态曲折发展的历史进程中，在社会意识相对独立的历史更替中，肯定了生产力的最终的决定作用，并从生产力这个最革命、最活跃的因素中，找到了辩证法理论的最现实的批判力量。

列宁说：“社会主义学说正是在它抛弃了关于合乎人的本性的社会条件的议论，而着手唯物主义地分析现代社会关系并说明现在剥削制度的必然性的时候取得成就。”①在《资本论》这部理论巨著中，马克思运用他所锻造的唯物辩证法对人类社会的最后一个剥削制度——资本主义制度——的发展规律做出了无可辩驳的论证，从而使社会主义学说由空想变为科学。

社会主义是人类解放的必由之路。在《共产党宣言》中，马克思和恩格斯提出：“代替那存在着阶级和阶级对立的资产阶级旧社会的，将是这样一个联合体，在那里，每个人的自由发展是一切人的自由发展的条件。”②这个伟大的理想不仅要求把人从物的统治下解放出来，使人的劳动变成自主活动，而且要求最终地消除个人向完整的个人、全面发展的个人迈进过程中的一切阻碍。因此，马克思主义的唯物辩证法具有“对现存的一切进行无情的批判”的彻底性。唯物辩证法是具有彻底的批判本性的辩证法理论。

---

① 《列宁全集》第1卷，155页，北京，人民出版社，1984。

② 《马克思恩格斯选集》第1卷，294页，北京，人民出版社，1995。

第七章　辩证法的发展学说

一　辩证法的“发展原则”与“统一原则”

辩证法是一种发展学说。但是，在对“发展观”的通常解释中，人们往往离开哲学的基本问题——思维与存在的关系问题——去看待发展观，这样，就把辩证法理论的两条基本原则——“发展原则”和“统一原则”——分离开了。

作为世界观理论的辩证法，它的根本使命是理解和协调人与世界的关系，它所探讨的根本矛盾是人与世界、思维与存在之间的矛盾，它所回答的根本问题是人与世界、思维与存在如何在矛盾运动中实现统一，它所具有的基本功能是以辩证的思维方式去看待和解决人与世界、思维与存在之间的矛盾。

辩证法对人与世界、思维与存在的矛盾关系的理解，有两条基本原则：一是发展的原则，即把人与世界、思维与存在及其关系都理解为、把握为发展过程；二是统一的原则，即从人与世界、思维与存在的对立统一中去理解和把握思维与存在。因此，辩证法的“发展原则”是关于思维和存在如何在统一的过程中实现发展，辩证法的

"统一原则"是关于思维和存在如何在发展的过程中实现统一。离开思维和存在的统一问题去讲发展观，也就是离开世界观的基本矛盾去讲发展观，因而也就失去了辩证法理论的世界观意义；离开思维和存在的发展问题去讲统一观，也就是把思维和存在看作僵死凝固的统一，因而必然走向辩证法理论的反面——以形而上学的思维方式去对待和回答思维和存在的关系问题，也就是以形而上学的世界观去理解人与世界的关系。

在这里，需要特别指出的是，对于辩证法理论是一种发展观，人们是普遍承认的；而对于辩证法理论是一种统一观，人们往往感觉难以理解。其实，问题的症结并不在于难以理解辩证法理论是一种关于思维和存在的统一观，而在于难以理解辩证法是关于思维和存在相统一的发展观。后者蕴含着前者。如果能够理解辩证法理论是关于思维和存在的矛盾运动的发展观，那也就合乎逻辑地承认了辩证法理论的统一原则。让我们简略地从辩证法的发展史来探讨这个问题。

辩证法理论的成熟(或者说自觉形态的辩证法)，与哲学基本问题的明朗化(或者说自觉地提出思维和存在的关系问题)，是基本同步的。恩格斯在论述哲学基本问题时，曾经明确地指出，全部哲学，"特别是"近代哲学的重大的基本问题，是思维和存在的关系问题。因为"只有"在近代哲学中，思维和存在的关系问题才被"十分清楚"地提了出来，才获得了它的"完全的意义"①。所以，只有在近代哲学中才能形成自觉形态的辩证法理论，而在此之前则只能形成自发形态的辩证法理论。进一步说，即使是"十分清楚"地提出哲学基本问题，并使之获得"完全的意义"，并不等于对哲学基本问题做出合理的回答；因此，自觉形态的辩证法理论，也并不等于"合理形态"的辩证法理论。这就需要我们从"朴素形态""自觉形态"和"合理形态"这三种辩证法形态的比较中，特别是从"合理形态"的辩证法理论即马克思的辩证法理论去重新理解辩证法的发展观。这是辩证法理论研究中的一个十分困难的研究课题。

---

① 《马克思恩格斯选集》第4卷，223、224页，北京，人民出版社，1995。

人的思维的最本质最切近的基础是人类的实践活动。由于马克思主义以前的旧哲学离开人类的实践活动的历史发展去解决思维和存在的关系问题，所以旧哲学或者是(1)描述和解释存在的运动、变化和发展，或者是(2)描述和解释思维的运动、变化和发展，而都没有达到(3)从人类的实践活动及其历史发展出发去理解和说明思维与存在的发展中的统一和统一中的发展。辩证法的三种基本形态，从根本上说，就是与上述三种情况相对应的，或者说，是分别以上述三种情况为其理论内容的。

在古希腊哲学中，“辩证的思维还以天然的纯朴的形式出现”①。这种经验层次的、自发的、朴素的辩证法，只是描述表象意识中的经验世界的流变，只是从宏观整体上把世界上的事物看作变化的过程，而没有反省思维与存在的矛盾，没有从思维的矛盾运动去表达事物矛盾运动的本质。正是针对这种自发辩证法的朴素性，列宁提出，“问题不在于有没有运动，而在于如何用概念的逻辑来表达它”②。

很明显，列宁在这里对辩证法理论提出了一个要求，要求辩证法理论必须从思维和存在的矛盾关系中去提出问题和解决问题。在“感觉的确实性”的层次上，在表象意识的经验事实中，人们都可以承认“运动”。但是，表象意识只能“承认”运动的现象，而不能说明运动的本质。要说明运动的本质，就必须把思维和存在“统一”起来，在“概念的逻辑中”去表达对象本质的矛盾。正因为古代的辩证法还没有自觉到这个问题，还没有从“统一原则”去看待“发展原则”，所以它是“自发的”“朴素的”。

与古代哲学不同，近代哲学不仅“十分清楚”地提出了思维和存在的关系问题，并且使之获得了“完全的意义”。它具体地提出和研究了自然世界与人类意识、意识内容与意识形式、感性认识与理性认识、对象意识与自我意识、外延逻辑与内涵逻辑、知性思维与辩证思维，以及归纳与演绎、分析与综合、表象与抽象等思维与存在的丰富的矛盾关系。因

① 《马克思恩格斯全集》第20卷，385页，北京，人民出版社，1971。

② 《列宁全集》第55卷，216页，北京，人民出版社，1990。

此，近代哲学的辩证法是以思维和存在的关系问题为前提的辩证法。哲学基本问题的内在矛盾的自觉，为形成自觉形态的辩证法提供了理论前提。

但是，近代哲学对思维和存在关系问题的研究，有两个方面的重大缺陷。一是把思维和存在的关系仅仅当作“思维”和“存在”的关系，而不懂得人的思维最本质最切近的基础是人类的实践活动。由于不懂得思维与存在统一的现实基础，一些人就只能是抽象地对待思维和存在的统一。这是它的最根本的缺陷。二是近代的唯物论哲学和唯心论哲学分别从思维的“内容”或“形式”去回答思维和存在的关系问题，而没有从“内容”与“形式”的统一中回答哲学基本问题。其结果是，它们虽然分别研究了“存在”的辩证运动和“思维”的辩证运动，却没有真正地研究思维与存在的辩证运动，既没有在“统一”中理解“发展”，也没有在“发展”中理解“统一”，因此并没有实现辩证法的“发展原则”与“统一原则”的统一。

由于近代哲学这两个方面的重大缺陷，它们所实现的思维和存在的统一只是一种抽象的统一，它们所阐述的发展只是一种片面的发展。辩证法理论的统一原则和发展原则，在整个近代哲学中，仍然是相互分离的。下面，我们分别考察近代的唯物论哲学和唯心论哲学对“思维和存在关系问题”的回答。

近代唯物论哲学认为，思维与存在之所以能够“统一”，是因为思维源于表象，表象源于对象，思维通过归纳、分析、抽象和概括表象所形成的观念，实现了思维与存在的统一。这种思维方式，一方面是在认识论上形成了列宁所说的“从物到感觉和思想”的唯物主义认识路线，确认了唯物主义认识论的反映论原则；另一方面却把思维与存在的统一仅仅诉诸思想内容的经验来源，而没有从思维运动的“形式”方面去探讨思维与存在的统一，因而不可能形成唯物辩证法的发展观。

近代唯心论哲学认为，思维与存在之所以是“统一”的，是因为思想的对象就是思想内容(意识界的存在)，思想通过自我认识而形成的思维规定，就是思维与存在(思维内容的存在)的统一。这种思维方式，一方面在认识论上明确地构成了列宁所说的"从思想和感觉到物"的唯心主义认识路线，构成了唯心主义的认识论原则，另一方面则凸显了对思维"形式"及其辩证运动的考察。但是，正因为近代的唯心主义哲学把意识外的存在作为在认识论上无意义的问题而予以排斥，因而它只能像马克思所揭示的那样"抽象地"发展思维的能动性，因而也只能形成辩证唯心主义的发展观。

从对辩证法史的简略回顾中，我们可以看到，古代哲学还主要在"感性确定性"中肯定事物的运动、变化和发展，而没有考虑用"概念的逻辑"去表达运动，即没有自觉到从思维和存在的统一中去探讨发展，因而只能是一种自发的、朴素的、经验的辩证法。近代哲学虽然自觉地提出了思维和存在的关系问题，并致力于探寻二者的统一，但是，由于它不懂得思维和存在统一的现实基础，找不到思维的内容与形式的现实联系，因而只能分别地考察存在的运动和思维的运动，也无法说明思维和存在在统一中的发展、在发展中的统一。总起来说，马克思主义以前的旧哲学都没有实现辩证法理论的"统一原则"和"发展原则"的统一。

在这里，我们还需要思考的一个问题是，前德国古典哲学的近代哲学，形而上学的思维方式占据统治地位，但这并不意味着这一时期没有自己的辩证法思想；反之，德国古典哲学虽然创立了唯心主义概念的辩证法，使辩证法获得了自觉的理论形态，但这并不意味着它使辩证法理论获得了合理的形式。实际上，包括德国古典哲学在内的整个近代哲学，在辩证法的发展史上提供了两种片面的发展学说。反省这两种片面的发展学说，对于我们理解辩证法的"发展原则"和"统一原则"是富有启发性的。

把近代的唯物主义称作形而上学的唯物主义，是就它的思维方式的本质而言的。如果从它对物质世界的理解与解释上看，这就包含着丰富的辩证法思想。近代唯物主义的奠基人培根，继承了古希腊哲学家赫拉克利特关于物质能动性的思想，把自然理解为能动的自然，认为物体处于恒常的运动之中，运动是物质的固有属性，并认为运动的形式是多种多样的。被恩格斯称为近代哲学“辩证法的卓越代表”的斯宾诺莎，以“实体自因”的观点“把相互作用明显地表现出来了”。18世纪法国唯物主义者狄德罗认为，“绝对的静止是一个抽象的概念，根本不存在于自然界中”，提出运动是绝对的，而静止则是相对的。在评论卢梭关于社会从平等到不平等再到平等的思想时，恩格斯说，“我们在卢梭那里不仅已经可以看到那种和马克思《资本论》中所遵循的完全相同的思想进程，而且还在他的详细叙述中可以看到马克思所使用的整整一系列辩证的说法：按本性说是对抗的、包含着矛盾的过程，每个极端向它的反面的转化，最后，作为整个过程的核心的否定的否定”①。这就向我们提出一个问题：既然近代的唯物主义哲学提出了如此丰富的辩证法思想，充分地肯定了物质的运动、变化和发展，几乎是完整地论述了我们通常所理解的物质世界的辩证运动，也就是几乎完整地表述了我们在教科书中所提供的“发展学说”，又为什么说近代的唯物主义是“形而上学的唯物主义”？为什么说形而上学的思维方式在前德国古典哲学的近代哲学中占据统治地位？认真地反思这个问题，对于理解辩证法的本质、辩证法的思维方式是至关重要的。

在对“发展”的反思中，列宁这样追问，“如果一切都发展着，那么这是否也同思维的最一般的概念和范畴有关？如果无关，那就是说，思维同存在没有联系。如果有关，那就是说，存在着具有客观意义的概念辩证法和认识辩证法”②。我在这里重复地引证列宁的这个追问，是因为列宁的追问给予我们一个非常重要的提示，即如何理解“发展”和关于发展的辩证法理论。列宁的追问表明，简单地、直接地承认运动、变化和发展，还构不成作为“发展学说”的辩证法理论；只有批判地反思思维与存在的关系问题，把存在的运动与思维的运动“联系”起来，用概念的运动去表达存在运动的本质，才能构成作为“发展学说”的辩证法理论。

① 《马克思恩格斯全集》第20卷，153页，北京，人民出版社，1971。

② 《列宁全集》第55卷，215页，北京，人民出版社，1990。

所以，列宁以其特有的犀利的表达方式提示人们："对于'发展原则'，在20世纪(以及19世纪末叶)'大家都已经同意'。——是的，不过这种表面的、未经深思熟虑的、偶然的、庸俗的'同意'，是一种窒息真理，使真理庸俗化的同意。"①

列宁曾引证黑格尔的话说，"没有思维和概念的对象，就是一个表象或者甚至只是一个名称；只有在思维和概念规定中，对象才是它所是的东西"，并旁批，"这是对的！表象和思想，二者的发展，而不是什么别的"②。列宁自己又进一步提出，"认识是人对自然界的反映。但是，这并不是简单的、直接的、完整的反映，而是一系列的抽象过程，即概念、规律等等的构成、形成过程，这些概念和规律等等……有条件地近似地把握着永恒运动着和发展着的自然界的普遍规律性"③。前德国古典哲学的近代哲学，虽然在不同程度上肯定了世界的运动、变化和发展，肯定了事物之间的普遍联系，肯定了运动的绝对性和静止的相对性，肯定了事物发展的否定之否定等(这里是指近代的唯物主义哲学)，但是，在对经验世界的这种理解中，它还只是把事物的联系和发展当作直观的经验事实来把握，而没有把存在与思维"联系"起来，更没有研究思维如何以概念的运动去把握存在的运动，因而不懂得(不理解)具有"客观意义"的"概念辩证法"和"认识辩证法"。

正是在这个意义上，列宁充分地肯定黑格尔《逻辑学》的"真实意义"，认为"黑格尔探讨客观世界的运动在概念的运动中的反映"④。也正是在这个意义上，列宁批评普列汉诺夫把辩证法变成了"实例的总和"，认为这是对马克思和恩格斯的唯物辩证法的歪曲，并明确提出"辩证法也就是(黑格尔和)马克思主义的认识论"。列宁说，这并不是问题

---

① 《列宁全集》第55卷，215页，北京，人民出版社，1990。

② 同上书，194页。

③ 同上书，152—153页。

④ 同上书，149页。

的一个“方面”，而是问题的“实质”。[①] 正因为旧唯物主义者(甚至包括列宁所批评的普列汉诺夫以及“其他马克思主义者”)都不懂得问题的“实质”，所以不能形成自觉形态的辩证法理论，也无法以辩证的思维方式去解决思维和存在的关系问题。

黑格尔所创立的唯心主义概念辩证法，则具有双重性质。它作为唯心主义的辩证法，不仅在形式上是神秘的，在内容上也是颠倒的，即把现实的辩证运动神秘化地表现为概念的自我运动。作为概念的辩证法，又是一种自觉形态的辩证法理论，通过对概念辩证本性的研究，揭示了思维在其逻辑运动中再现事物辩证运动的规律，展现了人类思想运动的逻辑。但就其实质而言，黑格尔所达到的只不过是马克思所说的“无人身的理性”的自我认识的辩证法，只不过是恩格斯所说的“概念的自我发展”的辩证法，即脱离了与存在现实统一的辩证法。这样的辩证法理论，也只能是一种抽象的、片面的“发展学说”。

通过上述分析，我们可以进一步理解两种片面的“发展学说”：一种是在经验层次(以及实证科学层次)上描述和说明“存在”(自然界)的运动、变化和发展的旧唯物主义的“发展学说”，它描述了事物的运动而没有反省思维(概念)的运动，因而在理论性质上仍然是一种朴素的辩证法；另一种是在思维的层次上描述和说明思维自身的运动、变化和发展的唯心主义辩证法的“发展学说”，它反省了思维(概念)的运动，却只是抽象地发展了思维的能动性，因而在理论性质上是一种自觉形态的辩证法，也是一种神秘形态的辩证法。这两种片面的“发展学说”，或者只就思维的“内容”去批判地考察思维和存在相统一的“前提”，或者只就思维的“形式”去批判地考察思维和存在相统一的“前提”，都没有从思维的“内容”和“形式”的现实统一去批判地考察思维与存在相统一的“前提”，也没有形成关于思维与存在现实统一的“发展学说”。这表明，在旧哲学中，辩证法的“统一原则”是以片面的“发展原则”为内容的，也就是以分

---

① 《列宁全集》第 55 卷，308 页，北京，人民出版社，1990。

别考察"思维"或"存在"的发展为内容的；辩证法的"发展原则"是以抽象的"统一原则"为前提的，也就是以分别实现思维与存在在经验内容中的统一或思维自我认识中的统一为前提的。这样的辩证法无法构成"合理形式"的辩证法，即构不成合理的发展观。

马克思主义以前的旧哲学之所以只能形成两种片面的发展观，从根本上说，是因为他们都不懂得思维和存在统一的现实基础——人类的实践活动及其历史发展。

列宁在研究黑格尔的逻辑学的过程中，对于怎样才能理解和掌握马克思的唯物辩证法，同时提出了两个方面的要求：其一，列宁要求人们在黑格尔的概念辩证法的基础上去理解马克思的辩证法。如果不钻研黑格尔的逻辑学，不懂得它的"真实意义"，就不能从思维与存在的"联系"中去理解"发展"，不能从概念中的思维与存在的统一中去理解"发展"，不能超越对"发展"的表面的、未经深思熟虑的"同意"而达到马克思的唯物辩证法；其二，列宁同时要求人们超越黑格尔的唯心主义概念辩证法，超越黑格尔以"无人身的理性"的自我运动和自我认识所实现的抽象的思维与存在的统一，对黑格尔哲学进行实践论的前提批判，掌握唯物辩证法的发展学说。

列宁在论述"逻辑的范畴和人的实践"时说，"黑格尔力求——有时甚至极力和竭尽全力——把人的有目的的活动纳入逻辑的范畴，说这种活动是'推理'，说主体(人)在'推理'的逻辑的'式'中起着某一'项'的作用等等，——这不只是牵强附会，不只是游戏。这里有非常深刻的、纯粹唯物主义的内容"①；又说"精彩：黑格尔通过人的实践的、合目的性的活动，接近于作为概念和客体相一致的'观念'，接近于作为真理的观念。紧紧接近于下述这点：人以自己的实践证明自己的观念、概念、知识、科学的客观正确性"②。列宁本人则明确提出，思维与存在的"交错

---

① 《列宁全集》第55卷，160页，北京，人民出版社，1990。

② 同上书，161页。

点＝人的和人类历史的实践”①。人类思维的最本质最切近的基础是人类自己的实践活动。只有把实践范畴合理地理解为辩证法的基础范畴，从人的实践活动及其历史发展的内在矛盾出发去反思思维与存在的关系问题，才能合理地说明思维对存在的否定性统一关系，即说明思维和存在在发展中的统一和在统一中的发展。

以实践的观点去看待思维和存在的关系问题，我们能够揭示出在人的实践活动中所蕴含着的思维与存在的无限丰富的矛盾关系。在人类的实践活动中，“思维”既作为反映存在的意识活动和意识内容而存在，又作为创造存在的目的性要求和理想性追求而存在。因此，“思维”本身就是主观性与客观性、理想性与现实性的矛盾。思维自己的这些内在的矛盾性，经过实践活动的中介而对象化为与存在之间的矛盾。在人类的实践活动中，“存在”既作为思维反映的现实客体而存在，又作为思维的目的性要求的对象而存在。作为思维反映的现实客体，“存在”既规范思维的活动和内容，又被思维改造成逻辑范畴和逻辑运动的过程，从而构成思维中的具体。作为思维的目的性要求的对象，“存在”既是思维要求改变的现实对象，又是被思维否定的非现实的存在(人在自己的思维中为自己绘制关于客观世界的图景，并确信自己的现实性和存在的非现实性)。正是以人的实践活动为基础的思维与存在的关系中具有这样的矛盾性，才发生了思维和存在如何“统一”的问题。如果像旧唯物主义和唯心主义那样，把思维和存在及其相互关系抽象化，或者把思维和存在的关系当成思维对存在的消极、被动、直观的反映，或者把思维和存在的关系当成思维的自我运动和自我认识，怎么能真实地提出和正确地回答辩证法理论的“统一原则”呢?

人类的实践活动是一个历史的展开过程。在这个历史的展开过程中，思维和存在及其相互关系都是发展的，而不是某种给定的、既成的、僵化的存在。从“思维”来说，“人的智力是按照人如何学会改变自然界而发

① 《列宁全集》第55卷，239页，北京，人民出版社，1990。

展的"[①]；从"存在"来说，人的"周围的感性世界决不是某种开天辟地以来就直接存在的、始终如一的东西，而是工业和社会状况的产物，是历史的产物"[②]；从思维和存在的"关系"来说，由于人的实践活动的历史发展改变了"思维"和"存在"，因而也同时发展了思维与存在之间的"关系"，使这种关系取得了越来越丰富、越来越深刻的现实内容。正是由于人类的实践活动及其历史发展不断地变革了"思维"和"存在"及其相互"关系"，因此，我们必须从"发展"去理解"统一"。如果像旧唯物主义和唯心主义那样，把思维和存在及其相互关系抽象化，或者离开思维主体的历史性而把思维与存在的统一当成"表象"与"对象"的一致，或者抽象地发挥思维的能动性而把思维与存在的统一当成"思维规定"的自我认识，我们又怎么能真实地提出和正确地回答辩证法理论的"发展原则"呢？

辩证法理论的"发展原则"和"统一原则"，是以人类的实践活动及其历史发展所造成的思维与存在的发展中的统一和统一中的发展为现实内容的，是通过对思维和存在的关系问题的实践论批判而取得现实性的。因此，辩证法在马克思所开拓的"实践转向"的哲学道路中实现为全面的发展学说。

二　超越对发展学说的经验化理解

从辩证法的"发展原则"和"统一原则"去理解辩证法的发展学说，不仅要求我们从作为哲学基本问题的思维和存在的关系问题出发去理解辩证法，而且要求我们从理论上区分经验层次的素朴辩证法和概念层次的自觉辩证法，以概念层次的自觉辩证法作为批判反思的对象，进而理解以实践观点去反思思维和存在的关系问题的马克思的唯物辩证法。对于

① 《马克思恩格斯全集》第20卷，574页，北京，人民出版社，1971。
② 《马克思恩格斯选集》第1卷，76页，北京，人民出版社，1995。

这种要求的重大意义，列宁讲得极为简洁深刻：不理解黑格尔的《逻辑学》，就不懂得马克思的《资本论》。①

在通常的解释中，把辩证法区分为“客观辩证法”和“主观辩证法”。这里的客观辩证法，是指物质世界的或事物本身的辩证法；这里的主观辩证法，是指人类精神的或思维运动的辩证法。对于这两种辩证法的关系，解释为主观辩证法是对客观辩证法的反映。

在认识论的意义上，我们承认思维是对存在的反映，由此也必然承认，思维的辩证运动是对存在的辩证运动的反映。但是，马克思主义的认识论不是直观的反映论，而是能动的反映论。这种以实践论为基础的能动反映论，从人的实践活动及其历史发展出发去理解思维和存在的关系，因此，它不仅肯定思维内容是对思维对象的反映，而且承认作为思维内容的人的目的性要求与存在的否定性统一关系。这表明现实的人的思维对存在的能动作用。由此，我在这里进一步提出了一些问题。

物质世界或事物本身是否存在与辩证法相对立的形而上学？如果物质世界或事物本身就是一个由其内在矛盾引起的永恒的、无限的辩证发展过程，并不存在与之相对立的“形而上学”，那是在什么意义上把物质世界或事物本身称作客观辩证法？

人的思维是不是物质世界长期发展的产物即物质运动的高级形式？它是否与物质世界在本质上服从于同一运动规律？如果对此给予肯定的回答，即承认思维自身就是“客观的”辩证运动过程，那又是在什么意义上把思维辩证法称作“主观辩证法”，并认为它是对客观辩证法的反映？

物质世界的辩证运动规律只有通过思维的辩证运动即概念的辩证运动才能被人理解和表达，如果思维的辩证运动是“主观的”，即思维的辩证运动是以“主观的”形式去反映世界的“客观内容”，又如何断定它所表达的物质世界的辩证运动规律是“客观的”？

人类的认识活动和实践活动，在思想观念和直接现实性这两个层次

① 参见《列宁全集》第55卷，151页，北京，人民出版社，1990。

上实现思维和存在、主观和客观的统一，那么，人类的认识活动和实践活动是属于客观辩证法，还是主观辩证法，抑或称为主客观统一的辩证法？

对于这些至关重要的理论前提问题，是必须予以探讨和回答的。如果对这些前提性问题视而不见或避而不谈，就无法真正地理解辩证法。在我看来，唯物主义地回答这些问题，引入“自在”和“自为”这两个概念是十分重要和必要的。我们可以使用这两个概念首先区分自在的辩证法和自为的辩证法。

在“自在”的意义上，无论是外在于思维的物质世界还是作为物质高级运动形式的人类思维，无论是思维反映存在的人类认识活动还是主体改造客体的人类实践活动，都是一个辩证的发展过程。因此，从自在性的角度来说，既不存在与辩证法相对立的形而上学，也不存在客观辩证法与主观辩证法的区分。理解这个问题，对于理解马克思的辩证法理论是至关重要的。或者反过来说，正是由于人们对这个问题不理解，因而也就无法真正理解马克思的辩证法理论。

相对于“自在”意义上的辩证法，在“自为”的意义上，辩证法指的是人类把握世界的一种理论思维方式、一种发展学说、一种世界观理论。这种自为的辩证法是与作为理论思维方式、发展学说和世界观理论的形而上学相对立的。只有掌握这种自为的辩证法的理论思维方式、发展学说、世界观理论，才能够把物质世界、人类思维以及人类的认识活动和实践活动理解和描述为辩证的发展过程。在这个意义上，自为的辩证法是认识自在的辩证法的前提，不掌握自为的辩证法的世界观理论，就不能深刻地理解和表达自在的辩证法。只有区分开自在的辩证法和自为的辩证法，并且从自为的辩证法的真实意义出发，我们才能理解，面对同样的、自在的世界的辩证运动，为什么会存在与辩证法的世界观相对立的形而上学的世界观。这个问题是值得深长思之的。

从自在的辩证法与自为的辩证法的“本原”关系上看，自为的辩证法根源于自在的辩证法，自为的辩证法是对自在的辩证法的反映。但是，从"逻辑先在"的角度来看，人们只有掌握自为的辩证法，才能把握自在的辩证法。这就是说，如果我们没有辩证法的思维方式、辩证法的发展学说、辩证法的世界观，那么，虽然"世界"和"思维"是辩证运动的，我们却会"形而上学"地否定它们的辩证运动。

进一步看，如果我们承认不仅有辩证法的世界观与形而上学的世界观的对立，而且有辩证法的世界观由素朴的形态到自觉的形态再到合理的形态的历史发展过程，那么，我们就会承认，作为世界观理论的辩证法，并不是自发地反映自在的辩证法的产物，而是自觉地探索思维与存在如何统一的结果。这种自觉地批判反思的结晶，就是辩证法的世界观理论。

对辩证法的研究离不开对唯心主义概念辩证法的研究，[①] 这里，提出了一个十分重要的也是困难的理论问题：为什么是唯心主义者的黑格尔而不是旧唯物论者达到了概念辩证法呢？列宁指出："普遍运动和变化的思想(逻辑学，1813 年)，未被应用于生命和社会以前，就被猜测到了。"这种最先被猜测到的辩证法思想，就是黑格尔的逻辑学。

这就进一步提出了一个非常富有启发意义的问题：为什么自觉形态的辩证法理论不是首先从社会领域或生命自然领域中总结出来，而是首先在思维逻辑领域中被猜测到了？为什么是研究概念逻辑运动的黑格尔首先把整个自然的、历史的和精神的世界理解为并描述为一个过程呢？恩格斯说，黑格尔的辩证法理论以最宏伟的形式总结了全部哲学的发展过程，是 2500 年来的哲学发展所达到的成果，黑格尔的每个范畴都是哲学史上的一个阶段[②]；列宁说，黑格尔的辩证法是思想史的概括，黑格尔在哲学史中着重地探索辩证的东西，黑格尔把他的概念、范畴的自身发展和全部哲学史联系起来了[③]，这就十分清楚地告诉人们，黑格尔之所以能够在哲学发展史上第一个创立博大精深的概念辩证法理论，就

---

① 参见本书第六章第二节第一部分"区分开两个不同层次的辩证法"。

② 《列宁全集》第 55 卷，223 页，北京，人民出版社，1990。

③ 同上书，97、209、289 页。

在于这个理论本身是总结哲学发展史(乃至全部人类认识史)的成果，是从哲学发展史(乃至全部人类认识史)的总结中产生出来的。这是值得我们深长思之的。

无论是反观人类的认识史，还是反省个体的认识过程，我们都不难发现，从运动的经验事实上肯定运动和变化，是古代素朴辩证法已经达到的认识，也是每个人未经反思就可以达到的认识；这样的辩证法之所以会“陷入”形而上学，主要是由于它无法解决以概念的运动描述事物运动的本质问题。同样，所谓形而上学也不是否认感官所反映的运动，而是否认思维用矛盾的观点来反映事物的本质。而自觉形态的辩证法理论，其根本标志，就是用概念的逻辑去理解、把握、描述、表达事物运动的本质和规律。这一点，感性经验是无力解决的，各门实证科学也是无法直接达到的。只有在哲学的历史发展中，通过对思维和存在关系问题的不断深化的认识，才能够达到对概念辩证本性的认识，从而运用概念的辩证法去表现事物运动的本质和规律。正是由于黑格尔深入地考察了人类认识史，系统地总结了哲学发展史，努力地探索了思维与存在对立统一的发展规律，才能够以概念辩证法的形式首先提出“普遍运动和变化的思想”。我想，正因如此，恩格斯才把“辩证哲学”简洁地概括为“建立在通晓思维的历史和成就的基础上的理论思维”①。

自觉形态的辩证法理论直接产生于对人类认识史的总结，对于辩证法理论的正确性，我们也不能满足于实例的证明，而必须用整个认识史和科学史来检验。

客观事物辩证运动的实例，可以证明存在着客观的辩证运动，但是，这种证明具有极大的局限性。首先，它无法证明辩证运动的普遍性，因为实例的总和并不是规律；同时，它无法证明思维的辩证运动，因为要证明思维的辩证运动就必须揭露概念的辩证本性；更重要的是，实例无法证明思维和存在服从于同一辩证发展规律，因为这个规律就是

① 《马克思恩格斯全集》第20卷，552页，北京，人民出版社，1971。

思维反映存在运动的规律，就体现在人类认识史之中。只有人类在其前进的发展中所创造的全部科学，才能揭示出自然、社会和思维的发展规律，所以，辩证法理论的正确性，只能用整个认识史和科学史来检验。正是基于对辩证法的上述理解，列宁告诉人们："要继承黑格尔和马克思的事业，就应当辩证地探讨人类思想、科学和技术的历史"，"从逻辑的一般概念和范畴的发展和运用的观点出发的思想史——这才是需要的东西！"①我们应当从黑格尔所创建的概念辩证法的基础上，特别是从马克思所创建的实践辩证法的基础上去理解辩证法的发展学说。

三　从"矛盾"观点理解"发展"

辩证法的发展学说，是关于对立面统一的学说，也就是关于"矛盾"的学说。因此，我们在何种程度上理解"矛盾"，也就会在何种程度上理解辩证法的发展学说。列宁在探索黑格尔辩证法的过程中，集中考察了黑格尔关于矛盾的论述，并做出了多方面的引申和发挥，这对于我们从"矛盾"观点去理解辩证法的发展学说是至关重要的。因此，我们主要以黑格尔的《逻辑学》为背景来阐发对"矛盾"和"发展"的理解。

黑格尔的《逻辑学》主要包括"存在论""本质论"和"概念论"三大部分，黑格尔对依次而论的这三大部分做出这样的解释："存在论"是关于思想直接性的学说，也就是关于自在的或潜在的概念的学说；"本质论"则是关于反映他物之有的学说，也就是关于自为的或矛盾的概念的学说，"矛盾"是黑格尔逻辑学的本质论的核心内容；"概念论"则既不是概念之间的"过渡"，也不是概念之间的"映现"，而是概念自身的"发展"。在关于"矛盾"的论述中，我们主要阐释"存在论"和"本质论"中的思想。

为了把握黑格尔关于"矛盾"的思想，我们有必要对"存在论"和"本

① 《列宁全集》第55卷，122、148页，北京，人民出版社，1990。

质论”的内容进行如下对比：在本体论的意义上，“存在论”论述的是思想的直接性，是思想对事物的存在状态和外部关系的把握，“本质论”论述的则是思想的间接性，是思想对事物的存在根据和内部关系的把握；在认识论的意义上，“存在论”所表现的是一种表象思维，是思维围绕着表象来运行，“本质论”所表现的是一种反思活动，是思维对表象的扬弃；在逻辑学的意义上，“存在论”所实现的是概念之间的过渡关系，是一种概念之间的外在联系，“本质论”所实现的是概念之间的映现关系，是一种概念之间的相互规定。

通过这种对比，我们能够初步理解一个具有实质性的问题：黑格尔是从思维与存在的关系问题来把握和论述“矛盾”的。在表象思维中，思维所指向的是关于对象的表象，思维围绕着表象运行，因此概念之间表现为从一个概念到另一个概念的过渡关系，所以还不能构成“矛盾”观念。在反思活动中，思维扬弃了表象，指向了对象本质自身的关系，概念之间是在相互规定中获得自身的规定性的，所以这里必然形成“矛盾”观念。这表明：在经验常识和表象意识的层次上，我们只能以概念之间的过渡关系去把握对象之间的外在关系，只能把对象视为或此或彼、或是或非的存在，还不能在对事物的肯定的理解中包含着对它的否定的理解，因而也无法形成辩证法的思维方式；而在扬弃表象意识的反思活动中，我们以概念之间的映现关系去把握对象本质自身的关系，就必须在对事物的肯定的理解中同时包含着对它的否定的理解，由此便形成了以矛盾观念为核心的辩证法的思维方式。正因如此，列宁才提出：“就本来的意义说，辩证法就是研究对象的本质自身中的矛盾。”①

在对“矛盾”的理解中，最为重要的是区分“抽象的同一”与“具体的同一”。黑格尔之所以一再强调哲学是最具体的，哲学是最“敌视抽象”的；而人们之所以总是以“抽象”去称谓哲学，之所以把辩证法讥讽为“变戏法”，其根源均在于如何理解矛盾的同一性。因此，在对“矛盾”的

① 列宁：《哲学笔记》，278页，北京，人民出版社，1974。

理解中，我们着重地探讨“具体的同一”与“抽象的同一”。矛盾是对象本质自身的关系，这种关系是具体的同一而不是抽象的同一。所谓“具体的同一”，就是包含着差别和对立于自身的同一，是以具体的“联系的环节”为中介而形成的同一，在事物发展中保持自身的同一。所谓“抽象的同一”，则是排除差别和具体内容的同一，是没有“联系的环节”的同一，是形式的和知性的同一。

抽象的同一表现为两种思维方式：一是黑格尔所批评的表象思维，二是黑格尔所批评的形式思维。由于表象思维用概念指称对象，而没有把握到对象的本质规定性，所以它只能抽象地实现思维与存在的同一，而不能达到思维与对象的本质规定性的具体的同一。黑格尔说，“表象固然处处以矛盾为自己的内容，可是它不能意识到矛盾；它始终是外在的反思，外在的反思是从相同转到不相同，或者从否定的关系转到各种有差别的规定的内部的反思性。外在的反思从外部使这两种规定相互对立，它所注意的只是这两种规定，而不是它们的转化，但转化却是本质的东西，本身就包含着矛盾”。这里特别值得注意的是，黑格尔强调“外在的反思”是“从相同转到不相同”，而不懂得任何规定都是以否定性的关系为前提的。所以，黑格尔使用一些亲切生动的实例来说明矛盾是规定与否定的自我同一。他说：“如果在运动，冲动等等中，表象由于这些规定的单纯性，不能发现矛盾，那么，相反地，在各种关系的规定中矛盾就能直接显露出来。上下、左右、父子等等以至无穷，所有这些极平凡的例子中的每个规定都包含着对立。上就是非下；上的规定就在于它不是下，有上就是因为有下，反过来也是一样；在每一个规定中包含着它的对立面。父亲是儿子的另方，儿子又是父亲的另方，而每一个父亲或儿子都只是另方的另方；同时每一个规定所以存在只是由于它同另方发生关系。它们的存在是统一的存在……”①由此列宁提出：“任何具体的东西、任何具体的事物，都是和其余的一切处于相异的并且常常是

① 列宁：《哲学笔记》，148页，北京，人民出版社，1974。

矛盾的关系中，因此，它往往既是自身又是他物。”①这就要求我们，必须超越表象思维的“从相同转到不相同”的“外在的反思”，真正从“规定即是否定”的辩证思维去理解具体的同一性。

同表象思维一样，由于形式思维只是在概念的相互对立中去把握概念之间的关系，而不是在概念的相互规定中去把握对象的规定性的内在差别与联系，所以它也无法达到思维与对象的本质规定性中的具体的同一。在《哲学笔记》中，列宁详细地摘录了黑格尔对形式思维的同一律和排中律的批评，深入地阐述了矛盾是具体的同一的思想。黑格尔认为，A＝A的同一律，把同一变成了片面的规定性，“如果任何事物都和自身同一，那么，它就没有差别，就没有对立，也就没有根据”。黑格尔指出，“如果某物被规定为肯定的东西，那么，从这个基础出发继续前进，它立刻就会直接转化为否定的东西，反过来，被规定为否定的东西也会直接转化为肯定的东西”。“矛盾是在其本质规定中的否定的东西，它是一切自己运动的原则，而自己运动就是矛盾的表现。外部的感性运动本身就是矛盾直接的现有的存在。某物之所以运动，不仅因为它在这个‘此刻’在这里，在另一个‘此刻’在那里，而且因为它在同一个‘此刻’处在这里而又不处在这里，因为它同时又在又不在同一个‘这里’。”②“如果现存的某物不能在自己肯定的规定中同时转化为自己否定的规定，并且使一方面保持在另一方面中，如果它不能在自身中包含矛盾，那么这个某物就不是活生生的统一体，就不是根据，它会由于矛盾而消灭。”③因此，黑格尔认为，与表象思维和形式思维相对立的“思辨的思维”的本质，“就在于它能把握住矛盾，又能在矛盾中把握住自身，而不是象表象那样受矛盾支配，并且让矛盾把自己的规定不是化为他物就是化为无”④。

---

① 列宁：《哲学笔记》，144页，北京，人民出版社，1974。

② 同上书，146页。

③ 同上书，147页。

④ 同上书，147页。

列宁非常赞赏黑格尔关于矛盾的论述，认为“具体的同一”就是承认“自己运动”“一切自己运动的原则”，反对“僵死的存在”。列宁指出：“如果我没有弄错，那么黑格尔的这些推论中有许多神秘主义和空洞的学究气，可是基本的思想是天才的：万物之间的世界性的、全面的、活生生的联系，以及这种联系在人的概念中的反映——唯物地颠倒过来的黑格尔；这些概念必须是经过琢磨的、整理过的、灵活的、能动的、相对的、相互联系的、在对立中是统一的，这样才能把握世界。”①列宁的论述表明，我们只有从思维与存在在概念中的具体同一性去理解矛盾，才能真正运用辩证的思维方式去把握和描述事物的“自己运动”和“自生的发展”。

在分析矛盾是具体的同一的基础上，列宁特别强调指出，矛盾就是事物规定性的自相矛盾。为了深入理解这个问题，我们首先来考察“杂多”“对立”与“矛盾”的关系。

“杂多”是一种直接的差别、外在的差别，亦即事物的多样性。这种直接的、外在的差别，是表象思维所把握到的事物现象形态的多样性，而不是对象本质自身的关系，亦即不是事物规定性的自相矛盾。如果从概念与其指称的对象的关系上看，把事物把握为“杂多”，其实质是把概念当作了名称，从而在名称中取消了事物的内在“差别”。

“对立”同“杂多”不同，它不是事物现象形态的差别，而是内在的差别、本质的差别。但是，以“对立”的思维方式所把握到的事物规定性，只是不同规定性间的简单的相互排斥，而没有把握到事物规定性之间的对立统一。在这种把握方式中，概念之间的关系是外在的，还没有实现概念之间的相互依赖和相互转化。

“矛盾”则使内在的差别达到了尖锐化的程度，事物的任何规定都既是自我肯定的，又是自我否定的，也就是“自相矛盾”的，只有在这种“自相矛盾”中，事物才能获得作为内在否定性的自己运动的动力。在这

---

① 列宁：《哲学笔记》，153—154页，北京，人民出版社，1974。

种把握方式中，概念自身显示了内在的否定性，实现了概念之间的相互规定和相互否定中的对立的统一。

正是基于上述思考，列宁以特别强调的形式写下了这样的论断："(1)普通的表象所抓到的是差别和矛盾，而不是一方向另一方的转化，可是这却是最重要的东西。(2)机智和智慧。机智抓到矛盾，表达矛盾，使事物彼此关联，使'概念通过矛盾透露出来'，但不能表现事物及其关系的概念。(3)思维的理性(智慧)使有差别的东西的已经钝化的差别尖锐化、使表象的简单的多样性尖锐化，达到本质的差别，达到对立。只有那上升到矛盾顶峰的多样性在相互关系中才是活动的和活生生的，——才能得到获得那作为自己运动和生命力的内部搏动的否定性。"①

要达到用辩证的思维方式去把握矛盾，我们就必须超越"表象"和"机智"而达到"思维的理性(智慧)"。表象所抓到的只是外在的差别即矛盾的现象，机智虽然抓到了事物的内在差别即对立，但还没有使差别达到内在的否定性。只有"思维的理性"才能达到对事物规定性的自相矛盾的理解，因而也只有思维的理性才能把事物理解为自己运动的过程。马克思说，辩证法就是在对事物的肯定的理解中同时包含对它的否定的理解。这同列宁对"矛盾"的阐释是完全一致的。我们应当从这样的"矛盾"的观点去理解和推进辩证法的"发展学说"。

---

① 列宁：《哲学笔记》，149 页，北京，人民出版社，1974。

第八章　辩证法的人类智慧

一　人的认识本性和存在本性固有的辩证法

人类的辩证智慧，直接地源于人类自身的存在和人类认识的本性。

首先，我们探讨人类认识本性所固有的辩证法。

在《哲学笔记》中，列宁曾一再指出，人的认识是“表象与思维”的矛盾运动。从人的认识机能和认识能力来说，人既具有直观对象的表象能力，又具有抽象对象的思维能力。因此，在人的认识活动中，对象是作为个别与一般、现象与本质的矛盾统一体而存在的。在《谈谈辩证法问题》一文中，列宁进一步提出：“从最简单、最普遍、最常见的等等东西开始；从任何一个命题开始，如树叶是绿的，伊万是人，哈巴狗是狗等等。在这里（正如黑格尔天才地指出过的）就已经有辩证法：个别就是一般。”①在这里，通过对“最简单、最普遍、最常见”的命题的分析，列宁深刻地揭示了人类认识的矛盾本性：任何一个命题都是个别与一般的对立统一。

① 列宁：《哲学笔记》，409页，北京，人民出版社，1974。

个别与一般的矛盾，蕴含着人的认识无限丰富的对立统一关系。列宁指出："任何个别经过千万次的转化而与另一类的个别(事物、现象、过程)相联系，如此等等。在这里已经有自然界的必然性、客观联系等等的因素、萌芽、概念了。这里已经有偶然和必然、现象和本质，因为当我们说伊万是人，哈巴狗是狗，这是树叶等等时，我们就把许多特征作为偶然的东西抛掉，把本质和现象分开，并把二者对立起来。"①在人的思想与表象的矛盾中，任何一个对象，都表现为个别与一般、现象与本质、内容与形式、必然与偶然等的对立关系。因此，列宁说："可见，在任何一个命题中，好象在一个'单位'('细胞')中一样，都可以(而且应当)发现辩证法一切要素的萌芽，这就表明辩证法是人类的全部认识所固有的。"②

人类总是使用"概念"去把握经验对象，而"概念"与"经验对象"总是个别与一般、个性与共性的对立统一。在"概念"与"对象"的关系上，"概念"就是"普遍概念"，就是蕴含着个别与一般对立统一的"普遍概念"。这对于我们理解人类认识的辩证本性是十分重要的。为此，我们有必要讨论形式逻辑的概念分类。

形式逻辑的概念分类，首先依据概念所反映的对象的数量而把概念分为"单独概念"和"普遍概念"。它认为，既然思维对象分为单独对象和类对象，概念作为思维对象的反映，就应当相应地分为反映某一特定对象的单独概念和反映某一类对象的普遍概念。

这样理解和说明概念与思维对象之间的关系，并以此为根据进行概念分类，是背离概念与对象之间的辩证关系的，也是背离人的认识所固有的辩证本性的。概念作为人类反映现实的思维方式，它的本质特征和基本功能是抽象和概括。概念的抽象和概括，就是蒸发和扬弃现实事物在意识中再现的直观形象，从现象上升到本质、从个别过渡到一般的过

① 列宁：《哲学笔记》，409—410页，北京，人民出版社，1974。

② 同上书，410页。

程。因此，在概念中固定下来的只能是对象的共同的本质属性。这表明，概念作为思维形式的抽象、概括作用，与概念作为思维内容的本质性、普遍性是统一的。概念就是普遍概念；“单独概念”是不存在的。

概念以自身的普遍性为中介来实现一般与个别的统一。这个实现过程，借助具有更大普遍性的指示代词来表达某一特定对象，例如，“这个人”“那匹马”“这张桌子”“那面旗帜”等。这种关于特定对象的概念表达，只是证明概念具有以自身的普遍性为中介而表达特定对象的能力，并不是否认概念自身所具有的普遍性。

至于形式逻辑把“专有名词”(如人名、地名以及事件名称等)称为“单独概念”，更是欠妥的。“专有名词”与普通名词的根本区别，在于它不是通过概括某一类对象的共同属性形成的，而仅仅是用某些语言符号去命名某一特定对象的。在逻辑学的意义上，“专有名词”的概念表达，也是指示代词同某一普通名词的结合。例如，“巴黎”“鲁迅”“长江”等“专有名词”，在逻辑学的意义上，其概念表达就是“这个首都”(或“这座城市”)、“这位作家”(或“这个人”)、“这条河流”，如此等等。

关于人类认识的辩证本性，黑格尔在他的《逻辑学》中，曾以概念自我否定、自我发展的形式予以极为宏伟的叙述。特别值得注意的是，《逻辑学》开端的“纯存在”似乎是最为神秘的，但却非常深刻地表现了人(人类)认识的辩证本性。

黑格尔说：“无规定性的直接性，先于一切规定性的无规定性，最原始的无规定性。这就是我们所说的‘有’。”①这就是说，作为《逻辑学》开端的纯粹的“存在”，是一种没有任何规定性的存在。思维所把握的没有任何规定性的存在，也就是没有任何思想内容的思想。这样的思想，只能是一种“纯思”。所以黑格尔说“纯存在”也就是“纯思”。

“纯思”是一种潜在的矛盾：作为思想内容，它没有任何具体的(特定的)规定性，因而是“无”，但它又指向所有对象，因而是潜在的“有”；

---

① ［德］黑格尔：《小逻辑》，190页，北京，商务印书馆，1980。

作为思想形式，它同样没有任何具体的(特定的)规定性，因而也是“无”，但它又可以获得所有的形式，因而也是潜在的“有”。黑格尔正是从“纯思”的既是“有”又是“无”的矛盾出发来构建他的《逻辑学》体系的，展开人类思想运动的逻辑，也就是展开人类认识本性所固有的辩证法。

“纯存在”作为逻辑上的存在，它是“有”。但是，一切真实的“有”，都是具有规定性的、特定的区别中的“有”。因此黑格尔说，如果“我们说这个世界一切皆有，外此无物，这样我们便抹煞了所有的特定的东西，于是我们所得的，便只是绝对的空无，而不是绝对的富有了”①。所谓“纯存在”，就是这种“一切皆有，外此无物”的“有”，因此，它既是绝对的有(抽象的有)，又是绝对的无(事实的无)。它的有就是它的无，它的无也就是它的有，有与无在纯存在这里是直接同一的，因此黑格尔的“纯存在”是以神秘的方式表达了作为人类的“认识本性”的辩证法。

但是，纯存在作为有与无、内容与形式、主体与客体的自我相对待，又是包含区别于自身的。不过，这种区别只是应该有区别，而不是实际有区别。所以黑格尔又提出，作为“纯存在”，“有”与“无”“两者之间的区别最初只是潜在的，还没有真正发挥出来”。

概括以上所说，我们可以形成如下基本认识：作为《逻辑学》开端的“纯存在”，是一种应该有区别但实际上无区别的、潜在的思想内容与思想形式的直接同一。

黑格尔关于《逻辑学》开端的思想阐述，也就是关于“纯存在”的阐述，在其原有的形态上，具有浓厚的神秘色彩。但是，去掉这层神秘的色彩，我们可以发现这个开端思想所具有的对于人类认识的辩证本性的深刻理解。这种理解包括对人类认识史的开端、个体认识史的开端、具体认识过程的开端和科学理论体系的开端四个方面的“辩证本性”的提示或阐述。

作为人类认识史的开端，“纯存在”所表达的是人类思维从无到有

---

① [德]黑格尔：《小逻辑》，194页，北京，商务印书馆，1980。

(即从动物意识到人类思维)的演化。在这个演化过程中，人类思维处于萌芽的、潜在的状态。从“思维”和“存在”两方面来看，人类形成自己的思维能力，因而也形成了思维所指向的对象，在这个意义上，思维与存在及其相互关系是一种萌芽状态的“有”；但同时，人类的思维能力刚刚形成，思维所指向的对象还只是感性的客体，其内在的规定性尚未被思维所把握，在这个意义上，思维与存在及其相互关系又是潜在的，因而是现实的“无”。所以，“纯存在”可以说是人类认识史的开端，人类的文明史就是从这种“有”与“无”的对立统一中发展起来的。黑格尔之所以能够把人类思想运动的逻辑描述为辩证的发展过程，是同他对人类认识史的开端的辩证思考紧密相关的。

作为个体认识史的开端，“纯存在”所体现的是个体的天赋的思维能力在其未进行具体的认识活动之前的潜在状态。人类历史进程中的任一个体，都具有思维能力上的的双重意义的遗传：一是生物学意义上的遗传性的获得，二是社会学意义上的获得性的遗传。这种双重的遗传构成了个体的“天赋”的思维能力，但作为个体认识史的开端，这种思维能力又是一种没有任何规定性的单纯的能力。在这个意义上，思维与存在及其相互关系，在个体认识史的开端也是一种潜在的“有”与“无”的对立统一，并构成个体认识史的辩证发展的前提和基础。

作为具体认识过程的开端，它表现为认识的每次“个别实现”的辩证本性。在主体的具体认识过程中，主体当然已经具有关于对象的某些知识，但是，认识作为从浅层认识到深层认识、从方面认识到全面认识的发展过程，在任何具体认识过程的开端，主体关于对象的知识总是“有”与“无”的对立统一。所谓认识过程中的“感性认识”，并不是说主体不用概念去把握对象，而是说主体所使用的概念是围绕关于对象的表象旋转的，概念还只是把握对象的一个符号，而没有把握到对象的本质规定性。就主体运用概念把握对象来说，主体的思维是“有”；而就主体所使用的概念并没有把握到对象的本质规定性来说，主体的思维又是“无”。正是这种思维自身的“有”与“无”的对立统一，构成了具体认识的辩证发展过程。

作为科学理论体系的开端，“纯存在”更为深刻地体现了人类思想运动的逻辑。任何科学理论体系的开端范畴，都是“有”与“无”的对立统一。作为体系的开端范畴，“纯存在”蕴含着整个体系的全部矛盾的胚芽，因而是包容一切的“有”；但同时，它又未对任何具体内容做出具体的规定，因而是一无所有的“无”。正是这种“有”与“无”的矛盾构成了科学理论体系的展开过程。这个展开过程，就是表现为具体理论内容的概念发展的辩证法。黑格尔的《逻辑学》就是展现为人类思想运动逻辑的概念辩证法。马克思的《资本论》则是以“商品”为开端范畴的政治经济学体系的概念发展的辩证法。索绪尔的《普通语言学教程》则是以“语言”与“言语”的对立统一为开端的语言学的概念发展的辩证法。我们可以这样说，任何一种成熟的科学理论，都只能按照人类认识固有的辩证本性即人类思想运动的逻辑去表述关于认识对象的运动规律的概念体系。

列宁说：“辩证法是活生生的、多方面的(方面的数目永远增加着的)认识，其中包含着无数的各式各样观察现实、接近现实的成分(包含着从每个成分发展成的整个哲学体系)，——这就是它比起‘形而上学的’唯物主义来所具有的无比丰富的内容，而形而上学的唯物主义的根本缺陷就是不能把辩证法应用于反映论，应用于认识的过程和发展。”①

列宁在这段论述中，首先把辩证法同人的认识统一起来，明确提出“辩证法是活生生的、多方面的”认识，并着重提示“其中包含着无数的各式各样观察现实、接近现实的成分”。人类认识成分的发展是同科学的发展密不可分的。科学的发展提供日益增多的、各式各样的观察现实和接近现实的认识成分，历史地丰富和改变了人类的认识系统及其所反映的世界图景。

科学的进步表现为学科门类的增长和各门科学的发展以及学科之间的相互渗透。科学的进步首先使人类的认识从对世界的宏观整体的反映

---

① 列宁：《哲学笔记》，411页，北京，人民出版社，1974。

进入对事物分门别类的考察，从对世界的笼统直观的把握进入对事物各种属性分解的研究，从对世界现象形态的经验描述进入对事物内在本质和运动规律的寻求，从而突出和强化了人类认识系统中的观察、归纳和分析的成分。然后，科学的发展又使人类的认识从对事物的孤立研究进入对事物相互联系的揭示，从对事物的静态考察进入对事物的动态分析，从对事物的个别联系和局部过程的描述进入对事物的普遍联系和全面发展的研究，从而使分析与综合、归纳与演绎、抽象与具体、历史与逻辑这些认识成分走向辩证的统一。然后，这又使人类的认识从对事物的普遍联系和全面发展的宏观把握进入对事物的联系与发展的内在机制的研究，从对事物的线性因果联系的认识进入对事物的统计的和概率的理解，从对人类社会与自然界的断裂研究进入对人与自然的内在统一性的探索，从而使宏观与微观、决定与非决定、系统与非系统这些认识成分在当代的人类认识系统中占有支配地位。这表明，当代人类用以把握世界的认识系统，是一个由众多相互联系和相互作用的认识成分按照一定的层次结构组成的、不断扩展和深化的有机整体。辩证法理论正是从科学所提供的无数的各式各样的观察现实和接近现实的认识成分中获得自己更加丰富的理论内容的。

人类认识的辩证本性，是同人类存在的辩证本性密不可分的。概念自身所固有的个别与一般的对立统一，是与人的感性与理性的对立统一相一致的。我们需要从人类存在的辩证本性去深化对人类认识的辩证本性的理解。

对“人”的最直观的认识，就是把“人”视为既有“肉体”又有“思想”的存在，也就是“感性”与“理性”对立统一的存在。以实践活动为基础的人类认识活动，更为明显地表现为感性与理性的对立统一：一方面，人要以自己的各种感官去感知外部世界以及人自身的存在，形成关于人和世界及其相互关系的感觉经验；另一方面，人则要以自己的理性思维去把握事物的“本质”和“规律”，形成关于人和世界及其相互关系的规律性认识。

人类的感觉经验，把握到的只能是认识对象的种种“现象”；人类的理性思维，把握到的只能是认识对象的内在“本质”。因此这构成了人的感觉经验与理性思维的矛盾：对于人的感觉经验来说的“存在”，对于人的理性思维来说却只能是“非存在”；反之，对于人的理性思维来说的“存在”，对于人的感觉经验来说也只能是“非存在”。感性“看不见”本质，理性“看不见”现象，而人却既要“看见”现象，又要“看见”本质，因此，人的感性与理性的矛盾是“无处不在”“无时不有”的。

人的感性与理性的矛盾，使人能够把自己的全部对象都视为矛盾性的存在；或者反过来说，人的全部对象能够被视为矛盾性的存在，根源于人的感性与理性的矛盾。理解这个问题，对于理解人与世界、思维与存在之间的关系是十分重要的。

世界是一个自然而然的过程，世界上的一切事物都如其所是的那样存在着。因此，对于世界上的一切事物自身来说，并不存在“现象”与“本质”、“个别”与“一般”、“内容”与“形式”、“偶然”与“必然”等的“矛盾”。或者反过来说，事物自身所具有的无限多样的“矛盾”，对于事物自身来说，都不是作为“矛盾”而存在的。能够意识到事物的矛盾性存在，是以人的感性与理性的矛盾为前提的。

在人的感性与理性的矛盾中，人的感性所“看到”的，是对象的“个别”的、“偶然”的、“现象”的存在，人的理性所“思想”的，是对象的“共性”的、“必然”的、“本质”的存在。因此，在人的感性与理性的矛盾中，人的全部对象被“把握”为个别与一般、偶然与必然、现象与本质的矛盾性存在。

古希腊哲学家在寻求“万物的统一性”即“本体”的过程中，就由人的感性与理性的矛盾形成了两种不同的基本思路：一种是关注经验世界本身的多样统一性，把“本体”视为“万物所由来、万物所复归”的某种感性存在物，因而以感性经验中的多样统一性去解释万物与本原、变体与本体的对立统一关系，这可以说是古代哲学中所蕴含的“经验论”萌芽；另一种思路则是探寻对象世界的现象与本质的逻辑关系，把“本体”视为某种超越经验，又能被思维所把握的理性存在物，因而以超验的逻辑关系去解释“可见世界”与“可知世界”的关系。这可以说是古代哲学中所蕴含的“唯理论”萌芽。古代哲学中的经验论与唯理论萌芽，以各自片面的方式表现了人类存在和人类认识所固有的辩证本性。

人的感性与理性的矛盾，不仅表现在对世界的“个别”与“一般”、“偶然”与“必然”、“现象”与“本质”的矛盾性理解之中，而且更为深刻地表现在对人自身的矛盾性理解之中。在对人与世界相互关系的反省中，古希腊哲学家曾经提出一个著名的命题：“人是万物的尺度”。然而，以人的感性与理性的矛盾为出发点，“人是万物的尺度”这个命题本身便陷入难以解脱的矛盾之中：其一，以人为万物的尺度，那么，这个尺度是人的感觉经验还是人的理性思维？感觉经验中的存在是真实的存在，还是理性思维中的存在是真实的存在？其二，以人为万物的尺度，那么，这个尺度是人的情欲还是人的理智？人作为自己的思想和行为的尺度，是以情欲为理智的尺度，还是以理智为情欲的尺度？人是“跟着感觉走”，还是“跟着理性走”？其三，人是自然界长期发展的结果，又是人以自身的劳动创造了自己，因而人既是自然的存在又是超自然的存在，既是感性的存在又是理性的存在，人作为万物的尺度和人自身的尺度，究竟是以人的自然性作为人的超自然性的尺度，还是以人的超自然性作为人的自然性的尺度？这就是“人是万物的尺度”这个命题中所蕴含的感性与理性的矛盾。这个矛盾更为深刻地体现了人的存在和人的认识在其“本性”上是“辩证的”。这是人类辩证智慧的生存论根基。

二 人的存在方式和生活态度的辩证法

人具有“我”的自我意识，这是人与世界形成“关系”的前提。对此，马克思和恩格斯明确提出：“凡是有某种关系存在的地方，这种关系都是为我而存在的；动物不对什么东西发生‘关系’，而且根本没有‘关系'；对于动物来说，它对他物的关系不是作为关系存在的。"[①]然而，"我"本身却是矛盾性的存在，甚至可以说是集全部矛盾于一身的存在。其中，首要的就是"小我"与"大我"的矛盾。

关于"我"，辩证法大师黑格尔有一段颇为精彩的论述。他说："因为每一个其他的人也仍然是一个我，当我自己称自己为'我'时，虽然我无疑地是指这个个别的我自己，但同时我也说出了一个完全普遍的东西。"[②]

黑格尔的论述提示我们："我"是个别与普遍的对立统一。从个别性来看，"我"作为独立的个体而存在，"我"就是我自己；从普遍性来看，"我"又作为人类的类分子而存在，"我"又是我们。作为个体性存在的"我"是"小我"，作为我们存在的"我"则是"大我"。"小我"与"大我"是"我"的两种存在方式。"大我"具有明显的层次性，诸如家庭、集体、阶层、阶级、民族、国家和人类，因此这构成多层次的"小我"与"大我"的复杂关系。正是这种多层次的复杂关系，构成了人的无限丰富的社会性内涵即人在其现实性上乃是"一切社会关系的总和"。

"我"当然首先是作为个体的"小我"而存在的。这正如马克思所说，"全部人类历史的第一个前提无疑是有生命的个人的存在"[③]。没有作为个体生命的人的存在，当然不会有人类和人类的历史。但是，人的生命个体之所以能够作为"人"而存在，又是因为每个人都是作为人的"类"分子而存在，这就是人作为"小我"与"大我"的对立统一。对此，黑格尔在他所著的《精神现象学》中曾提出，个体性在活动中与共同性相融合，并因此而形成"我们"就是"我"、"我"就是"我们"的意识。

黑格尔区分了自我意识发展的三个主要阶段，这就是"单个自我意识""承认自我意识"和"全体自我意识"三个阶段。人的自我意识发展的三阶段表现了"小我"与"大我"的辩证融合。对此，科恩在其所著《自我

① 《马克思恩格斯选集》第1卷，81页，北京，人民出版社，1995。

② [德]黑格尔：《小逻辑》，81页，北京，商务印书馆，1980。

③ 《马克思恩格斯选集》第1卷，67页，北京，人民出版社，1995。

论》中曾做过较为系统的阐述与评论。

第一阶段，“单个自我意识”，它只意识到自身存在、自己的同一性和同其他客体的区别。这种对自身作为一个独立单位的意识是必要的，但也是很狭隘的。它必然会转化为承认自己的不足，承认周围世界的无限性和自己的渺小性，其结果就是感到自己与世界不谐调和力求自我实现。黑格尔把自我意识发展的这个阶段称为“欲望自我意识”。

第二阶段，“承认自我意识”，其前提是人际关系的产生：人意识到自己是为他人而存在的。个体与他人接触，从他人身上认知自己的特点，因此，对于个体来说，自己的“自我”有了新鲜性，引起他的注意。对自身个性的意识从而转化为对自身特点的意识。相互承认是最基本的心理过程。但是，不能把这个过程归结为和平的心理接触，黑格尔认为这基本上是一个冲突的过程，并且把它同统治和从属的关系相联系。在心理学上，这首先是差异意识。

第三阶段，“全体自我意识”，也就是说，相互作用的“自我性”掌握“家庭、乡里、国家以至一切美德——爱情、友谊、勇敢、诚实、荣誉”的共同原则，从而不仅意识到自己的差异，而且意识到自己的深刻共同性以至同一性。这种共同性就构成“道德实体”，使个体的“自我”成为客观精神的一个因素、一个部分。

因此，自我意识的发展是一个有规律性、有阶段性的过程，其各个阶段不仅与人的个体生命路程相适应，而且与世界历史的路程相适应。黑格尔强调，个体发现自己的“自我”不是通过内省，而是通过他人，通过从个体向全体过渡的交往和活动来达到的。①

由此形成以“小我”与“大我”的关系为内容的个体性与普遍性、独立性与依附性、个人利益与整体利益、价值取向与价值导向、价值认同与价值规范等的矛盾关系。这些矛盾关系又构成了对人类的生存与发展具

① ［苏］伊·谢·科恩：《自我论——个人与个人自我意识》，31—32页，北京，生活·读书·新知三联书店，1986。

有重大意义的伦理道德问题、价值规范问题、政治理想问题、社会制度问题、社会进步问题和人类未来问题。

人是社会的、历史的存在，人的个体生命是同社会发展的历史过程密不可分的；反过来看，历史就是追求自己的目的的人的活动过程，历史发展又是同人的创造意义的生命活动密不可分的。正因如此，马克思说，“首先应当避免重新把‘社会’当作抽象的东西同个人对立起来。个体是社会存在物。因此，他的生命表现，即使不采取共同的、同其他人一起完成的生命表现这种直接形式，也是社会生活的表现和确证。人的个人生活和类生活并不是各不相同的，尽管个人生活的存在方式必然是类生活的较为特殊的或者较为普遍的方式，而类生活必然是较为特殊的或者较为普遍的个人生活”①。我们应当从这样的观点出发去看待“小我”与“大我”的关系。

人们以伦理的方式把握世界，就形成了以某种价值观为核心，以相应的伦理原则和伦理规范为基本内容的伦理文化。在任何时代的“时代精神”中，伦理文化都具有显著的重大意义。一个社会的伦理文化和伦理精神的扭曲，都会造成人的生活意义的扭曲、变形和失落。因此，人类总是需要以超越性的意识去解决社会生活中的“小我”与“大我”的关系。

任何一个社会的价值体系，都存在着相互矛盾的两个基本方面，这就是社会的价值理想、价值规范和价值导向与个人的价值目标、价值取向和价值认同之间的矛盾。通俗地说，这就是社会所引导的“我们到底要什么”与个人所追求的“我到底要什么”之间的矛盾。这就是价值关系中“小我”与“大我”的矛盾关系。

社会中的每个人的价值目标和价值取向总是千差万别、千变万化的，具有极大的主观性、任意性和随机性，个人似乎仅仅依据自己的利益、欲望、需要、兴趣甚至情绪来进行价值选择。然而，透过个人的千

① 《马克思恩格斯全集》第42卷，122—123页，北京，人民出版社，1979。

差万别和千变万化的价值选择，我们会看到，个人的价值目标总是取决于社会所指向的价值理想，个人的价值取向总是“取向”某种社会的价值导向，个人的价值认同总是“认同”某种社会的价值规范。因此，在社会的价值体系中，社会的价值理想、价值规范和价值导向总是处于主导和支配的地位，总是起着决定性的作用。

社会的价值导向对个人的价值取向的决定性作用，首先表现在个人的价值取向中的社会内容、社会性质和社会形式这样三个方面：其一，从个人的价值取向的内容上看，它总是具有社会内容的社会正义、法律规范、政治制度、人生意义等问题，而绝不是没有社会内容的纯粹个人问题；其二，从个人的价值取向的性质上看，它总是具有社会性质的真善美与假恶丑、理想与现实、历史的大尺度与小尺度、集体利益与个人利益、整体利益与局部利益、长远利益与暂时利益等问题，而绝不是与社会无关的所谓纯粹的个人问题；其三，从个人价值取向的形式上看，它总是通过具有社会形式的科学、哲学、艺术、伦理、宗教等方式体现出来，而绝不是没有社会形式的纯粹的个人表现。

个人的价值取向所具有的社会内容、社会性质和社会形式，表明了社会价值导向对社会成员的价值取向的支配地位和决定作用。现实生活一再告诉我们，个人的价值取向的总体倾向，总是取决于社会的基本的价值导向；个人的价值取向的困惑，总是根源于社会的价值坐标的震荡；而解决个人的价值取向的矛盾，首先必须解决社会的价值导向的矛盾。

当代中国正处于从“计划经济”向“市场经济”的社会转型的过程中，人的存在方式及其自我意识正在这种社会转型的过程中发生深刻的变化，因而不可避免地形成相互冲突的社会心理和社会思潮。一种“耻言理想、蔑视道德、拒斥传统、躲避崇高、不要规则、怎么都行”的社会思潮(包括社会心理、大众文化和学术思潮)正在引起人们深深的困惑与忧虑。

如果把“躲避崇高”推向极端，势必会形成一种“没有标准的选择的生命中不能承受之轻的存在主义的焦虑”：理想变成了幻想甚至狂想，因而“耻言理想”；信仰似乎就是迷信和盲从，因而“嘲弄信仰”；道德几乎就是迂腐和愚笨，因而“蔑视道德”；传统似乎等于废品或垃圾，因而“拒斥传统”；规则似乎就是枷锁或镣铐，因而“不要规则”；崇高似乎就是虚伪甚至愚弄，因而“躲避崇高”。然而，失落了“理想”就是失去了目的，失落了“信仰”就是失去了动力，失落了“道德”就是失去了人伦，失去了“传统”就是失去了依托，失去了“规则”就是失去了尺度，失落了“崇高”就是失去了尊严，“怎么都行”只能是一种“没有标准”的“存在主义的焦虑”。

面对当代中国的现实，人们正在超越两极对立的思维方式，辩证地看待和对待理想与现实、道德与利益、传统与现代、规则与选择、崇高与平凡的关系，在理想主义与功利主义、期待道德与义务道德、统一规范与多样选择之间寻求一种“必要的张力”。这是辩证法的人生智慧在当代社会生活中的体现。

在谈到人生境界时，冯友兰说，一个人了解到“这个社会是一个整体，他是这个整体的一部分。有这种觉解，他就为社会的利益做各种事，或如儒家所说，他做事是为了‘正其义不谋其利’，他真正是有道德的人，他所做的都是符合严格的道德意义的道德行为。他所做的各种事都有道德的意义。所以他的人生境界，是我所说的道德境界”①。

冯友兰认为，道德境界并不是人生的最高境界，人生的最高境界应当是“天地境界”。在寻求“天人合一”的哲学智慧中，“小我”与“大我”不仅表现为社会中的个体(小我)与社会本身(大我)的矛盾关系，而且首先表现为生命个体(小我)与宇宙本身(大我)的矛盾关系。

在辩证法的人生智慧中，宇宙并不是一个僵死的存在，而是蕴含着无穷的生机与活力。充盈于天地之间的“生意”使整个宇宙成为融合天地间的有机系统。在这个有机的宇宙中，人生于天地之中，又以自己创造活动来“赞天地之化育”。在这种“天人合一”的宇宙观与人生观中，宇宙

① 冯友兰：《中国哲学简史》，291—292页，北京，北京大学出版社，1996。

是具有普遍价值的“大我”，它的普遍价值内在于每个生命个体之中；生命个体作为宇宙的普遍价值的体现，又以自己生命的创造活动实现自己的尊严与价值。在这个宇宙“大我”与生命“小我”的关系中，“大我”并不是压抑“小我”的某种神秘力量，“小我”也不是“大我”自我实现的手段或工具，而是“大我”与“小我”在生生不息中的“统一”“合一”“融合”。

人不仅有生物生命，而且有精神生命和社会生命，人是三重生命的矛盾统一体；人不仅生活于自然世界中，而且生活于自己创造的文化世界和意义世界中，人的世界是三重世界的矛盾统一体。因此，人的生命之根是人的三重生命的和谐，人的立命之本是人的三重世界的统一。生命无根和立命无本的自我感觉和自我意识，从根本上说，是人的三重生命和人的三重世界的扭曲与断裂。这就需要我们真切地从人生智慧去理解辩证法。

在《现代教养》一书中，我们曾经提出并试图回答“现代人的困惑”这个问题。现代人寻找“家园”，寻求“在家”的感觉。“在家”的感觉，是一种自在自为的感觉，也就是自由的感觉，美的感觉。“在家里”，你可以任性，可以任意，可以无拘无束，可以不遮不掩，可以“自在”，可以“自为”，“自在”即是“自为”，“自为”也是“自在”。“在家”感受的是自在自为之美。

寻找“家园”，是希望“社会”成为大家的“家园”；寻求“在家”的感觉，是希望“社会”提供一种“在家”的感觉。如果“人和人像狼一样”，“他人就是地狱”，只能让人感受到“喧嚣中的孤独”，又如何会有“在家”的那份自在自为的感觉呢？又怎么会有“在家”的那份自在自为之美呢？对生命的寻根，是寻求社会的和谐；对“家园”的希望，是向往生活于美好和谐的社会中。离开社会生命，人的生物生命和精神生命，就会成为“上不着天、下不着地”的悬浮之物。

寻求“家园”，就是希望“自然”成为人类的“家园”；寻求“在家”的感觉，就是向往“自然”就是“在家”的感觉。地球是人类生存的家园。人无法忍受“家园”的绿野变成荒漠，无法忍受“家园”的江河变得混浊，无法忍受“家园”的蓝天变得灰暗，无法忍受“家园”的生物濒临灭绝。人不能在满目疮痍的“家园”中生活，人不能在“无底的棋盘上游戏”①。

人类超越了自然，又在自身的发展中力图使自己在高级的层次上回归于自然，达到“天人合一”的境界，达到“自在自为”的境界，达到人与自我、人与社会、人与自然的和谐之美的境界。

冯友兰说，“一个人可能了解到超乎社会整体之上，还有一个更大的整体，即宇宙。他不仅是社会的一员，同时还是宇宙的一员。他是社会组织的公民，同时还是孟子所说的‘天民’。有这种觉解，他就为宇宙的利益而做各种事。他了解他所做的事的意义。自觉他正在做他所做的事。这种觉解为他构成了最高的人生境界，就是我所说的天地境界”②。以这种“天地境界”去思考“小我”与“大我”的关系，对于重新认识人与自然的关系，并因而对于解决当代人类所面对的严峻的“全球问题”，应当说是具有启发性和建设性的。人类的当代生存困境迫切需要人类的辩证智慧。

人类的辩证智慧，从根本上说，就是反思的智慧。反思，是基于生命活动的反思，是基于生活体验的反思，因此，反思的哲学不仅仅是人类思想的自我批判的维度，也不仅仅是时代精神的理论表征，还是一种示范理想主义的生活态度。这种哲学的生活态度把人类生活的辩证智慧实现为人类自己的生活活动。

人类生活的辩证智慧表现了理想主义与现实主义、英雄主义与平民主义之间的一种张力。哲学是一种学养，是一种“以学术培养品格”“以真理指导行为”的努力。在追本溯源、寻根究底的哲学探索中，人们会形成一种坚韧不拔的理想性追求。人类的“哲学”，植根于人类的实践活动和理论思维的无限的指向性。它永远是以理想性的追求去反观现实的存在，永远是以“历史的大尺度”去反省历史的进程，永远是以人类对真

---

① 孙正聿、李璐玮：《现代教养》，304—305页，长春，吉林教育出版社，1996。

② 冯友兰：《中国哲学简史》，292页，北京，北京大学出版社，1996。

善美的渴求去反思人类的现实。哲学，使人由眼前而注重长远，由“小我”而注重“大我”，由现实而注重理想，从而使人从琐屑细小的事物中解放出来，从蝇营狗苟的计较中解放出来。黑格尔说，“哲学所要反对的”，首要的就是“精神沉陷在日常急迫的兴趣”，“太忙碌于现实”，“太驰骛于外界”①。在当代，如果人们像马尔库塞所说的那样，丢掉内心的否定性、批判性和超越性的向度，成为所谓“单向度的人”，“哲学”就会变成“往昔时代旧理想的隐退了的光辉”(宾克莱语)。哲学是赋予人的生活以目的和意义的世界观。它永远是理想性的。它要求学习哲学的人永葆理想性的追求。

哲学的理想性，要求人具有英雄主义精神。人生是人的生命显示自己的尊严、力量和价值的过程。人生需要生命过程中的奋斗与光彩。因此，生活的现实可以不是“英雄主义时代”，人的生活却不可以失落“英雄主义精神”。学习哲学，需要英雄主义精神，也能够培养人的英雄主义精神。

哲学的“爱智”，是把“智慧”作为反思的、批判的对象，揭示人类智慧中所蕴含的构成思想的“前提”、评价真善美的“标准”、衡量历史进步的“尺度”，也就是揭示“生活”得以成立的“根据”。这种向“前提挑战”的批判态度，就是一种体现人类的理想性追求的辩证智慧。“爱智”的哲学，是以示范辩证智慧的方式而蕴含于人类把握世界的各种基本方式之中，也就是使人类把握世界的各种方式——艺术、宗教、伦理和科学——总是蕴含着“诗意”的理想性追求，总是蕴含着人类生活的辩证智慧。

三　马克思的实践论反思的辩证法

马克思的哲学变革，既是哲学世界观的变革，也是哲学思维方式的变革，这就是由马克思所创立的实践论的反思方式。所谓实践论的反思

① ［德］黑格尔：《小逻辑》，31—32页，北京，商务印书馆，1980。

方式，就是从人的思维的最本质最切近的基础——实践——出发，以实践观点的思维方式去揭示思维与存在、人与世界之间的矛盾关系，从而达到对思维与存在、人与世界之间的否定性统一的辩证理解。这种实践论反思的辩证法以理论的方式更为深切地表达了人类生活的辩证智慧。

实践论的反思方式，是基于人的悖论性存在的反思方式。人依赖于自然又超越自然，人创造自己的历史又不能随心所欲，人是现实的存在又总是以自己的理想去改变现实，因而人总处于矛盾之中。实践论的反思，正在以人的实践的存在方式和发展方式为基础，不断地揭示人的悖论性的存在，从而深化人对自身存在方式的理解。

马克思认为，人是对象性的存在物，也就是把对象性活动作为自己的存在方式的存在物。在人的对象化活动中，人既创造了自己的活动对象，又生成了人自身。马克思说，“人们的存在就是他们的现实生活过程”①。人的自然性与超自然性、人的创造历史与遵从历史规律、人的现实性与理想性，人自身存在的悖论性关系展现为人们自己的“实际生活过程”。马克思正是以这种实践活动过程的思考方式去理解人的存在，以及人与世界的对立统一关系的。

实践论的反思方式，是基于“为我关系”的反思方式。马克思和恩格斯提出：“凡是有某种关系存在的地方，这种关系都是为我而存在的；动物不对什么东西发生‘关系’，而且根本没有‘关系’；对于动物来说，它对他物的关系不是作为关系存在的。”②“为我关系”，是人的实践的存在方式和发展方式所创造的人与世界之间的关系。实践论的反思方式，是从这种“为我关系”出发的关于人与世界之间的关系的反思。

人的“生活”是“自己的意志和意识的对象”，人的“生产”是“用内在固有的尺度来衡量对象”的生产，因此，人的“生活”和“生产”是以“我”的“自我意识”为前提的活动过程，是在改造世界的活动中“实现自我”和

① 《马克思恩格斯选集》第1卷，72页，北京，人民出版社，1995。

② 同上书，81页。

“发展自我”的过程，是把自在的世界变成“人化了的自然”或“属人的世界”的过程。实践论的反思方式，既是基于人对世界的“为我关系”的反思方式，又是以这种“为我关系”作为实质内容的反思方式。

马克思所理解的“我”，既不是抽象的、孤立的、自在的“我”，也不是费尔巴哈所理解的“单个人所固有的抽象物”①，而是作为“一切社会关系的总和”②的“我”，是作为“人类社会或社会化了的人类”③之“我”。“我”作为“一切社会关系的总和”，既是关系性的存在，也是生成性的存在，确切地说，是在生成的过程中构成关系的存在。基于“为我关系”的实践论的反思方式，正是以人对世界的无限丰富关系的生成去理解人的存在，以及人与世界之间的对立统一关系。

实践论的反思方式，是基于人的存在方式和发展方式的“从后思索”的方式。马克思说：“对人类生活形式的思索，从而对它的科学分析，总是采取同实际发展相反的道路。这种思索是从事后开始的，就是说，是从发展过程的完成结果开始的。”④人是历史性的存在，也就是不断地变革自己和重塑自己的存在。正因如此，马克思说，“整个历史也无非是人类本性的不断改变而已”⑤。马克思以前的哲学，总是试图以“还原论”的思维方式去寻求“始基”“本原”“本体”“本性”，也就是试图从某种“原始状态”来解释人的存在与发展。然而，人的存在方式和发展方式，恰恰是“人类本性”“原始状态”的“改变”的方式。因此，实践论的反思方式，是一种“从后思索”的方式，是一种从发展了的形态去思索整体发展过程的方式。正如马克思所说，“人体解剖对于猴体解剖是一把钥匙”⑥。

人是世界上最奇异的存在即超越性的存在，人也是世界上最难认识

---

① 《马克思恩格斯选集》第1卷，60页，北京，人民出版社，1995。
② 同上书，60页。
③ 同上书，61页。
④ 《马克思恩格斯全集》第23卷，92页，北京，人民出版社，1972。
⑤ 《马克思恩格斯选集》第1卷，172页，北京，人民出版社，1995。
⑥ 《马克思恩格斯选集》第2卷，23页，北京，人民出版社，1995。

的存在即最为复杂的存在。然而，人在对哲学的解释中，却往往仿效科学的方法，试图把人的复杂性的存在抽象化为某些简单化的存在，如把人抽象为感觉的存在、思想的存在、意志的存在、语言的存在，总之，把人的存在抽象为某种“片面规定”的存在，某种“抽象片面的关系”的存在。马克思则要求把人理解为具体的存在，即“许多规定的综合”和“多样性的统一”①的存在。这种“具体的存在”，在人的思维中“表现为综合的过程，表现为结果，而不是表现为起点”②。这种实践论的“从后思索”的反思方式，把“人”从抽象的存在变为具体的存在，即生活过程的存在。

实践论的反思方式，是“对现存的一切进行无情的批判”的彻底的辩证法的思维方式。人对世界的实践关系，就是人对世界的否定性统一关系。这个否定性的统一过程，是一个双向的否定与肯定的二重化过程，即这个否定性统一过程既是人的自我否定和自我肯定的过程，也是人对世界的现实存在的否定和肯定(变为理想性存在)的过程。因此，在实践论的反思中，人类作为创造性的存在，人及其世界永远处于不断创造的过程之中，“现存的一切”都具有“暂时性”，都是“必然灭亡”的。因此，实践论反思的辩证法，就是在对事物的“肯定”的理解中，同时包含对它的“否定”的理解，也就是从历史的“暂时性”上去看待现存的一切。因此，实践论的反思方式也就是辩证法的思维方式。

---

① 《马克思恩格斯选集》第2卷，18页，北京，人民出版社，1995。

② 同上书，18页。

第九章 辩证法的精神家园

人的精神家园是“活生生”的辩证法。我们提出并承诺这个命题，既要求辩证法研究关切人的精神家园，又要求把人的精神家园升华为辩证法的世界观和人生观。自觉地建设“活生生”的精神家园，应当把辩证法研究与人的精神家园建设融为一体。

一 “自相矛盾”的精神家园

人的精神家园是“自相矛盾”的家园，是“矛盾丛生”的家园，因而是“活生生”的辩证法的家园。离开关于矛盾的辩证法，就无法真正地理解和把握人的精神家园。

人的精神家园的矛盾，是由人的实践的存在方式构成的矛盾，是由人的实践活动所决定的人对世界的否定性统一关系构成的矛盾，是由人的实践活动所造就的人的生活的生命活动所构成的矛盾。马克思说，“劳动这种生命活动”，把人与动物区别开来。“动物和自己的生命活动是直接同一的”，“人则使自己的生命活动本身变成自己意志的和自己意识的对象”。“有意识的生命活动把人同动物的生命活动直接区别开来。"[①]这种区别深刻地表现为，"动物只是按照它所属的那个种的尺度和需要来建造，而人懂得按照任何一个种的尺度来进行生产，并且懂得处处都把内在的尺度运用于对象；因此，人也按照美的规律来构造"[②]。这表明，人的"有意识的生命活动"，既按照"物的尺度"来活动，又按照"人的尺度"来活动，也就是既要"合规律性"地活动，又要"合目的"地活动。"物的尺度"与"人的尺度"、"合规律"与"合目的"的矛盾，构成人的实践活动的内在矛盾，也构成人的精神家园的内在矛盾。

人的实践活动是把人的"非现实性"即"目的性要求"转化为人的"现实性"，而把世界的"现实性"即"自在的世界"变成"非现实性"。这是实践活动所构成的"人与世界"的矛盾，也就是人对世界的否定性统一。人对世界的否定性统一的过程，是把人的"生存"变成人所向往和追求的人的"生活"的过程，也就是把非现实的理想变成理想的现实过程，这又是实践活动所构成的"理想与现实"的矛盾。人类把理想变为现实的过程，就是实现社会和人的历史性的进步与发展的过程，也就是个体的独立性和社会性的双重化的实现过程。在这种人的双重化的过程中所构成的"个人与社会"的矛盾，贯穿于人类历史发展的始终。在人类历史的发展过程中，任何进步都是以某种退步的形式实现的，片面性是历史发展的形式。这是历史的"进步与退步"的矛盾，也是评价历史的"大尺度与小尺度"的矛盾。在人类的历史长河中，任何一个生命个体的存在都是短暂的、有限的，而每个生命个体又总是力图以自己的生命活动去追求人生的最大意义和最高价值。这是"有意识的生命活动"的"短暂与永恒""有限与无限"的矛盾，也是评价人生的"有意义与无意义"的矛盾。正是人的实践活动所构成的"人生在世"的诸种矛盾，使人的精神家园成为"自相矛盾"的家园、"矛盾丛生"的家园，也就是"活生生"的辩证法

① 《马克思恩格斯选集》第1卷，46页，北京，人民出版社，1995。

② 同上书，47页。

的家园。

精神家园的矛盾，集中地表现为“我”的自我意识的矛盾，即由“我”的自我意识所构成的“我与世界”的“关系”的矛盾。马克思恩格斯深刻地指出：“凡是有某种关系存在的地方，这种关系都是为我而存在的；动物不对什么东西发生‘关系’，而且根本没有‘关系’；对于动物来说，它对他物的关系不是作为关系存在的。”①人是源于自然的存在，然而，源于自然的人类却在自己的有意识的对象化活动中，把自己与世界构成关系性的存在，形成了“人生在世”的“我与世界”的自我意识。正是这种自我意识，构成了人的精神家园中的思维与存在、主体与客体、主观与客观、理想与现实以及有限与无限的矛盾。反过来说，也正是这些自我意识到的矛盾，构成了“活生生”的辩证法的人的精神家园。

“我与世界”关系中的“我”是自相矛盾的存在。对此，黑格尔曾做出精彩的表述：“因为每一个其他的人也仍然是一个我，当我自己称自己为‘我’时，虽然我无疑地是指这个个别的我自己，但同时我也说出了一个完全普遍的东西。”②从个别性来看，我是作为独立的个体而存在的，我就是我自己；从普遍性来看，我又是作为人类的类分子而存在的，我又是我们。作为个体性存在的“我”是“小我”，作为我们存在的“我”则是“大我”。“小我”与“大我”的矛盾，不仅构成了人的精神家园中的个体性与普遍性的矛盾，而且构成了“有意识的生命活动”中的个体自我意识与社会自我意识的矛盾。这就是人的精神家园中的“小我”与“大我”的矛盾。

人的精神家园中的“小我”与“大我”的矛盾，在同时态上表现为“我与社会”的矛盾，在历时态上则表现为“我与历史”的矛盾。同时态的“我与社会”的矛盾，直接地表现为“我与他人”的矛盾，并构成“互主体”“主体际”或“主体间”的矛盾关系。历时态的“我与历史”的矛盾，则集中地表现为“我”既是历史的“前提”又是历史的“结果”，“我”作为历史的“结

① 《马克思恩格斯选集》第1卷，81页，北京，人民出版社，1995。

② ［德］黑格尔：《小逻辑》，81页，北京，商务印书馆，1980。

果”才能成为历史的“前提”。因此，“我与社会”和“我与历史”的关系，构成了“小我”与“大我”的独立性与依存性、创造性与规范性的深层矛盾。如果以社会和历史的普遍性来压抑、扭曲、阉割甚至取消个体的独立性和个性，人的精神家园就是“生命中不堪忍受之重”的“本质主义的肆虐”；反之，如果以个体的独立性和个性之名而“拒斥”社会和历史的普遍性和规范性，人的精神家园则是“生命中不能承受之轻”的“存在主义的焦虑”。在人的精神家园中，没有以独立性和个性为前提的普遍性和规范性，只能扼杀人的精神的生产与创造的普遍性和规范性；没有以普遍性和规范性为基础的独立性和个性，只能陷入混乱、无序乃至毁灭的非存在。因此，人的精神家园不是“小我”与“大我”的两极对立，不是非此即彼的“形而上学”，而是“小我”与“大我”互为中介、彼此融合的“辩证法”。自觉到人的精神家园的辩证法，并使其升华为理论形态的世界观、人生观和价值观，这才是真正地建设人的精神家园。

人的精神家园的“我”的自我意识，不仅包含我与社会、我与历史的“小我与大我”的矛盾，而且包含每个个体的“小我”的感性与理性、理想与现实、有限与无限的矛盾。“小我与大我”的矛盾，是以“小我”的内在诸种矛盾而构成人的精神家园。在“我与世界”的关系中，每个个体的“我”既以全部感官去感知世界，又以“地球上最美丽的花朵”——思维——去把握世界。人的感官所感知的只能是“现象”，人的思维所把握的则只能是“本质”；对于人的感官来说的现象的“存在”，对于人的思维来说是“非存在”；对于人的思维来说的本质的“存在”，对于人的感官来说则是“非存在”。当古希腊哲学家提出“人是万物的尺度”时，这便凸显了人的精神家园中的感性与理性的矛盾：人的尺度是感性的尺度还是理性的尺度？是把情欲作为理智的尺度还是把理智作为情欲的尺度？用当下的时髦的话来说，究竟是“跟着感觉走”还是“跟着理性走”？这就是人的精神家园中的“人的尺度”的矛盾。

在人的精神家园中，意识的反映性与创造性是一对极为深刻的矛盾，它在认识论的意义上构成人的精神家园中的相对主义与绝对主义的矛盾。人的意识活动，一方面是“意识在任何时候都只能是被意识到了的存在”，另一方面则是“人给自己构成世界的客观图画”。意识的对象是意识外的存在，意识的内容则是意识界的存在；意识界的存在不仅是“被意识到了的存在”，而且是“在人的头脑中改造过”的存在；因此，意识界的存在是主观与客观的矛盾的存在。哲学所追问的“思想的客观性何以可能”的问题、“真理性的认识何以可能”的问题，正是以理论的方式深刻地表达了人的认识活动的内在矛盾，以及由认识活动的内在矛盾所构成的人的精神家园的内在矛盾。这就是，人在自己的意识活动中所构成的普遍性、必然性、规律性的观念是否具有客观意义？人的思维规律所表述的存在规律是不是存在本身的规律？人的规律性的认识是否具有“正确地反映客观事物及其发展规律”的真理的意义？真理的观念是人的精神家园建设的基石，这块“基石”是否坚实，关系到整座人类精神的大厦。正是人的认识活动中的主观与客观的矛盾，以及由此而构成的“真理何以可能”的矛盾，导致了人的精神家园中的相对主义与绝对主义的矛盾。当代社会思潮中的“耻言理想、躲避崇高、拒斥传统、不要规则、怎么都行”的虚无主义，是同真理观的相对主义息息相关的。

在人的精神家园中，求索天、地、人的人与自然之辨，探寻你、我、他的人与社会之辨，反省知、情、意的人与自我之辨，追求真、善、美的人与生活之辨，既构成人的心灵的文化样式——宗教、艺术和哲学——丰富的思想内涵，又凝结为规范人的全部思想和行为的哲学意义的世界观、人生观和价值观。西方哲学所探讨的存在与非存在、个别与一般、本体与变体、主体与客体、感性与理性、经验与超验、自由与必然，中国哲学所追究的天与人、内与外、体与用、道与器、理与欲、义与利、仁与智、知与行，无不凝聚了对“人生在世”的诸多矛盾的深层把握与理解，并因而构成了人的精神家园的“安身立命”之本或“最高的支撑点”。体现人生的意义或价值的是非、善恶、美丑、利害、福祸、荣辱、进退，在哲学范畴的把握中，升华为人的精神家园中的“活生生”的辩证法。正是这个“活生生”的辩证法，既构成人的生死观、理想观、幸福观、荣辱观的真实内涵，又决定人的实践活动的目标、人生道路的方向和对待生活的态度。辩证法是“自相矛盾”的人的精神家园。

二 “自己构成自己”的精神家园

在人的精神家园中，辩证法是精神由抽象的同一性升华为具体的同一性的过程，是个体的自我意识与社会的自我意识辩证融合的过程，是文化的传承与创新凝聚为人的实践智慧的过程。这就是人的精神家园“自己构成自己”的过程。

第一，精神家园的建设，是从抽象的同一性上升为具体的同一性的过程，也就是由“名称”上升为“概念”的过程。人们经常以“空虚”或“充实”来表述人的精神家园的两种基本状态。精神家园的“空虚”，就是精神生活中的各种矛盾处于“抽象的同一性”，也就是以“名称”的方式把握精神生活中的各种矛盾；与“空虚”的精神家园相反，“充实”的精神家园则是精神生活中的各种矛盾达到“具体的同一性”，也就是以“概念”的方式把握精神生活的各种矛盾。由“抽象的同一性”到“具体的同一性”，由对矛盾的“名称”式的把握上升为“概念”式的把握，就是人的精神家园“自己构成自己”的过程。

精神家园中的“抽象的同一性”，主要表现在两个方面：一是没有把握到精神生活中的各种矛盾的概念内涵，即没有把握到这些矛盾的规定性；二是把精神生活中的各种矛盾的规定性割裂开来、对立起来，以某种片面的规定性去代替概念的丰厚的文化内涵。这就是对精神生活中的各种矛盾的“名称”式的把握。具体言之，第一种情况就是把精神生活中的各种矛盾当成“熟知”的“名称”，而没有“反思”这些“熟知”的“名称”的真实的内涵。这正如黑格尔所说，“老人讲的那些宗教真理，虽然小孩子也会讲，可是对于老人来说，这些宗教真理包含着他全部生活的意义。即使这小孩也懂宗教的内容，可是对他来说，在这个宗教真理之外，还存在着全部生活和整个世界”①。“概念”是包含着“全部生活和整个世界”的“名称”，“名称”则是尚未包含“全部生活和整个世界”的“概念”。从“名称”到“概念”，是由“名称”与“对象”的“抽象的同一”上升到“概念”与“对象”的“具体的同一”。辛弃疾的“为赋新词强说愁”与“却道天凉好个秋”的感慨，正生动地体现了精神家园中的由“抽象的同一”到“具体的同一”的转化。

精神生活中的“抽象的同一”的第二种情况，则是以某种片面的规定性去代替对矛盾的整体把握。马克思说，片面的规定性，就是“只能作为一个既与的、具体的、整体的抽象片面关系而存在”的规定性，因此，人的思想必须使“抽象的规定在思维行程中导致具体的再现”，从而达到“许多规定的综合”和“多样性的统一”的“理性具体”②。例如，在“人与历史”的关系中，“人们自己创造自己的历史”和“历史运动是有规律的”这两个规定性都是正确的，但是如果人执着于其中的一个规定性，不仅达不到对“人与历史”关系的正确理解，而且会歪曲人和历史的本质，在精神家园中造成历史的目的论或历史的虚无主义。同样，在“人与社会”的关系中，把“个人”与“社会”割裂开来，对立起来，就会在精神家园中形成各种各样的极端主义。人的精神家园由“抽象的同一”到“具体的同一”的过程，就是精神家园中的各种矛盾获得丰富的思想内涵的过程，就是由思想的片面的规定性上升到“许多规定的综合”和“多样性的统一”的过程。这表明，人的认识过程、学习过程同人的精神家园的建设过程是一致的。

第二，精神家园的建设，是个体理性与普遍理性、个体自我意识与社会自我意识的辩证融合的过程，也就是个体自我意识“认同”社会自我意识、社会自我意识“认可”个体自我意识的双向生成过程。这个过程是在社会的意义上所实现的精神家园“自己构成自己”的过程。

---

① [德]黑格尔：《小逻辑》，423页，北京，商务印书馆，1980。

② 《马克思恩格斯选集》第2卷，18页，北京，人民出版社，1995。

个体的自我意识在其直接性上，总是表现为不可穷尽的差别性和难以捕捉的任意性；然而，个体的自我意识在其现实性上，总是蕴含着社会性的自我意识。这主要表现在：个体自我意识总是蕴含具有社会内容的人生价值、社会正义、伦理道德、法律规范、历史规律、人类未来等问题；个体自我意识总是蕴含具有社会性质的真理标准、价值尺度、审美原则和人性根据等问题；个体自我意识总是以具体的社会意识形式——宗教、艺术、科学、哲学——而形成具体的精神内容。个体自我意识的社会内容、社会性质和社会意识形式，构成了人的精神家园中的个体自我意识与社会自我意识的矛盾，并由此构成了社会的价值规范与个体的价值认同、社会的价值标准与个体的价值选择、社会的价值导向与个体的价值取向、社会的价值理想与个体的价值期待的矛盾。

由于个体自我意识在其现实性上只能以具有社会内容、社会性质和社会意识形式的社会自我意识构成精神家园，因此，人的精神家园由“抽象的同一性”上升为“具体的同一性”的过程、由“名称”升华为“概念”的过程，就是在自己的精神家园中“吸纳”和“创建”社会自我意识的过程，也就是个体自我意识与社会自我意识的“认同”与“认可”的双向生成过程。黑格尔的概念辩证法的真正内容，正是以概念、思想“自己构成自己”的方式，描述了个体理性认同普遍理性、普遍理性融入个体理性、个体理性自觉为普遍理性，即个体理性与普遍理性辩证融合的过程。在人的精神家园中，辩证法的“真实意义”，就在于它真实地体现了精神家园中的个体自我意识与社会自我意识的矛盾运动。

人是历史性的存在，人的精神家园是历史地形成的文化家园。黑格尔说：“就人作为精神来说，他不是一个自然存在。但当他作出自然的行为，顺从其私欲要求时，他便志愿作一个自然存在。”“只要人老是停留在自然状态的阶段”，“人诚然也有超出自己的个别性的善意的、社会的倾向”，“但只要这些倾向仍然是出于素朴的本能，则这些本来具有普遍内容的情欲，仍不能摆脱其主观性，因而总仍不免受自私自利和偶然任性的支配”①。正是基于这种认识，黑格尔一再强调指出，“引导一个个体使之从它的未受教养的状态变为有知识”②，并使之“自视配得上最高尚的东西”③，就必须在人的精神家园中实现个体理性与普遍理性、个体自我意识与社会自我意识的辩证融合。

社会的自我意识不仅是个体的自我意识的真实内容，而且是个体自我意识的生成与发展的真实力量。构成人的精神家园的社会意识形式——宗教、艺术、科学和哲学，以其丰富多彩的精神内涵，激发个体的求知欲望，拓宽个体的生活视野，启迪个体的理论思维，催化个体的生命体验，升华个体的人生境界，引导个体的理想追求，使个体的精神家园凝聚成历史的文化内涵，并创造体现时代的进步与发展的更为深刻和丰厚的文化内涵。因此，在人的精神家园中，个体自我意识与社会自我意识的辩证融合，不仅是个体理性认同普遍理性，个体理性自觉为普遍理性，而且是个体理性变革普遍理性，个体理性创造普遍理性。如果仅仅肯定个体理性认同普遍理性，就会造成“形而上学的恐怖”和“本质主义的肆虐”；反之，如果根本否定个体理性认同普遍理性，则会造成“精神家园的失落”和“存在主义的焦虑”。个体理性在认同普遍理性的同时创造普遍理性，在创造普遍理性的同时又认同普遍理性，“认同”与“创造”的统一才是“自己构成自己”的人的精神家园。

第三，精神家园的建设，是文化的传承与创新凝聚为人的实践智慧的过程，也就是精神家园的建设与人的历史发展融为一体的过程。这个过程是在实践的意义上所实现的精神家园“自己构成自己”的过程。

人的生命活动与动物的生命活动，不仅是两种不同的“维持生命”的活动，而且是两种不同的“延续生命”的活动。动物的生命活动是以“复制”的方式延续其种类的存在的，因而是一种“非历史”的延续生命的方式；人的生命活动则是以创造和传承文化的方式延续人自身的存在的，

---

① ［德］黑格尔：《小逻辑》，92—93页，北京，商务印书馆，1980。
② ［德］黑格尔：《精神现象学》上卷，17页，北京，商务印书馆，1979。
③ ［德］黑格尔：《小逻辑》，36页，北京，商务印书馆，1980。

因而是一种“追求自己的目的”的“历史”的延续生命的方式。“历史”和“文化”是人的存在方式，并构成人的生活世界。精神家园的建设与人的历史发展和文化的积淀是不可分割的。

文化的传承与创新，构成人的“历史”的真实内涵。“在动物和植物中，形成对环境的适应性，是通过其基因型的变异。只有人类对环境刺激的反应，才主要是通过发明、创造和文化所赋予的各种行为。现今文化上的进化过程，比生物学上的进化更为迅速和更为有效”，“获得和传递文化特征的能力，就成为在人种内选择上最为重要的了”①。人的精神家园“自己构成自己”的前提是人类的文化遗传，“自己构成自己”的过程则是文化的传承与创新的矛盾运动。

文化的传承与创新，决定人类不仅生活于“自然世界”之中，而且生活于自己所创造的“文化世界”和“意义世界”之中。人作为自然存在物，同其他生物一样生存于“自然世界”中；人作为超越自然的社会存在物，生活于自己所创造的“文化世界”中；人作为社会—文化存在物，既被历史文化所占有，又在自己的历史活动中展现新的可能性，因而生活于历史与个人相融合的“意义世界”中。人的文化世界和意义世界，是以人类把握世界的多种方式为中介而构成的人与世界之间的丰富多彩的关系，以及由此而构成的“神话的世界”“宗教的世界”“艺术的世界”“伦理的世界”“科学的世界”和“哲学的世界”。它们构成作为“意义世界”的人的精神家园。

在人的“意义世界”的精神家园中，语言是“文化的水库”。它保存着历史的文化积淀，并以这种历史的文化积淀去“占有”世世代代的个人，从而构成历史与现实之间、“历史视野”与“个人视野”之间的一种“视野融合”，也就是构成了人与历史、人与他人以及人与自我之间的相互理解和自我理解。在“语言”的社会性与“言语”的个体性的矛盾中，语言的

---

① ［美］T. 杜布赞斯基：《遗传学与物种起源》，288、289页，北京，科学出版社，1982。

系统性与言语的过程性、语言的齐一性与言语的多样性、语言的结构性与言语的事件性等诸多矛盾，实现了语言的意义的增生。这既构成了个体精神家园的丰富性和生动性，又构成了文化积淀转化为实践智慧的目的性和灵活性。

“历史”是人的有目的的活动过程，是实现人的目的的过程。在“历史”过程中，人以自己的生活活动去实现自己的生活目的，把不会主动满足人的世界变成满足人的要求的世界，把不符合人的理想的现实变成人所要求的理想的现实，把“自然而然”的世界变成对于人来说是真善美的世界，从而把人生变成“有意义”的“生活”。由文化的传承与创新所构成的人的精神家园，在人的实践的存在方式中，是一种构成生活、改变生活的实践智慧。它给予人以人生的信念和生活的目标，它给予人以价值的选择和审美的愉悦，它给予人以行为的根据和实践的动力。人的精神家园“自己构成自己”的过程，就是以实践的智慧丰富和发展人自身的过程。

三 “自己超越自己”的精神家园

在人的精神家园“自己构成自己”的过程中，“时间”构成精神家园的“空间”，需要层次的跃迁和人生境界的升华构成精神家园的内涵。这就是“自己超越自己”的人的精神家园。

“时间”是人的生存和发展的“空间”，其重要内涵就在于“时间”是人的精神家园的“空间”。无论是作为人类的“大我”，还是作为个体的“小我”，人的“生存空间”总是有限的；然而，人为自己创造的“生活空间”即“意义世界”却是无限的。在人的“意义世界”中，人的眼睛所看到的大地是“苍茫”的大地，所看到的海洋是“浩瀚”的海洋，所看到的太阳是“绚丽”的“旭日”和“夕阳”，所看到的月亮是“皎洁”或“凄冷”的月光。人是寻求意义的存在，“意义”大于“存在”。人为寻求意义而生活，为失落意义而焦虑。人的精神家园就是创造意义的家园。“时间”创造了人的“文化世界”和“意义世界”，从而构成了“自己超越自己”的人的精神家园。人类历史上的每一代人都创造着新的意义世界，都体验着新的意义世界。正是并且只是在人的精神家园即意义世界中，“太阳每天都是新的”。

人生的最大意义，莫过于幸福地生活。幸福是快乐的感觉和目标的实现，因此，人的精神家园中，有一种不竭的动力，这就是“志”——志向的志、志气的志、立志的志。有“志”才有“人生的着落”，无“志”则是“人生的失落”；有“志”才有“精神的家园”，无“志”则是“存在的空虚”；有“志”才有“心灵的激情”，无“志”则是“心灵的冷漠”。心灵的冷漠，感受不到世界的姹紫嫣红，体会不到情感的万种波澜，生活便失去了意义与价值，精神家园就会萎缩，因此，“心灵和身体一样，都需要锻炼”。正是并且只是在坚韧不拔地追求和实现生活的目标的过程中，人的精神家园才会枝繁叶茂，硕果累累，生机盎然。

幸福，在最宽泛的意义上，总是离不开人的生理的和心理的需要的满足。人的需要是多层次的，人的幸福感也是多层次的。希腊哲人柏拉图曾把人的快乐感分为三个等级：爱财富，这是低级的快乐；爱荣誉，这是中级的快乐；爱智慧，这是高级的快乐。在当代，人本主义心理学家马斯洛的层次需要论，把人的需要分为生理需要或生存需要、安全需要、归属的需要或爱的需要、尊重需要、认知需要、审美需要和自我实现的需要。它启发我们把人的需要、人的价值与人的精神家园的自我建构和自我超越统一起来。

这种层次需要论，首先向人们显示了人类自身的丰富性。人有高于其他动物的多种潜能，因而人能为自己创造其他动物所不具有的多彩的生活世界；人有高于其他动物的多种需要，因而人能为自己创造其他动物所不具有的多重的意义世界；人有高于其他动物的多种价值，因而人能为自己创造其他动物所不具有的多样的文化世界。

这种层次需要论，还在现代意义上表明了层次需要、层次规定、层次价值和层次规范的关系。每个层次的需要，都有它的特定的确定的内涵即规定，人的需要在这种层次规定性中得到具体的展现；每个层次的需要，都有它的相应的不可或缺的价值，人的需要在这种层次价值中得到充分的肯定；每个层次的需要，都有它的基本的不可缺少的规范，人的需要在这种层次规范中得到相应的实现。层次递进的需要及其规定性和规范性，为人的精神家园的自我超越展示了丰富的意义内涵。

各个层次的需要，对于人的生活特别是人的生活质量来说，具有按照层次不断上升的价值。生理需要或生存需要，其价值是最低的；自我实现，则具有最高的价值。人的需要的丰富性、层次性以及需要层次的复杂相关性，构成了人类生活的丰富性、生活价值的层次性以及实现生活价值的复杂性。人的精神家园“自己超越自己”的过程，也就是人的需要层次的跃迁过程。

在中华民族的精神家园中，人生境界的升华问题是照亮每个生命的“普照光”。冯友兰先生在他的人生境界说中，以简洁的语言概括了中国人对这一问题的理解。他提出：“自然境界、功利境界的人，是人现在就是的人；道德境界、天地境界的人，是人应该成为的人。前两者是自然的产物，后两者是精神的创造。自然境界最低，其次是功利境界，然后是道德境界，最后是天地境界。它们之所以如此，是由于自然境界，几乎不需要觉解；功利境界，道德境界需要较多的觉解；天地境界则需要最多的觉解。道德境界有道德价值，天地境界有超道德价值。”①人是源于自然、遵循必然的存在，然而源于自然的人类又是改变自然、追求自由的存在，因此人生便有了不同的“境界”：凭借自然本身而生存的“自然境界”，超越自然而专注个人的“功利境界”，超越个人而关怀他人的“道德境界”，超越自然而又融入自然的“天地境界”。这种人生境界的升华，既是人与人的“和谐”，也是人与自然的“和谐”。“和谐”的现实，需要“和谐”的人的精神家园。

① 冯友兰：《中国哲学简史》，390—391页，北京，北京大学出版社，1996。

人的精神家园需要不断地“超越自我”，又需要不断地“把持自我”，在“把持”中“越越”，在“超越”中“把持”。在现代社会生活中，人总是感受到种种的“疏离”：人与自然的疏离，“人工的世界”使人感觉到自己生活在“无根的世界”中；人与历史的疏离，“现代化的世界”使人感觉到生活在“变幻莫测”的“万花筒”中；人与社会的疏离，“以物的依赖性为基础”的生存方式使人感觉到生活在“咫尺天涯”的“陌生人”中；人与自我的疏离，“媒体的世界”使人感觉到生活在“滚滚红尘”和“自我失落”的“喧嚣的孤独”中。“现代人的焦虑”，是“精神家园失落”的焦虑；人的“现代化”的过程，需要精神家园的建设，需要人生境界的升华。

人的精神家园是人的“安身立命”之本，然而，精神家园的“本体”并不是某种既定的存在，而是一种源于现实又超越现实的理想，是一种源于历史而又重构历史的信念，是一种源于实践而又变革实践的智慧。人就是人所创造的“生活”，生活的精神家园就是创造“生活”的理想、信念和智慧，就是塑造“生活”的世界观、人生观和价值观。在人与世界的否定性统一的实践过程中，“自己构成自己”和“自己超越自己”的人的精神家园，为人的生活提供永不枯竭的“活的灵魂”。这就是辩证法的精神家园和精神家园的辩证法。

第十章　马克思主义辩证法的当代课题

“每一时代的理论思维，从而我们时代的理论思维，都是一种历史的产物，它在不同的时代具有完全不同的形式，同时具有完全不同的内容。”①反思当代辩证法理论的生活基础，把握当代辩证法理论的总体特征，探索当代辩证法理论的主要内容，是马克思主义辩证法研究的基础性的当代课题。

一　辩证法理论的当代社会生活基础

“意识在任何时候都只能是被意识到了的存在，而人们的存在就是他们的现实生活过程”，因此，“不是意识决定生活，而是生活决定意识”②。这是马克思关于人的“意识”与“存在”之间的相互关系的著名论断。这个论断表明，作为人类意识的“辩证智慧”，作为哲学理论的“辩证法”，它们的存在与发展决定于人类自身的“实际生活过程”。正是当代人类的“实际生活过程”，

① 《马克思恩格斯选集》第4卷，284页，北京，人民出版社，1995。

② 《马克思恩格斯选集》第1卷，72、73页，北京，人民出版社，1995。

为当代辩证法理论提供了空前广阔与深刻的“生存论”根基。

关于人类的“实际生活过程”，马克思曾做出这样的概括，即人类的存在表现为三大历史形态，这就是“人的依赖关系”“以物的依赖性为基础的人的独立性”和“建立在个人全面发展和他们共同的社会生产能力成为他们的社会财富这一基础上的自由个性”①；而关于与生活密不可分的理论，马克思则做过这样的概括：“彼岸世界的真理消逝以后，历史的任务就是确立此岸世界的真理。人的自我异化的神圣形象被揭穿以后，揭露非神圣形象中的自我异化，就成了为历史服务的哲学的迫切任务。于是对天国的批判就变成对尘世的批判，对宗教的批判就变成对法的批判，对神学的批判就变成对政治的批判。”②马克思的这些论述，对于我们理解辩证法理论在当代的发展是至关重要的。

从人类的“实际生活过程”来看，人的存在方式的最重大的变化莫过于从“自然经济”中的“依附性”存在转变为“市场经济”中的“独立性”的存在。这种“实际生活过程”的变革，为辩证法理论提供了空前广阔与深刻的理论内容。

从人的存在方式上看，所谓“自然经济”，就是在生产力水平低下或较为低下的情况下的“人的依赖性”或“人对人的依附性”的人的存在方式。在“自然经济”的形态下，“人的生产能力只是在狭窄的范围内和孤立的地点上发展着”。生产力水平低下或较为低下造成了“人对人的依附性”，“自然经济”的根本特征是经济生活的禁欲主义、文化生活的蒙昧主义和政治生活的专制主义的“三位一体”。经济生活的禁欲主义既需要文化生活的蒙昧主义，更需要政治生活的专制主义。自然经济的人的存在方式，从本质上看，就是这种禁欲主义、蒙昧主义和专制主义“三位一体”的“人对人的依附性”的存在方式。在西方近代以前的社会生活中，这种“人对人的依附性”，表现为“人对神的依附性”。作为“神圣形象”的

① 《马克思恩格斯全集》第1卷，453页，北京，人民出版社，1956。

② 同上书，2页。

"上帝"，是人的全部思想和行为的根据、标准和尺度，而人则把自己的本质力量异化给了作为"神圣形象"的"上帝"，从而成为依附于"上帝"的存在。在这里，"上帝"就是绝对之真、至上之善和最高之美，哪里还有什么"辩证智慧"可言呢？同样，在以自然经济为基础的中国封建社会的社会生活中，在"存天理，灭人欲"，"君子喻于义，小人喻于利"，"君为臣纲，父为子纲"以及"法先王之法""以孔子之是非为是非"的告诫与"纲常"中，我们不仅可以看到非此即彼、两极对立的绝对化的思维方式和价值观念，而且可以看到由此所造成的崇高的异化：崇高被异化为代表"国家""社稷"的"君主"；崇高被异化为代表"人性""人格"的"圣贤"；崇高被异化为代表"经典""文本"的"儒学"；崇高被异化为代表"伦理""道德"的"纲常"；如此等等。在这种"崇高"与"渺小"的绝对对立中，哪里还有什么"辩证智慧"可言呢？

按照马克思的观点，超越自然经济的市场经济，实现了人的存在方式由"人对人的依附性"到"以物的依赖性为基础的人的独立性"的历史性转变。马克思提出，在这种"以物的依赖性为基础的人的独立性"的存在方式中，"才形成普遍的社会物质交换，全面的关系，多方面的需求以及全面的能力的体系"①。

如果我们把"自然经济"的特征概括为经济生活的禁欲主义、文化生活的蒙昧主义和政治生活的专制主义，那么，在与"自然经济"相比较的意义上，我们可以对"市场经济"的特征做出如下概括：经济生活反对禁欲主义而要求现实幸福，文化生活反对蒙昧主义而要求理性自由，政治生活反对专制主义而要求天赋人权。"市场经济"对这种要求的理论表达，构成人们所熟知的著名的哲学命题，这就是："我欲故我在"(要求现实幸福)，"我思故我在"(要求理性自由)，"我生而为人"(要求天赋人权)。

如果我们更深一步地从人的思维方式、价值观念和行为方式等人的

① 《马克思恩格斯全集》第 46 卷(上)，104 页，北京，人民出版社，1979。

存在方式的视角去透视“市场经济”，那么，我们又可以对“市场经济”的特征做出更为实质性的概括，这就是功利主义的价值态度（以功利原则为价值核心）、工具理性的思维方式（以科学思维为合理性）和民主法制的社会体制（市场经济即法制经济）。

市场经济按照自己的要求去塑造全部社会生活，从而也就塑造了人的新的存在方式——人在市场经济中的存在方式。对于人的这种存在方式的本质与特征，马克思做出了最为简洁、精辟的理论把握与概括：“以物的依赖性为基础的人的独立性。”这个概括深刻地揭示了市场经济以及与之相适应的人的存在方式的二重性：一方面，与自然经济相比，市场经济使人的存在方式由“人对人的依附性”转变为“人的独立性”；另一方面，市场经济中的“人的独立性”，只是“以物的依赖性为基础”，因此它所实现的由“人对人的依附性”到“人的独立性”的转变，只是由“人的依赖关系”转变为“物的依赖关系”。人的“独立性”和“对物的依赖性”，构成“市场经济”中的全部矛盾的根本性内容。而“现代社会”则是以“市场经济”为基础的市场经济、现代科技和大众文化“三位一体”的社会。人们在现代社会的“实际生活过程”中，表现为人的“独立性”与“对物的依赖性”的矛盾冲突的过程。正是这个实际生活过程，构成了辩证法理论的当代社会生活基础。下面，我们就从这个“实际生活过程”及其所表现的当代社会思潮的主要特征去分析当代辩证法理论的社会生活基础。

当代社会生活和当代社会思潮的首要特征，可以称为“两极对立模式的消解”。在以自然经济为基础的传统社会中，人们的经济生活、政治生活、文化生活和精神生活都处于两极对立的状态之中，人们总是以两极对立的思维方式去思考一切问题。传统哲学作为传统社会的“思想中的现实”，集中地体现了这种两极对立的生存方式及其思维方式，它总是试图在真与假、善与恶、美与丑的绝对对立中去寻求某种绝对的确定性。由于传统哲学总是把这种绝对的确定性对象化为某种确定的存在并使之神圣化，从而造成了马克思所说的“人在神圣形象中的自我异化”。现代的市场经济、科技文明和大众文化则日益深刻地消解掉了这些“神圣形象”的灵光，使得人们的生存方式发生了“从两极到中介”的变革：当代世界的政治模式形成了“从对抗到对话”的多元化和多极性，“和平与发展”成为当今时代的主题；当代世界的经济模式发生了“从对立到合作”的变革，世界各国的经济发展都进入国际经济大循环之中，出现了“经济全球化”的趋势；当代世界的文化模式发生了“从对峙到融合”的变革，“欧洲中心主义”已被多元文化模式的共存、交流与融合所取代；当今人类的思维模式更集中地体现了“从两极到中介”的深刻变革，把真善美理解为时代水平的人类自我意识，把人类已经达到的认识成果理解为时代水平的“合法的偏见”，把人类的存在视为“超越其所是”的开放性、未完成的存在，已逐步成为当代人类的共识。

这种“两极对立模式的消解”，使人类从两极对立、非此即彼、僵死凝固的生存方式和思维方式中解放出来，这无疑是人类历史的巨大进步，它标志着现代社会与传统社会的本质区别，并成为当代辩证法理论的真正的、坚实的社会生活基础。然而，由于“两极对立模式的消解”，消解掉了传统社会所悬设和承诺的绝对确定的种种思想的根据、价值的尺度和行为的标准。因此，人们面对这种“两极对立模式消解”的社会思潮，需要当代哲学重新寻求人的思想与行为的根据、尺度和标准，也就是必须以理论的方式重新确定崇高的位置。当代社会生活的深刻变革，既构成了当代辩证法理论的真实的生活基础，也为当代辩证法理论的发展提出了迫切的理论问题。

当代社会生活和当代社会思潮的另一个特征，可以称为“英雄主义时代的隐退”。在以自然经济为基础的传统社会中，“上帝”是神秘化了的“神圣形象”，“英雄”则是“神圣形象”的世俗化存在。“人在神圣形象中的自我异化”，不仅是在“彼岸世界”的“神圣形象”中的自我异化，而且是在“此岸世界”的“神圣形象”中的自我异化，即在打着“灵光”的“英雄”形象中的自我异化。历代的帝王将相、圣人先哲都涂抹着“神圣形象”的灵光，以超世或救世的“英雄”的方式凌驾于人民之上，并被描绘成创造历史的主人。现代的市场经济、科技文明和大众文化不仅消解了“彼岸世界”的“神圣形象”，而且也消解了“此岸世界”的“神圣形象”。在现代社会中，每个人都是普通的个人，都可以是显示个人能力的“英雄”。人们越来越强烈地感受到：现代民主社会的“政治领袖”已不再是超然于历史之上的救世主式的“英雄”，而是承担重要责任的“公务员”；现代科学共同体中的任何一个“科学家”，已不再是凭借个人才智而给予人类以划时代发现（或发明）的“英雄”，而只是依据某种“科学范式”进行科学研究的科学家集团中的“优秀分子”；现代文学艺术的丰富多采和日新月异，以及“接受主体”的“解读”方式的多样化和多元化，使得当代的“文学家”和“艺术家”已不再是“鹤立鸡群”的“文学大师”和“艺术巨匠”，而是不断地超越自我的“探索者”；同样，现代思想的日新月异和丰富多采，也使得当代的“思想家”和“理论家”不再是某种不可质疑的“思想伟人”，而只是不断向人们展现新的可能世界的“思想者”；随着现代人的“公民意识”的增强和“社会公德”的普及，各种各样的“行为楷模”也失去了往昔难以企及的神圣性，而越来越成为现代社会中的“好男好女”或“优秀公民”。

这种“英雄主义时代的隐退”，从整个社会的层面上改变了传统社会的“英雄”与“奴隶”“君子”与“小人”的对立，把人们从“英雄创造历史”的误区中解放出来，使每个人都成为追求自我实现和在社会中作为“优秀分子”的社会成员，使“公民意识”成为每个人的最基本的也是最重要的自我意识，这无疑是社会历史的巨大进步，它标志着人从“传统人”变成了“现代人”。然而，这种市场经济所形成的“英雄主义时代的隐退”，是“以物的依赖性为基础的”。这正如马克思所说，资本主义市场经济“抹去了一切向来受人尊崇和令人敬畏的职业的光环”，“撕下了罩在家庭关系上的温情脉脉的面纱，把这种关系变成了纯粹的金钱关系”，“一切固定的僵化的关系以及与之相适应的素被尊崇的观念和见解都被消除了，一切新形成的关系等不到固定下来就陈旧了。一切等级的和固定的东西都烟消云散了，一切神圣的东西都被亵渎了”①。因此，只有超越“以物的依赖性为基础的人的独立性”，人才能获得真正的个性，才能真正实现每个人的全面发展。当代社会生活中的这种社会关系的深刻变革，从人的存在方式和自我意识两个方面构成了当代辩证法理论的现实基础。

当代社会生活和当代社会思潮的又一个特征，可以称为“高层精英文化的失落”。在禁欲主义、蒙昧主义和专制主义“三位一体”的自然经济的生存方式中，“文化”是在教育不发达的状态下，将“文化”分为“化”者(教人者)与“被化”者(被教者)对立的两极，从而把“文化”视为向“被化”者灌输至高无上、千真万确、不容置疑、天经地义的“真理”。因此，这种“文化”只是属于特定阶级(和阶层)的作为“经典”的“高层精英文化”。以功利主义的价值取向、工具理性的思维方式和民主法制的社会体制的“三位一体”为标志的市场经济，从根本上改变了自然经济条件下的“文化”状况。市场经济的发展，科学技术的进步，教育程度的普及，生活水平的提高，闲暇时间的增多等众多因素，使“文化”变成了“大众文化”，即不再是属于某些特定阶级(或阶层)的文化。在这个意义上，“大众文化的兴起”和“精英文化的失落”，不能不是一种历史的巨大进步。它在“文化”的意义上弱化了两极对立的思维方式和价值观念。

然而，市场经济中的“文化”，同样体现的是一种“以物的依赖性为基础的人的独立性”。市场经济文化的突出特征，在于它是一种以文化商品化为基础的泛审美形象的全面增殖。广告形象、时装模特、明星效应、通俗作品以及“卡拉 OK”“MTV”日益成为文化的主体。这种商品化的文化又以工业化的方式得到最广泛的生产与推售，并通过电视等现代媒体得到极为迅速和广泛的传播。“接受主体”已经变成这种商业化的文化的“被动客体”。市场经济文化已经成为“平面”的大众化、“媚俗”的商业化、“控制”的工业化和“渲泄”的世俗化的统一。“在大众传播之类的现代文化工业中，文化生产并入一般商品生产的形式中，商品生产的律

① 《马克思恩格斯选集》第1卷，275页，北京，人民出版社，1995。

则支配了文化生产，因而整个的文化工业所遵循的唯一历史法则是：文化原来所遵从之内在价值的标准被文化市场上之文化商品的外貌及需求所取代，最没有意义但最容易了解的信息变成最好的信息，因而信息的复杂性也被牺牲掉，代之以大量容易被了解、被接受的信息，文化劳作变成愈来愈粗糙、愈来愈只注重感官的感觉。在这样的历史法则下，愈来愈多各式各样无意义的文化符号垃圾被制造出来，充斥在文化市场上，而意义、规范等符号则被弃置。”①

文化生产与文化生产的主体是密切相关的。作为传统的“精英文化”的主体的知识分子阶层，也在市场经济文化中发生了迅速的、深刻的分化。“在西欧，‘知识分子’这个概念或者用来指那些坚持站在超然特立之地位来护卫人文主义价值的文化人；或者用来指那些怀疑传统之意识形态，并试图加以重估检讨的文化人。不管是哪一种用法，它都指生活在一种‘知性之自我反省’传统中的文化人，换句话说，不管是站在哪一种实际的政治立场或知识立场，作为一个知识分子，他必须关心他生活于其中之社会的规范问题，关心他直接利益与经验以外之意义符号的问题，并且是一个对这类问题之创造性、批判性思考传统的守护者，因而他基本上是守护知性生活之伦理的道德家。……二十世纪二十年代以后，社会的动乱使西欧的知识分子意识到，在一个痛苦抉择的时代，知识分子不能再主张以超然宁静的心情去观察人类的社会活动，然后在知识上作一番展示之后，宣称得到一个‘真善美为何物’的堂皇结论；而是应该挺身而出，接受时代的召唤，肯定在政治上与道德上涉身与投注的必要，因为思想并不是一件超然与静态的事，而需要深深地与生活结合在一起，因此，知识分子不只是一个观察者，他代表了社会的良心。也就是说，‘知识分子’这个概念中，十九世纪之前那种要求超然特立、不作判断的伦理观被涉身投注的新伦理观代替了。”②而市场经济文化中的

---

① 杭之：《一苇集》，9页，北京，生活·读书·新知三联书店，1991。

② 同上书，3—4页。

知识分子则分化为“技术官僚”“文化明星”和“孤寂的学人”。许多“文人”也希望像歌星、影星、视星、球星、笑星一样，成为制造某种“轰动效应”的“文化明星”。在这种背景下，“知识分子”自身已成为价值多元化的某种表征，而不再是某种统一性价值观的表征。在多元的价值观中做出个人的选择，或在多元的价值观中保持某种“必要的张力”，已经成为当代人的主要的思维方式。

在当代社会生活和当代社会思潮中，“理性主义权威的弱化”也是一个不容忽视和不容回避的显著特征。现代西方哲学中的“消解哲学”，就是这一特征的集中表达。在以“哲学文化”取代“神学文化”的近代“后神学文化”中，哲学和科学取代了神学，从而使“理性”成为人类普遍的自觉意识。恩斯特·卡西尔曾经这样阐述被近代人类及其哲学视为最伟大的力量的“理性”：“所有形形色色的精神力量汇聚到了一个共同的力量中心。形式的差别和多样性，只是一种同质的形成力量的充分展现。当18世纪想用一个词来表述这种力量的特征时，就称之为‘理性’。‘理性’成了18世纪的汇聚点和中心，它表达了该世纪所追求并为之奋斗的一切，表达了该世纪所取得的一切成就”，“理性的力量并不在于使我们能够冲破经验世界的限制，而在于使我们学会在经验世界中有宾至如归之感”，“在17世纪的那几大形而上学体系——笛卡尔、马勒布朗士、斯宾诺莎和莱布尼茨的体系里，理性是‘永恒真理’的王国，是人和神的头脑里共有的那些真理的王国”，“18世纪在一种不同的、比较朴素的意义上看待理性。理性不再是先于一切经验、揭示了事物的绝对本质的‘天赋观念’的总和。现在，人们把理性看作是一种后天获得物而不是遗产。它不是一座精神宝库，把真理象银币一样窖藏起来，而是一种引导我们去发现真理、建立真理和确定真理的独创性的理智力量”，“整个18世纪就是在这种意义上理解理性的，即不是把它看作知识、原理和真理的容器，而把它视为一种能力，一种力量，这种能力和力量只有通过它的作用和效力才能充分理解”，“18世纪文化的基本目的，就是捍卫、强化和巩固这种思维方式”①。

这种“理性”的观念发展到作为德国古典哲学顶峰的黑格尔哲学，则成为一种取代“上帝”的“绝对精神”。对此，恩格斯曾经深刻地指出：当黑格尔发现，他借理性不能得到另一个凌驾于人之上的真正的上帝时，他是多么为理性感到自豪，以致他干脆宣布理性为上帝。这样，作为“非神圣形象”的“理性”就变成了“神圣形象”的“上帝”——人挣脱了在“神圣形象中的自我异化”，却又陷入了“非神圣形象中的自我异化”。因此，以“理性”为标志的哲学(首先是黑格尔哲学)遭到了现代哲学的激烈批判。这种批判，包括马克思主义以“现实的理性”(实践)对黑格尔的“抽象的理性”的批判，科学主义以“谦虚的理性”(科学)对黑格尔的“狂妄的理性”的批判，以及人本主义以“丰富的人性”对黑格尔的“冷酷的理性”的批判。被近代哲学奉为圭臬的“理性”的权威在现代社会及哲学中被“弱化”了。

近代哲学的“理性主义”在现代社会中的“弱化”，首先意味着现代社会中的人的主体意识和个性的觉醒。当黑格尔把“理性”视为人的全部丰富性(感觉、情感、意志、想象、目的等)的深层统一时，他便以一种泛逻辑主义的思维方式把人抽象化了。当他进而把人的“崇高”归结为“个体理性”对“普遍理性”的认同时，他就把“崇高”异化成了非人的、超历史的存在。对近代“理性主义”特别是对黑格尔的“泛逻辑主义”的批判，表现了现代人类及其哲学对“人在非神圣形象中的自我异化”的批判，因此这具有巨大的历史进步意义。然而，这种以“两极对立模式的消解”“英雄主义时代的隐退”和“高层精英文化的失落”为前提的“理性主义权威的弱化”，使当代人类陷入了“没有标准的选择的生命中不能承受之轻的存在主义的焦虑”之中。这就是“现代人的困惑”。

“现代人的困惑”，是寻求人类“精神家园”的困惑。这可以说是当代社会生活和当代社会思潮的又一个突出特征。市场经济把它的等价交换

① [德]E. 卡西勒：《启蒙哲学》，3、11、12页，济南，山东人民出版社，1988。

原则渗透到全部社会生活当中，并成为现代人的生存方式，由此造成了人与自然的异化（无休止地攫取造成“全球问题”），人与社会的异化（社会对人的全面发展的扭曲），人与他人的异化（金钱关系所形成的人际关系的冷漠与紧张），人与自我的异化（人异化为金钱的奴隶从而造成自我的失落）。现代人的这种“物化”或“异化”，使人深切地感受到“精神家园”的失落：世界的符号化和自然的隐退所形成的“无根”的意识，价值尺度的多元化和不确定性所形成的“没有标准的选择”，终极关怀的感性化所形成的“信仰缺失”“形上迷失”和“意义失落”。

以市场经济的存在方式为基础的当代社会生活和当代社会思潮，表明当代人类的生活世界处于深刻的“意义危机”之中。当代哲学作为当代“意义”的社会自我意识，需要对这种时代性的“意义危机”做出全面的反应、批判的反思、规范性的矫正和理想性的引导。正是在这种反思中，作为人类智慧结晶的辩证法理论获得了自己广阔而深刻的社会生活基础。

现代化进程中的人的存在方式的变革，从最具基础性和普遍性的内容和方式上看，可以概括为“非日常生活的日常化”。这主要表现在日常经验科学化、日常消遣文化化、日常交往社交化、日常行为法治化以及农村生活城市化等方面。而从深层上看，非日常生活的日常化过程，则是人的世界图景、思维方式和价值观念的变革与重建的过程。

常识的思维方式是形成于人们的日常生活并适用于人们的日常生活的思维方式。正因为常识的思维方式形成于并适用于“日常活动范围”，所以，“日常活动范围”就有常识的思维方式能够持久稳固的存在基础。要变革常识的思维方式，首先要求人们的“活动范围”的拓宽、深化和转换。因此，常识的思维方式及其所构成的世界图景的变革，是以非日常生活的日常化为基础的。一旦进入非日常生活的“广阔的研究领域”，常识的思维方式及其所构成的世界图景就会遭到“最惊人的变故”。正是这种“变故”，这种现代社会的“实际生活过程”，为辩证法理论提供了现实的生活基础。

在现代社会生活中，首先，迅猛发展的科学技术使人们进入了广阔的非日常生活领域，并不断使这种非日常生活日常化。因此，非常识思维的常识化，首先和集中地表现在科学思维的常识化中。科学的直接意义在于，它为人类提供描述和解释世界的不断深化的概念系统和知识体系，从而为人类展现具有历史性和时代性的科学世界图景。然而，正如常识的世界图景是由常识的思维方式所构成的一样，科学的世界图景也是由科学的思维方式构成的。科学的发展史是人类理论思维的进步史。科学概念的形成和确定、扩展和深化、变革和更新，不仅为人类提供"认识和掌握自然现象之网的网上纽结"①，而且为人类提供不断增加和不断深化的认识成分和思维方法。特别是科学的每一次划时代的发现，更以璀灿夺目的理论成果深刻地改变了人们的思维方式。从地心说到日心说，从既成论到进化论，从绝对论到相对论，不仅使非此即彼的常识思维方式遭到巨大的冲击，而且使科学思维方式以其不可抗拒的力量转化为人们的常识思维。在现代科学中，各种科学的相互交叉和相互渗透，特别是系统论、控制论和信息论等"横向学科"的兴起，在更加广泛和深刻的意义上变革了人们的思维方式及其所构成的世界图景。正如有的学者所指出的，科学"已把人类的思维训练到能够理解以前几世纪中有教养的人所不能理解的逻辑关系"②。这就是现代科学常识化所引起的人类思维方式的变革。它为当代辩证法理论提供了坚实的科学基础。

哲学作为"时代精神的精华"，把科学发展所引起的人类思维方式的变革，升华为理论化的社会自我意识。现代哲学告诉人们，没有中性的观察，没有观察渗透和负载的理论，人们对世界的描述与解释，是以人们把握世界的概念框架和思维方式及其历史性变革为前提的。现代哲学深刻地改变了以素朴实在论为代表的直观反映论的思维方式，改变了以机械决定论为代表的线性因果论的思维方式，改变了以抽象实体论为代

① 《列宁全集》第55卷，78页，北京，人民出版社，1990。

② ［德］H. 赖欣巴哈：《科学哲学的兴起》，96页，北京，商务印书馆，1983。

表的本质还原论的思维方式。这不仅在哲学层面上有力地推进了现代科学思维方式的常识化，而且有力地推进了现代哲学思维方式的常识化。

常识作为人类的思想与行为的价值规范，是人类世世代代积累起来的适应人类生存的自然环境、社会环境以及一般文化环境的产物。在常识的价值观念中，人的思想与行为的根据和标准、范围和限度，都是经验的普遍性。人的所思所想、所作所为，直接受到常识的世界图景和思维方式的制约与规范，任何超越普遍经验的思想与行为，都是对常识价值规范的亵渎与挑战，都会被视为荒诞不经或胡作非为。经验性的价值标准规范了常识价值观念的狭隘性与保守性。在常识的价值判断中，总是“定性”地做出论断，而不是“定量”地进行分析，总是孤立地评价经验的具体对象，而不是系统地考察对象的诸种关系。真与假，是与非，荣与辱，好与坏，善与恶，美与丑，君子与小人，崇高与渺小，被常识的经验标准泾渭分明地断定为非此即彼的存在。常识的价值观念往往缺少必要的张力。简单性和绝对化也是常识价值观念的显著特性。与常识不同，科学的价值观念不是经验性的，而是理性化的。科学以其系统化的知识体系和逻辑化的思维方式去规范人们的所思所想和所作所为。实证精神和分析态度是科学价值观念的基础。它不仅着眼于经验的普遍性，而且着重于对经验普遍性的理性思考，它不仅着眼于“定性”式的论断，而且着重于形成论断的“定量”化的分析，它为人们超出非此即彼、两极对立的价值观提供了现实基础。

在科学的发展过程中，科学的世界图景和科学的思维方式处于生生不已的历史性转换之中，从而不断变革和更新人对自己和世界及其关系的理解，即不断变革和更新人们的世界观。思想内容和行为内容的拓展、思想方式和行为方式的更新，必然引起价值标准的变革。由于价值标准是价值观念、价值判断和价值规范的根据，因此，价值标准的变革又必然引起整个价值系统的历史性转换。这是科学价值观念对常识价值观念的狭隘性和保守性的超越。

哲学作为人类存在之意义的社会自我意识，它的价值观念具有显著的反思和批判的特性。它不是直接提出和给予某种价值判断，而是把常识的和科学的价值判断作为反思的对象，批判地揭示隐含在这些价值判断中的前提，即揭示和批判地考察做出这些价值判断的根据、标准和尺度，从而启发人们以批判的精神和开放的态度去对待自己的价值观念。在当代社会生活中，哲学以“非日常生活的常识化”为基础，在日常经验科学化、日常消遣文化化、日常交往社交化、日常行为法治化和农村生活城市化的“实际生活过程”中，不断地升华了人类生活的辩证智慧。哲学的价值态度是以理想的应然性和历史的大尺度去观照和反思常识和科学所给予的现实的价值观念，使人们在理想与现实、历史的大尺度和小尺度之间保持必要的张力。因此，哲学层面的价值观是历史的和辩证的价值观。在现代化的进程中，它致力于寻求科学精神与人文精神、科学理性与价值理性、功利主义与理想主义的辩证统一，引导人们自觉地超越绝对主义的或相对主义的价值态度，不断地提升人们的人生境界。在当代社会生活中，哲学观念的常识化，就是辩证的价值态度和人生境界的普遍自觉化。

二　当代辩证法理论的总体特征

哲学作为理论形态的人类自我意识，它的理论形态的历史演进，直接取决于人类关于自身存在的自我意识的历史性变化；而人类关于自身存在的自我意识的历史性变化，则深层地取决于人类存在的历史形态的转换。因此，哲学史，归根结底是理论形态的人类发展史；每个时代的哲学，归根结底是“思想中所把握到的时代”，是“自己时代精神的精华”。我们需从这样的理论视野去阐述作为哲学世界观的当代辩证法理论。

哲学界通常以“转向”这个概念来标志哲学本身的根本性变革，并由此提出从古代哲学到近代哲学的“认识论转向”，以及由近代哲学到现代哲学的"实践转向"和"语言转向"。20世纪后期以来，哲学界把当代哲学的根本性变革称为"生存论转向"，并试图以"生存论转向"深化对马克思的"实践转向"的理解。我们需要从这种哲学的"转向"中把握当代辩证法理论的总体特征。

马克思的"实践转向"，以人的现实的存在方式——实践活动及其历史发展——为基础去解决思维与存在、人与世界之间的关系问题；现代西方哲学的"语言转向"，则以人类历史文化的"水库"——语言——为出发点去反省思维与存在、人与世界之间的关系问题。因此，哲学的"现代"含义，是指以人的历史性存在为中介去回答和解决哲学基本问题的哲学理论形态。它与传统哲学(包括古代哲学和近代哲学)的根本区别在于，传统哲学总是以"超历史"的方式去解决哲学问题，而现代哲学则是以"历史的"方式去提出和回答哲学问题。人的历史性存在，或者说，人的存在的历史性，是"实践转向"和"语言转向"的深层内涵，更是所谓"生存论转向"的深层内涵。这种深层内涵，决定现代哲学不能不聚焦于对人的存在的反思，因而现代意义的辩证法理论也不能不从对人的存在的反思中形成自己的总体特征和理论内容。当代辩证法理论的总体特征就表现在：其一，人的存在方式成为它的理论聚焦点；其二，人类把握世界的基本方式及其内在矛盾成为它的主要研究对象；其三，对科学、语言、文化、发展以及实践的理解成为它的具体的理论内容；其四，对当代人类的生存与发展的反思成为它的主要任务。

关于人的存在方式问题的凸显，我们可以用所谓"生存论转向"来表达；同样，关于人的存在方式问题之所以凸显出来的根据，我们也可以用"生存论转向"的深层内涵来说明。

哲学界以"生存论转向"来表达对当代哲学的根本性理解，因为这种概括凸显了当代哲学的自我理解，即凸显了哲学的自我理解——把哲学视为关于人类存在的自我意识理论。在"拒斥形而上学"的现代哲学的理论进程中，人们越来越清醒地意识到，所谓"形而上学"的根本弊端，在于它把人同人的世界割裂开来，试图以人的"理性"去"洞悉"与人相对峙的“世界”的“普遍规律”，并把这种与人的历史性存在无涉的、永恒的“普遍规律”作为规范人的思想和行为的最终的根据即“本体”。这就是现代哲学所讨伐的统治人类思想的二千年来的“本质主义”的哲学理念。应当说，正是这种“本质主义”的哲学理念，构成了哲学意义上的形而上学的思维方式，即以真善美与假恶丑绝对对立的思维方式去解释和规范人的思想与行为。因此，对“本质主义”的讨伐，也是对形而上学思维方式的超越。

“本质主义”的哲学理念，就其产生的历史根源来说，源于人类长期生存于以农业文明为基础的自然经济社会之中，这种自然经济社会需要以“本质主义”的方式去确立某种“神圣形象”来实现和维护“人对人的依附性”；就其产生的理论根源来说，源于人类文化总是倾向于以某种单一性的、确定性的乃至终极性的东西来解释和规范复杂性的、多样性的、模糊性的、暂时性的存在，即总是倾向于以某种超历史的、非历史的东西去解释和规范一切历史的存在，以至于用某种“普遍性”的“标准”压抑和取消任何“多样性”的“选择”，这就是文化意义上的“本质主义的肆虐”。

以“本质主义”的哲学理念为背景，我们可以看到“生存论转向”所凸显的哲学自我理解的双重自觉：其一，它是一种“拒斥”传统的“本质主义”哲学观的自觉，即以“生存论转向”为标志来讨伐任何试图以“超历史”的观念去构建哲学体系的哲学观自觉；其二，它又是一种“确立”以人的“生存”为出发点的哲学观自觉，即把哲学“定位”为关于人的历史性存在的自我意识理论的哲学观自觉。“生存论转向”所标志的双重哲学观自觉，表明这种“转向”与我们通常所概括的“实践转向”是一致的；但是，以“生存论转向”来标志这种双重的哲学观自觉，有助于我们在对“实践转向”的理解和阐释中，避免经常会出现的实证化或庸俗化的弊端。正是在这个意义上，以“生存论转向”来表达当代哲学的自我理解，是富有理论说服力的。

用“生存论转向”来表达对当代哲学的根本性理解，还因为这种概括凸显了当代哲学的主题性转换，即凸显了当代哲学对人类自身的历史性存在的关切。马克思批评“哲学家们只是用不同的方式解释世界”，并提出“问题在于改变世界”，从而为整个现代哲学的“转向”提出了鲜明的时代性主题，即把哲学的目光从对“普遍规律”的寻求“转向”对人类自身存在的关切。人们之所以把马克思的哲学革命称为“实践转向”，就在于马克思把哲学的目光“转向”了人的生存方式——实践活动及其历史发展，用恩格斯的话来说，就在于马克思开拓了关于“现实的人及其历史发展”的哲学道路。而人们之所以在坚持马克思所开拓的“实践转向”的哲学道路的理论进军中又提出所谓“生存论转向”，就在于“实践”作为人类特有的“生存”方式，需要从人的“生存”出发来获得全面的、深入的理解，以避免把“实践”视为某种抽象的“客观活动”。

人的“生存”是一种人类所特有的“悖论”性的存在方式。人类的实践活动及其历史发展，不仅造成了现实世界的二重化(自然世界与属人世界)、人类存在的二重性(自然性与超自然性)、历史发展的二象性(人们创造历史与服从历史规律)，而且更为深刻地造成了对人类“生存”而言的“有利”与“有害”、“进步”与“倒退”的“悖论”。在当代社会的“科技文明”与“全球问题”“市场经济”与“人的物化”的深刻矛盾中，作为“社会的自我意识”的哲学，敏锐而痛切地把握到人类“生存”的矛盾与困境，因而合乎逻辑地以“生存论转向”来实现对人类存在的关切，即以“主题性转换”的方式来实现哲学对人类存在的关切。正是这种关切，为当代辩证法理论提供了丰富的理论内容。

现代化，既是一个前所未有的、迅猛发展的自然的人化的过程，也即以现代的科学技术征服自然的过程，又是一个前所未有的、急速实现的个体社会化的过程，也即以等价交换的原则实现人的全部社会关系的过程。由此，在现代化的进程中现代化更加明显地凸显了两个方面的尖锐矛盾：一是现代科学技术的迅猛发展与日益严峻的全球问题的矛盾，二是人的生存方式的现代化与人的物化状态的矛盾。

现代化所实现的空前的自然人化过程，为人类的生存和发展创造了前所未有的物质财富，但同时又造成了包括人口膨胀、环境污染、生态失衡、粮食紧张、能源危机以及核战争威胁等在内的“全球问题”。而市场经济所实现的“以物的依赖性为基础的人的独立性”，既挺立了个人的主体性和独立性，增强了人的主体自我意识，形成了某种人的自我实现的条件，又导致了“抹去一切职业的灵光”，“把一切都沉浸到金钱的冰水当中去”，也就是使人“物化”的生存状态。这就是当代的人与自然、人与社会的双重矛盾所构成的“现代化问题”。

这种现代化的双重矛盾，形成了世界性的哲学层面的现代化思潮与反现代化思潮的尖锐矛盾。作为反现代化的思潮，一是表现为发展中国家以道德理想主义批判发达国家的“物欲横流”，二是表现为发达国家以文化保守主义进行的现代化反省。作为现代西方哲学的现代化思潮，则把现代化所实现的自然的人化即自然的隐退，视为哲学一向所寻求的绝对性、确定性和终极性的消解。真理观的多元论，价值观的相对论，历史观的非决定论，构成了现代西方哲学的主导性解释原则，由此便形成了当代哲学的形上与形下、科学主义与人本主义、理想主义与实用主义、道德主义与功利主义、终极关怀与“消解哲学”的尖锐冲突。这些冲突构成了当代辩证法理论中的“总体性问题”。

在当代哲学的各种理论论争中，人的生存意义被不断地凸显出来。而对人的生存意义的哲学反思，则越来越凸显人类把握世界的各种基本方式及其内在的矛盾问题。哲学与宗教、哲学与艺术、哲学与科学，宗教与艺术，科学与艺术，以及这些基本方式各自的内在矛盾，成为当代辩证法理论的主要研究对象。

人类意识所创造的“意义世界”，是以人类把握世界的各种“方式”——神话、常识、艺术、宗教、伦理、科学和哲学——为中介来实现的。这些“方式”构成了卡西尔所说的“人性的圆圈”，也构成了“意义”的“同一主旋律的多重变奏”。这个“同一主旋律的多重变奏”展现了人类存在的复杂的矛盾性。

人类把握世界的“神话”方式，既以宇宙事件来看待人的行为，又用人的行为来解释宇宙事件，从而在双重的幻化中构成了神话的意义世界。在神话的意义世界中，人既不是浩渺宇宙中的匆匆过客，也不会无所归依地死去，人的生命活动具有宇宙事件的意义，生命的消逝具有了灵魂转移的再生的意义。这种“神话”方式在当代人类的社会生活中获得了它的新的存在方式。

人类把握世界的“宗教”方式，以塑造“神圣形象”的方式使人的存在获得神圣的意义。宗教中的“神圣形象”(如“上帝”)，把各种各样的力量统一为至高无上的力量，把各种各样的智能统一为洞察一切的智能，把各种各样的情感统一为至大无外的情感，把各种各样的价值统一为至善至美的价值。这样，宗教中的神圣形象，就成为一切力量的源泉，一切智能的根据，一切情感的标准，一切价值的尺度，人从这种异在的神圣形象中获得存在的根本意义。然而，生活的意义来源于宗教的神圣意义，这意味着人把自己的本质力量异化给了宗教的神圣形象，这是人还没有获得自我或再度丧失了自我的自我感觉和自我意识。这说明，宗教所创造的意义世界，表现了人的悖论性的存在。

人类把握世界的“艺术”方式，以创造“艺术形象”的方式为人的生活提供了意义的世界。艺术使个人的感受条理化、个人的感情明朗化、个人的体验和谐化，从而构成了一个表现人的感觉深度的世界，一个深化人的感觉和经验的世界。在艺术的世界里，我们从尘封的历史中看到一个个“鲜活的面容”，从遥远的异域中看到一个个“跳动的心灵”，从他人的世界中看见一道道“诱人的风景”。在“大众文化”兴起的当代，艺术正以新的形式展现人的生存矛盾和“现代人的困惑”。

人类把握世界的“伦理”方式，是以规范和调整人与他人、“小我”与“大我”相互关系的方式使人成为“社会”的存在的，并获得社会生活的意义的。人的社会是“伦理”的社会，“伦理”的社会创造了纷繁复杂的社会生活，也创造了更为丰富多彩的“意义”的世界。物我、人己、是非、利害、祸福、毁誉、荣辱、进退、生死、寿夭，纷至沓来的人生矛盾，扑朔迷离的价值冲突，在当代人类的社会生活中具有更为紧迫的现实意义。

人类把握世界的“科学”方式，被卡西尔称作“人的智力发展中的最后一步”，“人类历史的最后篇章”和“推动宇宙”的“支撑点”。科学以它的各种首尾一贯、秩序井然的符号系统为我们展现各门科学所把握到的“物理的”“化学的”“生物的”“数学的”世界，又为我们展现当代科学所把握到的“系统的”“信息的”“自组织的”世界，还以它的“科学方法”“科学态度”“科学精神”作为价值规范的形式而变革人们的观念与行为。科学总是不断地更新人的“世界图景”“思维方式”“价值观念”乃至整个“生活方式”，因此，对科学的反思成为当代辩证法理论的重要研究内容。

人类把握世界的各种基本方式，为人类自身的存在提供多重意义。但是，在人类历史的发展进程中，社会所悬设和承诺的“意义”的“标准”，与个人对这个“标准”的选择与认同，总是处于矛盾之中。特别在人类生活世界发生时代性变革的过程中，由常识意识、科学精神、审美意识和伦理文化的全面变化而引起的“意义范式”的转换，总是造成时代性的“意义危机”。这种“意义危机”，既会激发“意义”个体的自我意识的新的感受和领悟、新的期待和追求，也会引发“意义”个体的自我意识的新的困惑与迷惘、新的矛盾与冲突。“我到底要什么”的价值取向和价值认同与“我们到底要什么”的价值导向和价值规范，正深刻地体现了各个时代的“标准”与“选择”的矛盾。

在以市场经济为基础的现代社会生活中，人的存在方式的最为根本的矛盾，就是马克思所说的“以物的依赖性为基础的人的独立性”。一方面，人在市场经济中实现“人的独立性”；另一方面，这种“人的独立性”又必须和只能“以物的依赖性为基础”。因此，这种“以物的依赖性为基础的人的独立性”并没有解决人的自我异化，而如马克思所说，只是把自然经济中的“人在神圣形象中的自我异化”，变成了市场经济中的“人在非神圣形象中的自我异化”。

人在“非神圣形象”中自我异化的过程中，深切地感受到一种二重化的矛盾：一方面，通过“神圣形象”的消解，或者如尼采所说“上帝被杀死了”，人们既感受到了没有了“窥视”自己、“惩罚”自己的“上帝”的解放了的愉悦，又感受到了一种没有“规范”自己、“约束”自己的“标准”的空虚；另一方面，在“非神圣形象”即“法”“政治”等“世俗”化的“规范”中，人们既感受到新的“束缚”和“压抑”，又感到“非神圣形象”作为“标准”的“非神圣性”，因而也感受到一种无所归依的烦躁。这种烦躁就是一种“没有标准的选择的生命中不能承受之轻的存在主义的焦虑”。

在市场经济中“现代性的酸”使得传统的天经地义的“标准”失去了神圣的灵光。人们在进行“选择”的时候，总是难以确定选择的“标准”。捷克著名小说家米兰·昆德拉曾把他的一部风靡全球的小说命名为《生命中不能承受之轻》。这种“轻”，就是生命难以承受的“没有标准的选择”之“轻”，也就是生命难以承受的“存在主义的焦虑”之“轻”。在现代哲学中，西方的“存在主义”曾经把它之外的一切哲学都斥为“本质主义”哲学。然而，由于“存在主义者把整个理念世界作为无用的精神建筑而加以抛弃，结果他们却碰到这样一个令人痛苦的矛盾：他们必须在一无选择的原则，二无任何他们可以用以衡量他们是否选择得好的标准的情况下进行选择”，由此造成了“存在主义的焦虑”①。

哲学作为“意义”的社会自我意识，对于当代人类的巨大的生活价值，就是对时代性的“意义危机”做出全面的反应、批判的反思、规范性的矫正和理想性的引导。因此，真正的哲学，总是以自己提出的新的问题、新的提问方式以及对新问题的求索，批判性地反思人类生活的时代意义，理论性地表征人类生活的矛盾与困惑、理想与选择，为人类的思想与行为提供自己时代的根据、尺度和标准，从而塑造和引导新的时代精神。以当代社会生活的内在矛盾和当代人的种种困惑为对象进行哲学反思，这就是当代辩证法理论的总体特征。

---

① [法]保罗·富尔基埃：《存在主义》，50页，上海，上海译文出版社，1988。

三　当代辩证法理论的主要内容和基本范畴

由于人的存在方式以及由此形成的人与世界的关系成为当代辩证法理论的聚焦点，因此，作为人的存在方式的实践活动及其历史发展，以人的实践活动为基础的科学、语言、理论和文化，以及人的生存与发展问题，成为当代辩证法理论的主要内容，并构成当代辩证法理论的富有自身特点的诸多范畴系列。这为我们在当代反思和发展马克思的辩证法理论，提供了可资借鉴的理论内容和日益开阔的理论视野。

在对人类实践活动的当代水平的辩证理解中，我们不仅关注蕴含于实践活动之中的受动性与主动性、目的性与对象性、合目的性与合规律性、现实性与普遍性等矛盾关系，而且在重读马克思的过程中，特别地关注以实践为基础的人的生存与生活、自然世界与属人世界、物的尺度与人的尺度、历史的前提与结果、人的存在形态与人类的历史发展等矛盾关系，并且以当代人类实践活动的新特征为基础，致力于探索现代化进程中的实践活动的正效应与负效应、人化与物化、科技进步与全球问题、发展与代价等矛盾关系。

在对科学的当代辩证理解中，我们不仅从人类把握世界的多种方式的相互关系中提出并探索了科学与宗教、科学与常识、科学与艺术、科学与伦理、科学与哲学的关系，而且从科学活动和科学进步的角度具体地探讨了理论与观察、证实与证伪、逻辑与直觉、猜测与反驳、发现与辩护、理解与解释、范式与科学家集团、理论硬核与保护带、经验问题与概念问题等矛盾的关系，并且在对科学及其社会功能的反思中，不断深入地探讨了科学与文化、科学与社会、自然科学与人文科学、科学精神与人文精神、科学与科学主义等一系列关乎人类生存发展的重大问题。

在对语言的当代辩证理解中，既以现代西方哲学的“语言转向”为对象，探索了英美分析哲学和欧陆人文哲学对“语言”的哲学理解，又以索绪尔、乔姆斯基等的现代语言学为基础，探索了语言与言语、能指与所指、指称与意义、语音与语义、语义与语用、共时性与历时性、约定性与任意性、语言的逻辑性与人文性、自然语言与人工语言等矛盾关系，并从总体上探讨了语言与文化、语言与世界、语言与人的矛盾关系。

在对文化的当代辩证理解中，由于文化哲学日益成为哲学中的“显学”，因而这里从多侧面、多层次展开了文化的内在矛盾，诸如文化的人类性与时代性、文化的人类性与民族性、文化的多样性与统一性、文化的多重内涵、文化的多种形态、文化的多种特性、文化的转型与重建、文化的失范与冲突、自在的文化与自觉的文化、大众文化与精英文化、东方文化与西方文化、文化激进主义与文化保守主义等，这些矛盾关系都在文化哲学中得以深化，而如何理解“全球化”背景下的文化，更是得到哲学界的普遍关注。

在对发展的当代辩证理解中，人们以人的生存与发展的矛盾为核心，促进了对发展的不断深化的哲学反思，从而提出了发展的事实与价值、发展的标准与选择、发展的大尺度与小尺度等一系列矛盾关系问题。

在当代人与世界的关系，还凸显了一系列总体性的矛盾关系，诸如理性主义与非理性主义，科学主义与人文主义，客观主义与相对主义，决定论与非决定论，本质主义与存在主义，基础主义与反基础主义，结构主义与解构主义，如此等等。这些从总体关系上所构成的哲学冲突，为深化当代的辩证法理论提供了直接的理论前提。

下面，我们分别讨论当代辩证法理论在对科学、语言、发展和理论的辩证理解中所形成的主要内容和重要范畴。

第一，对科学的辩证理解。

由于科学在现代社会生活中的重大作用，对科学的哲学理解，成为现当代哲学的极其重要的理论内容。对于当代辩证法理论来说，首先是科学发展所显示出来的内部的和外部的诸多矛盾，为辩证法理论的发展提出了越来越丰富的研究课题。这些研究课题包括很多问题。

一是科学与非科学的关系问题，即科学分界问题。对这一课题的探讨，是正确对待科学和批判科学主义思潮的重要前提。

二是科学与常识的关系问题，即人类认识发展及其认识形式的连续性与间断性的关系问题。显然，对这个问题的辩证解释，是科学分界问题的具体化。

三是科学与艺术的关系问题。这一问题不仅要求人类对把握世界的两种基本方式——科学和艺术——进行辩证理解，而且要求人类对两种最基本的思维方式——抽象思维与形象思维——进行辩证理解。它的深层问题，则是“真”与“美”的辩证关系问题。

四是科学与哲学的关系问题。这一问题是现代哲学所面对的最重大的突出问题。所谓“科学主义思潮”，其实质就是以“科学”的标准去审视哲学，并试图用“科学哲学”去代替整体的哲学。与此相反，所谓“人本主义思潮”，则试图用“人的哲学”去对抗“科学哲学”。因此，对科学与哲学的辩证理解，是当代辩证法理论的重要内容。

五是观察与理论的关系问题。现代科学表明，“观察渗透理论”、“观察负载理论”，“观察受理论的‘污染’”，“没有中性的观察”。这个问题的实质在于，人是历史文化的存在，人的世界图景受理论的规范。探索这一问题，不仅要深化对科学活动的理解，而且要深化对人本身的理解，因而对当代辩证法理论具有直接的理论意义。

此外，对科学的辩证理解，还包括逻辑与直觉、证实与证伪、猜测与反驳、发现与辩护、分析命题与综合命题、理解与解释、经验问题与概念问题、科学与价值、科学与文化、科学与社会等问题。而在所有这些问题当中，首要的是对“科学”本身的辩证理解。

究竟什么是科学？在科学与非科学之间是否存在某种严格的界限？划分科学与非科学的标准是什么？科学活动与人类其他活动是否具有某种连续性？能否把人文学科排斥于科学之外？对这些问题的不同回答，构成了现代西方科学哲学的“实证主义”与“证伪主义”、“理性主义”与

“非理性主义”“逻辑主义”与“历史主义”等的深刻分歧。而构成这种分歧的根源在于对科学的不同的哲学理解。

西方科学哲学自实证主义以来，一直试图寻求某种鲜明、确切的标准来区分科学与伪科学，从而为科学划定严格的界限，并为科学哲学规定明确的对象。这种根深蒂固的渴求，奠基于近代以来的人类的一种信念——科学是理性和进步的事业。在广泛持有的常识科学观中，人们把科学视为“建立在事实上面的建筑物”。科学家们又把这种常识科学观具体化为两部分：一是用仔细的观察和实验收集的事实，二是运用某种逻辑程序从这些事实中推导出来的定律和理论。

对于这种科学观的哲学内涵，现代科学哲学家伊姆雷·拉卡托斯曾经尖锐而深刻地指出，它形成于对神学的批判，但对科学的理解却是“由神学继承过来的标准加以判定：它必须被证明是确凿无疑的。科学必须达到神学未达到的那种确实性。一个名副其实的科学家是不允许猜测的：他必须由事实来证明他所说的每一句话。这就是科学诚实性的标准。未经事实证明的理论在科学界被认为是罪孽深重的伪科学和异端”①。这表明，现代哲学中的科学主义思潮有着深刻的认识论根源，因此对“科学”的辩证理解成为当代辩证法理论的十分重要的理论内容。

由于量子物理学和爱因斯坦相对论的出现，科学家和哲学家认识到，这种“科学诚实性标准”只能是一种乌托邦式的幻想。由此而产生的是两种不同的哲学反应：(1)否弃实证主义原则，肯定科学的猜测性，但以相反于实证主义的判断根据——能否被观察和实验证伪——来区分科学与非科学，这就是被称为“证伪主义”的波普尔的科学观；(2)不仅否弃实证主义原则，而且否认诉诸任何判断根据，甚至抛弃科学是按照某种或某些特殊的方法进行的一种理性活动的观点，这就是被称为“非理性主义”的历史主义学派，特别是将其推向极端的费耶阿本德的科学观。

---

① ［英］伊·拉卡托斯：《科学研究纲领方法论》，3页，上海，上海译文出版社，1986。

上述两种哲学反应，或者否认科学与非科学的连续性，仍然试图以某种确定的标准来区分科学与非科学；或者否认科学与非科学的间断性，从而以非理性主义的观点去看待科学。深层地看，二者又是两极相通的，即对科学的哲学理解，缺少对科学活动与人类其他活动的辩证理解。美国当代科学哲学家瓦托夫斯基则试图从人文主义立场辩证地看待科学活动与人类其他活动的连续性与间断性的对立统一，他认为人类活动的科学既“植根于我们全都共同具有的普通人类能力之中”，“有着不言而喻的常识性知识的来源”，又“代表着人类的一项最高成就”，“是一种与众不同的、独一无二的、在一些具有决定意义的方式上与其他人类活动不同的人类活动”①。因此，仅仅从科学与人类其他活动的连续性上去理解科学，从而把人类的全部认识活动看成是科学的，这当然是错误的；同样，仅仅从科学与人类其他活动的间断性上去理解科学，从而把科学归结为一种与人类其他活动无关的自我存在的实体，也同样是错误的。瓦托夫斯基本人认为，哲学的方法是批判的、分析的、辩证的方法，因此他自觉地用辩证法去理解科学。他以丰富而深刻的论据和论证，批判性地、系统地反思科学思想的起源、科学方法和科学的一些基本概念，从而提供一种对科学的人文主义理解的范例，也就是对科学的辩证理解的范例。

在瓦托夫斯基对科学的人文理解中，一是从科学思想的起源及其方法的概念基础中去理解科学与人类其他活动的连续性与间断性的对立统一。科学代表人类的一项最高成就，它不是某种置身于人类之外的事物。在人类的发展史上，科学是经过漫长而又艰难的过程才发展成为一种独特的认识方式的。它根源于人类的共同理解和普通的认识方式之中，“在科学本身的基础上，铭刻着它同普通经验、普通的理解方式以及普通的交谈和思维方式的历史连续性的印记，因为科学并不是一跃而

① [美]M. W. 瓦托夫斯基：《科学思想的概念基础——科学哲学导论》，32、34、91页，北京，求实出版社，1982。

成熟的”①。从用某种臆想的原因来解释观察到的事实，进展为用某种单一的或者统一的解释原理来概括整个自然现象领域；从以共同的经验概括形成描述和规范实践的常识概念框架，进展为具有明确性、可反驳性和逻辑解释力的科学概念框架；从对经验事实的理性反思，进展为针对描述和规定实践的各种规则和原理的批判；科学活动与人类其他活动的连续性与间断性统一于人类自身的历史发展。因此，我们要对科学有比较充分的理解，首先应当把科学作为一项“特殊的人类事业”来理解。

二是肯定科学的特殊性，因为它以各种首尾一贯、秩序井然的符号系统和概念框架来理解、描述和操作对象，并使这些符号系统本身成为理解和批判反思的对象。恩斯特·卡西尔在《人论》中曾这样评价科学：“在我们现代世界中，再没有第二种力量可以与科学思想的力量相匹敌。它被看成是我们全部人类活动的顶点和极致，被看成是人类历史的最后篇章和人的哲学的最重要主题。”对于科学，我们可以用阿基米德的话来说：“给我一个支点，我就能推动宇宙。在变动不居的宇宙中，科学思想确立了支撑点，确立了不可动摇的支柱。”②他认为，科学之所以具有如此伟大的力量，是因为它具有一种“首尾一贯的”“新的强有力的符号系统”，“向我们展示了一种清晰而明确的结构法则”，“把我们的观察资料归属到一个秩序井然的符号系统中去，以便使它们相互间系统连贯起来并能用科学的概念来解释”③。

在对科学价值的理解和对科学特征的表述上，瓦托夫斯基与卡西尔有许多共同之处。他也认为，“科学研究不单单是一件积累事实的事情，科学也不是一大堆积累起来的事实。就科学是理性的和批判的而言，它是一项力图整理观察事实并在清晰的语言结构中，用某种首尾一贯的、

---

① [美]M. W. 瓦托夫斯基：《科学思想的概念基础——科学哲学导论》，11页，北京，求实出版社，1982。

② [德]恩斯特·卡西尔：《人论》，263页，上海，上海译文出版社，1985。

③ 同上书，263—270页。

系统的方法来表示这些事实的尝试”①。但是，瓦托夫斯基并不满足于从结构特征上把科学描述为“一个有组织的和系统性的知识体”，他要求把科学作为一种持续不断的探索过程，从科学的目标和目的方面来描述科学的功能特点。对此，他在关于科学的思想起源和概念基础的历史考察与辩证理解中，以科学的来源——常识性知识——为基本参照系，突出地强调了科学的批判性特征。常识的非批判性，在于它不具备可批判的条件。批判的前提是经验能够成为反思的对象。以一种语言公开表述的“有组织的和系统性的知识体”，才能构成批判和公开反思的对象。“科学和常识之间最重要的区别就在于科学命题的明确性和可反驳性，在于科学的目标理所当然具有自觉的和审慎的批判性。”②这样，瓦托夫斯基就从科学的结构特征和功能特征上把科学的系统性与批判性统一起来了，也把科学与常识之间的连续性与间断性统一起来了。这两个方面的对立统一关系，正是瓦托夫斯基对科学的人文主义理解的重要内容。

三是从人类认识自然和认识自我的统一性上把自然科学和人文科学沟通起来，从它们的相互理解中达到对科学的哲学理解。把自然界和人类、自然科学和人文科学严格地区分开来，并认为哲学包括自然哲学和人的哲学两部分，这种看法是由来已久的。在这种看法中，根据自然科学中研究对象的自在性、研究手段的实验性、研究程序的精密性，以及研究结果的定量性、可证性和客观一致性等，把自然科学说成是“科学的”，而把人文科学视为“非科学的”。瓦托夫斯基说，把自然科学和人文科学区分为“硬”科学和“软”科学、“精密”科学和“非精密”科学、“定量”科学和“定性”科学，“通常是为了贬低‘软’、‘非精密’和‘定性’的科学”③。应当看到，现代西方科学哲学主流的一个重要出发点，就是试

① [美]M. W. 瓦托夫斯基：《科学思想的概念基础——科学哲学导论》，162页，北京，求实出版社，1982。

② 同上书，89页。

③ 同上书，495页。

图通过用自然科学的理论和方法来改造哲学从而使之成为“科学的”哲学。正因如此，科学哲学不仅把自然科学与人文科学对立起来，而且把科学哲学与传统哲学对立起来。然而，这种科学观和科学哲学观是与现代科学以及现代哲学的发展趋势相背离的。德国物理学家普朗克曾经说过：“科学是内在的统一体，它被分解为单独的部门不是由于事物的本质，而是由于人类认识能力的局限性，实际上存在着从物理到化学，通过生物学、人类学到社会科学的连续链条。”①现代科学正以各门科学的相互交叉、相互渗透、纵横交错而又内在统一的整体网络来构成科学的“连续链条”。作为现代科学的哲学反应，瓦托夫斯基试图以科学哲学沟通自然科学与人文科学之间的相互理解，从而达到对科学的哲学理解。瓦托夫斯基认为，康德把“人类理性的法则”分为“自然法则”和“道德法则”，并提出探讨自然法则的自然哲学回答“是什么”的问题，探讨道德法则的道德哲学回答“应该怎样”的问题，由此构成了科学与道德、事实与价值、自然科学与人文科学的对立。这些对立是现代西方哲学的科学主义思潮和人文主义思潮长期对峙的深刻理论根源。从理论上消解这种对立，不仅必须重新探索“理解科学的哲学是什么”和“哲学理解的科学是什么”，而且需要以某种富于创见性的理论去阐述如何达到对科学的人文主义理解，即对“理解”本身做出系统的理论解释。

在对科学的辩证理解中，一个最突出的问题是对科学成果的哲学概括问题。

通常认为，科学研究世界的各个领域，而哲学则研究整个世界；科学表述世界各个领域的特殊规律，而哲学则提供整个世界的普遍规律；科学与哲学在研究领域和理论内容上的特殊与一般的关系，是哲学概括科学成果的前提和根据。正是从这种理解出发，我们通常主要采用三种方式概括科学成果：一是“提升”，即认定某些科学范畴具有“三界”（自

---

① 夏禹龙、刘吉、冯之浚等编著：《科学学基础》，5页，北京，科学出版社，1983。

然、社会和思维)的普适性从而被纳入哲学范畴体系；二是“引进”，即认定某些科学理论具有世界观意义而用来证明哲学原理的正确性和普遍性；三是“更新”，即认定某些科学范畴或科学理论在更深刻的层次上解释了世界观、认识论或历史观等问题，因而以其代替原有的哲学范畴或哲学原理。例如，把系统、结构、信息等科学范畴“提升”为哲学范畴，把系统论、信息论、控制论等理论和方法“引进”哲学原理，以及把这“三论”作为唯物辩证法的拟化形态等。

对于上述理解与做法，我想提出以下问题，以深化对科学与哲学相互关系的辩证理解。

首先，哲学是科学的延伸，还是对科学的超越？如果是前者，上述理解和做法是无可非议的；如果是后者，就需要我们重新思考对科学成果的哲学概括问题。

哲学的基本问题是思维和存在的关系问题，它集中而深刻地表明了哲学的研究对象和理论性质，即哲学既不离开对思维的反省而去探索关于存在的认识，也不脱离对存在的追究而去考察关于思维的规定，而以思维和存在的关系问题为对象，研究思维与存在统一的种种前提和根据等问题，为人类不断深化对人与世界相互关系的理解提供世界观层次的理论支持。

与哲学理论不同，科学理论虽然内在地蕴含思维和存在的关系问题，但它并不去追究诸如思维为何能够表达存在，思维所表达的存在是不是自在的存在，思想的客观性如何检验与证明，概念的运动怎样反映存在的运动，思维主体的知情意在反映存在的过程中如何统一，科学的发展怎样变革人类的思维方式和价值观念等哲学所关注的思维和存在的关系问题。科学研究是把思维与存在的统一性当作“理论思维的不自觉的和无条件的前提”①，去探索和表达自然的、社会的、思维的以及整个世界的运动规律，并把思维关于对象(包括以思维为对象)的规定直接

① 《马克思恩格斯全集》第20卷，610页，北京，人民出版社，1971。

作为对象本身的规定性而予以描述和解释。如果科学家也去反思理论思维的前提即探究“思维和存在的关系问题”，那么他们就不是在从事具体的科学研究，而是进行哲学思考了。实际上，由于科学家在科学研究活动中总要超越关于对象的思考而深究思维是否以及怎样表达了存在，因此，他们总是自觉或不自觉地接受某种哲学理论的指导，或者通过自己对理论思维前提的反思而形成某种独创性的哲学理论。但是，在科学家的研究活动中，他们所从事的科学研究和哲学研究是两种不同的活动，而不是一种性质的活动。

这表明，哲学概括科学成果的根据，并不是研究领域上的特殊与一般的关系，而是科学家们所提出和探索的问题具有既相互区别又相互联系的性质。大家知道，自然、社会和思维的矛盾运动都可以用数学模型来表达，哲学界普遍关注的系统论、控制论、信息论、协同学、突变论、耗散结构论、人工智能等在某种意义上也是以整个世界为对象的；而自然辩证法、认识辩证法、思维辩证法、历史唯物论和美学等，以及数学哲学、天文哲学、法哲学、管理哲学等，在某种意义上都是以“特殊领域”为对象的。那么，为什么前者属于科学理论，而后者属于哲学理论呢？这是因为，前者所提出和探索的是关于研究对象的规定性问题，而没有追究其理论研究和理论成果中所蕴含的理论思维的前提问题；与此相反，后者则以前者所蕴含的思维和存在的关系问题为对象，专门探究理论思维的种种前提。

按照这样的理解，在科学理论和哲学理论之间存在着一条如丹皮尔在其所著《科学史及其与哲学和宗教的关系》中所说的“逻辑的鸿沟”，对科学成果的哲学概括，不是直接地把科学范畴“提升”为哲学范畴，把科学理论“引进”哲学体系，用科学成果“更新”哲学原理，而是把科学理论成果作为哲学再思想、再认识的对象，探索科学成果所蕴含的思维和存在的关系问题，使之成为人类重新理解人与世界相互关系的世界观理论。显然，这种方式的哲学概括，就不是对科学的延伸，而是(只能是)对科学的超越。

其次，哲学是科学成果的泛化，还是对科学成果的反思？这是第一个问题的逻辑引申。

从特殊与一般的关系去理解和对待科学与哲学的关系，对科学成果的哲学概括，就是把特殊性的认识成果概括为一般性的认识成果，即科学成果的泛化。这种一般性的或泛化了的认识成果，提供给人类的仍然属于“是什么”和“怎么办”这两大类科学问题，即陈述关于思维对象(包括思维作为对象)的各种知识，并以这些知识性的理论内容为基础来规范人们的行为方式和行为准则。其结果是，提升和引进到哲学理论之中的科学成果并没有获得哲学的理论性质。

对科学成果的哲学超越，要求我们以反思的方式概括科学成果。哲学对科学成果的反思，不是一般地把科学成果作为再思想、再认识的对象(科学家也总是把已有的科学成果作为再思想、再认识的对象，揭露科学成果与新的经验事实之间的矛盾，以及科学成果自身内在的矛盾，从而推进科学的发展)，而是从哲学层面向反思对象提出问题。这种哲学层面的问题包括：在科学成果中蕴含着怎样的研究方法、概念框架、解释原则和价值观念？它从何种角度推进了哲学对思维与存在、人与世界相互关系的理解？它怎样变革了人类的思维方式和价值观念？它表达着怎样的时代精神，并要求哲学怎样反映和表达、塑造和引导新的时代精神？哲学如何形成新的统一性思想并重构自己的范畴体系，从而实现自身的发展？如此等等。

这种对科学成果的反思，不仅意味着哲学对科学的超越，即把科学成果转化为哲学理论，而且意味着哲学的自我超越，即随着科学的发展变革自身。恩格斯说，“随着自然科学领域中每一个划时代的发现，唯物主义必然要改变自己的形式；而自从历史也被唯物主义地解释的时候起，一条新的发展道路也在这里开辟出来了”①。我们应该从超越科学和哲学自我超越的双重意义上去理解对科学成果的哲学概括。

---

① 《马克思恩格斯全集》第 21 卷，320 页，北京，人民出版社，1965。

科学史表明，科学的发展总表现为科学发展的不平衡性，某种科学理论的划时代发现，总是突出了人类用以理解和把握世界的某种认识成分。它的璀灿夺目的光芒，使其他认识成分(部分、方面、环节)在特定的时期内相形见绌、黯然失色。由此引发的连锁反应是，首先，这种划时代发现吸引了各门科学都试图运用这种认识成分(或认识方式和认识方法)来研究自己的对象；其次，哲学家们也试图以这种被科学家所普遍运用的认识成分去重构关于理论思维前提的哲学理论；最后，由于哲学的世界观层次的理论总结而变革人们的思维方式和价值观念，从而使整个人类对人与世界之间的相互关系的理解发生重大改变。对此，莫尔顿·怀特做过这样的描述："在十八世纪牛顿物理学胜利的时代，机械学成为学问之王；十九世纪黑格尔的历史和达尔文的生物学占有同样的重要地位；到那一世纪的末期，心理学大有主宰哲学研究的希望。"①20世纪以来的相对论、量子论、系统论，以及自组织理论等，可以说都引起了与怀特所描述的相同的轰动效应和连锁反应。

对于马克思主义哲学来说，能否直接地把20世纪以来的这些引起轰动效应和连锁反应的科学成果"提升""引进""更新"为自己的哲学理论呢？我认为，这需要首先考虑科学成果及其所提供的崭新的认识成分对哲学可能引起的正、负两种效应：一方面，哲学从思维与存在的关系问题去反思科学成果，揭示和阐发它所蕴含的变革人类的思维方式和价值观念的哲学意义，从而实现哲学对科学的超越和哲学的自我超越；另一方面，如果哲学未加反思地、片面地夸大科学成果所提供的认识成分，并从这个被夸大了的认识成分出发去构筑某种具有极端倾向的哲学理论体系，而一旦"把认识的某一个特征、方面、部分片面地、夸大地……发展(膨胀、扩大)为脱离了物质、脱离了自然的、神化了的绝对"②，这种哲学就成为唯心主义哲学。后一种情况在哲学史上和在当代哲学中都是屡

① ［美］M. 怀特编著：《分析的时代——二十世纪的哲学家》，242页，北京，商务印书馆，1981。

② 《列宁全集》第38卷，411页，北京，人民出版社，1959。

见不鲜的。因此，在对科学成果的哲学概括中，我们必须坚持以唯物主义为基础的反思原则，既要敏锐、切实、深刻地从科学成果中概括出其蕴含的变革人的思维方式和价值观念的哲学理论内容，又要辩证地对待科学成果及其所提供的认识成分，防止简单地予以“提升”“引进”和“更新”。

要从哲学层面深刻地反思和辩证地对待科学成果及其所提供的认识成分，一个重要的前提是，建设马克思主义哲学的概念发展的辩证法体系，为把现代科学成果转化为哲学理论提供坚实的哲学范畴之网。每个时代的科学理论，包括现代科学理论，就其直接的哲学意义而言，都提供了思维与存在相统一的新的认识成分。对科学成果的哲学概括，实质上是把科学成果所提供的认识成分转化为哲学所揭示的较科学认识更深层次的思维与存在统一的具体环节。因此，已有的哲学概念框架直接地制约着对科学成果的反思和概括。作为合理形式的马克思主义哲学概念的发展体系，是以唯物论为基础，辩证法、认识论和逻辑学相统一，从抽象到具体地展现思维向客体接近的哲学范畴之网的。它用这个内容极其丰富的、历史地扩展和深化的范畴之网，展现人类已经形成的认识系统、思维方式和价值观念的辩证联系和辩证发展，从而为概括新的科学成果、吸收新的认识成分、提炼新的认识方法、形成新的哲学范畴提供一个坚实的哲学概念框架。新的科学成果中表征时代思维水平的方法论内容及其哲学概括在这个辩证联系和辩证发展的范畴之网上，不是以一个被片面夸大了的认识成分而存在的，而是表现为思维与存在相统一的具体环节。这样概括的结果，又会引起原有哲学概念框架的变革，形成哲学理论的自我超越。

第二，对语言的辩证理解。

现代哲学的“实践转向”与“语言转向”，从哲学发展的逻辑上看，是针对近代哲学“认识论转向”所形成的抽象的主—客二元对立的，即针对近代哲学以超历史的、抽象的主—客关系去回答思维—存在关系问题，而诉诸人的现实存在。这就是由超历史的存在向历史性存在的转化，也就是现代的“生存论”转向。这种转向，使当代的辩证法理论获得了丰富、具体的理论内容。

但是，在关于现代哲学的研究中，人们一直较少注重对辩证法思想的研究，尤其是对于现代西方哲学的“语言转向”，人们更少挖掘其辩证法思想。在我看来，由于“语言转向”诉诸人的文化多样性的存在，展现了文化的内在矛盾，并从这种矛盾中探索人的存在方式，因而它具有值得深入探讨的辩证法思想。

现代西方哲学的突出特征之一，是高度重视从哲学上研究语言。它们认为：虽然世界在人的意识之外(不依赖于人的意识而存在)，但世界却在人的语言之中(人只能在语言中表述世界)；语言既是人类存在的消极界限(语言之外的世界是存在着的无)，又是人类存在的积极界限(世界在语言中对人生成为有)；正是语言才凝聚着自然与精神、客观与主观、真与善的深刻矛盾，才积淀着人类思维和全部人类文化的历史成果。因此，语言成为现代哲学反思的对象。

对于“语言”本身，现代西方哲学的各主要流派有迥然不同的理解。应当说，正是这种不同理解，揭示了语言的内在矛盾，揭示了以语言的存在方式而表现的人的内在矛盾，从而为当代辩证法理论提供了重要的理论内容。

科学哲学认为，只有科学才是人性的最高表现和最高成果，只有科学理论(科学语言)才是构成人类活动支撑点的真理性认识。因此，逻辑实证主义试图用自然科学的理论和方法去改造哲学，并把哲学归结为科学的逻辑。自波普的批判理性主义以来，包括库恩、拉卡托斯的历史主义，又把科学哲学的视野集中在科学知识增长的问题上。瓦托夫斯基则认为，科学哲学的真正使命并不是建构科学理论的逻辑模型或历史模型，也不是提供科学研究的认识论和方法论，而是要批判性地反思科学思想的概念基础，对科学理论的概念框架做出深层的哲学解释。为此，科学哲学就必须超越科学对自身的理解，达到对科学理解的理解，即对科学的人文学理解。在常识概念框架、科学概念框架和哲学概念框架的交互作用和相互转换中去把握人性的统一性，又在人性的统一性中实现对其最高表现——科学——的人文主义理解，从而使哲学成为沟通自然科学和人文科学的桥梁。文化哲学家卡西尔提出，不应该从实体性的角度，而应该从功能性的角度去理解人性，因此，在对人性的理解中，人们必须用活动的统一性去代替结果的统一性，用创造过程的统一性去代替产品的统一性。这样，人们就可以用人类活动的体系规定和划定“人性的圆周”。作为这个圆的组成部分和各个扇形的语言、神话、宗教、艺术、科学和历史，就成为人的普遍功能的“同一主旋律的众多变奏”，从而使我们把人的全部活动理解为一个有机整体。卡西尔的文化哲学向我们说明：人与动物虽然生活在同一个物理世界之中，但人的生活世界是完全不同于动物的自然世界的；人只有在创造文化的活动中，才成为真正意义上的人；作为一个整体的人类文化，表现为人不断解放自身的历程。这样，卡西尔不仅把文化视为人与世界统一的中介，而且把人的世界归结为文化的世界。

卡西尔为哲学研究提供了一个超越物理自然世界的“文化世界”，自海德格尔以来的存在主义，特别是伽达默尔的哲学解释学，进一步为哲学研究提供了一个“意义世界”。海德格尔认为，哲学一直在探索“如何理解存在”的问题，特别是近代以来的哲学，更把哲学变成关于如何理解存在的认识论和方法论；但是，由于我们总是已经活动在对存在的某种领悟之中，因此，真正的问题在于“理解”是一种怎样的存在。伽达默尔进一步提出：人作为历史性的存在，不是个人占有历史文化，而是历史文化占有个人；不是个人选择某种理解方式，而是理解构成人的存在方式；理解首先不是个人的主体意识活动，而是历史文化进入个体意识的方式。理解作为历史文化对个人的占有和个人正在展开的可能性，实现为“历史视野”与“个人视野”的融合，这就是“意义世界”。

科学哲学把自然与精神的抽象对立扬弃为“科学世界”中的思想与实在的统一；文化哲学则把科学世界中的人性实现扩展成人性活动的圆周，构成扬弃人与自然抽象对立的“文化世界”；哲学解释学进而从历史文化对个人的占有出发，以理解作为人的存在方式而提出“意义世界”。现代哲学在其发展的进程中越来越深入而具体地显现了人类存在的三重时—空世界：人作为自然存在物，同其他存在物一样生存于“自然世界”中；人作为超越自然的社会存在物，生活于自身所创造的“文化世界”中；人作为社会—文化存在物，既被历史文化所占有，又在自己的历史活动中展现新的可能性，因而生活于历史与个人相融合的“意义世界”中。这样，现代哲学在它的“语言学转向”中越来越凸显了波普尔所说的作为语言文化世界的“世界三”。

“语言学转向”的出发点表明，它是以倒退的形式推进了哲学的自我认识。古代哲学离开对人类意识的反省，单纯地从认识客体出发去寻求世界的统一性，因此它所能达到的只是一种素朴的实在论或“野蛮的”理念论。近代哲学则把古代哲学对万物本原的追究倒退回对人类意识的认识论反省，从思维与存在的二元对立中去寻求二者的统一性，因此，它以倒退的形式自觉地提出了哲学的基本问题。现代哲学又把近代哲学的认识论反省倒退回对人类语言的文化批判，从人类文化的多样统一性中去寻求人的自我理解，因此，它以倒退的形式把思维与存在的统一的诸种中介环节凸显出来，并使之成为批判反思的对象。

被称作“分析运动”的语言分析哲学，与始于实证主义的科学哲学，是部分地交织在一起的，这主要表现在，它们都把传统哲学的“狂妄”和“虚妄”归为对语言的各种形式的歪曲和误用，都认为哲学的使命不是扩大关于事实的知识领域，而是增加对事实以及关于事实的知识的理解。在这个意义上，分析哲学和科学哲学都把哲学的前提批判视为通过语言分析而达到哲学的自我“治疗”。由此可见，语言分析哲学和科学哲学在其根本的哲学旨趣上，都是通过对语言的分析而达到“拒斥形而上学”的目的的。

在语言分析哲学家看来，传统哲学的根本弊病，是企图“穿过语言”达到对自在之物或绝对者的认识。这种根本错误导致了思维上的严重错误。因此，语言分析哲学家给自己提出的任务是，“分析人的思想、分析人们理解和接受这个世界或互相交流的概念的最好办法，就是研究它们的实际应用”①。这样，语言分析哲学就改换了哲学的研究主题以及研究这些主题的方式，把“哲学的技术问题”即对语言的分析提升为哲学的中心问题。

在语言分析哲学看来，哲学的任务是阐明人类通过把握世界的各种方式(科学、艺术、宗教、伦理等)而形成的概念系统和命题系统，而哲学的这种“阐明”活动是根据概念知识借以表达的语言来达到的，因此语言的阐明就成为哲学首要的甚至唯一的任务。语言分析哲学所提出的这个任务，把哲学前提的自我批判推向了一个更深刻的层次。它赋予哲学前提的自我批判以确定的对象系统，并赋予这种语言层面的批判以一套专门化的技巧和一套明晰化的“话语方式”，从而使哲学的各种形式的关于思维与存在的“统一原理”的实质性内容得以凸显出来。

语言分析哲学考察语言与现实关系的指称理论，考察语言交流及其与一般文化关系的语言行为模式理论，考察语言结构与思维运演关系的自然语言分析理论等，这些考察都把语言作为中介性的存在而试图消解思维与存在的抽象对立。分析哲学的这种努力，展现了语言的多侧面的内在矛盾，为当代辩证法理论提供了重要的理论内容。

语言分析哲学的突出问题在于，它过分地强调了语言的逻辑性，而忽视了作为最典型的人文符号——语言——所具有的人文性。人类运用语言来理解世界和表达对世界的理解，反过来看，语言又是对人的理解方式和理解程度的表达。因此，对语言的分析，不仅分析人所理解的世界，而且首先分析人对世界的理解。这后一种分析，就是对理解的理解。它的提问方式是：“理解”是一种怎样的存在？对这个问题的回答，构成哲学解释学。哲学解释学在“对理解的理解”中，形成了重要的辩证法思想。

---

① ［英］布莱恩·麦基编：《思想家——当代哲学的创造者们》，182页，北京，生活·读书·新知三联书店，1987。

理解的可能性条件首先是人的理解能力。那么，人的理解能力究竟是什么？对这个问题的回答，表现了哲学解释学的文化批判的显著的历史感。解释学认为，人的理解能力，是历史给予人的延续历史的能力。这种能力首先表现在理解的主体总是处于由历史而来的“前理解”的存在之中，也就是处于人类历史的文化积淀之中。这种由历史而来的“前理解”或历史的文化积淀，构成“理解”的不自觉的和无条件的前提。因此，历史的可能性，在于人的历史性。马克思曾经指出，人们并不是随心所欲地创造历史的，并不是在他们自己选定的条件下创造历史的，而是在直接碰到的、既定的、从过去承继下来的条件下创造历史的。① 在马克思所说的“从过去承继下来的条件”中，既包括物质条件和一般文化条件，也包括解释学所说的“前理解”的条件。“前理解”即理解的前提。正因为哲学解释学要求自己回答的是“理解”的可能性条件，而不是康德所要求回答的“认识”的可能性条件，所以，解释学不满足康德所提出的“先验统觉能力”和“先验范畴”，而把自己的探索诉诸储存历史文化的“水库”即语言。

语言保存着历史文化的积淀，历史的文化积淀由语言占有个人。因此，使用语言，就是理解历史文化，理解历史和理解人自身的发生过程。语言的历史变化，规定着人的“前理解”，因而也体现着人的历史性变化和规范着人的历史性发展。人从属于历史，也就是从属于语言；人只有从属于语言，才能实现自我理解和相互理解。由此，哲学解释学对语言、人、人的存在这三者之间的关系提出了一种新颖的看法，即人创造了语言，但人却从属于语言；人所创造的语言不是人的工具，而是人自己的存在方式。从这个角度来看，不是人在“使用”语言，而是语言构成人的“存在”。海德格尔所说的“语言是存在的寓所”，伽达默尔所说的“能理解的存在就是语言”等，就其真实意义而言，都是对这种观点的不同形式的表达。

---

① 《马克思恩格斯选集》第1卷，585页，北京，人民出版社，1995。

语言，以及通过语言而实现的人的自我理解和相互理解，构成人类存在的“意义世界”。卡西尔提出，语言的“具有决定意义的特征并不是它的物理特性而是它的逻辑特性。从物理上讲，语词可以被说成是软弱无力的；但从逻辑上讲，它被提到了更高的甚至最高的地位：逻各斯成为宇宙的原则，并且也成了人类知识的首要原则”；“在这个人类世界中，言语的能力占据了中心的地位。因此，要理解宇宙的‘意义’，我们就必须理解言语的意义”①。哲学解释学进一步提出，由语言构成的历史与现实之间、“历史视野”与“个人视野”之间，时时存在一种“张力”。人既在历史中接受，又在历史中更新理解的方式。历史文化对个人的占有与个人主体意识活动的统一，既构成理解方式的更新即历史的发展，也构成历史发展中的不可避免的“合法的偏见”。这样，哲学解释学就在它的理论框架中，赋予“理解”自己的发展以一种内在的动力——语言是历史文化的内在否定性。似乎可以说，哲学解释学是把它所弘扬的语言进行历史的、辩证的理解，而不是把“语言”和“理解”当作某种凝固的、僵死的存在。解释学的这些辩证法思想是值得认真研究的。

在关于语言的当代辩证理解中，下述问题是比较突出和重要的。

一是语言与言语的辩证关系。

“语言”表述的是外在于个人的社会性存在，它作为制约人的存在的“制度”而存在，作为人的存在的“规则”而存在。在这个意义上，“语言”占有个人，个人是历史的“结果”。“言语”表述的则是历史性存在的个人的语言实践，它作为个人的物理的、生理的和心理的统一性活动而存在，作为个人活动而存在。在这个意义上，是个人占有“语言”，言语是语言的现实。

语言的社会性与言语的个人性的矛盾，使类与个人、传统与现实、共性与个性等矛盾获得了具体内容。在对语言与言语的辩证理解中，我们还需要深入探讨语言的共时性与言语的历时性、语言的结构性与言语

① ［德］恩斯特·卡西尔：《人论》，143页，上海，上海译文出版社，1985。

的事件性、语言的形式性与言语的实质性、语言的系统性与言语的过程性、语言的规则性与言语的事实性、语言的齐一性与言语的多样性、语言的内在性与言语的外在性、语言的自主性与言语的受制性、语言的潜在性与言语的现实性、语言的静态性与言语的动态性等关系。在语言与言语的辩证关系问题上，现代语言学大师索绪尔为我们提供了极为重要的研究成果。深入挖掘索绪尔在其《普通语言学教程》等著作中所蕴含的以语言为对象的辩证法思想，对于当代推进马克思的辩证法理论具有重要意义。

二是语言的存在与功能。

这主要包括三个问题。其一是人的话语方式、思想方式和行为方式的关系。语言规范人的思想与行为，语言是人的存在方式。其二是语言占有个人与个人占有语言的关系问题。通常理解为个人占有并使用语言，把语言视为工具；现代哲学则理解为语言占有个人，即语言是历史文化，人被历史文化占有，也就是被作为历史文化“水库”的语言占有。两者的统一，构成解释学问题：历史视野与个人视野的融合问题。由此也构成“意义”问题、“理解”问题、“本文”与“解释”的问题。其三是语言、文化和世界的多样统一性问题。人的世界的多样性在于人类文化的多样性；人类文化的多样性即人类语言符号系统的多样性；寻求人的统一性、人的世界的统一性，在于寻求语言的统一性。其四是语言的功能。人在语言中实现自我理解、相互理解和对世界的理解。自我理解即个人对自己的思想、情感的理解（超越观念论的自我分析、解释和批判），相互理解即交往实践中的主体间的沟通，理解世界即把对象性的存在符号化，这三种“理解”及其相互关系蕴含着丰富的辩证关系。

三是语言的逻辑性与人文性。

现代哲学中的科学主义思潮与人文主义思潮的冲突，直接地聚焦于对“语言”的理解。科学主义思潮强调语言的逻辑特性，因而要求语义的单义性、概念的确定性和意义的可证实性；与此相反，人文主义思潮则强调语言的人文性，因而突出语义的隐喻性、概念的非确定性和意义的可增生性。对语言的逻辑性与人文性的辩证理解，在一定的意义上，是实现科学主义思潮与人文主义思潮合流的前提，因而具有突出的哲学意义。

四是语言的表述、表达与表征。

在现代哲学的"语言转向"中，一个重要的现象是哲学家试图通过语言分析来达到"拒斥形而上学"的目的。在这方面，作为逻辑实证主义代表人物的德国哲学家卡尔纳普曾以区分语言的"表述"职能和"表达"职能为基本前提，分别批判了传统哲学的三个基本学科——形而上学、认识论和逻辑学。他提出，语言的"表述"职能构成关于经验事实的命题，这种命题可以凭经验判定其真伪，因而是"有意义的"真问题；语言的"表达"职能所构成的则不是关于经验事实的命题，而是表达个人的内心世界的命题，这类命题无所谓真伪，因而是"无意义的"假问题。据此他认为：(1)作为"表达"的"形而上学"即传统哲学只是"给予知识的幻相而实际上并不给予任何知识"，属于用朴素的类比法和图解语言构成的假问题，因此科学哲学必须"拒斥"形而上学；(2)传统哲学的认识论实际上是对认识的心理现象和心理过程的描述，而不是对"意义"的认识论分析，因此我们应当把它作为心理学而归入诸如物理学、生物学一类的经验科学；(3)把形而上学作为假问题而拒斥于科学哲学之外，又把认识论作为心理学而归入经验科学，哲学所剩下的就是逻辑学，但是，科学哲学的逻辑分析并不是传统的逻辑学，而只是"对科学概念、命题、证明、理论作逻辑分析"。由于科学哲学是对科学命题进行逻辑分析，因而它是哲学而不是科学；又由于科学哲学所分析的是科学命题，因而它是科学的哲学而不是形而上学。这样，卡尔纳普就从区分语言的"表述"职能和"表达"职能出发，在与传统哲学的形而上学、认识论和逻辑学相对立的意义上，把科学哲学归结为"对科学的逻辑分析"。这表明，要在"语言转向"中重建"哲学"，就必须超越对语言的"表述"与"表达"的非此即彼、两极对立的形而上学理解，就必须实现对语言本身的辩证理解。

在我看来，卡尔纳普对语言职能及其哲学意义的分析，具有强烈的理论冲击力，即强烈地冲击了人们对哲学的通常理解。人们通常把哲学看作具有最高的概括性(最大的普遍性)和最高的解释性(最大的普适性)的“知识”，并以知识分类表的层次性(具有最大普遍性和最大普适性的知识，普遍性和普适性相对较弱的知识)来区分“哲学”和“科学”，从而把哲学归结为“全部知识的基础”。人们既然把“哲学”视为具有“最大的普遍性”和“最大的普适性”的“知识”，那就必须以“知识”或“科学”的标准来要求“哲学”，即要求哲学“表述经验事实”并能够被经验事实所“证实或证伪”，也就是要求哲学充当卡尔纳普所说的语言的“表述”职能；如果哲学不符合这种“知识”或“科学”的标准，哲学就是以语言的“表达”职能去充任语言的“表述”职能，这样的哲学只不过是以“语言的误用”的方式“表达”了人类“理性的狂妄”。

正是由于后来的哲学家看到了卡尔纳普以区分语言的“表述”和“表达”两种职能为出发点的批判“合乎逻辑”，所以他们往往采取两种策略去回应这种“合乎逻辑”的批判。一种是他们采取“弱化”“科学”的“科学性”或“强化”“哲学”的“科学性”的方式，也就是以模糊原有的科学分界的方式来论证哲学的“科学性”。这种策略，说到底仍然是沿着卡尔纳普所说的语言的“表述”职能去强化哲学的知识论立场的，因而也就无法挣脱卡尔纳普对“哲学”的“合乎逻辑”的批判。另一种则是他们采取放弃卡尔纳普所说的语言的“表述”职能而心甘情愿地履行语言的“表达”职能的策略，把哲学变成一种所谓“拟文学事业”。这种策略虽然挣脱了卡尔纳普讨伐哲学的“逻辑”，但却为哲学设置了另一个陷阱：“哲学”只不过是“表达”人们的某种情感意愿的“对话”方式。

针对卡尔纳普用以批判“哲学”的关于语言的“表述”职能和“表达”职能的理论，以及后来的哲学家沿着“表述”或“表达”的思路对“哲学”的阐释，我逐渐形成了一种看法，这就是，哲学作为“思想中的时代”或“时代精神的精华”，既不是“表述”时代状况的经验事实，也不是“表达”对时代的情感和意愿，而是“表征”人类对时代的生存意义的自我意识，即关于人类生活的时代意义的理论“表征”。

所谓“表征”，并不是与“表述”和“表达”相对待的另一种语言职能，而是哲学呈现给人类关于自身存在的自我意识的一种独特方式。哲学总是在“表述”或“表达”什么，但这种“表述”或“表达”的意义不是对“经验事实的陈述”或对“情感意愿的传递”，而是“表征”着人类关于自身存在意义的自我意识。

存在的意义既不是以语言的“表述”职能来陈述的经验事实(因此“存在的意义”并不是科学的对象)，也不是以语言的“表达”职能来传递的情感或意愿(因此理论理性对存在意义的寻求以及存在的意义对实践理性的支撑并不是以文学艺术的方式来实现的)。存在的意义是人类关于自身存在的自我意识，它需要一种特殊的哲学的表现方式，这就是哲学的“表征”方式。

“表征”是哲学显现人类关于自身存在的自我意识的独特方式，而不是与“表述”和“表达”相对待的一种语言职能。这就是说，哲学并不是以某种特殊的语言职能来实现自己对世界的独特把握，而是以自己把握世界的独特方式使哲学话语系统获得特殊的意义。更明确地说，哲学总是在“表述”什么或“表达”什么，但这种“表述”或“表达”的意义不是对经验事实的陈述或对情感意愿的传递。而对哲学的“科学化”要求或对哲学的“拟文学”理解，从根本上说，就是“遗忘”了哲学所“表述”或“表达”的“意义”，而仅仅看到哲学总是在“表述”或“表达”。

从“表征”的意义来看哲学，我们就会发现，不仅科学主义思潮所“拒斥”的“形而上学”的真正意义与价值是对人类关于自身存在的自我意识的理论表征，而且“消解”哲学的科学主义思潮以及所谓后现代主义思潮的真正意义与价值也是如此。亚里士多德寻求“最高原因的基本原理”，其真实意义并不在于他所“表述”的对世界统一性的概括与解释，而在于这种哲学所“表征”的人类寻求生存的根基与意义的自我意识。笛卡尔以来的西方“后神学文化”，其真实意义并不在于各种哲学流派所“表述”的对世界或人类意识的种种解释，而在于它们所“表征”的消解人在超人的“神圣形象”中的自我异化的人类自我意识。如果借用一套哲学丛书的标题，我们可以比较简洁地做出这样的概括：近代以来的西方哲学，其历史演进的过程，正“表征”着“信仰的时代”“冒险的时代”“理性的时代”“启蒙的时代”“思想体系的时代”的人类自我意识。

同样，现代哲学的“消解哲学”运动以及后现代主义思潮所倡言的“后哲学文化”，其真实意义不在于它们所“表述”的哲学科学化要求或对哲学的拟文学理解，而在于它们所“表征”的消解人在超人的“非神圣形象”中的自我异化的人类自我意识。如果说黑格尔之所以“以最抽象的形式表达了人类最现实的生存状况”(马克思语)，是因为黑格尔以“绝对精神”自我运动的形式“表征”着人类受“抽象”统治的自我意识；现代哲学之所以要激烈地“治疗”“拒斥”“消解”哲学，是因为现代哲学以“取消哲学”的方式“表征”着人类挣脱“抽象”统治的自我意识。在所谓后现代主义思潮中，德里达试图以“边缘”颠覆“中心”，福柯试图以“断层”取消“根源”，罗蒂试图以“多元”代替“基础”，他们所激烈地进行的反本质主义、反表象主义、反结构主义、反中心主义、反基础主义的种种哲学批判，其真实意义与价值，仍然在于后现代主义思潮“表征”着“跨世纪”的人类自相矛盾的自我意识：挺立个人的独立性和追求文化的多样性，崇高感的失落和生存意义的危机。

思想对时代的把握，既不“表述”关于时代状况的经验事实，也不“表达”对时代的情感和意愿，而“表征”人类对时代的生存意义的自我意识。哲学不可“消解”，或者说哲学的“合法性”，在于人类不能“消解”关于自身存在意义的自我意识，在于人类关于自身存在意义的自我意识需要通过哲学的理论“表征”的方式来获得自我理解和自我反思，从而历史地调整和变革人类的生存方式。

从语言的“表述”“表达”和“表征”的辩证关系去理解哲学，我们不仅可以深化对哲学的理解，而且能够在当代的意义上推进马克思的辩证法理论。

第三，对发展的辩证理解。

人是历史性的存在，而不是复制性的存在，这意味着人实现了生命演化中的自我超越——人成为超越其所是的存在即以“发展”为存在方式的存在。因此，对人的存在方式的辩证理解，最重要的是对“发展”的辩证理解。

“发展”是人的存在方式，也是当代人类面对的最大问题，是当代学界争论最激烈的问题。在关于“发展”问题的激烈论争中，学界在时代性与人类性的交接点上深化了对“发展”的辩证理解，提出并形成了以“发展”为聚焦点的一系列哲学范畴，诸如生存与发展，发展的事实与价值，发展的价值与代价，发展的标准与选择，发展的大尺度与小尺度，发展的人化与物化等，特别是处于从计划经济转向社会主义市场经济过程中的当代中国学者，更应该以反思市场经济为出发点，深化对发展的辩证理解，为当代辩证法理论提供丰富的理论内容。

“发展问题”是现代化思潮与反现代化思潮争论的焦点。进入20世纪90年代，国内哲学界比较集中地讨论了发展的价值基础、合理性目标以及发展的代价等问题。有论者提出，发展从来就不是客观中性的纯粹的经济增长过程，发展不仅是人们的物质生活状况逐步改善的过程，而且是各种文化价值在经济增长中所起的根本性作用，它决定着增长作为一种目标的合理性。“代价”是发展过程中的一种被否定和牺牲的替代性价值，即主导价值趋向对其他价值形态的抑制、否定和牺牲。有的论者提出，价值观的主导范式具有强烈的时间效应，价值观自身不能先验地确定自身的合理性，对于当代中国而言，首要的是立足于现代化对前现代化价值观的反思，而不是立足于后现代化对现代化价值观的反思。关于“发展问题”的这种哲学思考，从理论上支持了当代中国对现代化目标和社会主义市场经济的选择。

发展问题不仅是一个实践中的重大现实问题，而且是一个必须从学术上深入探索的重大理论问题。有的学者提出，生存与发展问题，是人类生命存在的永恒主题。生存与发展分别代表人的生命存在的两极，即生命的底线和上线。作为一种底线，生存是相对于死亡而言的。生死相关，有了人的生命存在，才谈得上人的其他问题。但人的生命存在不同于动物的直接性和重复性的生命存在，是一种历史性的和有意义的生命存在，是在发展中得到展示与实现的生命存在。人的生命的本真意义在于谋求发展，因此，发展是人类生命存在的高级自觉与永恒追求，也是生命意义的标志。每一代人都无法摆脱死亡的命运，却又在自己的有限生命中不断地谋求着自己的发展。人类永远无法摆脱死亡的威胁，却又通过生生不息的世代更替推动着文明的进步与社会的发展。这正是人生的悖论，也是人生的价值。对生存与发展的关注，实际上包含着对生命的终极性关注。该学者还从人类存在的现实出发，认为生存与发展已经成为一个紧迫的时代性问题。在现今时代，人类前所未有地遭遇到生存危机与发展极限，人类在两个方面都感受到了严峻的威胁与挑战。就生存危机而言，如果说过去的生存危机主要是针对个人生命而言的，那么现在则是针对整个人类的类存在的；这种危机如果说过去主要来源于生命运动的自然法则，那么现在则在很大的程度上源于人类自身的活动。就发展的极限而言，如果说发展的可能性空间过去主要受制于人类自身的创造能力，现在则主要受制于外部自然界的可承受性和可再生性；发展如果说在过去明确地意味着进步与福祉，那么现在在很大的程度上要以巨大的破坏以至于毁灭为代价。更为重要的是，人类惊愕地发现了生存与发展之间的某种根本性冲突。长期以来，人类把生存作为发展的基础，把发展作为生存的目标，以发展求生存，在发展中改进生存方式，实现生存价值，使生存意义在发展中得以表现和实现，得到彰显和升华，也使作为人的生命本质规定的生存与发展在发展的基础上得到内在的统一，并由此形成了对生存意义的理解。而现在，生存危机在很大的程度上是由发展的极限所引发的。发展的极限冲击着人类生存的底线，并含带着深重的生存危机，人们很难将发展设为明确的活动目标并有效地加以追求。于是，发展作为一种人生理想与追求的目标受到了质疑，生存的意义与价值也遭遇挑战，人类在长期的历史进程中形成的生存信念与发展理想同时受到了根本性的挑战。这就必然把生存与发展的问题由一个普遍和现实的实践问题转化为一个极富挑战性和紧迫性的理论以至哲学问题，迫使人们对其加以关注，并使之成为当代哲学与社会科学的前沿问题①。

发展问题的严峻性在于，发展的过程具有正、负两面效应，具体言之，发展的过程表现为人自身的“人化”与“物化”的二重化过程。发展，对人自身的正面效应来说，就是“人化”的过程；然而，在当代人类的“发展”进程中，发展却突出地表现为“人化”与“物化”的双重性过程。市场经济按照自己的要求去塑造全部社会生活，它不仅塑造了人的“独立性”，而且塑造了人对“物”的依赖关系。马尔库塞提出，“发达工业文明的内在矛盾正在于此：其不合理成分存在于其合理性中”。他具体地指出，这种“不合理成分存在于其合理性中”的情况，可以说是“它的各种成就的标志”：“掌握了科学和技术的工业社会之所以组织起来，是为了更有效地统治人和自然，是为了更有效地利用其资源。当这些成功的努力打开了人类实现的新向度时，它就变得不合理了。”②这突出地表现在，在普遍性的市场机制中，每个个体的生存都被抛向了“市场”，每个个体的生存状况都取决于在“市场”中的“赢利”或“亏损”，谋求个人利益不仅成为实现个人的生存与发展的“基本”手段，也成为实现个人的生存与发展的基本“观念”，即市场经济所内含的“功利主义的价值观”。

在对市场经济中的人进行“物化”形态的分析中，有的学者做出这样的论述：为了谋求生存和发展，人们必然把价值追求的主要目标定位在市场需求上。我的存在价值取决于市场对我的承认，因此市场要求什么我就怎样塑造自己。也就是说，人的价值追求服从于市场的价值导向。同时，人的价值实现的结果及对人的价值评价，也具有物化性。因为在商品经济中，人的价值要在商品交换中实现，而交换的结果又以占有财富(商品和货币)的形式表现出来。这样，人的价值就被物化了，物成为

---

① 欧阳康：《生存与发展：当代哲学主题及其合理性》，载《哲学研究》2001 年第 12 期。

② [美]赫伯特·马尔库塞：《单向度的人——发达工业社会意识形态研究》，17 页，上海，上海译文出版社，1989。

衡量和评价人的尺度。物化现象在观念上的反映就是拜物教。在商品经济中，人与人的关系表现为商品与商品、物与物的关系，人的能力、价值等要通过物表现出来，因此人们就不再崇拜人，而崇拜物。对商品和金钱的崇拜会成为一种时代性的社会心态，它意味着“物化”已经渗透到人们的精神，使人的心灵也物化了①。市场经济按照自己的要求去塑造全部社会生活，就会把市场经济的等价交换、优胜劣汰的原则融入整个社会生活，特别是把“固定地充当一般等价物”的“货币”作为交换一切、衡量一切、评价一切的“根据”“标准”和“尺度”，也就是把“货币”当成哲学意义上的“本体”。在评论黑格尔的“绝对理念”时，马克思曾经做出这样的评论，即黑格尔以“最抽象的形式”，表达了人类“最现实的”生存状况，因为人们正在受“抽象”的统治。这里的所谓“抽象”，就是统治人的“货币”，就是人所依赖的“物”。正是在这个深层的哲学意义上，人被“物化”了。

人的“物化”，从根本上说，就是作为“人的本质”的丰富的“社会关系”，以及由丰富的“社会关系”所展现的丰富的“社会生活”，被“简化”“抽象化”为纯粹的功利关系、金钱关系、交换关系。在这种被“简化”和“抽象化”的社会关系中，“人对物的关系”决定“人对人的关系”，因此，“人的独立性”只能“以物的依赖性”为基础。这就是马克思所说的市场经济条件下的“以物的依赖性为基础的人的独立性”。

在当代，发展是同现代化密不可分的。所谓“发达”国家，是指已经现代化的国家；所谓“发展中”国家，是指正在实现现代化的国家。发展中的“人化”与“物化”的矛盾，就其现实性而言，就是现代化本身的矛盾。现代化既是一个前所未有的、迅猛发展的自然人化过程，即以现代的科学技术征服自然的过程，又是一个前所未有的、急速实现的个体社会化的过程，也就是以等价交换的原则实现人的全部社会关系的过程。

---

① 杨魁森：《物化的时代——论商品经济的基本特征》，载《吉林大学社会科学学报》1999 年第 4 期。

由此，现代化的进程便更加凸显了现代科学技术的迅猛发展与日益严峻的全球问题的矛盾，以及人的生存方式的现代化与人的物化状态的矛盾。

发展，既是对存在状态或存在过程的描述，又是对存在状态或存在过程的评价，因而是以评价为逻辑先在的对存在的描述。这意味着，“发展”的核心问题是对存在状态如何评价即评价的标准问题，以及依据某种标准做出行为选择的问题。标准与选择，是“发展”作为哲学问题的最重要的基本范畴，并且越来越明显地成为当代辩证法理论的最重要的基本范畴。

人类历史的一个突出特征在于，“片面性”是它的“发展形式”，即历史总是以某种“退步”的形式实现自身的“进步”。历史过程中的任何进步都要付出相应的“代价”，任何“正面效应”都会伴生相应的“负面效应”，任何“整体利益”的实现都意味着某些“局部利益”的牺牲，任何“长远利益”的追求都意味着某些“暂时利益”的舍弃，由此造成了人的历史活动的“目的”的自相矛盾，也造成了反观和评价人的历史活动及其“标准”的自相矛盾。历史活动的“目的”及其评价“标准”的自相矛盾，促进对历史的“大尺度”与“小尺度”的矛盾的反观。

所谓历史的“大尺度”，就是以人的“根本利益”“长远利益”“整体利益”为出发点的反观历史的尺度；与此相对应，所谓历史的“小尺度”，则是以人的“非根本利益”“暂时利益”“局部利益”为出发点的规范人的历史活动的尺度。生活本身告诉我们，当离开历史的“小尺度”而仅仅承诺历史的“大尺度”的时候，我们不仅无法实现“大尺度”所承诺的价值理想，而且尤为重要的是会使这个“大尺度”所承诺的价值理想变形，把“大尺度”变成某种压抑个人发展的“本质主义的肆虐”；与此相反，当离开历史的“大尺度”而仅仅着眼于历史的“小尺度”的时候，我们不仅会失去“大尺度”的价值理想，而且尤为严峻的是会使这个“小尺度”所规范的历史活动危及人自身的存在，从而使人们在这种“小尺度”中感受到一种“生命中不能承受之轻的存在主义的焦虑”。

毫无疑问，马克思的关于人的全面发展的价值理想，是一种反观人的全部历史活动的“大尺度”；然而，正是这个“大尺度”，蕴含着规范和反观人的历史过程的“小尺度”。在相当长的时期里，我们离开这个“大尺度”所蕴含的“小尺度”，不仅造成极左思潮的泛滥，而且使这个“大尺度”本身失去了自己的感召力。在建设社会主义市场经济的过程中，一种非常值得重视的社会思潮在于，对马克思所承诺的人的全面发展的价值理想表现出“冷漠”与“淡化”。然而，人们(每个人)的现实的价值选择，总是不可避免地蕴含着某种“大尺度”的制约与规范：其一，个人的价值理想总是某种具有社会内容的价值理想，而不可能“认同”某种超社会性的自我幻想；其二，个人的价值认同总是“认同”某种社会性的价值规范，而不可能“认同”某种超社会性的自我认同；其三，个人的价值取向总是“取向”某种社会的价值导向，而不可能“取向”某种超社会性的自我导向。因此，我们需要从马克思的人的全面发展的价值理想去引导和规范人们的价值理想、价值取向和价值认同，从而自觉地把建设社会主义市场经济的过程塑造和引导为实现人的全面发展的过程。

第四，对理论及其与实践关系的辩证理解。

20 世纪的人类存在方式发生了空前的革命，它表现为人类文明形态、人们社会生活和人的思想观念这三个基本层面的巨大变革。在论述关于“各种经济时代的区别”时，马克思曾经提出，这种“区别”，“不在于生产什么，而在于怎样生产，用什么劳动资料生产。劳动资料不仅是人类劳动力发展的测量器，而且是劳动借以进行的社会关系的指示器”①。正是从以劳动工具为核心的劳动资料的时代性变革出发，即以“用什么劳动资料生产”为“测量器”和“指示器”，通常把人类的文明形态区分为“农业文明”“工业文明”和“后工业文明”，而这里的“后工业文明”又常常被表述为产生轰动效应的“信息时代”“网络时代”“知识经济时代”等。这表明，在 21 世纪，以科学理论为主要内容的“知识”对于人的生

---

① 《马克思恩格斯全集》第 23 卷，204 页，北京，人民出版社，1972。

存与发展具有重大意义。然而，在哲学的意义上，我们面对的一个重要问题是，如何辩证地理解理论与实践之间的关系。

对于理论，人们往往简单化地把它理解和表述为“各种知识体系”。其实，任何一种真正的理论，都具有三重基本内涵：其一，它以概念的逻辑体系的形式为人们提供历史地发展着的世界图景，从而规范人们对世界的自我理解和相互理解；其二，它以思维逻辑和概念框架的形式为人们提供历史地发展着的思维方式，从而规范人们如何去把握、描述和解释世界；其三，它以理论所具有的普遍性、规律性和理想性为人们提供历史地发展着的价值观念，从而规范人们的思想与行为。理论的三重内涵表明：理论不仅是解释性的，而且是规范性的；理论不仅是实践性的，而且是超实践性的。

首先，理论为人们提供时代水平的世界图景，从而规范人们对世界的理解和对世界的改造。

现代科学和现代哲学告诉人们：“观察负载理论”，“观察渗透理论”。“观察受理论的‘污染’”，“没有中性的观察”。人们所“看”到的世界，是经过理论中介的世界，而不是以“白板”的头脑“反映”的世界；是镌刻着理论的历史性内容的世界，而不是与理论的历史发展无关的自在的世界。

这里的关键问题在于，人是历史文化的存在，而不是非历史非文化的存在，人们作为现实的(而不是抽象的)存在，不仅具有生物学意义上的遗传性的获得，而且具有社会学意义上的获得性的遗传，即个人被历史文化所占有，从而成为历史性的文化存在。正是历史文化为我们提供变化着的、发展着的世界图景，正是历史文化规范着我们对世界的理解。试想一下，如果没有哥白尼的“日心说”理论，我们能否在经验观察中建构起“地球围绕太阳旋转”的科学世界图景？如果没有爱因斯坦的“相对论”理论，我们能否在经验观察中建构起现代物理学的物质运动与时间空间关系的观念？更简单地说，如果没有相应的医学理论，在一张X光片或一张心电图上，我们究竟能“看”到什么？我们经常强调“一切从实际出发”，“实事求是”，然而人们却常常从消极、被动、直观的反映论出发(这同样是“观察渗透理论”)，把这些根本性的要求简单化、庸俗化地归结为认真地“看”和仔细地“听”，而很少反思理论对观察的规范作用，甚至把理论与观察对立起来。理论与观察、理论与现实、理论与实践的辩证关系，在当代辩证法理论研究中占有重要地位。

其次，理论为人们提供科学的思维方式，从而规范人们的思维逻辑和思维方法。

“观察渗透理论”，不仅是说观察受到作为知识体系的理论的制约，而且说观察受到作为思维方式的理论的规范。它规范着观察和实践的主体怎样思考观察对象和如何进行实践活动。列宁曾经说过：“辩证法是活生生的、多方面的(方面的数目永远增加着的)认识，其中包含着无数的各式各样观察现实、接近现实的成分。”①人类正是凭借这些“方面的数目永远增加着的”认识成分，历史地扩展和深化对世界的认识，从而历史地变革和更新自己的世界图景。而认识成分的增加，则根源于科学理论的发展。

科学理论的进步，主要表现在下述几个方面：学科门类的增加；各门科学的发展；学科之间的相互渗透；科学的划时代发现及其引发的科学革命；哲学对自己时代的科学精神的理论表征。正是科学理论在诸方面的交互作用和综合结果中，实现了人类思维方式的历史性变革。当代人类用以把握世界的认识系统，是一个由众多相互联系和相互作用的认识成分按照一定的层次结构组成，并不断扩展和深化的有机整体。离开当代科学理论所提供的认识系统和思维方式，科学就无法构成当代水平的科学世界图景。而离开这样的科学世界图景，又如何形成规范人的思想与行为的科学的“世界观”?

最后，理论为人们提供具有时代内涵的价值规范，从而塑造和引导人们的价值观念和价值追求。每个时代和每个社会都不可避免地具有相

---

① 列宁：《哲学笔记》，411页，北京，人民出版社，1974。

互抵牾的价值冲突。这种价值冲突，既表现为“我们到底要什么”的社会的价值规范和价值导向，同“我到底要什么”的个人的价值取向和价值认同之间的冲突，又表现为该社会的相互矛盾的价值规范和价值导向的冲突以及个人之间的相互矛盾的价值取向和认同的冲突。

从表层来看，个人的价值取向和价值认同具有极大的主观性、任意性和随机性；从深层来看，个人的价值取向总是“取向”某种社会的价值导向，个人的价值认同总是“认同”某种社会的价值规范。因此，在现实的价值矛盾中，社会的价值导向和价值规范居于主导的和支配的地位。人们想什么和不想什么，怎么想和不怎么想，做什么和不做什么，怎么做和不怎么做，从根本上说，取决于社会的价值导向和价值规范。而社会的价值导向和价值规范之所以具有“导向”和“规范”的作用，首先在于这种“导向”和“规范”的理论性。它以“价值范式”的方式给出系统化的人类生活的价值坐标，确立价值坐标的正、负向度，提出价值评价的标准及解释原则，因而对个人的价值判断、价值选择和价值理想等具有“导向”和“规范”的作用。

马克思主义理论所提供的价值坐标，其正向度是人类的解放和每个人的全面发展，其负向度是马克思所说的人在各种“神圣形象”和“非神圣形象”中的“自我异化”。因此，马克思主义理论的价值目标和价值导向，不仅要求人类从人对人的“依附性”中解放出来，而且要求人类从人对物的“依赖性”中解放出来。盛行于当代的各种各样的科学主义思潮、人本主义思潮以及后现代主义思潮，无不具有价值导向和价值规范的作用。从总体上看，这些思潮的价值指向，不仅要求“消解”马克思所说的人在各种“非神圣形象”中的“自我异化”，而且要求“消解”价值坐标上的价值尺度，因而形成了相对主义的和虚无主义的价值导向，并造成了弥漫于整个社会的“存在主义的焦虑”。这种相对主义和虚无主义的理论思潮和社会思潮，在当代的中国也是不容忽视的。所谓“中止对立的是非判断”“封闭一切的价值通道”“从情感的零度开始”的理论思潮，与“耻言理想，蔑视道德，拒斥传统，躲避崇高，不要规则，怎么都行”的社会思潮相互呼应，使人们感受到一种“信仰失落”“形上迷失”和“意义危机”的迷惘与困倦。当今的时代迫切需要“价值范式”的理论重建。

关于理论与实践的关系，我们经常强调的是理论对实践的“依赖”，却往往忽视理论对实践的“超越”，并因而在强化实践意识的同时弱化了理论意识。

源于实践的理论，不仅仅是对实践经验的概括和总结，更重要的是对实践活动、实践经验和实践成果的批判性反思、规范性矫正和理想性引导。这就是理论对实践的超越。伽达默尔说：“一切实践的最终含义就是超越实践本身。”①这个论断是意味深长的，是值得深思的。实践活动是追求自己的目的的人类历史过程，人类的历史发展过程也就是实践活动的自我超越，即历史地否定已有的实践方式、实践经验和实践成果，又历史地创造新的实践方式、实践经验和实践成果的过程。在实践自我超越的历史过程中，理论首先作为实践活动的新的世界图景、思维方式、价值观念和目的性要求而构成实践活动的内在否定性。这种内在否定性就是理论对实践的理想性引导。正因如此，伽达默尔又说，“理论就是实践的反义词”②。

理论作为实践的“反义词”，不仅在于理论的“观念性”和实践的“物质性”，还在于理论的“理想性”和实践的“现实性”。人是现实性的存在，但人又总是不满足于自己存在的现实，总是要求把现实变成更加理想的现实。理论正以其理想性的世界图景和目的性要求来超越实践，从而促进实践的自我超越。

理论对现实的超越，还在于它以自身与现实的“间距性”来批判性地反思实践活动和规范性地矫正实践活动。人类的任何一种实践活动都具有“二律背反”的性质，并因此表现出正、负“双重效应”。无论是当代人类所面对的“全球问题”，还是市场经济所形成的“以物的依赖性为基础

① 《赞美理论——伽达默尔选集》，46 页，上海，上海三联书店，1988。
② 同上书，21 页。

的人的独立性”，都表现出了实践活动的二重性。因此，实践需要理论的“反驳”，即理论地批判、反思实践活动并促进实践活动的自我超越。

理论之所以能够“反驳”实践并促成实践的自我超越，是因为理论自身具有三重特性：其一，理论具有“向上的兼容性”，即理论是人类认识史的积淀和结晶，因而它能够以“建立在通晓思维的历史和成就的基础上的理论思维”去反观现实的实践活动；其二，理论具有“时代的容涵性”，即理论是“思想中的时代”，因而它能够以对时代的普遍性、本质性和规律性的把握去批判性地反思实践活动和规范性地矫正实践活动；其三，理论具有“概念的体系性”，即理论是概念的逻辑系统，因而它能够在概念的相互规定和相互理解中全面地观照实践活动，并引导实践活动实现自我超越。

理论对实践的超越，更重要的在于它能够把握到实践的“规律”，从而像马克思所说的那样，“缩短”并且“减轻”实践过程中的“阵痛”。实践总是以“片面性”的形式实现自己的发展，即总是以付出某种“代价”为前提来实现自己的发展，由此不可避免地造成实践过程中的，特别是社会变革过程中的“阵痛”。理论的价值，就在于它能够以其对实践活动的规律性认识而“缩短”并且“减轻”这种“阵痛”，促进实践的自我超越。

毫无疑问，如果夸大理论的社会功能，甚至把理论的作用夸大为改变实践活动的规律，其结果只能是“假作真时真亦假”，使理论信誉扫地，从而使理论成为一种虚假的社会心理；反之，如果贬低理论的社会功能，甚至把理论视为“务虚”的玄思，其结果也必然造成“无为有处有还无”，使实践活动变成盲目的实践，以至于“延长”和“加剧”实践过程中的“阵痛”。理论与实践关系的辩证法，是当代推进马克思辩证法理论的重要课题。

当代的马克思主义辩证法研究，需要我们具体地探索以当代人的实践活动为基础的人与世界的关系，需要我们具体地探索科学、语言、文化和发展中所蕴含的人与世界的关系，需要我们借鉴包括西方马克思主义在内的辩证法思想，更需要我们深入地研究和具体地阐释马克思主义经典作家的辩证法。离开对马克思主义经典作家的辩证法的深入研究，就不可能在马克思开辟的哲学道路上发展辩证法理论。

四　辩证法与思想的前提批判

思想的前提批判，是对“思维和存在”的“关系问题”的“反思”。这种“反思”的哲学内涵，就是“思维和存在的关系”的“辩证法”。因此，把“思想的前提批判”作为哲学的“解释原则”，内在地包含着把“思想的前提批判”作为辩证法的“解释原则”。然而，值得深思的是，在关于哲学“基本问题”的通常解释中，把“思维和存在的关系问题”归结为二者“何为第一性”的“本体论问题”以及二者“有无同一性”的“认识论问题”，就是把“辩证法”拒斥于哲学的“基本问题”之外。这种“拒斥”，不仅向我们提出如何重新理解“思维和存在的关系问题”，而且向我们提出如何重新理解“辩证法问题”。

思维和存在的“关系”，就是思维和存在的“矛盾”；思维和存在的“关系问题”，就是思维和存在的“矛盾问题”；研究思维和存在的“关系问题”和“矛盾问题”，就是关于思维和存在的“辩证法”。因此，承诺“思维和存在的关系问题”是哲学的“重大的基本问题”，也就是承诺哲学的“重大的基本问题”是关于“思维和存在的关系问题”的“辩证法”。“辩证法”是哲学的最真实的存在方式。

在通常的关于哲学“基本问题”的解释中，人们之所以把“辩证法”拒斥于“思维和存在的关系问题”之外，其根本原因是把“思维和存在的关系问题”当作“思维和存在”的问题或者“思维和存在”“如何统一”的问题，而不是将其视为“思维和存在”的“矛盾关系”，不是将其视为只有在批判的反思中才能自觉到的构成思想的“前提批判”。不研究“思维和存在”的“矛盾关系”，不反思构成思想的前提，“思维和存在的关系问题”就成了描述“思维和存在”及其“如何统一”的科学问题。哲学问题变成了科学问题，“辩证”的问题就变成了“实证”的问题。因此，表面上看，通常的关于哲学“基本问题”的解释是把“辩证法”拒斥于“思维和存在的关系问题”之外；深层地看，通常的关于哲学“基本问题”的解释是把“哲学问题”变成“科学问题”，是把“辩证问题”变成了“实证问题”。

需要“辩证”的问题是“悖论”性问题。这具体地表现在如下问题：思维和存在“服从于同样的规律”，为什么思维关于存在的规定并不是存在的规定？只有思维把握到的存在才构成思维的对象，思维又如何肯定自己尚未把握到的存在？人的“感性”只能把握个别性的、偶然性的、现象性的存在，人的“理性”只能把握普遍性的、必然性的、本质性的存在，那么思维又如何对待感性的存在与理性的存在？思维对存在的把握既是“按部就班”的“逻辑”进程，又是“突发奇想”的“直觉”过程，思维又如何对待“逻辑”与“直觉”的关系？思维的“每次的实现”都是有限的、“非至上的”，而思维的“目的”和“使命”又是无限的、“至上的”，思维又如何对待自己的有限性与无限性、“非至上性”与“至上性”呢？人的思维既是源于自然的又是超越自然的，思维又如何对待自己的自然性与超自然性呢？人的实践活动既是“目的性”的又是“对象性”的，既是“理想性”的又是“现实性”的，思维又如何对待自己的“目的”与“对象”、“理想”与“现实”呢？正是这些“悖论”性的问题，才构成了“思维与存在”的“矛盾关系”；正是“反思”这些“矛盾关系”，才构成了哲学意义的“辩证法”。离开这些“悖论”性问题，离开对这些“悖论”性问题的“反思”，就构不成作为哲学的“重大的基本问题”的“思维和存在的关系问题”，也就构不成哲学意义的“辩证法”。

“悖论性”的问题是“无定论”的问题，“辩证”的问题是必须予以“辩证”地理解的问题，而不是给出某种“终极性”的答案的问题。思维的自然性与超自然性、思维把握存在的对象性与生成性、思维把握存在的个别性与普遍性、思维把握存在的逻辑性与直觉性、思维把握存在的“至上性”与“非至上性”，思维把握存在的“理想性”与“现实性”，都不是“是就是，不是就不是”的思维方式能够把握的，而必须诉诸超越“两极对立”“非此即彼”的辩证法的思维方式。对这些问题的辩证理解，不是也不可能给出某种“确定性”的答案，而是不断深入地揭示和阐释这些问题的更深层次的矛盾。“悖论性”问题的“无定论”，并不是否定思维的“确定性”，而是肯定人类的全部认识的“中介性”——“在对现存事物的肯定的理解中同时包含着对现存事物的否定的理解”。这就是马克思所说的“批判的和革命的”辩证法。

思想的前提批判，不仅要求批判地反思“思维和存在”的“矛盾关系”，而且要求把批判性的锋芒指向构成思想的“不自觉的和无条件的前提”，历史地变革构成思想的基本信念、基本逻辑、基本方式、基本观念和哲学理念，促使人类在“解放思想”的进程中塑造和引导新的时代精神，并使“哲学”真正成为“文明的活的灵魂”。“思想的前提批判”是哲学的“辩证法”，也是辩证法的“哲学”。哲学的辩证法实现于思想的前提批判之中。

参考文献

一、中文参考文献

[1]《马克思恩格斯全集》，人民出版社，中文第一版、第二版。

[2]《马克思恩格斯文集》，人民出版社 2009 年版。

[3]《马克思恩格斯选集》，人民出版社 1995 年版。

[4]马克思：《资本论》，人民出版社 1975 年版。

[5]《列宁专题文集》，人民出版社 2009 年版。

[6]《列宁选集》，人民出版社 1995 年版。

[7]列宁：《哲学笔记》，人民出版社 1998 年版。

[8]《毛泽东选集》，人民出版社 1991 年版。

[9]《毛泽东文集》，人民出版社 1999 年版。

[10][德] 黑格尔：《哲学史讲演录》第 2 卷，商务印书馆 1960 年版。

[11][德] 黑格尔：《哲学史讲演录》第 1 卷，商务印书馆 1959 年版。

[12][德] 黑格尔：《法哲学原理》，商务印书馆 1961 年版。

[13][德] 卡尔·柯尔施：《马克思主义和哲学》，重庆出版社 1989 年版。

[14][德] 卡尔·洛维特：《从黑格尔到尼采——19 世纪思维中的革命性决裂》，生活·读书·新知三联书店 2006 年版。

[15][德] 卡尔·洛维特：《世界历史与救赎历史——历史哲学的神学前提》，上海人民出版社 2006 年版。

[16][捷克] 卡莱尔·科西克：《具体的辩证法——关于人与世界问题的研究》，社会科学文献出版社 1989 年版。

[17][德] 康德：《纯粹理性批判》，人民出版社 2004 年版。

[18] [德] 康德：《历史理性批判文集》，商务印书馆 1990 年版。
[19] [德] 康德：《实践理性批判》，人民出版社 2003 年版。
[20] [苏] П. В. 柯普宁：《辩证法 逻辑 科学》，华东师范大学出版社 1981 年版。
[21] [苏] П. В. 柯普宁：《科学的认识论基础和逻辑基础》，华东师范大学出版社 1989 年版。
[22] [苏] П. В. 柯普宁：《作为认识论和逻辑的辩证法》，华东师范大学出版社 1984 年版。
[23] [德] 里夏德·克朗纳：《论康德与黑格尔》，同济大学出版社 2004 年版。
[24] [匈] 卢卡奇：《关于社会存在的本体论·上卷——社会存在本体论引论》，重庆出版社 1996 年版。
[25] [匈] 卢卡奇：《历史和阶级意识——马克思主义辩证法研究》，商务印书馆 1999 年版。
[26] [德] 路德维希·费尔巴哈：《费尔巴哈哲学著作选集》上下，商务印书馆 1984 年版。
[27] [法] 路易·阿尔都塞、艾蒂安·巴里巴尔：《读〈资本论〉》，中央编译出版社 2001 年版。
[28] [法] 路易·阿尔都塞：《保卫马克思》，商务印书馆 1984 年版。
[29] [法] 路易·阿尔都塞：《黑格尔的幽灵——政治哲学论文集》，南京大学出版社 2005 年版。
[30] [苏] 罗森塔尔：《马克思"资本论"中的辩证法问题》，生活·读书·新知三联书店 1957 年版。
[31] [苏] 罗森塔尔、施特拉克斯主编：《唯物辩证法的范畴》，生活·读书·新知三联书店 1958 年版。
[32] [德] 马丁·海德格尔：《存在与时间》，生活·读书·新知三联书店 2006 年版。
[33] [苏] 马·莫·罗森塔尔：《列宁帝国主义理论中的辩证法》，河南

人民出版社 1992 年版。

[34] [德] 马克斯·霍克海默、西奥多·阿道尔诺:《启蒙辩证法——哲学断片》，上海人民出版社 2006 年版。

[35] [美] 曼诺·莱文:《辩证法的内部对话》，云南人民出版社 1997 年版。

[36] [美] 田辰山:《中国辩证法: 从〈易经〉到马克思主义》，中国人民大学出版社 2008 年版。

[37] [美] M. W. 瓦托夫斯基:《科学思想的概念基础——科学哲学导论》，求实出版社 1989 年版。

[38] [日] 望月清司:《马克思历史理论的研究》，北京师范大学出版社 2009 年版。

[39] [美] 威拉德·蒯因:《从逻辑的观点看》，上海译文出版社 1987 年版。

[40] [古希腊] 亚里士多德:《范畴篇　解释篇》，商务印书馆 1959 年版。

[41] [古希腊] 亚里士多德:《尼各马可伦理学》，商务印书馆 2003 年版。

[42] [古希腊] 亚里士多德:《物理学》，商务印书馆 1982 年版。

[43] [古希腊] 亚里士多德:《形而上学》，商务印书馆 1995 年版。

[44] [法] 亚历山大·科耶夫:《黑格尔导读》，译林出版社 2005 年版。

[45] [苏] 捷·伊·奥伊则尔曼主编:《辩证法史——德国古典哲学》，人民出版社 1982 年版。

[46] [德] 尤尔根·哈贝马斯:《现代性的哲学话语》，译林出版社 2004 年版。

[47] 邓晓芒:《黑格尔辩证法讲演录》，北京大学出版社 2005 年版。

[48] 邓晓芒:《思辨的张力——黑格尔辩证法新探》，湖南教育出版社 1992 年版。

[49] 冯友兰:《中国哲学简史》，北京大学出版社 1995 年版。

[50]《高清海哲学文存》第1-6卷，吉林人民出版社1997年版。
[51] 何中华：《哲学：走向本体澄明之境》，山东人民出版社2002年版。
[52] 黄楠森：《〈哲学笔记〉与辩证法》，北京出版社1984年版。
[53] 李泽厚：《中国思想史论》上中下，安徽文艺出版社1999年版。
[54] 孙利天：《论辩证法的思维方式》，吉林大学出版社1994年版。
[55] 王南湜：《辩证法：从理论逻辑到实践智慧——当代中国马克思主义哲学中青年名家文库》，武汉大学出版社2011年版。
[56] 王天成：《直觉与逻辑》，长春出版社2000年版。
[57] 张汝伦：《德国哲学十论》，复旦大学出版社2004年版。
[58] 张世英编著：《黑格尔〈小逻辑〉绎注》，吉林人民出版社1982年版。
[59] 张世英：《进入澄明之境——哲学的新方向》，商务印书馆1999年版。
[60] 张一兵：《马克思历史辩证法的主体向度》，武汉大学出版社2010年版。
[61] 邹化政：《黑格尔哲学统观——论黑格尔哲学的实质》，吉林人民出版社1991年版。
[62] 邹化政：《〈人类理解论〉研究——人类理智再探》，人民出版社1987年版。

二、外文参考文献

[1] *Marx-Engels Werke*. Berlin: Dietz, 1956-(40 volumes).
[2] *Karl Marx and Frederick Engels: Collected Works*. London: Lawrence and Wishart, 1975-(50 volumes).
[3] *MEGA Karl Marx, Friedrich Engels: Gesamtausgabe*. Berlin: Dietz, 1975-, Akademie, 1993-(some 60 columes).
[4] *Marx-Engels-Jahrbuch*. Berlin: Akademie, 2003-.
[5] Albritton, Robert. *Dialectics and Deconstruction in Political Economy*. New York: St. Martin's Press, 1999.

[6] Althusser, Louis. *For Marx*. London: Verso, 2005.
—*Reading Capital*. London: Verso, 1998.

[7] Anderson, Perry. *Passages from Antiquity to Feudalism*. London: New Left Books, 1974.

[8] Arthur, Christopher. *The New Dialectic and Marx's Capital*. Leiden: Brill, 2002.

[9] Beamish, Rob. *Marx, Method and the Division of Labour, Urbana*: University of Illinois Press, 1992.

[10] Fine, Ben. *Marx's Capital*. London: Macmillan, 1975.

[11] Itoh, Makoto. *The Basic Theory of Capitalism: The Forms and Substance of the Capitalist Economy*. Hampshire: Macmillan Press, 1998.

[12] Marsden, Rechard. *The Nature of Capital*. London: Routledge, 1999.

[13] Moseley, Fred (ed.). *Marx's Method in Capital: A Re-examination*. Atlantic Highlands: Humanities Press, 1993.

[14] Paolucci, Paul. *Marx's Scientific Dialectics*. Leiden: Brill, 2007.

[15] Rosenthal, John. *The Myth of Dialectics: Reinterpreting the Hegel-Marx Relation*. New York: St. Martin's Press, 1998.

[16] Wood, Euen. *The Origin of Capitalism*. New York: Monthly Review Press, 1999.

[17] Zeleny, Jindrich. *The Logic of Marx*. Oxford: Blackwell, 1980.

[18] Harvey, David. *A Companion to Marx's Capital*, Verso, 2010.

[19] Bidet, Jacques. *Exploring Marx's Capital: Philosophical, Economic and Political Dimensions*, translated by Fernbach, Brill, 2007.

[20] Croce, Benedetto. *Historical Materialism and the Economics of Karl Marx*, translated by Meredith, George Allen & Unwin, 1914.

[21] Lebowitz, Michael. *Following Marx: Method, Critique and Crisis*,

Brill, 2009.

[22] Sayer, Derek. *Marx's Method: Ideology, Science and Critique in Capital*, The Harvester Press, 1979.

[23] Smith, Tony. *The Logic of Marx's Capital: Replies to Hegelian Criticisms*, State University of New York Press, 1990.

[24] Adorno. *Negative Dialectics*. Translation by E. B. Ashton, The Seabury Press, New York, 1973.

[25] Gadamer. *Dialogue and Dialectic: Eight Hermeneutic Studies on Plato*, Yale University Press, 1980.

[26] Habermas. *Theory and Practice*. Cambriage, Polity, 1986.

[27] Habermas. *The Philosophical Discourse of Modernity*. Cambridge. 1987.

[28] Habermas *Postmetaphysical Thinking: Philosophical Essays*, MIT Press, 1992.

[29] Jameson, Fredric. *Postmodernism, or the Cutural Logic of Late Capitalism*, Duke University Press, 1991.

[30] Rorty, Richard. *Objectivity, relativism, and truth*. Cambridge University Press, 1991.

[31] Rorty, Richard. *Consequences of Pragmatism*, Harvester Press, Brighton, 1982.

后　记

辩证法不只是我的研究方向，而且是我所理解的哲学。在这个意义上，《辩证法研究》就是我的哲学研究。

诉诸哲学史，我们就会发现，古今中外的哲学，总是以“成对”的哲学范畴构成其哲学问题和哲学理论，诸如西方哲学的个别与共相、实体与属性、思维与存在、主体与客体、感性与理性、现象与本质、事实与价值、自由与必然，中国哲学的天地、性命、体用、理气、知行、物我、仁智、理欲，如此等等。现代哲学则更为明确地把哲学问题聚焦于人与自然、人与社会、人与自我的“关系”问题。

哲学问题，说到底是如何理解和怎样处理“人与世界”的“关系问题”。人与世界的关系，不是肯定性的统一关系，而是否定性的统一关系。人是目的性、对象性的存在，不仅要从观念上把现实的存在变成理想的存在，而且要在实践中把现实的存在变成理想的存在，由此就构成了人与世界的无限丰富的矛盾关系。我们“反思”这些矛盾关系，就构成了“哲学”，就构成了哲学的“辩证法”。正是在这个意义上，“哲学”就是“辩证法”，“辩证法”就是“哲学”。

从这种理解出发，“辩证法”就不只是哲学研究的“一个领域”，而是哲学的“实质内容”；“辩证法”就不只是哲学研究的“一种方法”，而是哲学的“理论本身”；“辩证法”就不只是哲学理论的“知识内容”，而是哲学提供的“人类智慧”。正是基于这种理解，针对辩证法研究中的一些重大问题，特别是针对马克思主义辩证法研究中的一些重大问题，我写成了《辩证法研究》这本书。

书中部分内容有重复之处，为了完整而系统地论证，有些重复之处未删改，以求较为系统地展现我对“辩证法”的理解。

图书在版编目（CIP）数据

辩证法研究/孙正聿著. —北京：北京师范大学出版社，2020.8（2024.4 重印）
（孙正聿作品系列）
ISBN 978-7-303-25801-7

Ⅰ.①辩…　Ⅱ.①孙…　Ⅲ.①辩证法—研究　Ⅳ.①B015

中国版本图书馆 CIP 数据核字（2020）第 062434 号

营　销　中　心　电　话　010-58805385
北京师范大学出版社
主题出版与重大项目策划部

BIANZHENGFA YANJIU
出版发行：北京师范大学出版社　www.bnupg.com
北京市西城区新街口外大街 12-3 号
邮政编码：100088
印　　刷：北京虎彩文化传播有限公司
经　　销：全国新华书店
开　　本：710 mm×1000 mm　1/16
印　　张：27
字　　数：370 千字
版　　次：2020 年 8 月第 1 版
印　　次：2024 年 4 月第 3 次印刷
定　　价：108.00 元

策划编辑：祁传华　郭　珍　　责任编辑：张　爽
美术编辑：王齐云　　装帧设计：王齐云
责任校对：段立超　陈　民　　责任印制：马　洁　赵　龙